青島の近代学校

教員ネットワークの連続と断絶

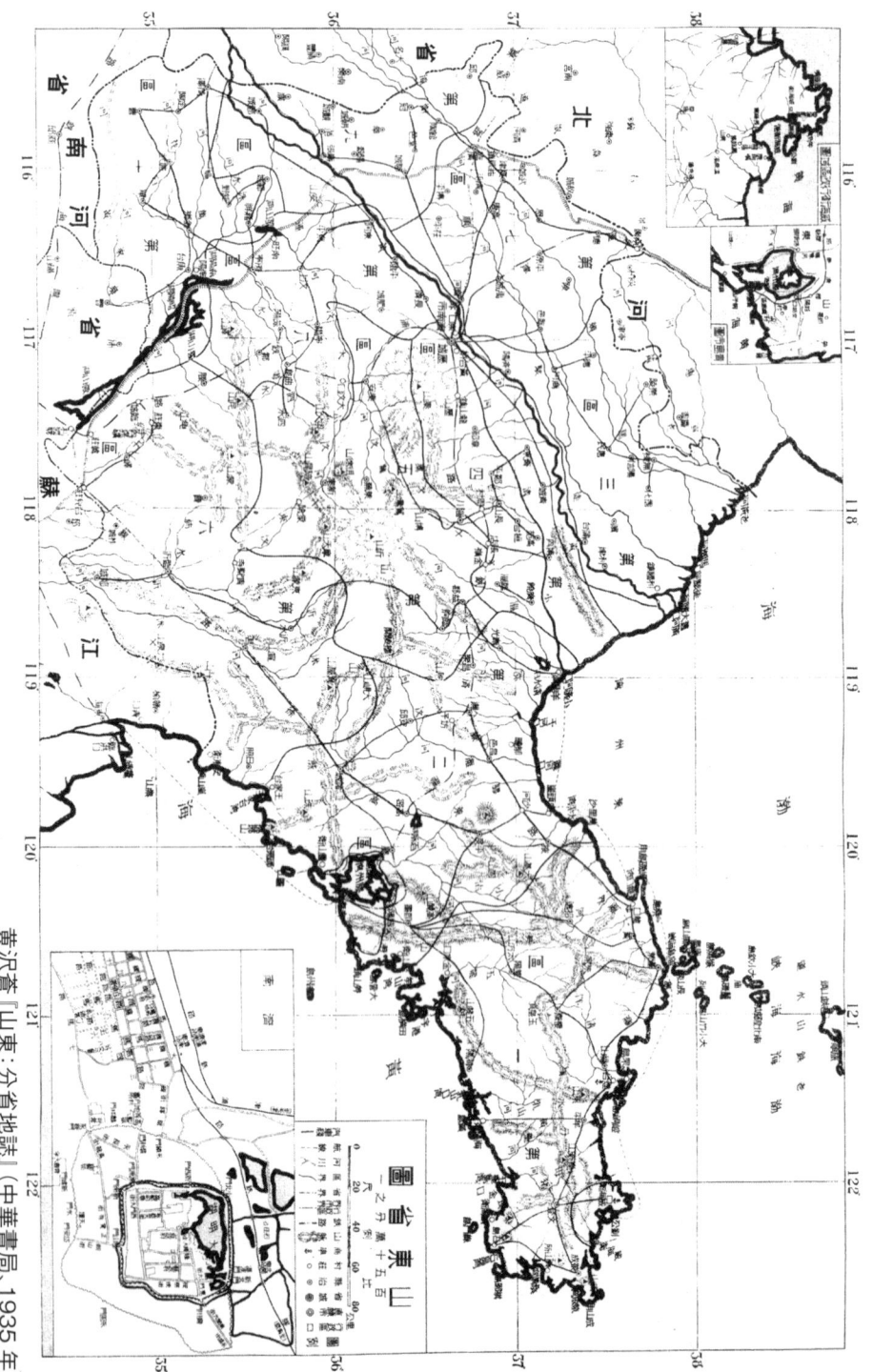

黄沢蒼『山東:分省地誌』(中華書局, 1935年)

青島の近代学校

目　次

目次

序章
- 第一節　問題の所在……………………………………………………… 5
- 第二節　先行研究の検討………………………………………………… 7
- 第三節　本論の構成と史料……………………………………………… 14
- 第四節　青島史についての概略………………………………………… 17

第一部　現地人教育を中心とする青島の近代学校

第一章　ドイツ統治下膠州湾租借地における現地人学校
- はじめに…………………………………………………………………… 26
- 第一節　蒙養学堂の設立過程…………………………………………… 26
- 第二節　蒙養学堂の教育内容…………………………………………… 32
- 第三節　上級学校との接続関係………………………………………… 36
- 第四節　ミッションスクール…………………………………………… 38
- 第五節　高等教育の整備………………………………………………… 41
- おわりに…………………………………………………………………… 43

第二章　日本統治時代軍政期膠州湾租借地における現地人学校
- はじめに…………………………………………………………………… 48
- 第一節　公学堂の設置と制度上の整備過程…………………………… 48
- 第二節　教員と教科目…………………………………………………… 59
- 第三節　「青島守備軍公学堂規則」制定の背景……………………… 61
- 第四節　中等学校の設立とその特徴…………………………………… 67
- おわりに…………………………………………………………………… 73

第三章　日本統治時代民政期における現地人学校
- はじめに…………………………………………………………………… 78
- 第一節　民政部設置に伴う教育制度再編……………………………… 78
- 第二節　公学堂の教員採用……………………………………………… 84
- 第三節　「公学堂ト支那政府設立ノ中等程度ノ各種学校」との接続問題 … 94
- 第四節　青島における高等教育機関の設立構想－青島商科大学を中心に－ …… 103
- おわりに…………………………………………………………………… 123

第四章　北京政府期膠澳商埠における現地人学校
- はじめに…………………………………………………………………… 131
- 第一節　旧公学堂への壬戌学制の適用過程…………………………… 131
- 第二節　公学堂教員と膠澳商埠公立小学校教員との連続性………… 145
- 第三節　日本側設立の中等学校の再編………………………………… 156
- 第四節　北京政府側の青島大学構想と私立青島大学の設立………… 159
- おわりに…………………………………………………………………… 172

第二部　「在外指定学校」としての日本人学校を中心に

第五章　日本統治下膠州湾租借地における日本人学校の整備
　　はじめに………………………………………………………………………180
　　第一節　「在外指定学校」としての青島日本人小学校の設立…………185
　　第二節　初等学校における日本人教員の人事－その構造と特色－……187
　　第三節　中等教育の整備－教員人事を中心に－…………………………197
　　第四節　広島高等師範学校と青島…………………………………………207
　　おわりに………………………………………………………………………216

第六章　青島守備軍から青島居留民団へ
　　はじめに………………………………………………………………………221
　　第一節　山東還附から居留民団立学校への移行…………………………222
　　第二節　初等学校の再編……………………………………………………232
　　第三節　中等学校の再編……………………………………………………241
　　おわりに………………………………………………………………………248

第七章　1930年代の青島居留民団と教員人事の関係
　　はじめに………………………………………………………………………252
　　第一節　公式の教員採用ルート……………………………………………253
　　第二節　非公式の教員採用ルート…………………………………………258
　　おわりに………………………………………………………………………269

第八章　私立青島学院商業学校に通った生徒
　　　　　　――学籍簿分析を中心に――
　　はじめに………………………………………………………………………271
　　第一節　青島学院商業学校生徒の変遷……………………………………273
　　第二節　青島学院商業学校生徒の出身校…………………………………275
　　第三節　転校先………………………………………………………………280
　　第四節　「日華ノ提携融和」の教育法………………………………………282
　　おわりに………………………………………………………………………284

終章
　　第一節　本書のまとめ………………………………………………………286
　　第二節　今後の課題と展望…………………………………………………293

あとがき……………………………………………………………………………297
参考文献一覧………………………………………………………………………300
索引…………………………………………………………………………………306

凡例

1. 年月日の表記は、西暦を基本とした。
2. 文献の刊行年は奥付に表記された元号年を西暦に換算して表記した。
3. 刊行文献、非刊行文献を問わず、引用の際は通用の字体を用いた。なお、人物名などの固有名詞は旧字体のまま記した。
4. 引用文中、解読不可能な箇所は「〇」とした。また省略した場合には「(…)」と記した。引用文に段落がある場合は「／」と記した。
5. 引用文のうち漢字仮名交じり文は読みやすさを考慮し、適宜句読点を補った。
6. 本文・引用文における補充・注釈は（　）で示した。
7. 本研究では1912年から28年にかけて中国大陸にあった政権を「中華民国北京政府」とし、特に必要ない限りは「北京政府」と記す。

序　章

第一節　問題の所在

　本書は東アジアにおいて、「連続／断絶」を軸に教育の近代化がどのように形成されたのか、青島という一都市を分析することでその具体的な様相を検証することをねらいとしている。青島の都市形成の特徴とは何か。『青島地図通鑑』では以下のようにまとめている。第一に、青島は旧都市を基礎にすることなく現代の都市規格によって建設された都市で、今に至るまでその流れが続いている。第二に、上海や天津のように複数の列強諸国によって分割支配された「オードブル（拼盤）」式にバラバラに発展した都市と違い、近代青島は単一の統治機構による制御の下で、都市の発展過程は相対的に整った構造が現れた。第三に、城壁に囲まれた旧市街を基盤とするのではなく、最初から近代都市として建設され、なおかつ列強諸国による共同租界が設定されることなく、単一の統治機構によって統治されていた都市である[1]。

　しかし単一の統治機構とは、時期によって異なる。むしろ統治機構の変遷が見られるのが青島の特徴である。具体的にはドイツという外国勢力の統治権力によって膠州湾租借地として形成され、日独戦争後に日本の占領を経てその行政権を中華民国北京政府が接収し、さらには南京国民政府が行政権を掌握する。このようにダイナミックな統治権力の変遷が見られるのである[2]。そこで研究対象とする時期を1900年代から20年代に設定する。なぜなら青島は1922年に列国から中国側政権に接収された最初の都市であり[3]、この時期こそ「連続／断絶」の具体相を学校教育を通して検証することに適していると考えられるからである。ま

た一方で20世紀初頭は列国の教育制度が展開しただけでなく、清末民初にかけて近代教育政策が具体的に進められた時期でもある[4]。そのためこの時期の青島で教育の近代化がどのように展開したのか検証することで、地域と教育との関係を考察する一つの手がかりを提示できよう。

膠州湾租借地の行政権が北京政府へ還附されるまでのこの時期は、ドイツと日本の占領期間が合わせて25年という短期間であったにもかかわらず、青島に住む人たちの生活に断絶を生み出した[5]。この断絶はその後の近代青島社会の形成に大きな痕跡を残し、青島社会の特色を生み出すこととなった。本書では教育の近代化の継承という視点から、多様な統治権力が交錯した地域における変化の特色を見る。その変化の特色の指標として、学校教員を取り上げる。

本書で教員に注目する理由は、教員人事を通して学校間を移動する点に注目し、学校間の関係を描く指標にするためである。そのため教員個々人の思想や教員文化は対象としない。青島には各時代ごとにドイツ、日本そして現地の教員が様々なネットワークを通じて集まった。そうしたネットワークが多様な学校間のつながり（リンク）となり、青島の学校を通して社会を形成する。このネットワークは、学校間において「採用・在職・転職」という異動パターンをリンクとするネットワークである。こうしたリンクの集合体を、本書では「教員ネットワーク」と呼ぶことにする。この教員ネットワークとリンクの形成過程を分析することで、青島を含む東アジアの諸地域、すなわち日本や朝鮮、満洲などといった帝国日本全体の教員ネットワーク構造と、一方で中国大陸における教育の近代化に伴う教員ネットワークの構造を解明できよう。この構造を検証することは単に過去の物語として描くだけでなく、今日の東アジア地域社会のリンクと教員ネットワークを知る上でも重要な一つの例となるだろう。

青島の教育社会の状況が複雑である背景には、1920年代から本格化した教育権回収運動がある。この運動は北京政府だけでなく、大陸全体が、学校教育の近代化へ動き出したことを示す一つの証左である。本書では教員ネットワークを通して、大陸での動きが及ぼした影響についても分析する。

周知の通り、大陸の動きでこれまでの研究の画期として見なされてき

たのが、1919年の五四運動である。この運動に関する研究は膨大な蓄積があり、その歴史的意味は大きい。しかし、五四運動のきっかけとなった山東権益と教育との関係を扱った研究は乏しく、この運動が中国教育史における単なる時期区分の基準として見なされる傾向がある。そこで本書は山東権益の中心であった膠州湾租借地を分析対象とし、租借地の設置にまで遡って検討する。そのため五四運動が起こった1919年ではなく、山東還附によって北京政府が膠州湾租借地を接収した1922年を中心に、教育の近代化を通してその前後の変化を検証する。

　以上の問題関心から本書は「連続／断絶」を軸に一都市における教育の近代化の過程を定点観測するが、この手法によってどのような歴史像が浮かび上がるのだろうか。本書はこの課題意識から、各論を進める。

第二節　先行研究の検討

　青島における日本の植民地教育は、日本教育史であると同時に、中国教育史でもあるという二面性を持つ。さらに、列国の各宗派が設立したミッションスクールは、各国教育史となろう。すなわち青島の教育史を見るには複眼的視野が求められる。そこで以下では経済史、外交史、教育史を概観し、各分野でどこまで教育の近代化の展開が明らかにされ、どのような限界があるのか論じる。

第一項　経済史での山東研究

　日本統治時代の青島における日本人社会について商人層の移動に注目した研究として、柳沢遊の一連の研究が挙げられる[6]。柳沢は、日本の占領と同時に大連を中心に他の外地から種々雑多な日本人商人層が流入したが、結局定着したのは大手企業であったと明らかにした。柳沢の研究を踏まえて山東経済史において焦点となったのが、山東還附をどう見るのかという点である。この点に関して、桂川光正は軍事史の観点から、山東鉄道と青島港を中国に還附したために日本陸軍が構想した青島を商業・貿易基地とする構想が崩れたとして、「ワシントンでの交渉は完全な敗北であり、山東占領地の統治は失敗に終わった」と結論づける[7]。

一方でヴォルフガング・バウアー（Wolfgang Bauer）は、「山東懸案解決ニ関スル条約」によって日本の経済的優位が承認され、それまで日本が山東に行ってきた投資に対しての代償が保証された、と指摘する[8]。

しかし、ここで「日本」と一括りにすることはできない。というのも、還附に伴い日本人が本国に帰ったため、多くの中小企業は廃業に追い込まれる一方で、資本力を有する大企業は基本的に大きな影響を受けなかったからである[9]。青島郊外の四方や滄口（そうこう）では、青島守備軍が大規模な土地を買い占めた。例えば、鐘ヵ淵や内外綿といった日本企業の大工場が設立される。

こうした大企業は一般に在華紡と呼ばれている。さらに、山東還附は中国の経済勢力にも影響を及ぼす。久保亨は、還附後の山東経済は必ずしも日本側経済勢力が優位を確保していたわけではなく、中国側も独自に経済活動を展開する領域を確保することで日本側と競争的発展をしつつも相互依存関係を持ち、更に棲み分けを行ったことを指摘する[10]。以上の先行研究の知見から、日本統治下の民政期に在華紡などを中心とする日本企業の進出により工業化し、地域商業資本は競争的発展をしつつも日本企業と相互依存関係を持つ構造が見出されよう。

経済史の視角から青島における近代学校に言及した研究として、先に挙げたバウアーと樊玉璽『青島の都市形成史1897-1945　市場経済の形成と展開』（思文閣出版、2009年）が挙げられる。バウアーは青島の近代化に対して教育が果たした役割について検討している。樊は近代学校制度の導入によって高い教育水準の労働者と専門技術者を養成し、特に紡績業での近代技術の導入と吸収を促進させて青島の工業化に貢献したと指摘する（p.276）。そして北京政府側が日本人の設置した小学校を接収して青島市立小学校として統一したことに触れ、学校数・クラス数・生徒数・教職員数について述べている（p.258）。

第二項　山東還附に関する外交史

山東還附を取り巻く国際秩序の再編に関してどのような研究がなされてきたのか。千葉功は「旧外交」から「新外交」への転換を指摘する（『旧外交の形成　日本外交一九〇〇～一九一九』勁草書房、2008年）。その変化とは、ワシントン会議において日本は多角的同盟・協商網ではなく、

多角的条約システム＝ワシントン体制（Washington Treaty System）に参入せざるをえなくなったことである。こうした流れから、列強諸国による租借地還附が決定されるのであった。この知見を踏まえるならば、日本と列強諸国との関係に注目することも重要な課題となる。

第三項　教育史

以下では制度史、教員史、教員養成史、在外日本人学校史、地域教育史、植民地教育史の6つの分野に分けて論じる。

(a) 制度史

本書と関わる研究は、山東還附直前の1922年11月に公布された学校系統改革案（以下「壬戌学制」と表記する）に関する研究である。壬戌学制の制定過程については数多くの研究がなされている[11]。その中でも近年出された研究として、今井航『中国近代における六・三・三制の導入過程』（九州大学出版会、2010年）がある。今井は壬戌学制を単に「アメリカの模倣」として旧学制と取って代わったわけではなく、地方の実情が考慮されたためにアメリカモデルと旧学制の両方の要素を併せ持つ学制であったと指摘する。小林善文『中国近代教育の普及と改革に関する研究』（汲古書院、2002年）第一章において、制定過程の内実と壬戌学制の地方分権的な性格を明らかにした。一方、中国側の研究として、李華興編『民国教育史』（上海教育出版社、1997年）第六章では壬戌学制の制定過程について、馮開文『中国民国教育史』（人民出版社、1994年）第四章では壬戌学制のカリキュラムについて触れている。しかしいずれの研究においても壬戌学制の制定過程に注目するものの、地域への定着過程には踏み込んでいないという限界がある。

(b) 教員史

教員史に注目する理由は、教育の近代化の普及にはスタッフとしての教員の配置を欠くことができないと考えるためである。教員史は教員そのものを対象とした研究と、教員の養成段階に注目した研究に分けられる。まずは教員史に注目すると、学閥を通しての教員人事研究が挙げられる。この分野では、広島高等師範学校を対象とした研究が盛んである。

片岡徳雄・山崎博敏編『広島高師文理大の社会的軌跡』(広島地域社会研究センター、1990年)や山田浩之『教師の歴史社会学　戦前における中等教員の階層構造』(晃洋書房、2002年)が挙げられる。これらの研究は校長に就いた者を中心に同学閥の教員が集まることを指摘する。ただし以上の研究では「内地」の研究が主で、「外地」は視野に入っていない。こうした研究を乗り越えようとしたのが、稲葉継雄『旧韓国〜朝鮮の日本人教員』(九州大学出版会、2001年)である。稲葉は、広島高等師範学校出身者だけでなく東京高等師範学校など他の高等師範学校出身者や、西日本出身者が朝鮮の教員として採用されたメカニズムを分析し、学閥や地縁による職の確保という「連携プレー」[12]の実態を分析する。ただし、朝鮮とのつながりのみを重視し、他の「外地」や「内地」の間を移動した教員については「外地」間移動教員としてその存在を言及するにとどまっている。

(c) 教員養成史

　山東の教員養成史に先鞭をつけた研究として上沼八郎「内堀維文と山東省師範学堂」が挙げられる[13]。この研究は山東での経験から内堀の教育観を探る。また蔭山雅博の一連の研究が挙げられる。「清末における教育近代化過程と日本人教習」では日本人教習が中国の教育近代化に果たした役割について多くの教習が赴任した師範学堂を中心に論じる。そして中国自体の成長に伴って日本人教習による教育行政への関与が求められなくなり、師範教育改組事業に絞られたことを明らかにする[14]。また同氏「宏文学院における中国人留学生教育—清末期留日教育の一端—」では宏文学院で行われた師範教育の実態に迫り、同校出身者が帰国後、師範教育に一定の役割を果たしたことを指摘する[15]。他に民国期の中国における教員養成について論じた研究として、経志江『近代中国における中等教員養成史研究』(学文社、2005年)が挙げられる。同書では日本人師範教師が教習として採用されたルートや、留日師範生が東京高師・広島高師で養成される状況を分析し、日本と中国それぞれの教育界の交流を描く。以上のように、中国教員史の分野では主に日本の師範教育が中国の教員養成にどのような影響を与えたのか、という関心での研究が進みつつある。

(d) 日本人学校研究

　日本人学校研究を検討する理由は、中国大陸に渡った教員の一部は日本人学校に採用されたため、青島における日本人学校研究の参考となるためである。こうした日本人学校の中には、「在外指定学校」として「内地」から教員派遣を受ける学校があった。まず在外指定学校を論じた先駆的研究は、渡部宗助『「在外指定学校制度」の成立とその実態に関する歴史的研究』（昭和56年度文部省科学研究費一般研究（C）、1982年）が先駆的研究である。この研究は在外指定学校の全体像を示す基礎的な研究である。さらに先に引いた同氏「教員の海外派遣・選奨の政策史と様態」では、在外指定学校制度の創出と居留民団の設置について、前者を教員を派遣する政策として、後者を教員招聘の条件整備の政策と位置づける[16]。結論として、そして教員の招聘方式が第一次世界大戦後の海外発展論の流れの中で個別対応的な教員採用から、教職員派遣の一元化が進められていったことを明らかにしている。また日本人学校という大きな枠組で在外指定学校を取り上げた研究として小島勝『日本人学校の研究』がある[17]。

　以上は中国大陸全体の在外指定学校を視野に入れた研究であるが、青島の日本人学校について扱った先行研究はどのような研究がなされてきたのか。まず阿部洋の『「対支文化事業」の研究』が挙げられる。同書第Ⅱ部第一章第二節第二項「「対支文化事業」特別会計法の制定」において、青島における日本人学校と青島・済南両医院の経営に対支文化事業特別会計費が充てられるようになった経緯が明らかとなった。さらに、青島中学校・高等女学校の運営問題に注目した研究として汪輝「在華日本人中等学校財政政策に関する一考察」及び同『戦前期中国における日本居留民団の子弟教育に関する研究』[18]が挙げられる。これらの研究は、対支文化事業費がどのように居留民団の学校経営を補助したのか論じることで、青島における日本人学校が居留民団に移行される背景を明らかにしている。

(e) 地域教育史

　地域教育史として位置づけた研究として青島市史志弁公室編『青島市

志・教育志』(新華出版社、1994年) がある。同書は青島における学校教育について類別に通時的にまとめており、青島の近代学校研究における基礎的研究として位置づけられている。近年中国側で出された青島の近代学校研究に関する論文として、戴淑妮「青島日本人の学校教育―青島日本居留民団統制期を中心に (原題：青島日僑的学校教育 - 以青島日本居留民団管制時期为中心 (1923～1937))」(修斌主編『海大日本研究』第一輯、中国海洋大学出版社、2011年) が挙げられる。同論文は戦間期の居留民団と学校教育との関係から時局を描くことを目的とし、档案資料を基礎に生徒数、科目数、野外演習などについて分析し、青島日本居留民団は日本人学校に対して忠実に国家の戦略意図と教育方針を貫徹させたという結論を導いている。しかしこのように日本側組織を一枚岩と捉えているために、その内部矛盾がどのようであったのか、という課題意識は乏しい。

(f) 植民地教育史

植民地教育史を取り上げる理由は、日本と中国の二面性を背景に分析した研究領域として植民地教育史研究を設定できるためである。従来の研究、特に中国側の研究は、日本と中国を「支配／被支配」、「侵略／抵抗」の二項対立図式で捉え、その中でこの時代の教育を論じてきた。さらに、中華人民共和国という国家形成のナショナルヒストリーとして位置づけているため、特定の歴史の方向性が実在するという暗黙の前提があるように思われる。例えば王智新編著『日本の植民地教育・中国からの視点』(社会評論社、2000年) では、「日本の文化侵略＝奴隷化教育／中国人民の抵抗」という二項対立図式で満洲国時代の教育を把握している。一方で、植民地化こそがアジアの近代化、経済発展を支えたという「植民地近代化論 modernization in colony」のような、「近代化」の結果をことさらに強調し、安直に日本の植民地支配を肯定する人々もいる[19]。しかしこうした研究はイデオロギー論争に偏る傾向がある。

こうした状況に対して、イデオロギーを批判的に検討し、「同化」概念など統治者の言説に内包されているナショナリズム分析に重点を置く研究が進められてきた[20]。しかし、こうした研究は力点を国民 (ネイション) の形成に置くため、「一国史」的な傾向が強くなる。このため植民

地において本国から独立する形で政治権力が代わるとそれぞれの独立国の国民形成史として回収されるため、前政権との間に「断絶」を挟む傾向にある[21]。そのため人材を含めてどのような制度やシステムが新たな政権に継承されたのかという観点は乏しい。

　対外関係において本書の参考となるのが駒込武の一連の研究である。特に列強との関係から植民地における教育の近代化の普及について描いている点が参考となる。駒込は台湾総督府学務課長であった隈本繁吉の1911年の文書を用いて、総督府が学校の普及に消極的であったことを明らかにする[22]。それでも一定の学校普及が見られた要因の一つとして「列国ノ視聴」を取り上げ、日本が文明化の使命を担えるのか猜疑心を抱いている欧米人にアピールする必要があったと指摘する。このように「日本／中国」という枠組みだけでなく、列強の中で日本が低位に位置づけられてきたことを踏まえた上で、駒込は列強を含めた「帝国」全体を議論の俎上に載せる。こうした「列国ノ視聴」という観点は、青島においても通じる。というのも1917年1月に寺内正毅内閣が出した「対支外交方針」では、「山東福建ノ両省ニ至リテハ支那本部内ニ属シ列国ノ視覚鋭敏」のため、「特殊権益」は「南満洲及東部内蒙古」のように「政事上及経済上ノ両方面」にわたるのではなく、あくまで経済面に限定すべきだと唱えるからである[23]。駒込の視角を参照すると、青島でも台湾のように列国を意識したため、日本の統治権力は教育の近代化を促さざるをえなかったのではないかという課題が導かれよう。

　そこで本書は、日本を含む列国が中国大陸を侵略したということは事実として認識しながらも、ナショナリズム分析とは異なった角度から学校教育の近代化と地域との関係を明らかにしていく[24]。

第四項　本書の課題

　以上、経済史・外交史・教育史の研究分野をまとめあげることで、本書の位置づけを探ってきた。経済史、外交史においては地域間移動や列国の視座を踏まえて論じており、青島という地域社会の解明に一定の貢献をなしてきた。しかし教育史分野では植民地教育史を含めて「一国史」的な枠組みから抜け出ていないため、政権の変更に伴う「断絶」面のみに注目してきたと言わざるを得ない。そこで青島における教員人事を中

心に検討することで、教育の近代化をめぐる「断絶」面だけではなく「連続／断絶」の双方を視野に入れ、その実相を解明する。

このように検討する本書の立場は、中国教育史や日本教育史におけるナショナルヒストリーを前提とするのではなく、むしろ青島という一都市を定点観測的に分析することを通して、「日本」と「中国」両者の関係を複眼的に描くことを目指す。そのため、ある特定の歴史の方向性を証明するような演繹的な叙述をすることはない。むしろ多様な近代解釈があり得る中で、定点観測という一事例を通して、教育の近代化が展開される過程を帰納的に描くことが本書の立場である。

第三節　本論の構成と史料

本書は「現地人」[25] 学校と日本人学校という２つの異なる学校体系を対象とし、政治的変遷のなかでそれぞれの学校体系のどの点が連続し、何が断絶したのかを比較検討することを中心的課題とする。このように二部構成にする理由は、第一に日本の軍事・経済的進出と地域商業資本との相互依存という経済関係を踏まえると、「日本」と「中国」というそれぞれの教育の近代化の過程を別個のものとして扱うことはできないからである。というのも、教育の近代化の進展はその双方の相互依存関係とパラレルの関係にあったと考えるからである。そのため「日本」「中国」の学校体系の双方を同時平行的に捉える必要がある。第二に、統治権力、特に青島守備軍が現地人教育と現地在住日本人教育の双方を管轄していたため、双方の学校体系を視野に入れる必要があるためである。野村章は以下のように述べている。

> 従来、植民地教育といえば、それは現地民族にたいする皇民化（奴隷化）教育をさしており、現地在住日本人子弟の教育は、本土の教育の延長線上にある外地の教育として扱われることが多かった。しかしながら、各植民地における日本人子弟教育は、本土の教育を基本とはしながらもそれは文部省の直接管理下におかれておらず、対現地民教育とも関わりながら植民地統治機関（略：引用者）が管掌

しており、いわば直接に政府の対外政策のもとで展開されていたのである。このような実態からして、植民地教育の研究にあたっては、現地における本国人教育と対現地民族それぞれの実相と両者の関連とを視野に入れておくことが必要である[26]。

このように述べ、文部省管轄下になかった「本国人教育」と「現地民族」のそれぞれを同時に視野に入れ、政府の対外政策が直接反映されたことを指摘している。すなわち、双方の学校体系を視野に入れることで、政府の対外政策そのものを議論の俎上に載せようとしているのである。

以上を踏まえ、「日本」「中国」という「一国史」的枠組に落ち入りがちであった従来の研究に対し、本書は北京政府へと回収される教育の近代化と、在外指定学校を中心とする帝国日本へと回収される教育の近代化という2つの学校体系を対象とすることで新たな知見を示す[27]。第一部では現地人教育を中心に検討し、第二部では日本人教育を中心に検討する。こうした問題意識から、膠州領総督府（ドイツ）→青島守備軍（日本）→膠澳商埠督辦公署（中華民国北京政府）と統治権力が変更される中で教育の近代化が継承されていく様相を、教員人事を中心に分析する。

第一部では主に統治者の変遷によって時期区分し、それに従って第一章から第四章に区切る。しかし、むしろそうした時期区分の間に「連続面」を見いだす作業こそが中心的課題となる。青島という一地域において、ドイツ、日本、北京政府へと教育の近代化制度が引き継がれ、いわば「連携プレー」（稲葉継雄）としての側面を検証する。

第一章では前史として第一次大戦前の山東省ドイツ統治下膠州湾租借地を対象とし、ドイツによる蒙養学堂の設立過程と上級学校との接続という2点について考察する。

第二章では日本の青島守備軍による軍政期において、ドイツ時代の教育政策との「連続／断絶」面を学校制度から考察し、日本が構築した「公学堂」という学校系統に蒙養学堂がどう回収されたのか分析する。続いて公学堂の教育内容及び「青島守備軍公学堂規則」の制定過程と規則内容を分析し、現地人を対象とした中等学校を取り上げる。

第三章では日本統治下民政期の現地人教育を対象とし、教員採用から

各公学堂相互の関係を解明する。さらには青島守備軍が公学堂と中華民国北京政府の中等学校との接続を企図したことを取り上げ、同軍が企画した青島商科大学設立構想を通して高等教育政策への取り組みについて明らかにする。

第四章では山東還附によって同地域が中華民国北京政府に回収された後、日本統治時代と北京政府との「連続／断絶」について公学堂教員がどの程度北京政府の公立小学校に残ったのかという観点から検証する。一方で北京政府側の私立青島大学設立への動きについて、外交面を中心に探る。

第二部は青島における「在外指定学校」に認定された日本人学校を対象に、それぞれの学校間関係を教員人事を通して分析する。在外指定学校に対象を絞る理由は、指定を受けることで「内地」の学校体系とリンクするという、帝国日本の教育と接続する役割を在外指定学校は担っていたと考えるからである。この課題を引き受けて、第一に中等学校教員人事を通じて「内地」と「外地」の関係がどのように構築されたのか分析する。第二に、青島と鉄道沿線とのつながりが山東還附によってどのように変化したのか、初等学校教員の人事から描く。

第五章では日本統治下膠州湾租借地において、青島守備軍が在外指定学校を形成する過程を初等教員及び中等教員の「採用／転出」から分析し、広島高等師範学校と青島との関係を、同校出身者の教員採用の具体的様相と青島の同窓会組織の設立から解明する。

第六章では山東還附後に青島守備軍が引き揚げた後、同地に青島居留民団が設置される際の引き継ぎについて、初等と中等に分け、それぞれの教員人事を中心に分析する。

第七章では、日本人学校の設置主体が青島守備軍から青島居留民団に移行される中で、管轄官庁の外務省と、現地居留民団、各学校との間の教員人事について考察し、外務省の下部組織である文化事業部が青島の日本人学校経営に果たした役割を考察する。

第八章では、私立青島学院商業学校を対象に、「外地」の日本側中等学校における生徒の進学状況から青島という地域の特性を探る。なお第七章と第八章は本書の課題である山東還附に伴う「連続／断絶」の諸相の分析とは時期及び対象を異とする、補論的考察である。

終章では本書をまとめ、学校体系の変遷から教育の近代化の特徴を論

じる。最後に本書の今後の課題と展望を示すことで、本研究を閉じる。

続いて本書で用いる史料について説明する。主に用いるのは日本側の史料である。まず、外務省外交史料館や防衛省防衛研究所に所蔵された未刊行史料を用いる。この史料には、外務省や陸軍省といった省庁レベルの公文書、居留民団や青島守備軍といった現地出先機関の公文書、青島中学校長などの書簡史料という形で3つのレベルに分けられる[28]。さらには広島高等師範学校『尚志同窓会誌』といった各学校の雑誌などを用いる。無論日本側の史料だけでは分析視角として自ずと限界がある。そのため中国側史料として、青島市档案館及び山東省档案館に所蔵されている北京政府が作成した学校史や統計史料、さらに『膠澳志』といった民国期に編纂された地方史を用いて現地の教育の近代化を検証する。加えて日記といった個人史料を用いて、ミクロなレベルでの実態の解明に迫る。いうまでもないが、こうした史料群はアーカイブスの編纂者や雑誌編集者など史料の作成者による史料選択がなされた結果であり、普遍性や客観性を担保するものではない。むしろ、多様な歴史解釈ができる余地があることを踏まえた上で、多様なレベルでの史料を用い、立体的な歴史叙述を目指す。

第四節　青島史についての概略

1898年にドイツが膠州湾を租借し、1914年に日本はドイツ軍が駐屯していた青島を占領して軍政を敷く。軍政は青島軍政署管轄と李村軍政署管轄の2系統に分けられた。陸地面積は25の島嶼を合わせて551平方キロである。また陸地は主に東部半島（青島市・李村・滄口など）と西部半島（海西・薛家島など）に分かれ、全区の陸海総面積は1128平方キロである[29]。その間、第一次大戦中の1915年に日本政府は「対華二十一箇条要求」を袁世凱政権に突きつける[30]。1917年10月の民政期以降は青島民政署、李村民政署となり、山東鉄道沿線の坊子にも民政署が置かれる[31]。

第一次大戦は1918年11月11日、ドイツは連合国と休戦条約を締結することで終結する。翌年1月18日から6月28日にかけて27ヵ国の

代表がパリに終結して講和会議が開催される。しかし大戦終結後も青島守備軍が青島を占領したままであった。膠州湾租借地が中国に直接還附されず、一度日本に譲渡される形となったため、パリ講和会議をめぐって1919年に「五四運動」が起こる[32]。一方で日本側がこの会議において重視したのは、山東問題・南洋諸島問題・人種差別撤廃問題の3問題である[33]。パリ講和会議において、日本は列国との間で山東問題を交渉する必要に迫られたのである。

　第一次大戦終結によって一体何が変わるのか。それは、「旧外交」から「新外交」への転換である。千葉功によると、1921年11月から翌年2月に開催されたワシントン会議において「日本政府は多角的同盟・協商網ではなく、四ヵ国条約・九ヵ国条約・海軍軍縮条約・関税条約などを有機的に連関させた多角的条約システム＝ワシントン体制（Washington Treaty System）によって、日本の安全保障と経済発展を追究する方向へと完全に転換せざるをえなくなった」[34]。それまでのイギリスやロシアといった列強諸国との同盟関係から、新興のアメリカによって作られた条約システムに入らざるを得なくなったのである。

　こうした流れから、列強諸国による租借地還附が決定される。この決定がなされた背景として、極東委員会の存在が挙げられる。この会議はワシントン会議と同時並行的に開かれ、会期は1921年12月からである。そして中国側全権顧維均が租借地還附を主張し、列強諸国の一般的租借地の問題が取り上げられる。その結果威海衛（イギリス）、広州湾（フランス）というそれぞれの租借権を放棄し、租借地は原則として中国に還附すべきことが列強諸国で承認される。それまで「租借は即ち割譲なり」という学説が事実上崩れることとなる[35]。

　しかし、実際に威海衛が還附されたのは1930年10月、広州湾が還附されたのは1945年9月とかなり遅れる[36]。一方で日本は1922年2月に「山東懸案解決ニ関スル条約」を北京政府との間で締結する。すなわち日本の租借地還附は他の列強諸国に先んじて行われたのである。とはいえ、日本が占有した全ての土地を北京政府に還附したわけではない。「山東懸案解決ニ関スル条約」第7条によって公立学校と神社、墓地を日本人居留民団が管理することが認められるのである[37]。ここに「公立学校」とあるのは、後に述べるように在外指定を受けた青島守備軍立学校のこ

とで、日本人学校を指している。さらに同年 12 月 1 日に「山東懸案細目協定」が、同月 5 日に「山東懸案鉄道細目協定」が調印される[38]。同月 10 日、勅令第 505 号が公布される。この勅令によって「青島守備軍民政部条例」及び勅令第 182 号（1916 年 7 月 14 日）「在外指定学校職員退隠料及扶助料法」、勅令第 193 号（1917 年 10 月 18 日）「青島守備軍民政府職員服制」という 3 つの勅令及び法律が廃止される[39]。こうして日本政府は膠州湾租借地を北京政府に還附し、青島守備軍は撤退した。

山東還附の結果膠州湾租借地は膠澳商埠と改称し、北京政府直轄の膠澳商埠督辦公署が設置される[40]。さらに 1925 年に青島の行政管理は北京政府の直轄から山東省政府の管轄に変更され、膠澳商埠督辦公署は膠澳商埠局と改称される[41]。1928 年に南京政府により中国統一がなされると、膠澳商埠は青島特別市となる。本書ではドイツから北京政府に至る 1898 年から 1927 年までをさしあたり対象とする。ただし日本人学校については、第七章及び第八章で見るように、1930 年代まで射程に入れる。

以上のような政治的変遷を経た青島において、人口はどう変化したのか。そこで 1913 年から 26 年にかけての人口増減を表 0-1 にまとめた。ドイツ統治時代の 1913 年の日本人人口は 316 人で、1915 年 1 月 20 日現在で 3242 人となっている[42]。この表を見ると、占領と同時に日本人人口が急増し、さらに民政期の 1920 年から 22 年にかけて 2 万 4 千人前後にまで増加することがわかる。しかし還附後の 1923 年には約 9 千人減少して約 1 万 5 千人となり、一つの「断絶」が見いだせる。その後 1926 年までほぼ一定となる。

【表 0-1　青島（膠州湾租借地）の人口増減表】

年	日本人	外国人	支那人※	計
1913	316	2,069	187,000	189,385
1914				
1915	3,743	590	185,078	189,411
1916	11,612	483	163,975	176,070
1917	18,561	525	183,292	202,468
1918	18,652	510	180,363	199,435
1919	19,998	362	192,201	212,561
1920	24,536	399	207,824	232,759
1921	24,262	469	215,669	240,400
1922	24,132	387	217,355	241,874
1923	15,266	404	221,246	236,916
1924	13,504	575	236,175	250,254
1925	13,439	657	263,492	277,588
1926	13,468	630	269,944	284,042

典拠：1913 年及び 15 年は田中次郎『山東概観』（1915 年、pp.119-120,130）より作成、1916 年以降は青島居留民団青島日本商業会議所『山東に於ける在留邦人の消長』（1927 年 8 月、p.9）より作成した。註：1915 年は 2 月、以降は年末の調査である。1914 年の人口は不明。

このことから、占領に伴う日本人人口の急増が、特に初等教育の必要性を求めたと考えられる。一方、「支那人」人口と外国人人口は開戦後減少した。外国人人口はその後ほぼ一定を保つが、「支那人」人口は民政期の1918年以降26年まで一貫して増加傾向にある。

【註】
1) 青島市档案館編『青島地図通鑑』（山東省地図出版社、2002年）p.48。
2) 他にこのような外国勢力によって建設された中国大陸の租借地として膠州湾、旅順・大連、威海衛、九龍、広州湾が挙げられる。ドイツは膠州湾を1898年3月6日に租借し、3週間後の同月27日にロシアが旅順・大連（関東州）を租借した。イギリスは九龍を同年6月9日に、威海衛を7月1日に租借し、フランスは翌年11月7日に広州湾を租借した。このように、中国大陸での租借地は、本研究で対象とする膠州湾を皮切りに、1898年から99年にかけての同時期に列国によって踏襲されていったのである。租借地に関しては川島真「領域と記憶—租界・租借地・勢力範囲をめぐる言説と制度」（『模索する近代日中関係　対話と共存の時代』貴志俊彦・谷垣真理子・深町英夫編、東京大学出版会、2009年）表2（pp.168-169）を参照のこと。また、租借地という支配形態が列国に踏襲される点に関しては、浅田進史「膠州湾租借条約の成立」（工藤章・田嶋信雄編『日独関係史：一八九〇—一九四五．Ⅰ　総説／東アジアにおける邂逅』東京大学出版会、2008年）を参照のこと。
3) 前掲川島論文の表2を参照のこと。
4) 一般に中国の近代学制は1902年の欽定学堂章程、1904年の奏定学堂章程、中華民国成立直後の1912年から13年の壬子癸丑学制、1922年の壬戌学制、南京国民政府による1928年の戊辰学制と展開する。なお、清末民初の近代学校の展開については阿部洋『中国近代学校史研究—清末における近代学校制度の成立過程—』（福村出版、1993年）第五章及び第六章を参照のこと。阿部は1904年の奏定学堂章程の制定公布を中国教育史上の画期とし、小学堂から京師大学堂に至る近代学校制度が発足、翌1905年には科挙制度の廃止と学部（日本の文部省に相当）を頂点とする教育行政制度の確立が中国の教育近代化において重要な意義を持っていると指摘する。しかしこうした急激な教育近代化は民衆の反発を招いたとし、第一章では奉天省を事例に近代学校の勧学をめぐる学務関係者と民衆との確執、第四章で清末の「毀学暴動」を分析した。なお阿部は北京政府の教育改革は中国教育史上画期的意義があるとしながらも、政治的社会的基盤の欠如のため教育改革は挫折し、軍閥の専制・抗争のためむしろ「教育破産」の状態となったと否定的な評価を行っている（p.242）。一方で毛沢東等に指導された農民運動での農民学校は自主的主体的な教育要求の発現があったと積極的に評価している（p.280）しかし、北京政府の近代学校の展開はこのような否定的評価に留まっていて良いのだろうか。本書では膠州湾租借地が北京政府に還附された後の学校教育を検討することで、北京政府時代の教育の再評価を行う。
5) こうした国家間のぶつかり合いの瞬間を象徴的に示していると考えられるのが、以下の記述である。

大正十一年十二月一日の正午、ドンが鳴ると同時に、汽車はどこで
　　もかまはず、その場にぎいつと止まつてしまつた。従業員はばらばら
　　と跳ね下りて、万歳万歳と叫びながら、一団となつて引き上げてゆく。
　　軍司令部の屋根の上の日章旗が、するすると下ろされたと思ふと、引
　　きかへに青天白日旗があがつていつた。(…) 万事は終つた。十二月十
　　日、青島守備軍民政部条例が廃止され、自然、民政部長官も廃官とな
　　る。既にその前日の九日に、陸軍省参事官を免ぜられてゐたから、氏（秋
　　山雅之介、引用者註）は、ここに於いて完全に浪人になつたわけであ
　　る（渡邊清編『秋山雅之介伝』秋山雅之介伝記編纂会、1941 年、p.238）。

　これは、山東還附の瞬間を、最初で最後の青島守備軍民政長官であった秋
山雅之介の伝記として描いたものである。なおこの文献では「青天白日旗」
とあるが、1922 年当時は中華民国北京政府の国旗は五色旗であった。『見証
青島（上）』（青島市档案館、青島出版社、2009 年、pp.44-45）の写真資料に
よると、接収式典（交接儀式）において旧青島守備軍司令部（旧ドイツ膠州
領総督府）前に五色旗が掲げられていることが確認できる。青天白日旗は
1913 年に海軍旗、のち中国国民党の党旗に制定されたものの、当時は国旗
ではなかった。青天白日旗を基にした青天白日満地紅旗が国旗に採用された
のは南京国民政府が全国統一をなした 1928 年以降のことである。そのため
この文献の記述には疑問が残る。おそらく伝記という性格上この箇所は誤認
と思われる。この点はともかくとして、1922 年 12 月 10 日に軍司令部屋根
のシンボルが移り変わったのである。
6)　柳沢遊「1920 年代前半期の青島居留民商工業」『産業経済研究』（久留米大
　　学産業経済研究会、第 25 巻第 4 号、1985 年）及び同「1910 年代日本人貿易
　　商人の青島進出」『産業経済研究』（久留米大学、第 27 巻第 1 号、1986 年）。
7)　桂川光正「日本軍政と青島：1914 ～ 22 年」千田稔・宇野隆夫編『東アジア
　　と『半島空間』―山東半島と遼東半島―』（思文閣出版、2003 年）p.252。
8)　ヴォルフガング・バウアー『植民都市・青島 1914-1931　日・独・中政治経
　　済の結節点』（大津留厚監訳、森宜人・柳辺のどか訳、昭和堂、2007 年）p.62。
9)　庄維民・劉大可著『日本工商資本与近代山東』（社会科学文献出版社、2005 年）
　　p.277。
10)　久保亨「近代山東経済とドイツ及び日本」『日本の青島占領と山東の社会経
　　済 1914-22 年』（東洋文庫、2006 年）pp.76-77。
11)　壬戌学制の制定過程を全国教育会連合会と中華民国教育部の対立と捉え、欧
　　米の影響の強い前者の学制改革案が基盤となり、それまでの日本型の学制か
　　ら欧米型の学制に取って代わられた、という通説が中国教育史研究でなされ
　　てきた。これは、伊藤伊八『支那の学制改革』（南満洲鉄道株式会社地方部
　　学務課、1923 年）から始まり、平塚益徳『近代支那教育文化史』（目黒書店、
　　1942 年）第九章第一節において五四運動とデューイの影響が指摘され、斎
　　藤秋男『中国現代教育史―中国革命の教育構造―』（田畑書店、1973 年）や
　　阿部洋前掲書『中国近代学校史研究』へと引き継がれ、中国教育史研究にお
　　いて定着したと考えられる。
12)　稲葉継雄『旧韓国～朝鮮の日本人教員』（九州大学出版会、2001 年）p.11。

稲葉は「連携プレー」という語の定義はしていないが、本書ではある学閥内において教員人事が継承される様を描く語として用いる。
13) 上沼八郎「内堀維文と山東省師範学堂」『国立教育研究所紀要』（第115集、1988年）。
14) 薩山雅博「清末における教育近代化過程と日本人教習」『日中教育文化交流と摩擦』（第一書房、1983年）所収。
15) 薩山雅博「宏文学院における中国人留学生教育―清末期留日教育の一端―」『日本の教育史学』（第23集、1980年）。
16) 渡部宗助「教員の海外派遣・選奨の政策史と様態」小島勝編著『在外子弟教育の研究』（玉川大学出版部、2003年）。
17) 小島勝『日本人学校の研究―異文化間教育史的考察』（玉川大学出版部、1999年）。
18) 汪輝「在華日本人中等学校財政政策に関する一考察―『対支文化事業』による補助過程を中心に―」アジア教育史学会『アジア教育史研究』（第10号、2001年）及び同『戦前期中国における日本居留民団の子弟教育に関する研究』（博士論文、広島大学、2002年）。
19) 1990年代から「新しい歴史教科書をつくる会」が活発に活動を続けていたが、内部分裂もあり、活動は分散しているように思える。一方で、近代批判の系譜から植民地の問題を論じる「植民地近代」（または「植民地的近代」colonial modernity）論が朝鮮、台湾史において盛んである。朝鮮史については『植民地近代の視座／朝鮮と日本』（岩波書店、2004年）、台湾については駒込武「台湾における「植民地的近代」を考える」『アジア遊学』（No.48、勉誠出版、2003年）を参照のこと。
20) こうした視点で帝国日本の植民地教育政策を検討した研究の代表例として、駒込武『植民地帝国日本の文化統合』（岩波書店、1996年）が挙げられよう。
21) 戦前の教育機関が戦後どのように継承されたのか、という観点で参考となる研究として呉密察「植民地大学とその戦後」（『記憶する台湾　帝国との相剋』東京大学出版会、2005年）がある。呉は台北帝国大学文政学部歴史科を研究対象とし、その成立と教官の研究関心を論じ、戦後国立台湾大学にどのように接収されたのか明らかにした。その結果、大陸出身学者は学問的関心の違いから台北帝国大学時代の図書や研究成果を活かせず、台湾人学者も少なかったため、「台湾大学と台北帝国大学は学問的に学問的に完全な断絶を形成してしまう」（p.326）と結論づけている。すなわち校舎などを接収しても、人材面では「断絶」した側面が強調されているのである。
22) 駒込武「帝国と「文明の理想」」『帝国と学校』（昭和堂、2007年）p.22。
23) 「対支外交方針」（1917年1月9日、『寺内正毅関係文書目録』、山本四郎「寺内内閣初期の対華政策」『史窓』第37号、1980年より再引用）
24) 槻木瑞生は「東アジアの近代学校の成立過程を、「侵略」や「抗日」の視点だけで見ていては不十分で（…）近代学校を重層的な視点で見るときには、近代学校を「良い」、「悪い」、あるいは「優れている」、「型にはまった教育だ」などという単純な評価はできなくなる」（槻木瑞生「満洲国以前の吉林省の教育施設」『玉川大学教育博物館紀要』（第7号、2010年、p.77）と指摘し、「王氏私立自強学校」と日本の新教育との関わりを解明している。教育の近代化と地域との関係に関して、様々なアクターが近代的な学校体系の形成に関与

25) 本書で「中国人」ではなく「現地人」と表記する理由は、「中国」という国家権力に一括りにしてしまうことで、人々の多様な姿が見えなくなることを危惧するためである。特に青島という一地域に以前から住む人々や、この地に大陸の他地域から集まる人々に目を向けたい。
26) 野村章『「満洲・満洲国」教育史研究序説』（エムティ出版、1995年）p.21。
27) そのため、本書ではドイツ人といった欧米人教育は対象としない。
28) こうした未刊行史料の一部はアジア歴史資料センターにおいてデジタル史料として整備が進みつつあり、インターネット上で公開されている（http://www.jacar.go.jp/）。ただしデジタル化の過程で原史料にあった赤鉛筆の書き込みなどが消えていることがあるため、本研究では原史料と付き合わせて確認した。
29) 袁榮叟『膠澳志』（『近代中国史料叢刊』第31集第1巻、文海出版社、1968年）pp.157-160。
30) これは、中国政府にとって許容できない要求を織り交ぜ、最終的には膠州湾租借地還附を代償として取り下げることで日本にとって絶対的な要求である満蒙権益の保全を押し通すことを目的にしていた（千葉功『旧外交の形成 日本外交一九〇〇〜一九一九』勁草書房、2008年）p.400。
31) 租借地外の坊子、済南に民政署を設置しようとした青島守備軍に対し、山東省民が反対運動を起こした。この反対運動については加藤直子「山東民政反対運動について」『お茶の水女子大学人文科学紀要』（第36号、1983年）を参照のこと。
32) 川島真、服部龍二編著『東アジア国際政治史』（名古屋大学出版会、2007年）p.106。
33) 千葉前掲書 p.385;p.391。
34) 千葉前掲書 p.397。
35) 植田捷雄『支那租借地論』（日光書院、1943年）pp.126-127。
36) 川島前掲論文、p.168の表2を参照のこと。
37) 国立公文書館『御署名原本・大正十一年・条約第三号・山東懸案解決ニ関スル条約』（JACAR:ref.A03021421400）。
38) 曽田三郎「山東鉄道をめぐる日中交渉と日本人主任雇用問題」前掲書『日本の青島占領と山東の社会経済1914-22年』（東洋文庫、2006年）p.85。
39) 国立公文書館『御署名原本／大正十一年／勅令第五百五号／青島守備軍民政部条例等廃止』（JACAR:ref.A03021417300）。
40) 青島市档案館編『中国档案館指南叢書　青島市档案館指南』（中国档案出版社、1998年）p.12。
41) 欒玉璽『青島の都市形成史:1897〜1945 ─ 市場経済の形成と展開』（思文閣出版、2009年）p.50。
42) 田中次郎『山東概観』（1915年）p.128;130。

第一部

現地人教育を中心とする青島の近代学校

第一章

ドイツ統治下膠州湾租借地における現地人学校

はじめに

　本章では、第一次大戦前の山東省ドイツ統治下膠州湾租借地（以下「膠州湾租借地」とし、カッコを略す）を対象とする。この地域の近代学校を制度的側面から検討し、それが地域へ定着する過程を、地域の目線から考えてみたい。そこで本章では、現地人初等教育機関であった「蒙養学堂」(以下カッコを略す)を中心に、以下の2つの課題を論じる。第一に、ドイツによる蒙養学堂の設立過程を明らかにする。第二に蒙養学堂が上級学校とどのように接続していたか考察することで、膠州湾租借地における学校制度の有り様を素描する。こうした問題意識から、第一節では蒙養学堂がどのように設立されたのか、その背景と経緯について概括する。第二節では蒙養学堂のカリキュラムがどのようなものであったのか、清国の学制である「奏定学堂章程」でのカリキュラムと比較してその特徴を考察する。第三節では上級学校との関係を分析する。第四節ではミッションスクールと現地人教育との関係を検証する。第五節では、高等教育機関の設立を通してドイツと清国との学制の関係を探る。

第一節　蒙養学堂の設立過程

　1897年11月14日、ドイツ東アジア巡洋艦隊は山東省東南岸に位置する膠州湾を占領し、1898年3月6日に独清間で「膠州湾租借条約」が締結される[1]。同条約によって膠州湾租借地が設定され、その後およ

そ17年間にわたってドイツの統治下に置かれる。膠州湾の行政は、膠州領総督府（Gouvernement Kiatschou）が担うこととなる[2]。こうした占領地行政の一環として、現地人教育が行われた。それでは、膠州領総督府はどのような教育を現地人に対して行い、具体的にどのような学校が設立されたのだろうか。本節では初等教育を担った蒙養学堂の設立過程を中心に分析する。

第一項　蒙養学堂の設立過程

　第一次大戦の初戦においてドイツ領膠州湾租借地を占領した青島守備軍は、蒙養学堂設立の背景を以下のように述べている。

> 　総督府ハ又山東ニ於テ経済的施設ヲ為スト同時ニ青島ヲ対支政策ノ策源地タラシムル希望ヨリシテ物質的ニ山東地方ヲ開拓スルノミナラス精神的ニモ之ヲ開拓シ以テ政治上ノ勢力ヲ扶植スルト共ニ独逸品ニ対スル需用ヲ高メ以テ経済上ノ利益ヲ収メムトシタリ茲ニ一案ヲ画シ大ニ支那人教育ヲ行ヒ多大ノ学資ヲ投シテ外国留学（殊ニ多数ノ日本留学生ヲ青島ニ奪ハムトシタルガ如シ）ヲ敢テスル者ヲ防止シ独逸語ニ依リ泰西ノ文明的科学ヲ研究セシメ以テ支那ノ人心ヲ収攬セムトシタリ[3]

　ドイツは膠州湾租借地を「経済的施設」とすると同時に「対支政策ノ策源地」として建設し、物質的開発だけでなく精神的な開発を行うことで政治上の勢力を扶植することを目指していたと、青島守備軍は分析している。ドイツが現地人教育に「多大ノ学資」を投じた理由として、外国留学を防止し、ドイツの「文明的科学ヲ研究セシメ以テ支那ノ人心ヲ収攬」しようとしたことを挙げている。加えて「多数ノ日本留学生ヲ青島ニ奪ハムトシタルガ如シ」と述べているように、青島守備軍にとってドイツの文教政策は日本への対抗措置と映ったようである。ドイツが膠州湾租借地への文化投資を行った背景として、欒は1905年と11年のモロッコ危機で英仏に敗れてアフリカからの撤退を余儀なくされたため、対外文化活動ができ、かつ経済的将来性が見込める中国に目を向けるようになったと指摘する[4]。こうした文化政策の一環として、蒙養学堂の設

立があったと考えられる。蒙養学堂の設立過程は以下の通りである。

　　　往事租界内ノ学務ハ支那旧来ノ私熟(ママ)ノ外ハ多ク教師ノ設立スルモ
　　　ノナリシカ一千九百〇五年行政公署ニ於テ幼稚園二カ処ヲ設ケ学生
　　　三十余名ヲ収容シタルニ人民ハ之ヲ歓迎シ資金ヲ出シテ補助セリ[5]

　1905年に膠州領総督府行政公署が「幼稚園」(『青島全書』第二版では「蒙養学堂」)2ヵ所を設立して学生を集め、地域の人々が歓迎して資金を出して補助したという。また第一次大戦前に膠州湾租借地に滞在した上仲直明によると、「政庁は支那人小学校の事に自から干渉しよう思ひませんでしたが経験を得たいため青島市外の二箇所に試みに千九百五年二月に小学校を五六校立て」た[6]。蒙養学堂が最初に設置された2ヵ所のうち1ヵ所は「公立小学堂ハ一千九百〇五年初メテ台東鎮ニ設置シタルヲ始メトシ漸次拡張シテ九箇所トナ」ったとあるように、台東鎮(たいとうちん)であった[7]。台東鎮はドイツ人街であった市街中心地から離れた区域に中国人街として築かれ、中小会社や商社、家内手工業者が多数居住した[8]。このように商人層や労働者層が集まる地であったため、その子弟を教育する蒙養学堂がこの地で設立されたと考えられる。

　『青島市志・教育志』によると、もう1ヵ所は法海寺(ほうかいじ)であった[9]。法海寺は租借地郊外の仙家寨(せんかさい)にあった[10]。しかしなぜこの地が選ばれたのかは管見の限り不明である。ともかく、上仲が「青島市外の二箇所」と述べていたように、蒙養学堂は当初市中心部ではなく、郊外から設立されたのである。

　このように蒙養学堂の設立は1905年から順次行われたが、その多くは元々私塾を改造したものである[11]。このことから、地域における既存の教育機関であった私塾と膠州領総督府が設立した蒙養学堂との間には、連続した側面があったと言えよう。ただし、校舎や教材、生徒がどれほど蒙養学堂に継承されたのかについては管見の限り不明である。

　その後蒙養学堂の数はどのように増えていったのだろうか。李村区では法海寺、宋哥庄(そうかしょう)、浮山後(ふざんご)、灰牛石(かいぎゅうせき)、登窰(とうくつ)、九水(きゅうすい)、埠落(ふらく)、趙哥庄(ちょうかしょう)に蒙養学堂が置かれ、青島区では包島(ほうとう)、台東鎮、薛家島(ほくしょう)、北庄にそれぞれ蒙養学堂が置かれた[12]。このように1912年時点で李村区には8校、青

第一章　ドイツ統治下膠州湾租借地における現地人学校　29

島区には4校蒙養学堂が設置されたことが分かる。その後「我カ占領前ニ於ケル学堂数二十二校ヲ算シ」た[13]。ただし22校となった時期は不明である。また「独逸時代ニ於ケル支那人児童教育機関ハ公立小学堂二十六校アリシノミ」とある[14]。このように、最終的には26校まで増設されたと考えられる。その26校があった地域は、青島は「青島、台東鎮、薛家島、施溝、辛島、南屯、濠北頭、瓦屋荘」の8校で、李村は「李村、浮山後、滄口（原在甕窰頭）、趙哥荘、法海寺、九水、埠落、灰牛石、侯家荘、朱家窪、陰島、上流、宋哥荘、登窟、姜哥荘、于哥荘、下河、香裏等（句読点引用者）」の18校であった[15]。これらの地域は「青島市内や人口が比較的多い各村落であり」、租借地内の主だった村落を網羅している[16]。こうしたことから、青島市内と比較的人口が多い村落が意図的に選ばれたと言える。

なお青島区のみであるが、蒙養学堂の設置状況を表1-1にまとめた。先に見た通り、青島区では1905年に台東鎮に設立されたことを皮切りに、1907年と1912年にそれぞれ1校、1913年に4校、1914年に1校増設され、合計で9校となった[17]。なぜ、この時期に蒙養学堂が増設されたのだろうか。

【表1-1　青島区における蒙養学堂の設立】

所在地	設立年	西暦	教員数	生徒数
大鮑島（青島）	民国元年	1912年	5	120
台東鎮	光緒31年	1905年	6	140
葭家島	民国2年	1913年	2	38
薛家島	光緒33年	1907年	3	48
北庄	民国元年	1912年	2	25
南屯	民国2年	1913年	1	21
史溝	民国2年	1913年	2	31
濠北頭	民国2年	1913年	1	22
辛島	民国3年	1914年	1	22

出典：青島軍政署『大正四年三月二十日　青島発達史』（1915年）8-9丁。

独逸政庁ノ執リタル支那人教育ノ方針ハ重キヲ徳華高等学堂ニ置キテ小学教育ニ至リテハ最初教会ニ一任シタルモノノ如ク殊ニ辺僻部落ニ対シテハ住民各自ノ経営ニ任セタルモ時勢ノ要求ニ促サレテ漸ク最近三四年前ニ至リ開校セシモノ少ナカラサルニ観ルモ其対支那人教育ヲ重要視セサリシヲ知ルニ足ルヘシ[18]

このように「支那人教育」に関して、膠州領総督府は当初徳華高等学堂に重点を置いたため初等教育を教会に任せ、地方の教育は地域住民に

任せていたが、「時勢ノ要求」に促されて開校するに至った。なお、「徳華高等学堂」については第四節で扱う。

　ここでいう「時勢ノ要求」とはどのような要求だったのだろうか。浅田進史は、1910年から13年にかけて青島港からの輸出量が増加するが、それは「膠州領総督府の経済政策が、当初の石炭輸出とドイツ製品の輸入を主軸にした流通戦略から、山東経済との一体化に基づいた、輸出加工業中心の多角的な戦略へと変化」したためだと指摘する[19]。山東鉄道と青島港が結びつき、扱う貨物が石炭のみから山東半島全体の様々な産物へと転換した。その結果膠州湾租借地を中心に「後背地」を含めて、ドイツがもたらした近代的流通網に回収され、経済構造が変化したと言えよう。浅田の分析を踏まえると、膠州湾租借地が膠州領総督府による多角的な戦略の中で山東経済と結びつくことで地域の教育要求が促され、ドイツ側が蒙養学堂を設立せざるを得なくなったと考えられる。

第二項　生徒数

　1905年に蒙養学堂が設置されて以来、その生徒数はどのくらいの規模となったのだろうか。年代は特定できないが、「五十三名ノ教師及千五十名ノ生徒ヲ有シタリ」[20]といった記述や、「教員五十三名学生一千〇五十名アリシカ是レ亦公署ニテ管理スルコトトナレリ」といった記述がある[21]。これらの史料から、教員は約50名、学生は約1000名になったことが分かる。先の表1-1によると、最大規模校は台東鎮であり、教員6名、生徒140名であった。次は大鮑島（青島）で、教員5名、生徒120名であった。この2校がいわば青島区において中心的な蒙養学堂であったと考えられる。台東鎮蒙養学堂については前述したので、次に青島蒙養学堂の例を見ていこう。

　「民国元年（大正元年）陰暦五月独逸民政署青島商務総会ト協力シ北京町ニ青島蒙養学堂ヲ設立」したとあるように、青島商務総会と膠州領総督府が協力して青島蒙養学堂が設立された[22]。青島はドイツ統治下に諸官庁、各国領事館、銀行、警察署、学校、迎賓館が建てられるなど膠州湾租借地における政治的中心地であった[23]。なお北京町は青島駅から近く、市中心部にある。

　同校が設立される4年前の1908年10月、山東巡撫に就任した袁樹勳

【表1-2 青島蒙養学堂の生徒数、学級数、職員数】

年月	生徒数	学級数	職員数	摘要
民国元年7月	44	2	2	開校当時
同2年7月	150	6	6	
同3年7月	不詳	不詳	不詳	8月解散

出典：『青島公学堂一覧』。

が青島の三江会館を訪問し、中華商務公局の丁敬臣が就任祝辞の挨拶を述べた。袁は祝辞への返礼の中で貿易の重要性、会館の発展、会館の文化的役割の3点を提起した[24]。高瑩瑩によると、山東政府が青島商人に対して文化面での発展を提起したのはこの時が初めてだという。この時の袁の発言が青島蒙養学堂設立きっかけとなったかどうかは不明だが、同校の設立には膠州領総督府と青島商務総会だけでなく、山東政府もまた関わった可能性がある。

　先の史料にある「青島商務総会」とは1902年に設立された青島中華商務公局の後身である[25]。商務公局時代はドイツ官憲の監督下であったが、商務総会は山東省全体の各所130ヵ所に設立された商務分会の一つとして北京政府に隷属した[26]。1910年代から「輸出加工業中心の多角的な戦略へと変化」したという浅田の指摘を踏まえると、青島蒙養学堂は膠州湾租借地を基盤とする商人層の期待と支持を受けた近代学校として設立された、と言えよう。青島蒙養学堂の生徒数及び学級数、職員数をまとめたのが表1-2である。設立年の1912年から翌年で生徒数がおよそ3.5倍増加し、それに伴い職員数、学級数も3倍となった。学級数と職員数が同じであることから、1学級あたり教員1名で、生徒数は平均して25名前後であった。他の郊外にあった蒙養学堂は「各二十名内外の生徒が」いたとあり[27]、表1-1と比べると若干少ない。

第三項　蒙養学堂の経費

　上仲によると「教師は支那人で授業科目は支那の読書と習字と算術、地理で授業料は無料」だった[28]。蒙養学堂の経費は膠州領総督府か、または区・鎮が負担した[29]。では、その経費でどの範囲まで賄ったのだろうか。「一千九百四年ヨリ官立蒙養学堂設置ヲ開始シ校舎、校具、教員俸給、生徒ノ教科書、学用品等総テ官給」で、その品目は「筆、紙、墨、硯、方図、鉛筆、石盤及教科書ニシテ書籍、石盤ノ如キハ貸与シタ

ルカ如シ」であった[30]。つまり学校生活のほぼ全てが経費によって賄われていたのである。

こうした学校運営は全ての蒙養学堂でなされていたのだろうか。「教員ノ俸給ハ何レモ公署ヨリ支給セルモ大鮑島公立学校教員ノ俸給ハ支那商務会ニテ調達セリ」とあるように、教員の給与は「大鮑島公立学校」を除いて公署から支出されていた[31]。給与形態からすると、ほとんどの蒙養学堂は官立であったと言える。先の表1-1で見たように、「大鮑島」とは青島のことである。「青島ニ於テハ青島商務総会ヨリ毎月百十四元ヲ支出」した[32]。すなわち青島蒙養学堂は膠州領総督府が管轄しつつも、経費の面では商務総会によって設立されたと言えよう。

李村では、「李村ニ於テハ即墨県時代ヨリ学田トシテ存置セラレタル南曲所在ノ五萬六千五百余坪ヨリノ収入ヲ以テ之ニ充」て、不足分は1908年発布の「支那公共設備用税金」から捻出された[33]。そのため教員の給与も学田から捻出されたと考えられる。

第四項　蒙養学堂の教員

学校教育を実質的に支えていくのは、教員という存在であろう。では各校にはどのくらいの教員がいたのだろうか。ドイツ及び日本占領期の膠州湾租借地では、蒙養学堂と公学堂の教師は多くは中国人であり、個別の学堂でドイツ人または日本人の教師がおり、蒙養学堂の各校の教師は4人を超えることはなかった[34]。また蒙養学堂一校につき教習は3、4名であった[35]。しかし具体的な教員名までは現在のところ不明である。

第二節　蒙養学堂の教育内容

本節では蒙養学堂の教育内容がどのようなものであったのか概観するとともに、清末の1904年1月に制定された「初等小学堂章程」など一連の学堂章程（以下「奏定学堂章程」と総称し、カッコを外す）との関係について分析する[36]。ただし、現在のところ蒙養学堂に関する規定は発見できていない。そのため、本書では蒙養学堂の運用に関する記録と、奏定学堂章程の規則とを比較する。

第一項　修業年限と教科目

　蒙養学堂の修業年限と教科目について見てみよう。まず『青島発達史』では「修学期ハ五年トシ支那ノ言語文字及経書物理地理算術等ヲ授ケ第四年ハ独乙語ヲ加ヘタリ」とあり、修業年限は5年で5科目を基本として、4年次よりドイツ語を配当した[37]。『青島軍政史』では「修業期ハ五年ニシテ教科目ハ修身、経学、国文、算学、地理、歴史、格致、独逸語、独逸地理等」とあり、修業年限5年で7科目を基本としてドイツ語とドイツ地理が配当されている[38]。『膠澳商埠教育彙刊』では「修業年限五年。其学科有修身。経学。国文。算術。歴史。地理。格致七門。此外徳語特別注意」とあり、修業年限5年で7科目で、他にドイツ語があった[39]。

　まず、修業年限について考察する。以上3つの史料ではいずれも修業年限は5年としている。ではなぜ年限は5年なのだろうか。奏定学堂章程は先行研究で国家の学校教育系統、課程設置、教育行政や学校管理など詳細に規定して全国に実施された最初の近代学校体系であるとされ、小学から大学後に至るまで3等6段に分けられる[40]。第一等は初等教育で、初等小学堂（5年制）と高等小学堂（4年制）に分けられる。第二等は中等教育で、中学堂（5年制）一段のみである。第三等は高等教育で3段に分けられ、第一段は高等学堂と大学予科が併置され、ともに3年制である。第二段は分科大学堂で、3ないし4年制である。第三段が通儒院で5年制である。初等小学堂章程の「学科程度及編制章」第一節で「初等小学堂学習年数以五年為限」と規定した[41]。膠州湾租借地は治外法権地域であったため、清国の法令に準じる必要はなかったはずである。しかし修業年限は初等小学堂と同じく5年であったことから、この章程を参考に作られたと考えられる。

　続いて、教科目について考察する。初等小学堂章程での教科目は完全科が修身、読経講経、中国文字、算術、歴史、地理、格致、体操の8科目で、簡易科は修身読経合併、中国文字、歴史、地理、格致合併、算術、体操の5科目であった[42]。『青島発達史』と『青島軍政史』及び『膠澳商埠教育彙刊』を比較すると、『青島発達史』では修身と歴史が入っていない。その理由として、前述のように初等小学堂章程の簡易科では修身と読経講経、歴史と地理のそれぞれの合併による科目減が認められて

おり、こうした簡易科の規定を参考にしたためではないかと考えられる。このことから、蒙養学堂の教育課程は一律ではなく、地域によって差があったと言える。

第二項　教育内容と時間数

教育内容と時間数について考察する。『青島全書』（初版）の「功課表」を表 1-3 に、初等小学堂の「科目程度及毎星期教授時刻表」を表 1-4 にまとめた。

【表 1-3　蒙養学堂「功課表」】

	徳文	博物	歴史	地理	算学	経書	国文	修身	鐘点数
毎礼拝点鐘		2		2	6	9	9	2	30
第一年	無	講初級博物学	無	講本籍地理学	蒙算初歩第一本	講究三字経	第一本	講究個人対於父母兄弟之義務	
毎礼拝点鐘		2	2	2	6	7	9	2	30
第二年	無	講花学獣学	講中国著名人物	講徳国地理学即按図書所講者	筆算教科書第二本	講読孝経上論語	第二本	講究個人対於隣郷党対於国家之義務	
毎礼拝点鐘		2	2	2	6	7	9	2	30
第三年	無	講花学獣学	講古歴史	講五州地理学惟亜州暫停	筆算教科書第三本	講読下論語孟子	第三本必須能写所之字	講究智信	32
毎礼拝点鐘	6	2	2	2	4	7	7	2	32
第四年	用李周臣斐白書並徳文変法入門	講金室石質学並肥料学	講中歴史	講亜州即中国地理算学	筆算教科書第四本兼習珠算	講読孟子	第四本必須能作稍易書信論説各一	条究仁義礼	
毎礼拝点鐘	6	2	2	2	4	7	7	2	32
第五年	用華徳文四千句範本	普通格物学並月分牌学	講新歴史	講徳国地理学	筆算教科書第五本兼明珠	講読孟子大学中庸	第五本必須能作稍易書信論説各一	講究所学修身各務以集其成	

出典：『青島全書』（初版）pp.206-207。

【表 1-4　初等小学堂「科目程度及毎星期教授時刻表」】

	体操	格致	地理	歴史	算術	中国文字	読経講経	修身	合計
毎星期鐘点	3	1	1	1	6	4	12	2	30
第一年	有益之運動及遊戯	講郷土之動物植物鉱物凡関於日用所必需者使知其作用及名称	講郷土之道里建置附近之山水以及本地先賢之祠廟遺蹟等類	講郷土之大端故事及本地占先名人之事実	講数目之名実物計数　二十以下之算数　書法記数法加減	講動字静字虚字之区別兼授以虚字与実字聯綴字即所授之字告以写法	讀孝経論語毎日約四十字兼講其浅近之義	摘講朱子小学、劉忠介人譜、各種養蒙図説、讀有益風化之極短古詩歌	

毎星期鐘点	3	1	1	1	6	4	12	2	30
第二年	有益之運動及遊戯兼普通体操	同前学年	同前学年	同前学年	百以下之算数、書法、記数法、加減乗除	講積字成句之法並随挙尋常事実一件令以俗話二三句聯貫一気写於紙上、習字同前	論語中庸毎日約六十字兼講其浅近之義	同前学年	
毎星期鐘点	3	1	1	1	6	4	12	2	30
第三年	有益之運動及遊戯兼普通体操	講重要動物植物鉱物之形象使観察其生活発達之情況	講本県本府本省之地理山水中国地理之大概	講歴朝年代国号及聖主賢君之大事	常用之加減乗除	講積句成章之法或随指日用一事或仮設一事令以俗話七八句聯成一気写於紙上、習字同前	孟子、毎日約讀一百字兼講其浅近之義	同前学年	
毎星期鐘点	3	1	1	1	6	4	12	2	30
第四年	有益之運動及遊戯兼普通体操	同前学年	講中国地理幅員大勢及名山大川之梗概	同前学年	通用之加減乗除小数之書法 記数法 珠算之加減	同前学年	孟子及礼記節本毎日約讀一百字兼講其浅近之義	同前学年	
毎星期鐘点	3	1	1	1	6	4	12	2	30
第五年	有益之運動及遊戯兼普通体操	講人身生理及衛生之大略	講中国幅員与外国比連之大概、名山大川都会之位置	講 本朝開国大略及 列聖仁政	通用之加減乗除 簡易之小数 珠算之加減乗除	教以俗話作日用書信 習字同前	礼記節本毎日約讀一百二十字兼講其浅近之義	同前学年	

出典：多賀秋五郎『近代中国教育史資料 清末編』pp.301-303。

　前者では博物、歴史、地理、算学、経書、国文、修身の7科目と、徳文（ドイツ語のこと：引用者註）とで構成されている。両者を比較すると格致は博物と対応すると考えられるが、蒙養学堂には体操がない一方でドイツ語が4年次より配当されている。蒙養学堂で最も重視された科目は国文で、1年から3年は週30時間のうち9時間を配当した。どのような教科書を用いたのか、その具体的な教材名は不明だが、学年が上がるごとに1年で1冊ずつ学習し、3年次以降では書き方を学ぶことになっている。次に重視された科目は、経書である。1年次から5年次にかけて三字経から孝経、論語、孟子、大学中庸という順序が規定された。1年次では週30時間中9時間、2年次以降は7時間と多くの時間を割いている。

　一方初等小学堂章程では週30時間中12時間を読経講経が占め、孝経、

論語、大学、中庸、孟子、礼記という順序で進められ、毎日の字数まで細かく規定されていた。小林善文は、読経講経が週あたりの4割を占めたことに清国のこだわりが象徴的に示されていると指摘し、このような旧態依然とした教育内容に対して批判が続出したことを明らかにしている[43]。この初等小学堂章程と比較すると、蒙養学堂では週あたり3時間少なく、また三字経を入れる一方で礼記を配当していないなど、かなり異なることが分かる。

　以上の分析から、蒙養学堂は修業年限などで奏定学堂章程の初等小学堂章程を参考にしながらも、教科目や配当時間を変えるなど独自のカリキュラムを組んでいたと考えられる。

第三節　上級学校との接続関係

　本節では蒙養学堂の卒業者がどのような上級学校に進学したのか検討することを通して、ドイツ統治下膠州湾租借地における学校制度の構造を考察する。

　『青島軍政ノ概況』によると、「公立小学堂（＝蒙養学堂：引用者註）卒業者ニシテ更ニ修学セント欲スルモノアルモ未タ中学校ノ設立ナキヲ以テ悉ク之レヲ礼賢書院ニ送リテ修業セシムルコトトセリ」とあるように[44]、租借地内では中学校がないために各蒙養学堂の卒業者は「礼賢書院」という学校に進学した。また李村でも「千九百十年高等科ヲ併置シ寄宿舎ヲ設ケ各村ヨリ来学セシメ卒業者ヨリ選抜シテ青島ノ礼賢書院ノ中学科ニ官費ヲ以テ入学セシメタルモノ数名」あった[45]。租借地内全体でどの蒙養学堂から礼賢書院に進学したのかは不明であるものの、少なくとも李村蒙養学堂から礼賢書院への進学ルートがあったと考えられる。

　以上のことから、礼賢書院が蒙養学堂の上級学校として位置づけられていたことが分かる。それでは、礼賢書院とはどのような学校だったのだろうか。『青島要覧』によると、「本書院ハ千九百〇一年独逸同善会ノ創立ニ係リ中西文化ヲ疎通シ少年道徳ヲ増進スルヲ以テ目的トス当初ハ学生三十名アリテ高等小学ノ程度ナリシモ漸次発達シテ中学教育ヲ施

スニ至」った[46]。『青島軍政ノ概況』では「礼賢書院ハ一千九百〇一年ノ創立ニシテ当初学生三十名アリテ高等小学ノ程度ナリシモ漸次発達シテ中学教育ヲ施スニ至」ったと同様の記述がなされている[47]。また『青島軍政史』では「千九百十年瑞西同善教会ノ創設ニ係リ初メ小学科ノミナリシカ後中学科ヲ設ケ」た[48]。1899年にドイツ同善教会伝教師 Richard Wilhelm（中国名：衛礼賢）が青島に赴任する。1900年に自身の中国名にちなんで「礼賢書院」と命名して膠州路の自宅で教え始め、1901年に同善教会の支持の下で上海路の土地を買い校舎を建てた[49]。1903年に上海路に移転して高級徳文班を増設し、日本統治下の1919年に礼賢甲種商業学堂に改め、山東還附後の1923年に礼賢中学校となった[50]。『青島市私立礼賢中学校概況』では「翌年（1901年：引用者註）在青島膠州路建築校舎定名為礼賢書院」とした[51]。設立年が史料によって区々だが、校舎を建てた「1901年」が設立年だと考えられる。

　こうして礼賢書院は設立される。では、同校の修業年限について見てみよう。先述のように設立当初は小学科のみだったが、後に中学科が増設された。『青島市私立礼賢中学校概況』によると設立の翌年である1902年に山東撫軍が立案した高等学堂章程を採用して8年制とした[52]。その後「卒業期限ハ小学科五年、中学科四年」[53]、「内分小学中学二級。修業年限小学五年。中学四年。」[54]との記述があり、小学科5年中学科4年という修業年限に変更された。このように礼賢書院小学科は、蒙養学堂や初等小学堂と同様に5年制で、中学科は高等小学堂と同じ4年制であった。このことから、礼賢書院の学校体系は奏定学堂章程ないしは蒙養学堂の修業年限を参照したと考えられる。

　以下では礼賢書院の経営母体について概説する。設立者は「瑞西同善教会」で、「礼賢書院（支那人子弟ニ対スル初等並中等教育）及淑徳学堂（支那人女子ニ対スル初等並中等教育）」を経営した[55]。学費は「小学毎年十元中学毎年三十元経常費毎年約三千余元」で、経常費の大部分は亜細亜新教会より同善会を補助した[56]。このように同校の経営において同善教会が大きな役割を果たしていた[57]。

　さらに、礼賢書院は教員養成に携わっていた。「（蒙養学堂の：引用者註）教師ハ全部支那人ヲ用ヒ独逸語教授ヲ担当セルモノハ多ク礼賢書院ニテ養成シタル者ヲ採用」したとあり、ドイツ語教員は礼賢書院で養成

された[58]。このことから、礼賢書院は蒙養学堂の上級学校として位置づけられていただけでなく、教員養成の役割をも兼ねていたと言えよう。つまり蒙養学堂から礼賢書院に進学し、さらに教員を養成し、各地の蒙養学堂に教員を輩出する一連の完結した学校系統が構築されていたのである。ただし、教員の輩出を通して循環する学校系統の完結はドイツ語教員のみに限られ、他の科目では行われなかった。このようにドイツ統治時代の膠州湾租借地ではドイツ語教育を最も重視していたために、ドイツ語教育に限って学校系統を完結させていたと考えられる。一方で中等教育は膠州領総督府が直接管轄しておらず、未整備の状態にあった。

その後、蒙養学堂が設置されてから10年と経たずに第一次大戦が始まり、蒙養学堂は全校が閉鎖となった。そのため、蒙養学堂と礼賢書院とを循環する学校制度が実際にどれだけ機能したのかについては不明である。

第四節　ミッションスクール

礼賢書院の他に、膠州湾租借地にはどのようなミッションスクールがあったのだろうか。概要は以下の通りである。

　　　占領地内ニ於ケル外国伝道者ノ創設ニ係ル支那人教育ノ学校ハ日、独戦役前ニ左ノ六校アリ／明徳中学校／礼賢書院／淑徳学堂／徳華学堂／青年会学堂／愛道園男子部女子部／以上ノ内明徳中学ノミ米国宣教師ノ手ニ成リ他ハ悉ク独逸人ノ経営セルモノナリ[59]

このように、中国人を対象とするミッションスクールは全部で6校あり、うち明徳中学のみがアメリカ系で、他はドイツ系であった。まず明徳中学に関する記述を見よう。

　　　明徳中学／千九百十二年米国長老教会ノ創設ニ係リ耶蘇教徒ニ中学ノ課程ヲ授ク卒業年限ハ四年ニシテ卒業後ハ済南齋魯大学ニ入ルモノ多シ生徒ノ大部ハ寄宿舎ニ収容ス（五十名ノ収容力アリ）学費

ハ年二十弗トス[60]

　私立ニ米国長老教会ノ設立ニ係ル明徳中学校（支那人子弟ニ対スル中等教育）[61]

　明徳中学校ハ米国長老教会派ノ高等学校ニシテ一千九百十二年ノ創設ニ係リ耶蘇教徒タル支那児童ヲ教育スルヲ以テ目的トス本校ハ各地方ニ於ケル教会中学ヲ卒業シタルモノヲ入学セシメ卒業年限ヲ四ヵ年トス其課程ハ宗教上ノ主旨ニ基キ支那高等学校ニテ使用セル課程ヲ参酌シテ之ヲ編成セリ[62]

　私立ニ米国長老教会ノ設立ニ係ル明徳中学校（支那人子弟ニ対スル中等教育）[63]

　明徳中学は修業年限4年の全寮制学校で、各地方からキリスト教徒の中国人児童を集め、卒業生の多くは済南の齋魯大学に入学した。齋魯大学とは濰県広文学堂、青州共和神道学堂、済南共合医道学堂が1904年に合併してできた大学で、アメリカ長老教会などイギリス・アメリカ・カナダの10の教会が経営に携わった[64]。そのため明徳中学はアメリカ長老教会の学校制度の一環として位置づけられた学校であったと言えよう。こうしたことから蒙養学堂とは別個の学校制度であったと考えられる。次に淑徳学堂に関する記述には以下のものがある。

　千九百十年瑞西同善教会ノ創設ニ係ル支那女子教育ノ為設ケタルモノニシテ所謂礼賢書院ノ女子部ナリ小学校ノ課程ヲ授ケ卒業期限ヲ六年トセリ戦前九十余名ノ生徒ヲ有シ学費ハ年六十元（学費二十元食費四十元）ナリ[65]

　修業年限六ヵ年トシ之ニ予備校（三ヵ年卒業）ヲ附設ス（…）予備校ノ科目ハ支那語、算術、地理、歴史、体操、唱歌ノ五科ニシテ本学堂ノ科目ハ支那語、算術、地理、文学、博物、独逸語、論理、歴史、図画、唱歌、体操、手工ノ十二科トス[66]

　淑徳学堂は前述の通り礼賢書院と同じ同善教会の設立で、その女子部という位置づけであった。修業年限は6年制で、うち前半3年間を「予備校」とした。教科目は「予備校」で5科目、本科で12科目であった。

本科では図画や手工といった実技科目が課された。また6年間を通して宗教科が明記されていないのも特徴的である。続いて徳華学堂については以下のものがある。

  千九百年加特力教会ノ創設ニ係リ初等教育ヲ授ク卒業年限ハ六年ニシテ前三年ハ小学ノ課程ヲ教授シ後三年ハ独文、英語、数学、物理、化学等ヲ課シタリ戦前生徒六十三名ヲ有シ学費ハ僅ニ年約十元ヲ徴シ全部寄宿舎ニ収容セリ／職員ハ牧師独人二名、支那人二名ナリシカ戦後教会ヨリ補助全ク杜絶シ閉校ノ已ムヲ得サルニ至レリ[67]
  将来実業ニ従事セント欲スルモノ又ハ進ンテ高等ノ学術ヲ修メントスル者ノ為メニ適当ナル学術ヲ教授ス／本学堂ハ元来加特力教ノ支那人ノミ入学セシメタルモ近年ニ至リ異教徒ヲモ入学ヲ許シ一週数時間ツツ宗教講義ヲ課セリ[68]

　1900年の設立と膠州湾租借地のミッションスクールでは最も古い歴史を有している。修業年限は淑徳学堂と同じく6年で、前3年で小学課程を、後3年で語学と理系科目を教授することとなっていた。さらに実業界に行こうとする者や高等学術を修めようとする者に対しての講義もなされたようである。なお当初はカトリック教徒のための学校だったが、後に非カトリック教徒にも門戸を開き、宗教教育を行っていた。
　青年会学堂は「千九百五年伯林教会ノ創設ニ係リ貧民ノ子弟ヲ集メ初等教育ヲ施」す。このように貧民学校の一種であった[69]。愛道園は「千九百六年伯林教会ノ創立ニ係リ男子部、女子部ヲ設ケ普通小学校ノ課程ヲ授ク一時校運大ニ振ヒ海西半島、陰島、台東鎮、西小水、黄埠、登窟等ニモ同様ノ学校ヲ設立」した[70]。膠州湾租借地内の各地に学校を展開したことが特徴的である。上仲が「其他伯林協会(ママ)でも、青島、即墨を根拠とし数箇所に学校を開いて啓蒙に力めて居」たと指摘した学校は、この愛道園だと考えられる[71]。
　以上のように、膠州湾租借地のミッションスクールはアメリカ長老教会とドイツベルリン教会、そして同善教会が主な設立主体であった。これらの学校のうち蒙養学堂と接続していた学校は礼賢書院のみで、明徳中学は長老教会の学校制度に位置づけられ、他の学校は初等教育を中心

とすることで蒙養学堂とは別系統であったと考えられる。これらの学校は第一次大戦の勃発によって一時閉校となるが、明徳中学、礼賢書院、淑徳学堂、青年会学堂、愛道園は戦後再開される[72]。

第五節　高等教育の整備

　これまで初等学校の整備と中等段階のミッションスクールを見てきた。先に見たように、膠州領総督府が最も重視したのは「徳華高等学堂」である。この学校はいかなる目的で設立され、大陸の国家権力を引きつけ、さらにはどのような教育内容であったのだろうか。

第一項　「徳華高等学堂」の設立

　徳華高等学堂は光緒34（1908）年に設立される。学科は予科と高等科の２つに分けられる。前者は高等小学卒業者を収容し、修業年限６年で普通学を授けた。後者は予科卒業者を収容し、法政科・医科・理工科・農林科の４門に分けられた。修業年限は法政科は３年、医科は４年と実習１年、理工科は３年ないし４年、農林科は３年であった。

　同校開校に当たってドイツ側は60万マルク、中国側は４万マルクを支出し、毎年の経常費はドイツ側が20万マルク、中国側が４万マルクであった[73]。このような多額の経費支出は当初ドイツ議会で理解されなかったために創立経費を５万マルクまで削減されたが、中国側を説得して「独支協同ノ形式」を採用し、さらに「本科卒業生ハ北京大学出身者ト同一ノ資格ヲ得官吏登庸ノ特典ヲ得ルコトトナリシヲ以テ大ニ独逸議会ノ注意ヲ惹」くこととなり、1909年に創立費60万マルク、経常費16万マルクの支出に協賛が与えられた[74]。1909年「十月十四日生徒ヲ募集シ試験ヲ行ヒ七十九名ノ入学者ヲ得、同二十五日開校及新築校舎ノ地鎮式ヲ行ヒ十一月一日ヨリ授業ヲ開始」した[75]。

　このように多額の費用をかけていたことから、この学校はドイツ統治下膠州湾租借地の文教政策における一つの象徴であったと言える。確かに「独逸政庁ノ執リタル支那人教育ノ方針ハ重キヲ徳華高等学堂ニ置」いていたのである。

第二項　「徳華高等学堂」の教育内容とその特徴

　この学堂は「支那児童ヲ教育スルノ目的ヲ以テ設立セラレ将来実業ニ従事セント欲スルモノ又ハ進ンテ高等ノ学術ヲ修メントスル者ノ為メニ適当ナル学術ヲ教授」した[76]。そのため、中国大陸に数多く創られたミッションスクールと異なり、宗教教育はなされていない。ドイツ政府は同学堂設立にあたって、清国政府に「学堂の目的は清国青年をして独逸人化せしむるにあらず、反つて独逸の事情に通暁せしむると同時に、祖国の文明、其学問及其国体を尊重するの気風を涵養するにあり」と説明した[77]。単純に西洋文明を押しつけるのではなく、「祖国」の「国体」を尊重する教育を目指すという形で清国を説得したのである。奏定学堂章程を制定して急速に近代国家化を目指した清国にとって、こうした主旨は説得力を持ったと考えられる。

　では、具体的にどのような教科目が配されたのだろうか。予科は「独語・歴史・地理・数学・動植物学・理化学・体操・音楽・支那文学・図画・漢学・清国倫理等」であった[78]。本科では各専門科目以外に「独逸語及清語を課し、殊に法政科に在りては尚ほ英語・支那倫理・漢学・清国地理歴史・体操等」を課した。このように語学や地理歴史などではっきりと「支那」「清国」と銘打っていたため、清国政府の支持が得られたと考えられる。

　こうしていわば「清国人養成」のための高等教育機関として「徳華高等学堂」が設立されたわけだが、この学堂に入学した学生はどのような人々だったのか。1911年2月現在で102名在籍し、そのうち山東が37名、浙江が13名、直隷が10名であった[79]。地元の山東だけでなく、近隣各省から学生が集まったことから、山東を中心とした学校体系の頂点に位置づけられていたと言えよう。この点は、第四章で見る私立青島大学とも重なる。

　しかし、日独戦争の勃発によって同校は停止に追い込まれ、日本が膠州湾を占領すると同校の在学生は上海の同済医工学校に編入される[80]。そのため日本は、同校を引き継がなかったのである。

おわりに

　本章ではドイツ統治時代の現地人教育について分析した。第一節では、現地人初等学校の蒙養学堂がどのように設立されたのか検証した。1904年に初等小学堂章程を含む一連の学堂章程（いわゆる奏定学堂章程）が公布され、その翌年に膠州湾租借地内の郊外に蒙養学堂が設置された。修業年限は初等小学堂章程と同じ5年制だったことから、この章程を参考にしたと推察される。

　第二節では蒙養学堂の教育内容を分析した。そして蒙養学堂と初等小学堂の教育内容を比較した。その結果、初等小学堂では読経講経が最も重視されたが、蒙養学堂では国文が最も重視されるなど、両者の間では重点が置かれた科目が異なっていた。このことから、蒙養学堂は膠州湾租借地内独自の学校制度であったと考えられる。

　第三節では蒙養学堂と上級学校との関係を分析した。するとミッションスクールの一つであった礼賢書院と蒙養学堂とが接続していたことが分かった。加えて礼賢書院は蒙養学堂の上級学校として位置づけられていたのみならず、蒙養学堂のドイツ語教員を養成することで完結した学校制度を構築していた。

　第四節では他のミッションスクールと現地人教育との関係を探った。アメリカ長老教会やベルリン教会が設立した他のミッションスクールを分析したが、蒙養学堂との接点は見あたらなかった。そのためそれぞれ別系統の学校制度であったと考えられる。

　第五節では現地人を対象とした高等教育機関である徳華高等学堂を分析した。この学堂は経費の面においてドイツと清国が共同して設立し、清国側も卒業生を官吏に登用する特典を付与するなど優遇した。この背景には、ドイツ政府が宗教教育を行わずに清国の国体を尊重すると説得したことがあると考えられる。

　第三節から第五節にかけて行った、学校間接続を系統図にまとめたのが図1-1である。この図のように、蒙養学堂と徳華高等学堂との間には明確な接続関係が見られなかった。しかし膠州領総督府設立の蒙養学堂とミッションスクールの礼賢書院との間には、設立主体が異なっていた

が接続関係が見られた。またドイツ語教員として礼賢書院から蒙養学堂に赴任するサイクルが形成されていたと言えよう。

【図 1-1　ドイツ統治下膠州湾租借地の学校系統図】

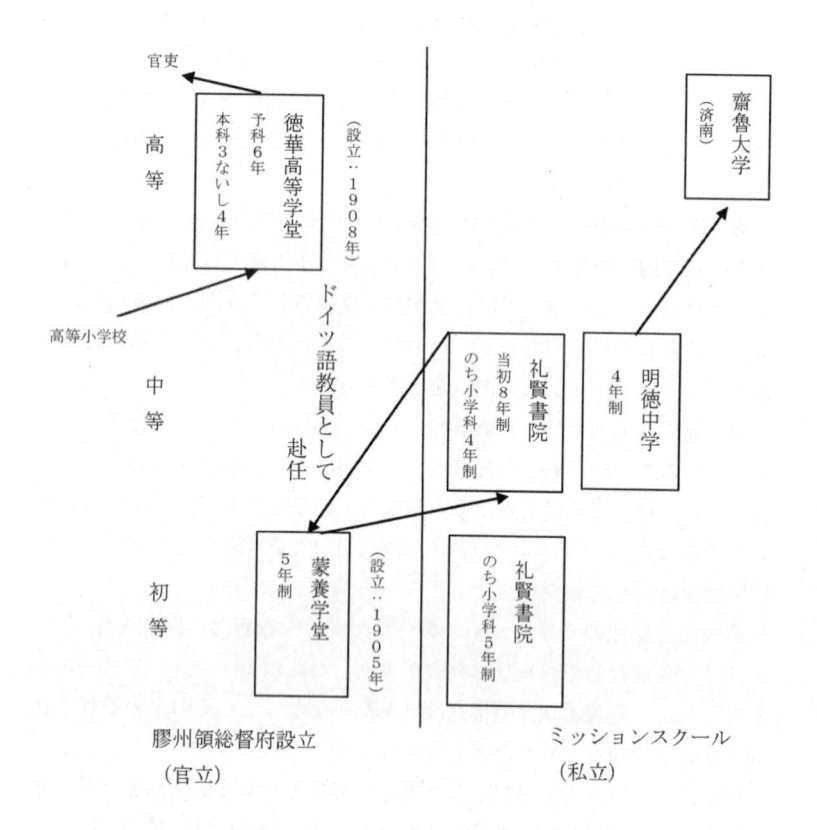

```
              官吏
               ↑
  高                徳華高等学堂
  等               予科6年
                   本科3ないし4年        齋魯大学
                   （設立：1908年）       （済南）
                                          ↑
            高等小学校                     │
                   ↑     ド              │
                   │     イ              │
                   │     ツ    礼賢書院   │
  中               │     語    当初8年制  明徳中学
  等               │     教    のち小学科  4年制
                   │     員    4年制
                   │     と
                   │     し
                   │     て
                   │     赴
                   │     任
                   ↓
                  蒙養学堂   礼賢書院
  初              5年制      のち小学科
  等                         5年制
                  （設立：
                   1905年）

         膠州領総督府設立         ミッションスクール
           （官立）                  （私立）
```

【註】
1) 浅田進史『ドイツ統治下の青島　経済的自由主義と植民地社会秩序』（東京大学出版会、2011年）第Ⅰ章第二節。特に同書 pp.54-55 を参照のこと。同論では割譲と租界の狭間にあった租借という概念がより割譲に近い方式として採用される過程を検証している。
2) 浅田同上書では、「膠州領総督府」という表記にした理由として第一に清末の行政区分と区別するため、第二にドイツ側は明確に領土意識を持っていたことを指摘している（pp.28-29）。本書でも同様の問題意識から浅田の表記を引き継ぎ、以下では「膠州領総督府」と表記する。なお中国全体の租界及

び租借地に関する制度的情況をまとめたものとして、川島真「領域と記憶」(貴志俊彦編『模索する近代日中関係』東京大学出版会、2009年)がある。
3) 青島守備軍民政部『大正九年五月一日調　青島ノ教育』p.78。以下同史料は『青島ノ教育』と略称する。
4) 欒玉璽『青島の都市形成史：1897〜1945 ― 市場経済の形成と展開』(思文閣出版、2009年) pp.250-251。
5) 青島軍政署『大正四年三月二十日　青島発達史』(1915年) 15-16丁。以下単に『青島発達史』と略記する。
6) 上仲直明『膠州湾詳誌』(博文館、1914年) p.99。
7) 青島軍政署『大正四年十月十五日　青島軍政ノ概況』(山口大学図書館所蔵、1915年) 7-8丁。以下『青島軍政ノ概況』と略記する。
8) 欒前掲書、p.34。
9) 青島市史志弁公室編『青島市志・教育志』(新華出版社、1994年) p.3。原文は「徳国総督府在台東鎮和法海寺各設蒙養学堂一所、分別招收中国児童17人、13人」。
10) 袁榮叜編、趙琪著1928『膠澳志』(沈雲龍編1968『近代中国史料叢刊』第31集第1巻、文海出版社、影印版) p.1024。以下単に『膠澳志』と略記する。
11) 前掲『膠澳志』p.990。原文は「多就原有私塾改設」。
12) 謀楽『青島全書』(初版、青島印書局、1912年) p.205。
13) 前掲『青島軍政史』p.462。
14) 前掲『青島ノ教育』p.63。
15) 前掲『膠澳志』pp.989-990。
16) 前掲『膠澳志』p.113。原文は「於青島市内及人口較多之各村落」。
17) 『膠澳志』では8校、『青島発達史』では9校と学校数が異なっている。相違点を示すと、前者では瓦屋荘があるが、後者では瓦屋荘がない代わりに寗家島と北庄が記載されている。瓦屋荘と北庄は海西半島にあり、さらに隣町であるため、同一の街としてくくられた可能性がある。寗家島については管見の限りどのような地域かは不明である。
18) 前掲『青島軍政ノ概況』8丁。
19) 浅田進史「膠州湾租借地におけるドイツ植民地政策と近代化」『日本の占領と山東の社会経済1914-22年』(東洋文庫、2006年) p.43。
20) 前掲『青島軍政史』p.462。
21) 前掲『青島発達史』15-16丁。
22) 『大正十年九月末調査　青島公学堂一覧』『山東占領地処分一件　別冊細目協定関係 (公有財産問題参考資料)』第3巻所収、外務省外交史料館所蔵、請求番号5.2.6.21-4-13。
23) 欒前掲書、p.34。
24) 高瑩瑩「青島社会と中国人商人の文化的役割」(森時彦編『二十世紀中国の社会システム』京都大学人文科学研究所、2009年) p.37。
25) 『膠澳志』p.837。
26) 青島守備軍民政部『大正八年十一月編纂　山東研究資料』第1編、p.143。
27) 上仲前掲書、p.100。
28) 上仲前掲書、p.100。
29) 前掲『青島市志・教育志』p.75。

30) 陸軍省『自大正三年十一月至大正六年九月　青島軍政史』（第4巻、法務省法務図書館所蔵、1917年）pp.461-462。以下単に『青島軍政史』と略記する。
31) 前掲『青島発達史』16丁。
32) 前掲『青島軍政史』p.462。
33) 前掲『青島軍政史』p.461。
34) 前掲『青島市志・教育志』p.94
35) 『青島全書』（初版）p.205。
36) 1904年1月13日に公布された。公布された年にちなんで「癸卯学制」とも呼ばれる。
37) 前掲『青島発達史』16丁。
38) 前掲『青島軍政史』p.461。
39) 膠澳商埠督辦公署民政科学務股『膠澳商埠教育彙刊』（青島市档案館所蔵、1924年、請求番号：A000815）p.113。
40) 李華興主編『民国教育史』（上海教育出版社、1997年）p.79。
41) 多賀秋五郎『近代中国教育史資料 清末編』（日本学術振興会、1972年）p.299。
42) 多賀前掲書、p.299。
43) 小林善文『中国近代教育の普及と改革に関する研究』（汲古書院、2002年）p.19。
44) 前掲『青島軍政ノ概況』9丁。
45) 前掲『青島軍政史』p.462。
46) 前掲『青島軍政ノ概況』9丁。
47) 青島軍政署 1917:pp.102-103。
48) 前掲『青島軍政史』pp.553-554。
49) 魯海『青島旧事』（青島出版社、2003年第二版）p.87。
50) 青島市教育委員会史志弁公室『青島教育大事記（1891-1987）』（1994年）p.2。
51) 『青島市私立礼賢中学校概況』（出版年不明、青島市档案館所蔵、請求番号：巻号173）。
52) 前掲『青島市私立礼賢中学校概況』。原文は「民国前九年（1902年：引用者註）呈准前山東撫軍立案採用高等学堂章程為八年卒業嗣」。
53) 前掲『青島軍政史』p.554。
54) 前掲『膠澳商埠教育彙刊』p.114。
55) 前掲『青島ノ教育』p.78。
56) 前掲『膠澳商埠教育彙刊』p.114。
57) なお、当初この教会はドイツ同善教会という名称であったが、第一次大戦で日本とドイツが国交を断絶したことにより、中立国のスイス（瑞西）と教会の所属国を変更した。
58) 前掲『青島軍政史』p.461。
59) 前掲『青島軍政史』pp.552-553。
60) 前掲『青島軍政史』p.553。
61) 前掲『青島ノ教育』p.78。
62) 前掲『青島軍政ノ概況』9-10丁。
63) 前掲『青島ノ教育』p.78。
64) 『山東省志・教育志』（山東人民出版社、2003年）p.348。

65）前掲『青島軍政史』p.554。
66）前掲『青島軍政ノ概況』10-11丁。
67）前掲『青島軍政史』p.554。
68）前掲『青島軍政ノ概況』11丁。
69）前掲『青島軍政史』p.555。
70）前掲『青島軍政史』p.555。
71）上仲前掲書、p100。
72）前掲『青島ノ教育』pp.50-53。
73）前掲『膠澳志』p.985。
74）前掲『青島軍政史』pp.462-463。
75）前掲『青島軍政史』p.463。
76）前掲『青島軍政ノ概況』11丁。
77）『南満洲教育会会報』（第3号、1911年3月）p.99。
78）同上。
79）同上 p.101。
80）前掲『青島市志・教育志』p.296。

第二章

日本統治下膠州湾租借地における現地人教育機関

はじめに

　本章では日本が膠州湾租借地を占領した直後の軍政期において、占領軍である青島守備軍が現地人教育をどのように行ったのか検証する。第一節では、学校制度からドイツ時代の教育政策との「連続／断絶」面を考察する。蒙養学堂が「公学堂」という日本が構築した学校系統にどのように回収されたのか分析する。第二節では公学堂の教育内容を分析する。第三節では、「青島守備軍公学堂規則」の制定の過程と規則内容を分析し、規則の役割を検証する。第四節では現地人を対象とした中等学校を取り上げる。

第一節　公学堂の設置と制度上の整備過程

第一項　日本による膠州湾租借地占領と占領地経営

　1914年7月28日にオーストリアがセルビアに宣戦布告し、以後8月初旬にかけてロシア・ドイツ・フランス・イギリスなどが参戦して第一次大戦が勃発した[1]。日本はアメリカへの懸念から、膠州湾還附を明記した最後通牒を8月15日にドイツに発し、受諾しなかったため8月23日に宣戦布告し、11月7日に膠州湾租借地を占領した[2]。青島攻略の主力部隊であった独立第18師団が同月16日に青島市街に入り、19日に軍政施行に関する師団軍令第一号と施行細則が公布され、これに基づき青島と李村に軍政署が設置された。この行政区分はドイツ時代の制度

に倣ったものである。本庄比佐子はこの両地域の特徴を「都市部の青島、近郊農村部の李村」と評している[3]。そして同月26日に占領地に青島守備軍司令部を置くことを定めた軍令陸第8号が発せられた。それは以下の内容である。

　　青島地方ニ於ケル占領地ニ青島守備軍司令部ヲ置ク／青島守備軍司令官ハ陸軍大将又ハ陸軍中将ヲ以テ之ニ親補シ／天皇ニ直隷シ、守備陸軍所部隊及特ニ指定セラレタル諸機関ヲ統率シ、占領地ノ警戒及防備ニ任シ、其民政ヲ統轄シ、並山東鉄道及之ニ附属スル鉱山ノ管理経営ニ関スル事ヲ監督シ且其保護ニ任ス[4]

　青島守備軍司令官が膠州湾租借地だけでなく山東鉄道と附属鉱山経営まで管理下に収めるという統治体制が、ここに作られた。初代青島守備軍司令官は、独立第18師団長であった陸軍中将神尾光臣がそのまま横滑りして就任した。そして1914年12月1日に青島守備軍による軍政が始まる。

　軍政の方針は、同月22日に「青島施政方針」案が陸軍省により作成され、青島守備軍司令官に送付された。なおカッコ内は二重線によって削除されていた部分である。

　　青島施政方針　大正三年十二月十六日　陸軍省
　　（青島ハ独逸国）独逸ハ青島ヲ絶島政策ノ根拠トシ（テ）巧妙ナル計画ト雄大ナル規模トヲ以テ（支那民族固有ノ事大思想ニ投合シ虚名ヲ与ヘテ朝野ノ人心ヲ収攬シ、実利ヲ収メテ自国ノ利権ヲ布植シ、長ヘニ支那民族ヲ独化セントセリ青島占領以来）経営スルコト茲ニ十有七年（此方針ニ基ケル）百般ノ施設（経営ハ）漸ク成熟シ、其ノ勢力ハ山東省全省ヲ風靡シ（進テ黄河沿岸ニ浸潤シ）、延テ中央支那ニ及フ。今ヤ幸ニ我カ（光輝ナル）戦勝ニ頼リ、此等（独逸国）ノ施設経営ハ悉ク我カ有ニ帰（シタリ而シテ青島地方ノ）セリト雖、将来ニ於ケル（之ガ）経綸ハ我（対支政策ニ裨補）国力発展ニ影響スルコト極メテ大ナリ。故ニ之カ統治ニ任スルモノハ能ク内外ノ状況ヲ考量シ殊ニ左記ノ要綱ヲ体シ、我カ軍政ノ目的ヲ達成ス

ルヲ要ス。
一、皇謨ヲ恢宏シ国是ヲ遂行スルヲ以テ為政ノ要諦トス。
二、施設ハ其ノ形式ニ於テ独逸従前ノ要領ヲ採ルヲ以テ便宜トス。然レトモ其精神ニ至リテハ悉ク独国ノ潜勢ヲ掃蕩シ、其利権ヲ収攬シ、我カ対支政策ノ貫徹、商工経済ノ発展ニ資ス。
三、我カ統治ニ帰順スル民族ハ其何レノ国籍ニ属スルト何レノ宗教ヲ奉スルトヲ問ハス普ク之ヲ撫恤保護シテ帝国ノ恩威ニ悦服セシムヘシ。
四、支那官民ニ対シテハ信義ヲ旨トシ、誠意誠心ヲ以テ之ヲ指導啓廸スルニ努メ、又我カ統治下ニ在ル清朝ノ遺民及ヒ支那国事犯人ハ之ヲ遇スル公平無私ナルヘシ。而シテ帝国ノ威厳ハ秋毫モ之ヲ明スヲ容サス。
五、青島地方ニ移住スル帝国臣民ヲ督励シ、公法ニ準シ道義ヲ重ンシ円満ニ利ヲ収メ、確実ニ業ヲ起スヲ得セシムルヲ要ス。以上ハ単ニ大綱ヲ掲クルニ過キス。其実行ニ方リテハ諸種ノ事件発生スヘシ。宜シク国際ノ通則ト軍政ノ本旨トニ稽ヘ怨讟ヲ中外ニ貽サス利権ヲ朝夕ニ伸張シ、以テ帝国ノ威ト軍政ノ美トヲ宣揚センコトヲ期スヘシ[5]。

　占領地の経営方針について、「施設ハ其ノ形式ニ於テ独逸従前ノ要領ヲ採ルヲ以テ便宜トス」とドイツ時代の施設を踏襲することで、特にインフラ面での連続性を担保した。しかし一方で「精神」については「独国ノ潜勢ヲ掃蕩」して「其利権ヲ収攬」し、「我カ対支政策ノ貫徹、商工経済ノ発展ニ資ス」ることを目的とした。こうして日本による占領政策の独自性を図り、「精神」面でドイツ時代と断絶することを目指した。そのための施設の一つとして、本章で扱う公学堂が位置づけられよう。
　占領地の住民対策について、「我カ統治ニ帰順スル民族」と「支那官民」と「帝国臣民」の３種に分けた。第一の「我カ統治ニ帰順スル民族」は国籍や宗教にかかわらず保護することを指針としたことから、おそらく欧米人を対象としていたと考えられる。第二の「支那官民」については「之ヲ指導啓廸」することとし、「清朝ノ遺民及ヒ支那国事犯人」は「遇スル公平無私ナルヘシ」と述べるにとどまり、中国側に引き渡すことは

規定されていない。これは租借地を占領したため、治外法権下に置かれたからだと考えられる。第三の「帝国臣民」について、「公法ニ準シ道義ヲ重ンシ円満ニ利ヲ収メ」ることを規定している。さらに「確実ニ業ヲ起ス」ようにするとあり、日本人の経済的進出を促そうとしていた。このように住民対策は国別に異なっており、特に中国人については指導の対象とすることが規定されているところにその特徴がある。

施政方針案から削除された部分で注目すべき箇所は、ドイツの占領政策は「支那民族固有ノ事大思想」に投合して「支那民族ヲ独化」しようとした、としてドイツの占領政策を批判している部分である。日本の山東政策も基本的にはこうしたドイツの対中政策を踏襲しようとしたため、この部分は自己批判となる可能性があった。そのためこうした部分を削ったと考えられる。

こうして日独戦争によってドイツの膠州領総督府から日本の青島守備軍と統治者が変わり、前章で検討した蒙養学堂は全て一時閉校となる。では、日本統治下の膠州湾租借地で、蒙養学堂はどうなったのだろうか。結論を先取りして言えば、基本的に全ての蒙養学堂は「公学堂」という名称に変更され、青島守備軍によってその経営が引き継がれた。

第二項　地名から見る蒙養学堂の継承

本項では日本が占領した後、蒙養学堂がどのように日本側に引き継がれたのか、位置と地名を中心に考察する。さらに、引き継ぎ後なぜ「公学堂」という名称となったのか、満洲からの影響を考察する。

前章では、蒙養学堂の設立過程と、設置地所、教育内容を分析した。こうした蒙養学堂は、以下のように公学堂として引き継がれる。

> 独逸時代ニ於ケル支那人児童教育機関ハ公立小学堂二十六アリシノミニテ、其ノ他各村自治的私塾教育ニ一任セリ。而シテ其ノ小学堂ニ於ケル学課課程ハ修身、経学、国文、算学、歴史、地理、各地、独語等ニテ五箇年ヲ以テ修業年限トセリ。大正三年我軍ノ青島ヲ占領スルヤ、翌四年三月ヨリ漸次左表ノ如ク公学堂ヲ設置シ、児童ノ教育ヲ図レリ[6]。

「公立小学堂」とは、蒙養学堂と同義と考えてよいだろう。この史料によれば、地域の現地人教育は、公立小学堂と私塾によって担われていた。学課課程と修業年限については前章で扱った通りである。

1920年時点の青島守備軍民政部は、「大正三年我軍ノ青島ヲ占領スルヤ、翌四年三月ヨリ漸次左表ノ如ク公学堂ヲ設置シ、児童ノ教育ヲ図レリ」と指摘するにとどまり、蒙養学堂と公学堂との間の連続性については言及していない。「左表」とあるのをまとめたのが、表2-1である。この表によると、占領後最初に開校されたのが青島公学堂であった。青島管内で1915（大正四）年中に開校したのが9校、李村管内では17校、合計26校であった。この数は蒙養学堂設置数と一致することから、これらの公学堂が蒙養学堂を引き継いだ。つまりここには、現地人教育においてドイツから日本へと校名が連続したと言えよう。

続いて、蒙養学堂との地理的な「連続／断絶」の実相を明らかにするために、公学堂がどこに設置されたのか探る。前章で見た通り、蒙養学堂が設置された地名は青島軍政区では以下の通りである。

　　支那人児童ヲ収容シ小学程度ノ課程ヲ授クル学堂ニシテ租借地内合
　　セテ十一個アリキ所在地左ノ如シ
　　青島区域内　大包島、台東鎮、薛家島、北庄
　　李村区域内　法海寺、宋哥庄、浮山後、灰牛石、登窰㔋、水埠落、
　　趙哥庄 [7)]

また李村軍政署区での設置地所として、『青島守備軍公報』の「李村軍政署告示第二十二号」では以下の地名が挙げられている。

　　李村・法海寺・浮山後・宋哥庄・灰牛石・趙哥庄・・朱家窪・九水・
　　侯家庄・埠落・姜哥庄・于家下河(うかかこう)・香裡(こうり)・畢家(ひつか)・上流庄・于哥庄 [8)]

一方、『青島軍政史』の「李村軍政署告示第二十二号」では「開設スヘキ公学堂ノ地所」として以下の地名が挙げられている。

　　李村、法海寺、浮山後、宋哥庄、灰牛石、趙哥庄、登窟、朱家窪、九水、

【表 2-1　公学堂所在地、生徒数及び設立年月日】

	学堂名	大正九年五月現在 職員数	大正九年五月現在 生徒数	大正四年復旧時代 職員数	大正四年復旧時代 生徒数	創立年月日
青島民政署管内	青島公学堂	8ケ2	199	4	65	大正4年3月16日
	台東鎮公学堂	9	230	3	43	大正4年4月9日
	薛家島公学堂	5	103	3	46	〃
	施溝公学堂	2	48	2	38	〃
	瓦屋荘公学堂	2	38	2	38	〃
	濠北頭公学堂	2	31	1	16	〃
	南屯公学堂	1	26	1	18	〃
	辛島公学堂	1	31	1	17	〃
	台西鎮公学堂	11	203	3	88	大正4年8月15日
	高家村公学堂	2	42	2	39	大正8年1月22日
	湛山公学堂	2	53	2	39	〃
	浮山所公学堂	4	100	2	99	〃
	辛家庄公学堂	2	53	2	49	〃
	大麦島公学堂	3	72	2	71	〃
李村民政署管内	李村公学堂	7ケ4	271	1	19	大正4年4月15日
	李村公学堂滄口分校	3	40	2	24	〃
	于家下河公学堂	3	120	2	25	〃
	朱家窪公学堂	4	90	2	42	〃
	浮山後公学堂	2	99	2	25	〃
李村民政署管内	趙哥庄公学堂	2	32	2	10	〃
	上流公学堂	3	46	2	23	〃
	于哥庄公学堂	2	44	2	23	〃
	登窯公学堂	3	76	2	22	〃
	埠落公学堂	2	48	2	22	〃
	法海寺公学堂	2	79	2	22	〃
	姜哥庄公学堂	4	100	2	38	〃
	候家庄公学堂	2	51	2	13	〃
	宋哥庄公学堂	2	35	2	19	〃
	九水公学堂	3	76	2	19	〃
	灰牛石公学堂	2	60	2	27	〃
	香裡公学堂	3	81	2	20	〃
	現化菴公学堂	3	75	-	-	大正5年3月1日
	雙山公学堂	2	41	-	-	大正6年8月1日
	養正公学堂	2	6231			大正7年5月14日
	明徳公学堂	3	83	1	77	〃
	育英公学堂	2	58	1	68	〃
	常在公学堂	2	75	1	65	〃
	計	117ケ6	2946	68	1289	

出典：青島守備軍民政部『大正九年五月一日調　青島の教育』より筆者作成。

候家庄、埠落、姜哥庄、于家下河、滄口、香裡、畢家、上流庄、于哥庄[9]

　これらの史料を比較すると、開設された地名に若干差異があることが認められる。いずれも18ヵ所の地名が示されている。なお前章で見た

【表2-2】「外地」における現地人学校名

台湾	公学校、蕃人公学校、蕃童教育所
朝鮮	普通学校
関東州	公学堂、普通学堂
満鉄附属地	公学堂

教育史編纂会編『明治以降教育制度発達史』(1938年)
各巻より作成。

通り、蒙養学堂は最終的には青島は「青島、台東鎮、薛家島、施溝、辛島、南屯、濠北頭、瓦屋荘」で、李村は「李村、浮山後、滄口(原在甕窰頭)、趙哥荘、法海寺、九水、埠落、灰牛石、侯家荘、朱家窪、陰島、上流、宋哥荘、登窰、姜哥荘、于哥荘、下河、香裏等」と合わせて26校であった[10]。李村以下が李村政区内の地所と考えられる。これも18ヵ所である。しかし、『膠澳志』と「李村軍政署告示第二十二号」を比較すると、後者では「陰島」が含まれていない。また前者では「于哥荘下河」となっており、「于哥荘」と「下河」の2ヵ所と考えられるが、後者では「于家下河」と1ヵ所にまとめられている。このように、地所のくくり方に差があったことが分かる。

以上見てきたように、青島守備軍は基本的に蒙養学堂の所在地を引き継いで公学堂として開校した。その中でとりわけ青島守備軍が重点的に経営しようとしたのが、青島と李村の各学堂である。この両校は「将来模範的ノ学堂タラシメム」として、日本語教員を重点的に配置し、さらに校舎の新築に力を入れた[11]。

これまで蒙養学堂が公学堂として引き継がれるさまを通観してきた。しかしここで一つの疑問が生じる。それは、蒙養学堂という名称ではなく、なぜ「公学堂」に変更されたのか、という疑問である。表2-2を参考に、他の日本の支配地を見てみると、公学堂という名称は満洲(関東州・満鉄)と同じである。そうすると、満洲と青島とではどのような関係があったのだろうか。

第一に、占領軍のトップが同じである。前述した通り、初代青島守備軍司令官神尾光臣は日独戦争時独立第18師団長として青島を攻略した。その神尾は日露戦争の遼東守備軍参謀長(軍政長官兼任)であり、「学堂教育」として現地人教育を提議した[12]。そのため満洲の現地人教育に携わった神尾が青島でも現地人教育に携わった可能性はある。しかし実証できる史料が見つかっておらず、憶測の域を出ない。

第二に、満洲での教育経験者を青島に導入する意図があったと考えら

れる。というのも、「教員ニモ日本語ヲ知レル満洲公学堂卒業者」を採用したからである[13]。そして後に触れるが、南満洲附属地教科書編集会が編纂した日本語教科書を使用した。満洲では青島の現地人教育に先立って10年ほどの現地人教育の経験を有していたため、このように教員や教科書といった満洲での教育経験を青島に導入しようとしたと考えられる。

　以上の2点から、満洲と同じ「公学堂」という名称になったと推察される。しかし、満洲の公学堂とは異なった点がある。それは修業年限である。前章で見た通り、蒙養学堂の修業年限は「奏定学堂章程」の初等小学堂と同じく5年であった。それを引き継いだ青島守備軍公学堂の修業年限も、5年であった[14]。その一方で、満洲の公学堂は、満鉄附属地と関東州は初等科4年、高等科3年の7年制であった[15]。修業年限は満洲公学堂を引き継がなかったのである。ここに満洲との断絶が見いだせる。

第三項　蒙養学堂から公学堂へ——青島軍政署の場合

　日本占領後の膠州湾租借地は、ドイツ時代の統治形式を踏襲し、青島と李村に軍政署を設置した。次に青島における公学堂の開設過程を見ていく。

　　　公学堂ハ独逸時代ニ於ケル支那人児童教育ノ方針ヲ踏襲シ、公立小学堂ヲ改称シタルモノニシテ、本年三月十六日先ツ青島公学堂ヲ開キ次ニ翌四月九日海西半島及陰島ニ於ケル元七公立小学校教員十二名ヲ任命シ授業ノ開始ヲ命セシモ、辛島及窰家ニ公学堂ハ教員ノ不品行其他ノ事情ニ依リ荏苒開校スルニ至ラサリシヲ以テ、遂ニ該教員三名ヲ免職シ目下自治的私塾教育ニ一任セリ。独リ台東鎮ノミハ戦役中校舎崩壊シ俄ニ開校シ能ハサルヲ以テ時日ヲ遷延シ、漸ク耶蘇教会堂ヲ借リ受ケ、同五月三日ニ至リ開校シ、九月ニ至リ官有建物ヲ修築シテ之ニ移転セリ（註：句読点は引用者が補った。以下同じ。）[16]

　1915年3月16日に青島公学堂を開設したのが、青島軍政署管轄内で

の最初である。翌月に青島対岸の海西半島と膠州湾内の陰島における7校の蒙養学堂教員12名を公学堂教師として任命した。しかし、うち辛島と奪家の2校は「教員ノ不品行其ノ他ノ事情」のために開校せず、3名の教員を免職して私塾教育に任せた。「教員ノ不品行」が具体的にどのようなものだったのか、この史料では分からない。公学堂は蒙養学堂教員をそのまま引き継いだのではなく、青島守備軍による選別が行われたのである。このことから、蒙養学堂と公学堂では、教員の採用において断絶した一面があったと言えよう。この点はドイツから日本へと近代学校を引き継ぐ際に起こった摩擦の一事例なのである。

青島軍政署内で戦火に遭った唯一の蒙養学堂として記録されているのが、台東鎮であった。戦火によって校舎が破壊されたためにすぐには開校できなかったために開校を延期し、キリスト教会を借りて5月に開校し、さらに9月に官有建物を修築して移転した。第一章で見たように、この学校は1905年に設立され、膠州湾租借地における最初の蒙養学堂の一つであった。

以上の史料を分析することで、次のような青島守備軍側の意志が垣間見える。つまり青島軍政署内において、蒙養学堂を公学堂として踏襲することで、できるだけ早く学校教育を再開しようとしたのである。

第四項　蒙養学堂から公学堂へ——李村軍政署の場合

前項では青島軍政署内において、蒙養学堂から公学堂へどのように踏襲されたのか分析した。そこで本項では、「近郊農村部」の李村において、蒙養学堂から公学堂へ踏襲される過程を検証する。まずは、以下のようにして蒙養学堂を公学堂として開校することを決定した。

　　　　李村軍政署ニ於テハ青島軍政署ト協議シ占領地内教育ノ統一ヲ期シ従前ヨリ存置セシ十七ノ蒙養学堂ヲ公学堂トシテ開校スルニ決シ左ノ告示ヲ出シ先ツ教員ノ検定試験ヲ行ヘリ[17]

李村軍政署は青島軍政署と協議して、従前の17ヵ所の蒙養学堂を公学堂として開校することに決めた。検定試験実施に関して、1915年4月7日に李村軍政署から以下のような告示が出される。

李村軍政署告示第二十一号
　　李村政区ニ於テ従前蒙養学堂十余箇所アリ。今各処ノ情況ヲ見ルニ戦時ノ余頗ル頽廃シテ一モ完全スルモノナシ。而シテ教育ノ道タルヤ一日モ忽ニスヘカラス。学ヲ興シ才ヲ育スルハ是当務ノ急トナス。本長官今正ニ各処ニ学校ヲ開キ以テ民意ニ副ハムトス。惟フニ教育ノ基礎ハ教員其ノ人ヲ得テ始メテ能ク成効ス。茲ニ公学堂教員検定試験規則ヲ制定シ、以テ広ク人才ヲ招キ愛撫重用セムトス。管内ノ汝等ハ善ク其ノ意ヲ体シ陸続志願スヘシ。茲ニ試験規則ヲ左ニ示ス。(…) [18]

　李村は青島と異なり戦場となったため、蒙養学堂の多くが戦火によって破壊された。そのため、李村軍政署は「学ヲ興シ才ヲ育スルハ是当務ノ急」であるため、「学校ヲ開キ以テ民意ニ副ハムト」した。「民意ニ副」うとあるように、李村軍政署は蒙養学堂の再開が地域の希望であると捉えている。試験は4月25日から27日という3日間にわたって実施する予定で、初日の試験科目は「修身、国文、作文、算術」、2日目は「理科、地理、歴史」、最終日は「口述、身体検査」の予定であった。こうして蒙養学堂の教員を含む教員志願者を募集し、公学堂教員として軍政署が選別する手順となっていた。
　なお試験科目を前章の表1-3「蒙養学堂功課表」と比べると、作文が特設される一方で、経書と独文が課されていない。日本統治時代となったためにドイツ語が科目から消えたことは当然と言えるが、経書が消えた理由については判然としない。
　それでは実際にどれだけ志願者が集まったのだろうか。

　　此ノ告示ニ基キ七十三名ノ志願者ヲ出シタリ。其ノ多クハ従前教員タリシ者ナリシカ、試験ノ結果知識ノ貧弱甚シク、合格者ト認ムヘキモノ一名モナカリシカハ、詮考ノ末比較的可ナル者ヨリ選定シ、三十八名ヲ教員候補者トシ、内三十三名ヲ採用セリ [19]。

　このように、73名の志願者が集まった。その多くは日本が占領する

以前からの教員であった。また教員とあることから、私塾教師だけでなく蒙養学堂教員も志願した可能性がある。しかし試験の結果「知識ノ貧弱甚シク合格者ト認ムヘキモノ一名モ」いなかった。このことから、従来の教員と、軍政署が求めた公学堂教員との間には能力的差異があったと考えられる。しかし、その基準を示す史料がないため、その差異は現在のところ不明である。結局「比較的可ナル者」38名を教員候補者とし、33名を採用した。

こうして軍政署による選別が行われる。当初合格者がいなかったことから、従来の教員と公学堂教員との間には、その求められた質において「断絶」があったと考えられる。この点も青島と同じく引き継ぎにおける摩擦の一事例と言えよう。しかしその中から公学堂教員を採用したことから、公学堂教員の中にはドイツ時代の蒙養学堂から引き続き勤務した教員がいた可能性がある。その後、教員を採用したところで公学堂が開校される。

　　李村軍政署告示第二十二号
　　　凡ソ小学ハ教育ノ根本ニシテ、関係最モ重大ナリ。本政区ノ情状ヲ調査スルニ、昨秋戦時以来校宇ハ損壊セラレ学課ハ停止セラレタリ。是レ固ヨリ已ムヲ得サル事ト雖、其郷閭学務ノ衰頽ヲ復起セシムルハ当時ノ最急務タリ。依テ公学堂ヲ開キ以テ施政ノ至意ヲ示シ民生ノ幸福ニ副ヘムトス。茲ニ公学堂規則ヲ頒布スルカ故ニ、左ノ十七箇所ハ一律ニ小学ヲ開キ、教育ノ普及ヲ図ルヘシ。又閭間ノ人民ハ貧富ヲ論セス其ノ子弟ヲシテ速ニ入学セシムヘシ（…）[20]

「李村軍政署告示第二十二号」は、『青島守備軍公報』（号数不明）では「公学堂開設地所ノ件」として掲載された。「昨秋戦時以来校宇ハ損壊セラレ学課ハ停止セラレタリ」とあるように、1914年8月から11月にかけて行われた日独戦争によって、校舎が破壊されて授業が停止していた。しかし青島守備軍は「郷閭学務ノ衰頽ヲ復起セシムルハ当時ノ最急務」と考え、「公学堂ヲ開キ以テ施政ノ至意ヲ示シ民生ノ幸福ニ副ヘムト」した。「公学堂規則ヲ頒布スルカ故ニ左ノ十七箇所ハ一律ニ小学ヲ開キ教育ノ普及ヲ図ルヘシ」と、公学堂規則の頒布と17カ所の開校

を宣言する。さらに、「貧富ヲ論セス其ノ子弟ヲシテ速ニ入学」することを求める。貧富の差を問わず入学を求めたことから、公学堂の設立は義務教育に近い発想であったと言える。

しかし、後述するように公学堂規則の頒布はこの時には正式になされず、1917年の軍軍令第14号で初めて「青島守備軍公学堂規則」として公布される。

第二節　教員と教科目

第一項　教員養成

前章で見たように、蒙養学堂のドイツ語教員は礼賢書院で養成された。では、公学堂教師はどこで養成されていたのだろうか。『膠澳志』によると、教職員の多くは2年制の李村特科師範で養成され、私塾教師を対象に主に日本語を教育したという[21]。この学校は、李村公学堂特科だと考えられる。『青島軍政史』によると、1916年に李村公学堂に特科を設け、「公学堂教員又ハ官衙要員ヲ養成スル目的ヲ以テ従来日語夜学校ニ於テ日本語研究中ノ者ヨリ優秀ナル子弟ヲ選抜シ試験的ニ官費ヲ以テ主トシテ日本語ヲ学習」させた[22]。

青島でも日語夜学校で教員養成を行ったが、成果が上がらず1916年10月に中止したという[23]。なぜ成果が上がらなかったのかは不明である。「官費」とあるが、より詳細に言えば軍政費である[24]。そして1916年11月に第一回卒業生10名を出し、さらに「李村公学堂特科規則」[25]を制定し学生25人を収容した。特科の修業期間は22ヵ月で（第3条）、教科目は「日本語、算術、地理、歴史、理科、図画、唱歌、体操、支那国文及教授法ノ十科目」（第10条）で、教授用語は「支那国文」以外は日本語であった（第11条）。入学する生徒は「年齢十八歳以上二十五歳以下ノ男子」で、「公学堂卒業者」もしくはそれと同等以上の学力のあるものであった（第16条）。卒業後2ヵ年以上管内の公学堂教員か、指定された職務に就くことが義務づけられた（第16条）。授業科目と授業時間数は以下の通りである。

【表2-3　李村公学堂特科授業科目及び授業時間数】

	第一学期	毎週教授時間	第二学期	毎週教授時間	第三学期	毎週教授時間
日本語	発音、仮名、単語、短句、書取、会話	18	近易ナル普通文ノ読方、綴方、書取、会話	14	同上	12
算術	整数ノ加減乗除竝其ノ応用設題	2	小数、諸等数、分数竝其ノ応用設題	3	歩合算比例	3
地理			日本及支那地理ノ大要	2	世界地理ノ大要	1
歴史			日本及支那歴史ノ大要	2		
理科					通常植物、動物、鉱物竝ニ物理、化学上ノ普通現象	3
図画	自在画通常物体ノ形態	2	同上	2	簡易ナル用器画	1
唱歌	普通ナル単音唱歌	3	同上	2	同上	2
体操	普通体操	2	同上	3	同上	3
支那国文	読方、書方、綴方	2	同上	2	同上	3
教授法					教授、管理ノ要領竝実習	3
計		30		30		31

出典：青島守備軍民政部『大正九年五月一日調　青島ノ教育』より筆者作成。

　授業時間数を見ると、3学期合計で91時間中日本語は44時間で、全体のおよそ半分が日本語教授に充てられた。一方で教授法はわずか3時間であった。このように、青島守備軍は公学堂の教員養成に日本語教育を最も重視していたことがわかる。第一回卒業生は公学堂教員、憲兵隊通訳、李村出張所雇員に採用された[26]。こうして、教員養成は都市部の青島ではなく、農村部の李村を中心に行われるようになったのである。

第二項　教科目

　公学堂の教科目は、どのようにして設定されたのか見ていく。『民政概況』では以下のようにある。

　　独逸政庁時代ニ於ケル支那人及欧米人教育ト我軍占領後ニ於ケル教育トヲ比較観察スルニ、占領地ニ軍政ヲ布クヤ独逸政庁時代ノ公立小学校ヲ復旧及増設シ其ノ教科目中独逸語ヲ日本語ニ替ヘ、其ノ他教科用図書ハ支那国民学校用ノモノヲ採用シ、之ヲ公学堂ト改称シテ我官憲ノ経営ト為シ、益々奨学ニ力メ、以テ教化ノ効果ヲ挙ケムルコトヲ期シタルニ依リ、漸次其ノ事業ノ隆盛ヲ見ルニ至レリ[27]。

ドイツ時代の公立小学校を復旧かつ増設し、ドイツ語を日本語に変更し、「其ノ他教科用図書ハ支那国民学校用ノモノヲ採用」し、学校名を「公学堂」と改称した。なお「日語教授ニハ目下南満洲附属地教科書編集会編纂ニ係ル公学堂、日語読本ヲ採用」したという[28]。すなわち、満洲での現地人教育経験を青島に持ち込もうとしたのである。

こうした日本語教育は順調に行われたのだろうか。『青島軍政史』では以下のようにある。

> 全公学堂ヲ公学堂規則ニ依リ律スルコトハ教師ノ適任者ヲ得サルト邊陲ノ地容易ニ旧慣ヲ脱スル能ハサル等ノ事情ヨリシテ頗ル難事ニ属スルヲ以テ漸ヲ逐フテ改良スルノ外ナク、殊ニ日本語ノ如キ教員不足スル為該科ヲ担当セル教員ハ一人ニシテ三学堂ヲ兼ネ、尚其ノ及ハサル所ハ所管憲兵派出所ノ支那人通訳ヲシテ教授ヲ担当セシメツツアルノ情況ナルモ、未タ全ク教授ヲ開始シ能ハサル学堂若干アリ[29]。

このように公学堂では日本語教員の確保に苦労し、一人が複数の公学堂を掛け持ちした事例があったという。それでも教員が確保できなかった場合は憲兵派出所の「支那人通訳」に日本語教育を担当させていたが、日本語教育が全くできない公学堂もあった。なお、こうした教員人事がどのようになされたのかという課題と、公学堂の教科目及び教授時間と中華民国北京政府の学校との比較については次章で扱う。

以上、軍政期の公学堂経営は各軍政署でかなり苦労して行われていたことが確認できよう。こうした軍政署ごとの公学堂経営は、1917年6月に「青島守備軍公学堂規則」が出されることで、膠州湾租借地内で統一される。続く次節ではこの規則の制定過程を分析し、あわせてその内容にどのような特徴があったのか検証する。

第三節 「青島守備軍公学堂規則」制定の背景

第一項 大谷喜久蔵軍司令官による公学堂教育への関与

前述した通り、膠州湾租借地の行政は占領直後は青島軍政署と李村軍

政署とに分けられていた。その後1916年5月10日に李村軍政署を廃して青島軍政署の李村出張所とし、軍政委員長を廃止して新たに軍政長官を設け、陸軍少将竹内赳夫が任命された[30]。こうして膠州湾租借地における軍事以外の行政は、青島軍政長官及び青島軍政署の下に統一されることとなった。本庄比佐子はこうした移行措置を「民政施行への過渡的体制」であったと指摘する[31]。

「過渡的体制」に移行して数ヵ月後の1916年10月に第二次大隈内閣が総辞職し、寺内正毅内閣が成立した。大隈内閣から寺内内閣への移行は、外交面での一つの断絶をもたらした。というのも大隈内閣の対中政策は中国の第三革命に際し「袁世凱打倒のため日本が総力を挙げて中国の革命動乱に関与」した[32]。つまり積極的に対中干渉を行ったのである。しかし結局袁世凱の突然の死去によってこの政策は頓挫した。

一方大隈内閣後継の寺内内閣は内閣成立から数ヵ月経った1917年1月9日になって対中政策を閣議決定し、内政不干渉を軸に中国の指導啓発を目的にすることが決められた。これはそれまでの反袁政策に基づく積極的内政干渉の転換を意味した[33]。しかし基本線は決定していても具体的な対中政策は未決定だったため、こうした不明朗さが出先軍関係者に困惑を与えた。波多野勝によると、「特に青島守備軍は、近辺に存在する山東民軍の解散問題と同時に、今後対中政策推進のため重要な役割を担っており、これもまた異例のことだが、大谷は後継内閣の対中政策確認のため帰国した」[34]。第二代青島守備軍司令官の大谷喜久蔵は同年1月17日に「山東ノ状況奏上」のため同月下旬に上京する旨を内奏し、同日認められた[35]。2月2日に大島陸相と会見して山東問題に関する確認を行ったという。当日の大谷の日記を見ると、「二月二日陸軍省」とあり、確かに会見が行われていたと考えられる。会見内容は「阿片問題」「済南病院」「ヘーデル抗及金嶺鎮鉄鋼採鉱」「鉄道経営現状維持」の4点であった。うち4点目には以下のようにある。

　　監理部ノ改善ハ世上ニ区々議論アルモ、差当リ適当ノ人ヲ得難ク、又軍人ヲ部長ト為スハ鉄道経営ノ全責任ヲ陸軍ニ担ハサルルノ虞アルヲ以テ暫ク現状維持ニ決シ、中村総裁ニモ其旨ヲ伝ヘ坂口ハ動カサルコトニ約束シ置ケリ[36]。

以上のように山東鉄道の経営について現状維持を確認している。そのため波多野が指摘したような対中政策の変更の確認を行ったかどうかについては不明である。その2日後の2月4日に、大谷は牧瀬五一郎という人物に公学堂教育課程の調査を依頼している。

　　　陸軍教授兼文部省参事官牧瀬五一郎来訪。公学校(ママ)課程新設ノコトニ付意見一致シタルヲ以テ、来ル四月頃来青調査ヲ内約シ、次官及局長ニハ其内容ヲ談シ、軍ノ申出ニ依リ本人ニ派遣ノ命令ヲ出ス内諾ヲ得置キタリ[37]。

陸軍教授兼文部省参事官牧瀬五一郎が大谷の元に来訪し、「公学校課程新設」の件で意見が一致したために同年4月頃に青島に来訪させて調査する内約を取り、山田隆一陸軍次官及び奈良武次軍務局長の内諾を得ている[38]。

この牧瀬五一郎とはどのような人物なのだろうか。牧瀬は1881年年帝国大学哲学科を卒業後[39]、山口高等学校兼舎監に就任した[40]。1896年から1898年まで第二代山口中学校長となった[41]。その後牧瀬は『軍人精神訓』を著すなど軍人教育に関与していた[42]。大谷が牧瀬を青島に招いて「公学校課程新設」のための調査をさせた5ヵ月後の1917年9月に臨時教育会議官制が公布され、第一次大戦に伴う教育制度の改編が審議された。この会議の幹事の一人として牧瀬が選ばれている[43]。幹事は「単に事務処理だけに限らない重要な役割を果たして」おり、業務内容は会議運営上の事務、参考のための関係ある分野の現状報告、原案作成、諮問文案作成を行っていたという[44]。その後牧瀬は1919年5月に「喉頭加答児、慢性気管支加答児兼神経衰弱」のため、陸軍教授兼文部省参事官及び教科用図書調査委員会委員を辞職している[45]。

以上のように、牧瀬は軍人教育と山口県の中等高等教育、さらには臨時教育会議に関わった人物であった。大谷は1917年3月11日に牧瀬を雇い、以下のように調査を実施する。

　　　武岡顧問来訪。公学堂教育課程ノ根本調査ヲ牧瀬氏ニ託スルヲ以

テ準備ノ為メ支那現用小学及中学ノ教科書殊ニ教育実施ニ関スル諸科ヲ調査ニ必要費ヲ調査シ置クコトヲ命ス（…）／二午後軍政長官来訪左ノ事項ニ就キ指示与フ／三　牧瀬五郎ヲ雇傭シ公学堂ノ教育課科ノ調査ヲ為サシタル件 [46]

　公学堂教育課程の調査を牧瀬に行わせるために、武岡顧問にその下準備として「支那現用小学及中学ノ教科書殊ニ教育実施ニ関スル諸科」を調査しておくことを命じる。こうして牧瀬を雇用して公学堂の教育を調査させることを正式に決定する。
　その後4月8日には「牧瀬五一郎及武岡顧問ヲ招聘シ公学堂教育課程調査ノ件ニ付注意ヲ与フ」とあり [47]、大谷が公学堂調査に関して積極的に関与していたことがうかがえる。その2週間後の4月24日に、牧瀬の調査結果が出された。その結果は以下の通りである。

　　牧瀬五一郎氏来訪。教育施設ニ関シ諸種ノ意見アリ。其内将来研究ノ価値アリト認メタル事項左ノ如シ。／一孔孟ノ教ヲ尊重スルノ意ヲ顕実スルハ支那殊ニ支那学者ニ好感ヲ与フル／国際的利益アレハ孔子廟ノ如キモノヲ建設シ祭事ヲ為スコト／二各学校共通ノ植物園ヲ設クルコト／三植物若シ不〇ナレハ物品陳設館中ニ此ノ意味ヲ含マシムルコト [48]

　このように牧瀬は、「孔孟ノ教」の尊重と孔子廟及び植物園の設置を進言した。「孔孟ノ教」の尊重と孔子廟設置は「読経」を削除した修正国民学校令施行規則（1916年10月9日）と逆行する進言である。しかし牧瀬によると、それが「支那学者ニ好感ヲ与フル」という。このことから、北京政府の決定は青島という地域には定着しておらず、現地の支持を集めるためには「孔孟ノ教」の尊重が有効であったと考えられる。
　この調査結果が出された2ヵ月後の6月26日に「青島守備軍公学堂規則」（軍軍令第14号、軍司令官大谷喜久蔵名義）が公布される。それまで公学堂教育は各軍政署ごとで実態として行われていたが、統一された規則は明文化されていなかった。しかしこの時初めて規則として明文化したのである [49]。次項ではこの規則の内容を分析し、その特徴を探る。

第二項 「青島守備軍公学堂規則」の特徴

　1917年6月26日に「青島守備軍公学堂規則」が制定される。そこでこの公学堂規則の特徴を、以下の3点から分析する。第一に設置主体の権限がどう整理されたのか、第二に設立目的と教職員がどのようなものであったのか、第三に教科目の選択から青島守備軍の教育意図がどのようなものだったのか、という点である。

　第一の問題について、軍司令官、軍政長官、公学堂長の各段階に分類する。まずは膠州湾租借地の最高責任者である青島守備軍司令長官が権限を持つ条項を確認する。その事項とは、公学堂の位置と通学区域、統廃合（第2条）、「修業年限ハ五箇年以内」という規定（第3条）、「三箇年以内ノ実業学校ヲ公学堂ニ付設スル」規定（第4条）であった。しかしいずれも「軍司令官ノ認可ヲ経テ軍政長官」が定めると規定した。つまり軍司令官の権限としながら、実質の権限は軍政長官が持つこととなった。

　続いて軍政長官の担当は以下の通りである。軍政長官に権限があることが明記してある条項は、学級の編制と変更（第14条）、教科用図書の決定（第11条）、職員の任免（第28条）及び職員への懲戒処分（第31条）、学務委員の選定（第32条）であった。また公学堂規則を施行する上で必要となる規定は軍政長官が定めた（第34条）。このように、学級編制や教職員の任免、教科書の制定など、学校運営の大枠は軍政長官が権限を持っていたのである。

　最後に学堂長が権限を持っていた条項を確認する。それは「教授始終ノ時刻」（第8条）と臨時休業（第10条）、卒業証書（第12条）及び修業証書（第13条）の授与、学籍簿（第19条）と出席簿（第20条）の編纂、伝染病及び性行不良児童の出席停止（第22条）である。児童の除名は学堂長が単独で行うことはできず、「軍政委員長ノ認可ヲ受ケ除名ヲ命スルコト」ができた。ここで「軍政委員長」とあるが、先に見たように1916年5月にこの役職は廃止され、新たに軍政長官が設けられたことから、この条項は「軍政長官」の誤記であると考えられる。そのため除名の権限は軍政長官が担っていたと言えよう。除名の対象となる児童は1.性行不良児童、2.所在不明で6ヵ月以上欠席の者、3.正当な理由なく1ヵ月以上欠席の者であった。このように学堂長の権限は学

校運営の調整のみに限定された。

　第二の設立目的と教職員について確認する。公学堂の設立目的は、「公学堂ハ支那人ノ子弟ヲ教育スル所トス」とし、「公学堂ハ児童身体ノ発達ニ留意シ徳育ヲ施シ並其ノ生活ニ必須ナル普通ノ知識技能ヲ授クルヲ以テ本旨トス」と規定した（第1条）。中華民国といったある特定の国家へ帰属する子弟教育と位置づけることなく、単に「支那人の子弟」としていた。学年は日本の学制の4月始まりと異なり、8月始まりであった（第7条）。

　公学堂の教職員はどのような役職があったのだろうか。第25条では学堂長、訓導、教師という3つの役職が定められている。また地方によっては副堂長と書記を置くことができると定められた。訓導は「日本小学校訓導ヲシテ兼務セシムルモノ」であった。つまり訓導は日本人教員、教師は現地人教員であった。なお現地人教員については第三章で、兼務した日本人教員については第五章で扱う。

　第三の教科目は「修身、華文、日語、地理、歴史、算術、理科、唱歌、体操、図画、手工、農業、商業トシ女児ノ為ニハ縫紉ヲ加フ」（第5条）としている。なお公学堂と中華民国側初等学校との比較は、第三章で行う。さらに公学堂に附設した「実業学校ノ教科目ハ修身、農業又ハ商業、華文、日語、数学実習」であった。農業や商業といった実業科目と語学を中心に補習する機関であったと言える。ところで公学堂と実業学校の双方に「修身」が課されたが、それが牧瀬の言う「孔孟ノ教」と関連していたのかどうかは不明である。

　以上を踏まえ、青島守備軍公学堂規則の制定の意義をまとめる。第一に、それまでドイツ時代の蒙養学堂を踏襲して青島と李村のそれぞれの軍政区ごとに分かれていた現地人教育に関する規則を、初めて租借地全体で統一したことが挙げられる。これは先に見たように李村軍政署が廃止されて青島軍政署の下に統一されたことに伴い、公学堂の管理もまた軍政長官の下で統一することになったのである。第二に、学校体系が整備され、初等教育を中心に現地人学校が構築されたことである。ただし公学堂の上級学校として3年制の実業学校が規定されるのみで、他に中等学校の規定はない。すなわち、青島守備軍は現地人の手に職をつけさせる簡易で卑近なものに公学堂を留めようとしていたと考えられる。

それでは、青島守備軍は現地人を対象とする中等学校の設立を全く考慮に入れていなかったのだろうか。こうした疑問から、次節では日本人が設立した私立の中等学校を見ていこう。

第四節　中等学校の設立とその特徴

　青島守備軍は、初等学校を修了した現地人子弟に対して、どのような中等学校を想定したのだろうか。そこで本節では、済南東文学校と私立青島学院を取り上げる。

第一項　済南東文学校

　済南東文学校の創設と学科編成、教科目、教職員、生徒についてそれぞれ検証する。この学校は「支那人子弟ニ日本語並ニ普通智識ヲ授クルノ目的ヲ以テ元山東高等師範学校教授豊田神尚ノ独力創設」したもので、1916年12月16日に済南城内南新街に設立された[50]。設立に当たって「軍政署長官ヨリ机椅子等ノ寄附ヲ為」した[51]。創設者の「豊田神尚」は「孤寒」という別名を持ち、1910年に曹州府普通学堂教習として清国に傭聘された[52]。翌年「神尚」の名で済南の優級師範学校教習に招聘された[53]。彼は1916年の『支那傭聘本邦人名表』まで記載されている。また『山東優級師範学校一覧』（1912年頃）の「職教員一覧表」でも「豊田孤寒」の名で登録されている。以上のことから、済南東文学校を設立した豊田神尚は、教習として山東省での師範教育に関与した人物であったと考えられる。

　学科編成と教科目については以下の通りである。1918年1月現在で「専修科（高等小学校卒業以上ノ学力ヲ有スル者ヲ収容シ専ラ日語、漢文、数学、体操ヲ授ク修業年限二年）完全科（高等卒業者ヲ収容シ日本語文ノ外ニ普通科目及商業大意ヲ授ク修業年限三年）夜学科（速成的ニ日本語文ヲ授ク修業年限六ヵ月トス）ノ三」つの学科に分けられていた[54]。教科目は「日本語ノ外修身、漢文、数学、英語及体操等ノ学科」を課した。また文部省普通学務局が行った調査では、以下のようにある。

現今高等予科、実修科、夜学速成科並に山鉄員養成科の四級に分ち高等予科は日本留学の準備として設けられ、支那中学三年修業程度の生徒を入学せしめ専ら日本語文を授くる外、第二学期よりは兼ねて国文、数学、理科、英語等を授け修業年限は二ヵ年にして将来高等専門学校に入学するの資格を得しむるを以て目的とす。実修科は高等小学卒業程度の生徒の為め専ら実業向の邦語文を習得せしめ実業に従事すべき人材を養成するを目的とし修業年限は一ヵ年なり。夜学速成科は昼間各自職業に従事する傍夜間邦語文の大意に通ぜんとするものの為めに設けられ、修業期間は六ヵ月或は一ヵ年なり。山鉄員養成科は山鉄管理部より支那人従業員に対し速成的に邦語の大意を習得せしむることを委託せられ本年（1918年：引用者註）七月下旬より開始せしものにして修業期間三ヵ月なり[55]。

　「高等予科」は先の「完全科」に、「実修科」は同じく「専修科」に、「夜学速成科」は「夜学科」にそれぞれ対応している。「高等予科」は「完全科」よりも修業年限は1年短いが、入学資格を高等小学校卒業程度から中学3年修業程度に高めている。「実修科」は入学資格が高等小学校卒業程度と同様だが、修業年限を1年に短縮している。「夜学速成科」は「夜学科」の時と同様入学資格はなかったが、修業年限は半年から1年と幅を持たせている。

　以上のように入学資格は民国側の学制に従っており、前節までに見てきた公学堂との接続は規定していない。このことから、文部省は済南東文学校が膠州湾租借地の現地人の学校体系と直結していたことを把握していなかったと考えられる。こうした中華民国側の学制に準拠する姿勢は1922年時点ではさらに顕著となっている。1921年4月から学科編成を中学科及び高等科の2つとした[56]。中学科は「支那中学制ニ準拠シ高等小学卒業程度ノ者ヲ収容シ高等普通教育ヲ施スモノ」で、修業年限は4ヵ年であった。高等科は「中学三年修業以上ノ程度ノ者ニシテ更ニ専門ノ学術ヲ研究セント欲スル者ノ為メニ高等予備教育ヲ施スモノ」で、修業年限は3ヵ年であった。

　さらにこの学校の特徴として、「山鉄員養成科」が添設されたことが挙げられる。1918年時点では修業期間が3ヵ月であったが、1922年時

【表2-4　1919年現在の済南東文学校教職員】

職名	担任科	氏名	出身	本籍	就任年月
校長	修身、日語	豊田神尚	東洋大学専門部	富山県	1916年12月
教員	日語	馬場春吉	東洋大学倫理部	東京府	1918年10月
教員	数学、日語	井上捨蔵	小学教員検定	大阪府	1918年9月
教務係	商業、日語	卄潤田	早稲田大学経済科	莱蕪県	1918年10月
舎監	日語	楽文謨	法政大学専門部	貴州	1916年12月
教員	日語	王永昌	大連公学堂	大連	1917年2月
教員	漢文歴史	劉勃	元登州中学校教員	海陽県	1918年10月
教員舎監	体操、音楽	范印昌	山東高等師範体操専修科	泰安県	1919年2月
教員	商業簿記	李雲台	山東商業専門学校	鄆城県	1919年3月
事務員	習字	劉席珍	山東法政学校	莱陽県	1918年1月

出典：『済南東文学校要覧（大正八年五月上旬調）』外務省記録『山東占領地処分一件　別冊細目協定関係（公有財産問題参考資料）』第3巻、請求番号5.2.6.21-4-13所収。

点では6ヵ月となった。「山鉄」とは山東鉄道のことであり、前述のように日独戦争によってドイツが経営していた山東鉄道を日本軍が占領し、青島守備軍司令官の指揮下に置かれた。この山東鉄道の従業員を養成することを通して、青島守備軍と関係を持っていたと考えられる。実際、学校経営において東文学校は青島守備軍から補助を受けている。『済南東文学校要覧』によると、1918年6月から青島守備軍民政部から毎月の経常費補助として銀500円が支給されていた[57]。毎月の収入は銀700円で、授業料徴収が110円だった[58]ことから、経費の7割は青島守備軍が出していた。1921年度の歳入経常費預算では授業料が1000円である一方で、補助金は19680円（歳入の約92％）、1922年度は授業料は同じく1000円で、補助金は20400円（歳入の約93％）であった[59]。さらに「校舎買収費及修繕費ノ全額ヲ補助」してきたという[60]。

　このように青島守備軍民政部が全面的に補助して、学校経営がなされていたのである。そのため経費面に注目すると、私立として経営的に独立していたというよりは、極めて「軍立」に近かったと言えよう。

　この学校の教職員はどのような人々だったのだろうか。以下では職員録を分析する。表2-4から、校長の豊田神尚は東洋大学の出身であることが分かる。他に東洋大学出身者の馬場春吉がいる。また大連公学堂出身者が採用されたことに特徴がある。先に見た膠州湾租借地の公学堂だけでなく、済南の中等学校にも満洲公学堂出身者が採用されていたのである。担当科目に注目すると、日語を担当する教員が多い。これは先に

見た学科編制から見れば当然のことである。その一方で商業簿記が設置されていることが注目される。この科目は実修科に設けられたと考えられる。

一方で、教職員の入れ替わりが多かった。表5-2によると、現地人教員で1922年も勤務していたのは、范印昌と劉席珍の2人だけであった。退職が多かった理由として、この間1919年の五四運動があったためだと考えられる。五四運動の影響について、「同（大正：引用者註）八年四月以来支那全土ニ勃興セル排日風潮ノ影響ヲ受ケ一時本校生徒ノ出席率激減」したとあり、少なくとも生徒はその影響を受けていた[61]。そのため教員も生徒と同じように退職したのではないかと考えられる。

生徒の進路はどのようなものだったのだろうか。以下では1922年時点の卒業生進路一覧表から分析する。

表2-6で卒業生進路一覧を見ると、「山鉄養成科」の出身者が鉄道に勤務したことは当然としても、実修科や夜学速成科からも毎年一定数の鉄道への就職者がいたことが特徴的である。他に「会社」と「支那官署」への就職も多かった。このように、同校は1922年には中華民国の学制に準拠する普通中等学校としての側面が顕著となったが、鉄道員養成や実業家養成といった、近代的産業の担い手を養成する意図を強く持っていたと言えよう。また、最終的には実現しなかったが、1922年時点で日本側が経営していた済南病院に医科大学を附設する計画があり、「入学者ハ当地ニ於テ数年来本邦経営セル東文学校卒業生ヲ以テ之ニ充ツルコトヲ得」る計画まであった[62]。

第二項　私立青島学院

青島学院は設立当初は青島英学院という名称であった。1916年4月8日に設立され、同年10月に英語部初等科第一回卒業生18名を出し、さらに簿記科と日語科を増設した[63]。翌年4月に青島学院と改称し、「本科、高等科、専修科ノ三科」が設置された[64]。本科は甲種商業学校程度で修業年限3年、高等科は専門学校程度で1年、専修科は英語と日本語を教授し、1年ないし2年であった。

経費は授業料の他、基督教会及び同教会青年会の補助、さらに篤志家の寄附金によって運営されていた。1919年3月に理事会が組織される[65]。

【表2-5　1922年現在の済南東文学校教職員】

職名	担任科	氏名	出身	就任年月
校長	修身、日語	豊田神尚	東洋大学専門部	1916年12月
教務	数学博物	吉田梅次郎	広島高等師範	1920年4月
学監	地理日語	馬場春吉	東洋大学倫理部	1918年10月
教務	法制経済日語	趙録翰	東京帝国大学文科	1919年9月
教員	商業簿記日語	井上捨蔵	小学教員検定	1918年9月
学監	漢文	段攡	前清抜貢	1921年3月
舎監	地理、歴史	徐○鈞	山東高等師範	1922年2月
教員	数学理化	孟憲黃	東京高等工業	1921年8月
教員	漢文	王以鏞	山東法政学校	1921年9月
教員	図画音楽	汪洋洋	東京美術校	1922年2月
教員	英語	胡子冲	山東高等師範	1921年9月
舎監	体操	范印昌	山東高等師範体操専修科	1919年2月
事務員	習字	劉席珍	山東法政学校	1918年1月

出典：『済南東文学校要覧（大正十一年四月調）』同上所収。

【表2-6　済南東文学校の卒業生進路一覧表】

	鉄道	銀行	会社	支那官署	教育	就学国内	就学国外	其他	合計	卒業年月
第一期実修科	5		6	5	3	5	1	6	31	1918年3月
第二期実修科	6		4	3	1	3		3	20	1919年3月
第三期実修科	1	1	3					1	6	1920年3月
第四期実修科	7		1	1	2	2			13	1921年3月
第五期実修科			1	1	1	2	2	2	9	1922年3月
山鉄養成科第一期	25		2						27	1917年10月
同第二期	23								26	1918年6月
同第三期	17								17	1918年10月
夜学速成科	2		3		1			1	8	1919年8月
同第二期	2		2	1				3	8	1921年3月
同第三期	2	1	1	2	1			1	8	1922年3月
計	92	2	23	14	8	13	3	17	173	

出典：『済南東文学校要覧（大正十一年四月調）』。

1917年4月から「山東鉄道管理部ヨリ青年従業員教育ノ委託ヲ受ケ学校用器具ノ貸与及鉄道部員ニ各専問学科教授ヲ担任セシメラルルカ如キ便宜」を得、1918年7月から青島守備軍民政部から月額100円、1920年3月からは月額250円の補助金を下付される[66]。さらに1921年に修業年限5年の昼間甲種商業学校を開設し、第一回生徒60名が入学する。1922年3月20日に財団法人として青島守備軍より認可される[67]。このように、山東鉄道や青島守備軍民政部が青島学院の経営を支えていたのである。

青島学院の教職員はどのような人物だったのだろうか。表2-7にまとめた。この表を見ると、学院長の吉利平次郎と入間田毅、里村英夫以外はみな民政期以降の採用である。入間田と伊藤小三郎は青島中学校嘱託で、賀長齢は青島日語学校教師であった[68]。また第五章で扱う泉平は、1919年10月10日に青島公学堂及び日語学校教師を退職した[69]。つまり泉は公学堂などを辞めた後、青島学院に専任教師として採用されたのである。このように青島学院は、教員確保の面で青島市内に位置する他の日本側教育機関と連携を取っていたのである。

以上、済南東文学校と私立青島学院の設立の経緯について見てきた。両校に共通することとして、第一に山東鉄道の現地人従業員養成を行ったことが挙げられる。このために青島守備軍側から補助金を受けていたことが分かった。つまり、両校とも私人が経営する「私立」の体裁を取っていたが、「軍立」に近い学校であったと言える。すなわち青島守備軍は直接現地人を対象とした中等学校を公式には設立しなかったが、私立中等学校を補助することによって実質的に「軍立」中等学校を経営した

【表2-7　1920年現在の私立青島学院教職員一覧表】

担任学級	職名	氏名	本籍	就職年月日
本科高等科	学院長	吉利平次郎	鹿児島	1916年4月8日
本科高等科、日語科	専任教師	泉平	佐賀	1920年1月15日
本科高等科	教師	入間田毅	宮城	1917年4月5日
本科高等科	教師	吉岡愛	岡山	1918年1月5日
本科	教師	中山鍵太郎	鳥取	1919年10月24日
本科	教師	上田良策	愛知	1919年4月14日
本科高等科	教師	国見良郎	徳島	1919年11月4日
本科高等科	教師	山崎恒吉	東京	1918年10月5日
本科	教師	正清嘉七郎	熊本	1920年1月10日
本科	教師	房前由平	大分	1919年7月25日
本科高等科	教師	里村英夫	京都	1917年4月5日
本科高等科	専任教師	韓鵬九	奉天	1919年8月5日
本科	教師	折井岩太郎	長野	1920年2月5日
本科高等科	教師	賀長齢	直隷	1920年4月5日
本科高等科	教師	宗接鶴茶	東京	1920年2月20日
本科	教師	石川元近	東京	1920年4月1日
本科高等科	教師	伊藤小三郎	愛知	1920年4月5日
本科高等科	教師	柿内靖	千葉	1920年2月20日
日語科	教師	賀茂増平	静岡	1920年5月1日
本科	教師	佐藤謙二郎	青森	1918年4月5日
日語科	教師	張化甫	山東	1920年4月20日

出典：青島守備軍民政部『大正九年六月一日　青島ノ教育』pp.61-62。

と言えよう。ただし、済南東文学校は青島学院と比べて運営費における軍からの補助金の割合が極めて高く、ほぼ「軍立」と言っても差し支えなかろう。

　第二に、商業を中心とする実業学校であったということが挙げられる。済南東文学校ははっきりとは商業教育を前面に出していなかったが、青島学院は商業学校を設立し、商業教育を前面に出す。

　管見の限りでは、これらの学校に前節までに見てきた公学堂の出身者が入学した形跡は見あたらなかった。青島守備軍は膠州湾租借地における学校体系と済南東文学校、及び私立青島学院とを接続させる意図はなかったのだろうか。済南東文学校と公学堂との関係については、次章第四節で扱う。さらに山東還附によって青島守備軍が撤退すると、両校の経営基盤が失われることとなった。それでは山東還附後両校はどうなったのだろうか。この課題については第四章で扱う。

おわりに

　本章では日本占領直後の軍政期において、青島守備軍による現地人教育を分析した。第一節では蒙養学堂を日本が引き継ぐ様を検証した。その結果、ドイツ統治時代に設立された蒙養学堂は全て「公学堂」として引き継がれたことを確認した。

　第二節では公学堂の教員と教科目を分析すると、蒙養学堂をそのまま引き継いだのではなかった。教員は各軍政署ごとに選別された。また教育内容において、ドイツ語を日本語に変更した。日本語教材は満洲で作成した教材を入れた。

　第三節では「青島守備軍公学堂規則」の制定過程の背景と内容分析を行った。制定時の大谷喜久蔵軍司令官の日記から陸軍省及び文部省嘱託の牧瀬五一郎が現地人教育のために調査を行い、「孔孟ノ教」の尊重などを進言した。ただしこの調査と規則制定との直接の関係までは不明である。この規則制定によって各軍政区ごとの現地人教育が初めて統一され、初等教育を中心に学校体系が整備された。

　第四節では、現地人を主な対象とした済南東文学校と私立青島学院と

いう2つの中等学校を取り上げ、設立の過程と教職員について分析した。この2校はいずれも山東鉄道の現地人従業員の養成に携わっていた。また青島守備軍からのかなりの補助を受けていたため、「私立」の体裁を取りながらも実質的に「軍立」に近かったことを明らかにした。

以上の検討から軍政期の学校系統図2-1にまとめた。このように、公学堂は李村公学堂特科及び各公学堂附設の実業学校と接続していたが、済南東文学校及び私立青島学院とは接続していなかったのである。

【図2-1 軍政期の学校系統図（「青島守備軍公学堂規則」後）】

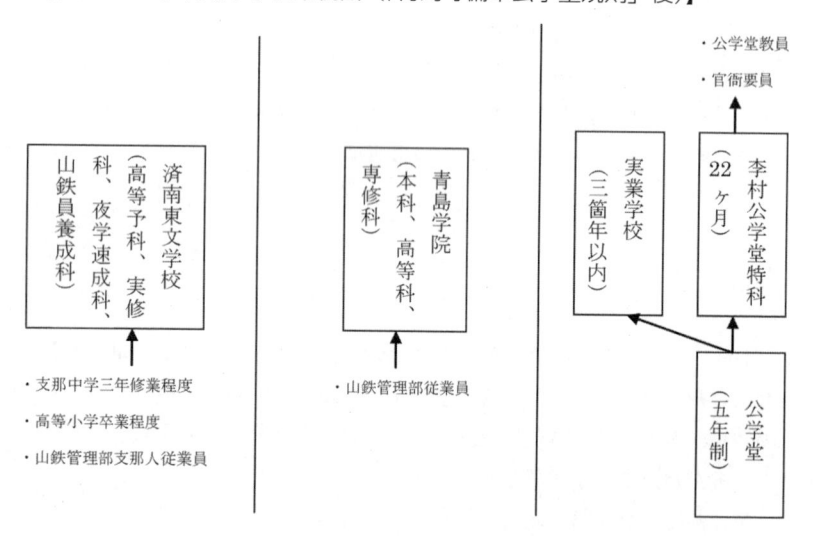

・公学堂教員
・官衙要員

李村公学堂特科（22ヶ月）
実業学校（三箇年以内）
公学堂（五年制）

青島学院（本科、高等科、専修科）
・山鉄管理部従業員

済南東文学校（高等予科、実科、夜学速成科、山鉄員養成科）
・支那中学三年修業程度
・高等小学卒業程度
・山鉄管理部支那人従業員

【註】
1) 千葉功『旧外交の形成』（勁草書房、2008年）p.280。
2) 千葉前掲書（pp.284-285）。なお千葉功によると、参戦問題をめぐって加藤高明外相のリーダーシップが明確にあり、アメリカの中国問題への介入を防ぐとともに大陸権益の拡大という目標を達成する最も効果的な方法を採ったという（千葉前掲書、p.283）。なお日独開戦問題に関する研究として、他に波多野勝「対独開戦と大隈内閣－外交一元化をめぐる錯綜」（波多野勝『近代東アジアの政治変動と日本の外交』慶應義塾大学出版会、1995年）などがある。
3) 本庄比佐子「膠州湾租借地内外における日本の占領地統治」『日本の青島占領と山東の社会経済1914-22年』（東洋文庫、2006年）p.2。
4) 参謀本部編『大正三年日独戦史』（下巻、東京偕行社、1916年）pp.4-5。

5) 欧受「青島施政方針制定ノ件」『欧受大日記』（大正三年十二月下、JACAR:ref.C03024396900）所収。なお削除前の施政方針案は『大正3年戦役　業務詳報　巻1付録　陸軍省軍務局軍事課』所収の「三、青島施政方針」に収められている。二重線を削除した正式の青島施政方針は、同年12月25日に欧受第1634号によって岡市之助陸軍大臣から大隈重信内閣総理大臣宛に報告されている。
6) 青島守備軍民政部『大正九年五月一日調　青島ノ教育』p.63。
7) 『大正十年十一月　山東問題細目措置ニ関スル参考資料（第一号）』p.126。
8) 『青島守備軍公報』第8号、1915年4月15日。
9) 陸軍省『秘　自大正三月十一月至大正六年九月　青島軍政史』（第2巻、法務省法務図書館所蔵。以下単に『青島軍政史』と略記する。）p.530
10) 趙琪『膠澳志』（1928年）pp.989-990。
11) 『青島軍政史』第2巻、p.531。
12) 関東軍督府陸軍部『明治三十七八年戦役満洲軍政史』（第1巻、ゆまに書房、1999年）p.869。
13) 『青島軍政史』第2巻、p.531。
14) 「青島守備軍公学堂規則」第3条『青島守備軍公報』第312号、1917年6月26日。
15) 満洲鉄道株式会社地方部残務整理委員会『満鉄附属地経営沿革全史』（上巻、1939年）p.496。
16) 青島軍政署『青島軍政ノ概況』14丁。
17) 『青島軍政史』第2巻、pp.528-529。
18) 『青島軍政史』第2巻、ppp.528-529。
19) 『青島軍政史』第2巻、p.529-530。
20) 『青島軍政史』第2巻、p.530。
21) 前掲『膠澳志』p.990。
22) 『青島軍政史』第2巻、p.543。
23) 『青島軍政史』第2巻、p.551。
24) 『青島軍政史』第2巻、p.551。
25) 『青島軍政史』第2巻、pp.542-551。
26) 『青島軍政史』第2巻、p.551。
27) 青島守備軍民政部『大正十一年十月　民政概況』p.11。
28) 『青島軍政史』第2巻、pp.538-539。
29) 『青島軍政史』第2巻、pp.538-539。
30) 『青島軍政史』第1巻、p.77。
31) 本庄前掲論文、p.3。
32) 波多野前掲書、p.255。
33) 同 p.261。
34) 同 p.263。
35) 「青島守備軍司令官上京ノ件」『欧受大日記　大正六年二月』所収。
36) 『大谷喜久蔵日記　大正五年五月七日ヨリ同六年二月十九日』個人蔵、2月2日の条。
37) 同上、2月4日の条。
38) 局長及び次官名は前掲波多野 p.262による。
39) 『帝国大学一覧　従明治廿四年至明治廿五年』419丁。

40)『明治廿九年任免　十』国立公文書館所蔵、請求番号２A-18-任B98。
41)『山口県立山口中学校一覧　明治三十三年』p.2。山口県立山口中学校（山口県尋常中学校）が設立された経緯については永添祥多『長州閥の教育戦略−近代日本の進学教育の黎明−』（九州大学出版会、2006）第六章を参照のこと。ただし牧瀬についての言及はない。
42)『軍人精神訓』は陸軍士官学校用のテキストとして1907年に編纂され、1916年に初版が印刷発行された。編纂者は陸軍教授牧瀬五一郎と教授嘱託古川義夫である。なお同書の内容分析については広田照幸『陸軍将校の教育社会史』（世織書房、1997）第Ⅱ部第一章第２節第２項「『軍人精神訓』から」を参照のこと。分析の結果、①論理よりも感情に訴えるイデオロギーの教え込み、②さまざまな徳目の予定調和、③功名心のような私的欲求の否定の３点を「軍人精神」に関する公的なテキストの特徴として挙げている。
43)『学制百年史』（文部省、1972年）p.446。
44)国立教育研究所『教育史料目録２　臨時教育会議関係文書目録』1977、p.4。
45)前掲『大正八年　任免　五月三　巻十四』。
46)『大谷喜久蔵日記　大正六年三月八日ヨリ大正六年七月七日』3月11日の条。
47)同上４月８日の条。
48)同上４月24日の条。
49)『青島守備軍公報』（312号、1917.6.26発行）。『大谷喜久蔵日記』には公学堂の教育課程についての報告はなかった。とはいえおそらく牧瀬五一郎と武岡顧問が公学堂規則制定に何らかの関与をしたと考えられる。この２人がどのような関係であったのか不明であり、今後の課題とする。
50)『済南東文学校要覧（大正八年五月上旬調）』外務省記録『山東占領地処分一件　別冊細目協定関係（公有財産問題参考資料）』第３巻、請求番号5.2.6.21-4-13所収。
51)『大谷喜久蔵日記　大正五年五月七日ヨリ同六年二月十九日』1916年11月24日の条。
52)『明治四十三年六月印刷　清国傭聘本邦人名表』p.19。
53)『大正二年六月印刷　支那傭聘本邦人名表』p.9。
54)青島守備軍民政部『大正七年六月一日　青島ノ教育』p.61。
55)文部省普通学務局『在外邦人の教育に関する調査』（1918年10月）pp.21-22。
56)『済南東文学校要覧（大正十一年四月調）』外務省記録『山東占領地処分一件　別冊細目協定関係（公有財産問題参考資料）』第３巻、請求番号5.2.6.21-4-13所収。
57)前掲『済南東文学校要覧（大正八年五月上旬調）』。
58)同上。
59)前掲『済南東文学校要覧（大正十一年四月調）』。
60)「公共施設又ハ公共企業等ニ関スル維持経営ノ希望事項（追録）」『山東占領地処分一件　別冊　細目協定関係（公有財産問題参考資料二）』所収、JACAR:ref.B07090772200）。
61)前掲『済南東文学校要覧（大正十一年四月調）』。
62)作成時期不明「済南病院経営方ニ関スル意見」外務省記録『山東懸案解決交渉一件　細目協定関係　公有財産（保有財産、学校、病院）』第３巻所収。

63) 青島軍政署『青島要覧』（初版 1916 年 7 月、再版 1917 年 3 月）p.100。
64) 青島守備軍民政部『大正九年五月一日　青島ノ教育』p.60。
65) 青島学院報国団『昭和十七年十月　二十有余年間巡りし我学院の荊棘の道』（1942 年、非売品）p.96。
66) 「昭和二年十二月　認定願」『大正五年（自大正五年四月至昭和二十年）／永久書類／青島学院』個人蔵。
67) 民総第 431 号「財団法人青島学院設立願ノ件」同上所収。
68) 『青島守備軍公報』第 591 号、1919 年 2 月 1 日。
69) 『青島守備軍公報』第 735 号、1919 年 10 月 21 日。

第三章

日本統治時代民政期における現地人学校

はじめに

　本章では、軍政から民政に移行した後の現地人教育を対象とする。第一節では民政に移行することで公学堂の位置づけがどのように変化するのか検証する。第二節では以下の3点を対象とする。第一に教員採用から各公学堂同士の関係を探ることである。第二に青島公学堂を対象として、父兄や卒業生を通して公学堂の具体的側面を探る。第三に語学教育に特化した日語学校を取り上げ、設立過程と教員を分析する。第三節では「公学堂ト支那政府設立ノ中等程度ノ各種学校」との接続問題を取り上げ、外交交渉の過程とカリキュラムの比較を行う。第四節では青島守備軍が高等教育政策にどう取り組もうとしたのか、青島商科大学設立構想から明らかにする。特に日中の外交交渉を中心としながらも、アメリカとの関係を視野に入れる。

第一節　民政部設置に伴う教育制度再編

第一項　青島守備軍による占領地行政の転換
　日本統治下膠州湾租借地において、制度上の画期が1917年である。それは1917年10月に青島守備軍内に民政部が設置され、それまでの軍政から制度上転換したからである。民政期への転換に注目した研究として、桂川光正の「日本軍政と青島：一九一四～二二年」が挙げられる[1]。桂川は、民政の施行は山東に駐屯している軍隊の編成替えという形を取

りながら、実際には新しい統治機関を作り、新しい統治を始めることを意味したと指摘し、「山東占領地とその権益が、満蒙権益拡充の交換条件という従属的なものではなくなり、独自の意義をもつ権益と位置づけられるようになった」と結論づける（p.244）。「民政」への転換の狙いとして、第一に旧ドイツ租借地外の山東鉄道沿線も民政施行の対象に含めることで守備軍の統治範囲に正式に組み込むことと、第二に寺内内閣の占領政策との関わりという2点を挙げる（pp.244-245）。

　寺内内閣の占領政策とはどのようなものだったのか。1916年10月に成立した寺内正毅内閣が、前政権の大隈重信内閣の対中干渉政策を批判し、中国内政不干渉策を採ったことについては既に前章で扱った。その転換を象徴するのが、寺内内閣が1917年1月9日に発表した「対支外交方針」である[2]。そこでは「帝国ハ南満洲及東部内蒙古、山東省併福建省ニ於ケル特殊権益ノ扶植ニ努ムルコト」としながらも、以下のように区別した。まず「南満洲及東部内蒙古」での「特殊権益ハ政事上及経済上ノ両方面ニ亘ル」として「政事上及経済上ノ両方面」から「特殊権益」の扶植を目指すが、「山東省及福建省」での「特殊権益ハ主トシテ経済上ノ方面ニ存スルモノトシテ経営スルコト」とした。こうして「南満洲及東部内蒙古ト山東福建両省トハ特殊利益ノ関係ニ於テ区別スルコトヲ要ス」と「特殊利益」の関係を明確に区別したのである。

　なぜ、このような区別を設けたのだろうか。第一に、列国との関係である。「南満洲及東部内蒙古ハ支那本部ノ外ニ位シ、帝国カ同地方ニ於テ政事経済両方面ニ亘リ優越ナル地位ヲ占ムルハ、列国一般ニ既ニ条約上又ハ事実上承認スル所」であったが、「山東福建ノ両省ニ至リテハ支那本部内ニ属シ列国ノ視覚鋭敏」であり、「且同地方ニ於ケル帝国ノ地位ハ未タ固カラサル」状況だったためである。

　第二に、中国側の反発を危惧したためである。「帝国政府ニ於テ両省ニ臨ムニ満蒙ニ対スルト同様ノ経営方針」を採択すると「徒ラニ支那ノ反感ヲ挑発シテ日支親善ハ遂ニ之ヲ実現スルニ由ナク」なる上に、「列国ノ猜疑マタ日ニ深キヲ加ヘテ大局上我ノ失フ所極メテ重大ナルヲ省察」しなければならない。このため「帝国ハ此際山東福建二省ニ於ケル活動ヲ主トシテ経済方面ニ止メ、満蒙地方ニ於ケルカ如キ政事上ノ意義ヲ有スル諸般ノ施設ヲ避ケ、漸次我地歩ノ堅実ヲ図ルヲ得策トス」と結論づけ

る。なぜなら、「特殊利益ヲ扶植スルノ要ハ国民的活動ノ根拠地ヲ作ルニ在」るため、「領土ノ拡張ヲ目的トスルモノニ非ス」ためであったからである。このように、「列国ノ猜疑」と「支那ノ反感」を恐れる寺内正毅政権の姿が描かれている。

　北岡伸一によると、この決定は「大隈内閣の中国政策に対する批判がにじみ出て」おり、「決定の中心は「援助＝提携」論と列国協調であった」[3]。つまりは大隈内閣による対華二十一箇条要求や袁世凱排斥策への批判が込められ、列強と協調せざるを得なかったのである。

　このように「経済上ノ方面」に限定することとなった山東政策の下で、勅令第175号「青島守備軍民政部条例」が1917年9月29日に公布される。この条例によって青島守備軍に民政部が置かれ、その下に青島民政署・李村民政署・坊子民政署が設置され、1917年10月から民政が開始された[4]。民政部の所轄範囲は同条例第2条によると「民政部ハ軍事行政ヲ除クノ外行政及司法ニ関スル一切ノ事務ヲ掌ル」[5]として、山東鉄道・鉄道部（鉱山と埠頭事務）・逓信部を置いた。現地人教育は、それまでの軍政署管轄から民政部民政署総務課管轄となったのである[6]。図3-1は民政期の学校管理系統をまとめたものである。

第二項　民政期の教育制度改革

　民政開始の前提として、8月に軍司令官の交代が行われた。第二代青島守備軍司令長官であった大谷喜久蔵は陸軍省軍事参事官となり、後任として本郷房太郎が就任し、第三代司令官となった。本郷は陸軍士官学校で大谷より一学年下の後輩である。寺内内閣期の陸軍人事として大谷から本郷への交替に言及した研究として、前掲の北岡伸一『日本陸軍と大陸政策』が挙げられる。同書第3章第2節「長州閥陸軍の変容」によると、寺内は藩閥を中心とする挙国一致的統合を意図していたために、長州閥と上原勇作閥という派閥争いを避けたという。そのため大谷と本郷は中立的な存在として描かれており、他の人物の人事と合わせて北岡は陸軍省及び参謀本部で中立性が増したと評価している。また青島守備軍司令官の職を「比較的閑職であった」と評している（p.327）。そして同年10月1日に青島守備軍司令部に民政部設置が設置され、民政開始

第三章　日本統治時代民政期における現地人学校　81

【図3-1　民政期学校管理系統】

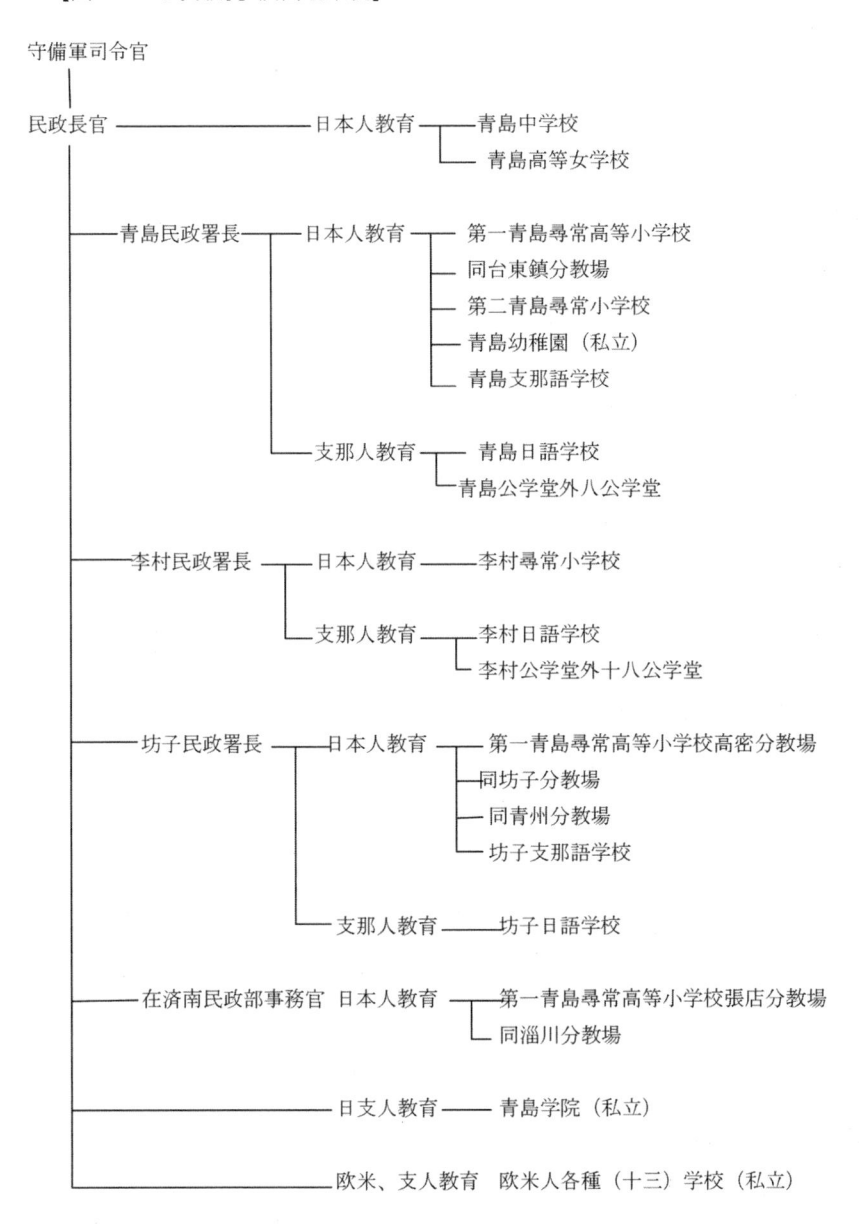

```
守備軍司令官
│
民政長官 ──────────── 日本人教育 ──┬─ 青島中学校
│                                    └─ 青島高等女学校
│
├─ 青島民政署長 ──┬─ 日本人教育 ──┬─ 第一青島尋常高等小学校
│                  │                 ├─ 同台東鎮分教場
│                  │                 ├─ 第二青島尋常小学校
│                  │                 ├─ 青島幼稚園（私立）
│                  │                 └─ 青島支那語学校
│                  └─ 支那人教育 ──┬─ 青島日語学校
│                                    └─ 青島公学堂外八公学堂
│
├─ 李村民政署長 ──┬─ 日本人教育 ─── 李村尋常小学校
│                  └─ 支那人教育 ──┬─ 李村日語学校
│                                    └─ 李村公学堂外十八公学堂
│
├─ 坊子民政署長 ──┬─ 日本人教育 ──┬─ 第一青島尋常高等小学校高密分教場
│                  │                 ├─ 同坊子分教場
│                  │                 ├─ 同青州分教場
│                  │                 └─ 坊子支那語学校
│                  └─ 支那人教育 ─── 坊子日語学校
│
├─ 在済南民政部事務官　日本人教育 ──┬─ 第一青島尋常高等小学校張店分教場
│                                       └─ 同淄川分教場
│
├────────────── 日支人教育 ─── 青島学院（私立）
│
└────────────── 欧米、支人教育　欧米人各種（十三）学校（私立）
```

出典：青島守備軍民政部『大正七年六月一日　青島ノ教育』p.57。

となる[7]。

　こうして、民政部が設置され、その初代民政長官として秋山雅之介が赴任する。秋山は朝鮮総督府参事官などを歴任し、朝鮮時代から寺内正毅と関係のあった人物である。民政実施が寺内内閣の占領政策と関連して行われたことは前述したが、それでは秋山はどのような意図でもって現地人教育を行おうとしていたのだろうか。秋山の業績は後年『秋山雅之介伝』という伝記として編纂されている。その中で現地人教育の整備に触れた箇所がある。伝記という二次文献としての性格上根拠不明の点が含まれるため扱いには注意が必要だが、秋山による現地人教育政策を検証する上で参考となろう。

　　極めて原始的で幼稚な支那在来の寺小屋を、大急ぎで補助改善して公学堂といふものにし、強制はできないまでも、支那人子弟のこれに入学することを、大いに勧説したのである。しまひにはこれが三十七校を算するに到つた。就中、最も組織だつて程度も高いのを、済南の東魯学校とする[8]。

　このように旧来の「寺小屋」を改造して「公学堂」にしたとある。これは第二章で検討した蒙養学堂を公学堂として引き継いだ点には触れておらず、あたかも旧来の書房から直接公学堂に改組したかのように秋山は認識していた。ただし、「強制はできない」とあることから、公学堂への進学は義務教育ではなかったことが分かる。「最も組織だつて程度も高いのを、済南の東魯学校」と認識している。「東魯学校」とは、前章で見た「済南東文学校」の後身である私立東魯学校だと考えられる。しかし公学堂は膠州湾租借地内しか設置されず、日本側が設置した学校は山東鉄道沿線では日支語学校、済南にはこの東魯学校があったのみである。そうすると、秋山は東魯学校を公学堂の一種と考えていたのだろうか。この記述では不明である。

　公学堂を設置する目的は何だったのだろうか。秋山の伝記では以下のように述べている。

　　これらの支那人学校に、なるべく多く日本人教師を入れる方針で

はあつたが、もとより人員不足で、思ふ十分の一にもゆかなかつた。よしまた日本人教師を入れても、遮二無二日本の難有さを押しつけて、形式的帰服を購ひ取らうといふのではない。飽くまで本格的に、一般精神文化の水準を高め、日支親善の自然の美果を実らしめて、共々に楽しくこれを収穫しようといふのである。甚だ理想的で、歯痒く間弛い嫌がないでもないが、永久的な根本計画とすれば、誰が考へたところで、これ以外にあるべき道理はない。山東に精神的物質的本格工事を施設することによつて、還附論を事実上無効にし、山東そのものを永久に日本に接合せしめようと企図した氏（秋山：引用者註）は、絶対的定石として、赴任第一着手をもつて、大急ぎで公学堂の設立普及に、力を注いだものであらう

　公学堂を積極的に設置した目的は、「山東に精神的物質的本格工事を施設することによつて、還附論を事実上無効にし、山東そのものを永久に日本に接合せしめ」ることであった。つまり公学堂経営によって日本の青島支配を既成事実化しようとしていたというのである。ただし、この史料は伝記であるためこうした発想がいつからあったのか不明である。一方、朝鮮総督府視学官の田中広吉がまとめた『支那教育状況一斑』には以下のような記載がある。

　　　　秋山民政長官ノ談ニヨレバ、支那人教育ノ方針ハ全ク支那的ニ之ヲナシ、現今ノ所同化的ニ之ヲ教育セントノ計画ナシ。又将来ニ於テモ斯ノ如キ旨趣ニテ教育ヲナサントノ希望ヲ有セズ。然レドモ実際公学堂教師ノ談ヲ聞ケバ、各教師ニハ日本的ノ教育ヲ施サントノ努力ヲナセルモノ尠ナカラズト云フ[9]。

　秋山は田中に対して「支那人教育ノ方針ハ全ク支那的ニ之ヲナシ、現今ノ所同化的ニ之ヲ教育セントノ計画」はなく、将来もないと公学堂教育が「同化」教育であることを否定する。その理由は「教科目ハ従来ノモノヲ採用シ唯独逸語ヲ日本語ニ改メタルノミ」で、「教科書及教授用地図掛図ノ如キモ或ハ支那政府発刊ノモノヲ使用」するか、「或ハ謄写ヲ利用シテ行フノミ」で、「未ダ何等日本的ノ着色ヲ附」していないか

らだと秋山は述べる。このように秋山は、公学堂教育に対して「同化的
ニ」「日本的ノ着色」を行う要素を認めない素振りを田中に見せた。そ
の一方で公学堂教師の話では「日本的ノ教育」を施そうとしている者が
少なくないと言う。この点は「精神的物質的本格工事」によって「山東
そのものを永久に日本に接合せしめようと」したという先の伝記を、公
学堂教師の側から裏付けていると言えよう。このことから民政長官の言
葉とは裏腹に、「日本的」であろうとする公学堂教師の姿が浮かび上がる。
つまり青島守備軍側の強制によって「日本的」であろうとしただけでは
なく、公学堂教師が積極的に「日本的」教育に参加しようとした側面が
あったのではなかろうか。

　こうして民政期以降の公学堂は整備された。では、こうした公学堂を支
える人材である教員は、どのように採用されたのだろうか。先に秋山の伝
記では「支那人学校に、なるべく多く日本人教師を入れる方針ではあつた
が、もとより人員不足で、思ふ十分の一にもゆかなかつた」とあるように、
日本人教員が不足していたことを指摘していた。それでは、公学堂37校
の間には、教員採用の上で偏りが存在していたのだろうか。さらに公学堂
への教員採用の実態は、いかなるものだったのだろうか。そこで次節では、
主に公学堂長の採用の実態を中心にこの問題を追究する。

第二節　公学堂の教員採用

第一項　公学堂長の採用

　本項では現地人堂長の採用を中心に考察する。堂長・副堂長の規定は
「青島守備軍公学堂規則」第25条で「地方ノ状況ニ依リ副学堂長書記ヲ
置クコトヲ得」と定められ、その職務は第26条で「副学堂長ハ学堂ノ
事務ヲ掌理シ及職員以下ヲ監督シ学堂長事故アルトキハ其ノ職務ヲ代理
ス」と定められた[10]。では、堂長・副堂長の人事異動にはどんな特徴があっ
たのだろうか。以下では『青島守備軍公報』(以下単に『公報』とする)
の人事欄及び陸軍省大日記『大正六年　欧受大日記　四月』『大正六年
　欧受大日記　七月（共三）其一』所収の学校一覧、青島守備軍民政部
『大正十年四月一日現在　在外指定学校調査報告書』（陸軍省大日記『大

【表 3-1　公学堂長・副堂長の採用】

青島民政署管内	青島公学堂	王照青（1918 年堂長）加賀美五郎七（1921 年堂長：李村公学堂教師兼堂長）谷口林右衛門（1921 年副堂長：青島公学堂）
	台東鎮公学堂	張春峰（1918 年堂長：李村公学堂）池田清（1921 年副堂長）
	薛家島公学堂	林桂馨（1922 年堂長：湛山公学堂長）
	施溝公学堂	金兆桂（1919 年堂長：施溝公学堂）
	瓦屋荘公学堂	薛増燦（1919 年堂長：瓦屋荘公学堂）
	濠北頭公学堂	陳希儼（1919 年堂長：濠北頭公学堂）
	南屯公学堂	
	辛島公学堂	
	台西鎮公学堂	李容劭（1919 年堂長）高橋久造（1922 年副堂長）
	大麦島公学堂	徐澤潤（1920 年堂長）
	浮山所公学堂	仲躋成（1920 年堂長）
	湛山公学堂	李毓葵（1920 年堂長）
	辛家庄公学堂	高嵋（1922 年堂長：薛家島公学堂長）
	高家村公学堂	邵价人（1920 年堂長）
李村民政署管内	李村公学堂	加賀美五郎七（1918 年李村尋小訓導、公学堂長兼教師兼務）小林新三郎（1922 年副堂長：李村公学堂）
	同滄口分校	
	于家下河公学堂	李仁溥（1921 年堂長：于家下河公学堂）
	朱家窪公学堂	朱琛（1918 年堂長）
	浮山後公学堂	
	趙哥庄公学堂	
	上流公学堂	王旭村（1922 年堂長：青島公学堂）
	于哥庄公学堂	
	登窟公学堂	
	埠落公学堂	
	法海寺公学堂	黄続（1922 年堂長：青島公学堂）
	姜哥庄公学堂	郝甫臣（1918 年堂長）呂琿璋（1919 年堂長）王吉源（1922 年：上流公学堂）
	候家庄公学堂	
	宋哥庄公学堂	
	九水公学堂	
	灰牛石公学堂	楊乃宣（1918 年堂長：灰牛石公学堂）
	香裡公学堂	
	現化菴公学堂	葛謇甫（1918 年堂長）
	雙山公学堂	
	養正公学堂	
	明徳公学堂	張文徳（1922 年堂長）
	育英公学堂	
	常在公学堂	

凡例：採用者（採用年及び肩書：前任校）。

正十年　欧受大日記　四月五月』所収）を表 3-1 にまとめ、現地人教員のうち堂長・副堂長に採用された教員について考察する。なお典拠が『公報』の場合、以下号数のみ示す。

表 3-1 を用いて現地人堂長について分析する。その職にあった者は李仁溥、郝甫臣、呂琿璋、王吉源、高嵋、薛増燦、葛謇甫、金兆桂、朱琛、王旭村、楊乃宣、黄続、陳希儼、林桂馨、李容劭、張春峰、邵价人、李毓葵、張文徳、仲躋成、徐澤潤、王照青であった。堂長の人事を分析すると、前章第 1 節第 2 項で見たような「模範的ノ学堂」出身の堂長（王旭村、黄続、林桂馨、李容劭）と、同じ学校に長く在職した堂長（李仁溥、郝甫臣、呂琿璋、王吉源、高嵋、薛増燦、葛謇甫、金兆桂、朱琛、楊乃宣、陳希儼、張春峰、邵价人、李毓葵、張文徳、仲躋成、徐澤潤）の 2 パターンに分類できる。人数的には後者が 17 名と多く、また比較的地方の、小規模校に勤務した。なお前者の一人である李容劭は、1919 年に青島日語学校教員として採用された後同年末には台西鎮公学堂長となっており（794）、1921 年 4 月に青島守備軍視学委員に任命された（1081）。他の視学委員は熊谷政直（青島中学校長）桐谷岩太郎（青島高等女学校長）加賀美五郎七（青島公学堂長）櫻田有（李村公学堂長）といった日本人校長であり、李容劭だけが唯一現地人校長として任命された。彼は 1939 年から 44 年頃にかけて青島日本中学校で中国語教員を勤めた[11]。表 3-1 によると、現地人教員で副堂長に任命された者はいなかった。このため、副堂長は日本人のためのポストであったと考えられる。

なお、1918 年 9 月 17 日に台東鎮公学堂教員に採用され（530）、還附後に北京政府膠澳商埠の湛山公立小学校長となった于常年は、1915 年 3 月に関東州の公学堂南金書院師範科を卒業している[12]。于常年は青島及び李村各公学堂に採用された「満洲公学堂卒業者」ではなかったものの、満洲から膠州湾租借地に移動した公学堂教員として注目に値する人物である。ただし還附後の 1924 年には退職している[13]。そのため、彼がその後どうなったのか、詳細は不明である。

第二項　公学堂教育の具体的側面－青島公学堂を中心に

公学堂がどのような人々に支えられ、卒業生はどのような進路を歩んだのだろうか。そこで本項では、『大正十年九月末調査　青島公学堂一覧』（外務省記録『山東占領地処分一件　別冊細目協定関係（公有財産問題参考資料）』第 3 巻所収）を手がかりに、この課題について迫っていく。本項の表は全て同一覧より作成した。まずは生徒数の変遷を、蒙養学堂

から公学堂に至るまでを表3-2にまとめた[14]。これによると、蒙養学堂として開校2年目に生徒数150人に達したが、日独戦争の勃発によって1914年8月に解散となった。公学堂として再開後3年目に蒙養学堂の最盛期を上回り、その後一貫して生徒数が増え続けた。また教職員数に目を転じてみると、1917年から日本人教員が入っている。逆に言えば、1915年の公学堂への改組した直後には日本人教員は同校に入らなかったのである。

沿革を表3-3にまとめた[15]。この沿革によると、「大正六年五月　初メテ日

【表3-2　青島蒙養学堂・公学堂生徒数】

年月	生徒数 男	生徒数 女	学級数 男	学級数 女	職員数 日本人	職員数 支那人	摘要
1912年7月	44		2			2	開校当時
1913年7月	150		6			6	
1914年7月	不詳		不詳		不詳		八月解散
1915年2月	43		3			3	
1916年9月	143		4			4	
1917年9月	156		8		2	8	
1918年9月	172		8	1	3	8	十一月女子学級ヲ編成ス
1919年9月	198	44	7	2	4	9	
1920年9月	226	82	8	3	3	9	
1921年9月	288	96	10	4	3	12	

【表3-3　青島公学堂沿革】

年	月	出来事
民国元年（大正元年）		陰暦五月独逸民政所青島商務総会協力シ北京町ニ青島蒙養学堂ヲ設立ス
大正三年	八月	日独開戦ノ為解散ス
大正四年	二月	日本守備軍軍政署青島蒙養学堂ヲ再興シ青島公学堂ト改称ス
大正五年	十二月	校舎新築ノ為青島葉桜町ニ仮校舎ヲ設ケ之ニ移転ス
大正六年	五月	初メテ日本人ヲ採用シ副堂長ヲ命ス、校舎新築落成ス
大正六年	六月	新校舎ニ移転ス
大正六年	八月	学年ノ編成ヲ改メ規定ニ準ジテ五箇年トス
大正六年	九月	特科学編級ヲ設ケ、民政署ニ属ス
大正七年	七月	第一回卒業生八名ヲ出シ、特科学級ヲ廃ス
大正七年	十一月	初メテ女子生徒ヲ収容シ女子第1学年ヲ増設ス
大正八年	四月	当学堂教育方針ヲ定ム
大正八年	七月	第二回卒業生九名ヲ出ス
大正八年	九月	女子第2学年ヲ編制ス
大正九年	七月	第三回卒業生十八名ヲ出ス
大正九年	九月	女子第三学年ヲ編制ス
大正十年	三月	初メテ日本人堂長ヲ任命ス
大正十年	七月	第四回卒業生十三名ヲ出ス
大正十年	九月	女子第四学年ヲ編制ス

本人ヲ採用シ副堂長ヲ命ス、校舎新築落成ス」とある。「大正十年三月　初メテ日本人堂長ヲ任命ス」ともある。この日本人教員については第五章で扱う。

　青島公学堂は第一章第二節で見た通り、1912年にドイツ民政署と青島商務総会が協力して設立した青島蒙養学堂がその前身である。このことから、青島蒙養学堂はこうした新興の商人層による会がバックに付いた学校として設立されたのである。公学堂となってからも、商人層がこの学校を支えていたのだろうか。表3-4「父兄職業別」から探っていこう。

【表3-4　父兄職業別】

職業	官吏	教員	巡捕	会社員	税関	新報社員	雇員	傭人	店員	商業
男	1	12	4	7		6	12	20	18	130
女		3	2	1	4		6		9	45
計	1	15	6	8	4	6	18	20	27	175
職業	工業	農業	医師	裁縫工	飲食店	理髪屋	船員	苦力	合計	
男	45	14	1			3	3	17	293	
女	16			2	3				91	
計	61	14	1	2	3	3	3	17	384	

　保護者中最も多い職業が商人で、175人と全体の約半数に達した。続いて工業の61人であった。一方、農業は14人、一般的に港湾労働に従事したとされる苦力は17人と少数であった。このように保護者の職業から、青島公学堂を支えた人々はやはり商人層であったと言えよう。さらに、工業に携わった保護者が多いことも特徴的である。詳細は第六章で述べるが、民政期には青島近郊の四方で在華紡工場が設立されるなど、工業の発展が著しかった。こうした商工業者が、青島公学堂を支えたのである。

　続いて、生徒がどこの出身であったのか見ていこう。原籍別に表3-5にまとめた。この表によると、最も多いのは山東鉄道沿線の濰県(いけん)で、99人であった。続いて膠州、即墨(そくぼく)と続く。それではなぜ、濰県の出身者が多かったのだろうか。それは濰県は山東省内において、土布と呼ばれる在来手織綿布の一大市場であったためである。濰県は山東鉄道沿線に位置していたため青島から大量の機械製綿糸が供給され、この綿糸を用いた手織布である新土布業が勃興したという[16]。こうした機械製綿糸を媒介とした濰県と青島との結びつきが、青島公学堂在学生のうち濰県出身者が最多となった原因ではないかと考えられる。

　最後にこうした青島公学堂の生徒が、卒業後どこに向かったのか見て

【表3-5　原籍別】

山東省										
原籍地	膠州	即墨	高密	濰県	掖県	莒	蓬萊	益都	青州	平度	済南
男	77	56	18	77	7	2	1	1		13	5
女	12	13	2	22	1	2	3	1	1	5	1
計	89	69	20	99	8	4	4	2	1	18	6
原籍地	日照	泰安	莱陽	章邱	招遠	諸城	福山	昌邑	登州	寿光	歴城
男	15	4	14		2	18	4	1	1	2	4
女	2	2	3	3	3	2					
計	17	6	17	3	5	20	4	1	1	2	4
原籍地	克州	安邱	沂水	莱撫	臨清	文登	黄県	合計			
男	1	2	3	1	1	3		333			
女							2	80			
計	1	2	3	1	1	3	2	413			

他省										
原籍地	江蘇	広東	北京	山西	福建	旅順	安徽	南京	直隷	奉天	合計	全合計
男	4	1		1		3	1	1	3	1	15	348
女	7	8	2	1	1						19	99
計	11	9	2	2	1	3	1	1	3	1	34	447

いこう。卒業生の進路を表3-6にまとめた。この表によると、鉄道員が最多の12人で、家業を継ぐ者が10人とそれに続いた。日本官衙や日本商店のように日本が持ち込んだ職業や、銀行や鉄道員など近代的職業への就職が特徴的である。家業が具体的に何を指しているのか不明だが、先に保護者の職業で確認した通り商業が最多であったため、個人商店などではないかと考えられる。

第3回生から卒業生の進路として中等学校が現れる。次節で見る通り、公学堂は北京政府側の中等学校とは直接つながらなかった。しかし青島公学堂の卒業生からは中等学校へ進学する者が出現したのである。ただしこの中等学校がどのような学校であったのかは不明である。おそらく表3-8で見るような中等学校か、第一章で見たような青島のミッションスクールだと考えられる。

【表3-6　卒業生の進路】

回次	卒業年月	日本官衙	鉄道員	中等学校	銀行	会社	日本商店	家業	合計
第一回	1918年7月	2	3			1	1	1	8
第二回	1919年7月		5		1	1		2	9
第三回	1920年7月	4	4	4	1	1		4	18
第四回	1921年7月			4	1	3	2	3	13
合計		6	12	8	3	6	3	10	48

第三項　日語学校

　語学習得に特化した教育機関として、「日語学校」と「支那語学校」（以下カッコを用いず）が設立された。後者に関しては第五章で扱い、本項では日語学校を中心に見ていく。日語学校の前身の日語夜学校は「青島及李村ニ於テ支那人ニ日語ヲ教授スル目的ヲ以テ大正四年ノ春」に設立され、「陸軍通訳及満洲公学堂ヲ卒業シ現ニ公学堂ノ教員ヲナセルモノヲ教官トシテ教授ニ当ラシメ」た[17]。その後日語学校は1918年3月に青島、同年4月に李村と坊子、同年10月に張店に設置された[18]。設置された都市はいずれも山東鉄道及び支線の沿線にあり、かつ青島第一尋高小分教場所在地と重なる。それは教員が小学校教員と兼務するために便宜を図ったためではないかと考えられる。

　以下では『青島守備軍公報』を主な史料とし、引用史料の号数のみを記す。1915年7月7日に「支那人日本語研究ニ関スル件」が出され、青島在住現地人向けの日本語学習機関として青島日語学校が青島公学堂内に設置された（33）。1917年12月28日に「日支語学校規則」によって統一的な規則が整った（397）。この規則によって日語学校も支那語学校も修業年限2年と定められた。ただしこの学校規則では入学資格は明記しておらず、教員についての規定もなかった。しかし1921年以降、第1学年の入学資格が以下のように規定された（1056）。

　　イ　支那語学校ニ入学ヲ志願シ得ル者ハ日本人ニシテ高等小学校卒
　　　　業以上ノ者
　　ロ　日語学校ニ入学ヲ志願シ得ル者ハ支那人ニシテ支那初等小学校
　　　　卒業以上ノ者

　このように日本人は高等小学校、現地人は北京政府初等学校と接続した。また修了後の接続についての規定がなかったため、完成教育機関であったと言える。ところで、入学資格に公学堂卒業者が含まれていなかった。これは山東鉄道沿線には公学堂が設置されていなかったため、主に北京政府初等学校と接続することを想定していたと考えられる。

　日語学校の教員はどのように採用されたのだろうか。『青島守備軍公報』の人事欄を用いて、表3-7にまとめた。日語学校の日本人教員は大

【表 3-7　日語学校の教員】

年	号数	指令日	氏名	採用先
1918	451	4月10日	加賀美五郎七	李村日語学校長及日語学校教師兼務
	451	4月11日	上利恭助	坊子日語学校長事務取扱兼務
	451	4月11日	軸丸卓爾	坊子日語学校教師
	456	4月15日	野中伊平	青島日語学校教師兼務
	456	4月15日	谷口林右衛門	青島日語学校教師兼務
	461	4月30日	池田清	李村日語学校教師兼務
	466	5月8日	泉平	青島日語学校教師嘱託
	495	7月17日	久保田嘉喜太郎	李村日語学校教師
	545	10月10日	児玉五助	青島公学堂兼青島日語学校、青島支那語学校雇員
1919	586	1月10日	納十郎	張店日語学校長事務取扱兼張店支那語学校長事務取扱
	586	1月10日	野崎鉄司	張店日語学校教師兼張店支那語学校教師
	586	1月10日	渡邊知吉	張店日語学校教師兼張店支那語学校教師
	591	1月22日	加長齢	青島日語学校嘱託
	636	4月1日	野崎鉄司	張店日語学校教師
	636	4月10日	李容勖	青島日語学校教師
	636	4月10日	安藤昇三	坊子日語学校教師兼坊子支那語学校教師嘱託
	650	4月30日	近藤龍雄	青島日語学校教師嘱託
	669	6月8日	池田弘	坊子支那語学校教師兼坊子日語学校教師
	750	11月8日	方徳明	青島日語学校教師
1920	831	3月16日	和田作十郎	坊子日語学校事務取扱並坊子支那語学校事務取扱
	851	3月24日	岩城信太郎	坊子日語学校事務取扱並坊子支那語学校事務取扱
	855	4月16日	川田佐一郎	張店日語学校教師兼張店支那語学校教師
	881	5月29日	桑本二郎	青島日語学校教師嘱託
1921	1023	1月2日	桑原善材	李村日語学校教師
	1066	3月25日	軸丸卓爾	坊子日語学校長及坊子支那語学校長兼勤
	1066	3月25日	川田佐一郎	張店日語学校長及張店支那語学校長兼勤
	1069	3月29日	加賀美五郎七	青島日語学校長兼青島支那語学校長
	1069	3月29日	櫻田有	李村日語学校長
	1097	5月16日	呼野義幸	青州日語学校長兼青州日語学校教師、青州支那語学校長、青州支那語学校教師
	1114	6月17日	王錫済	張店日語学校教師兼張店支那語学校教師
	1114	6月17日	于耕三	青州日語学校教師兼青州支那語学校教師
	1114	6月17日	張宝五	坊子日語学校教師兼坊子支那語学校教師
	1137	8月6日	孟広路	坊子日語学校教師兼坊子支那語学校教師
	1179	11月4日	櫻田有	李村日語学校教師兼勤
	1193	12月7日	池田清	青島日語学校教師
1922	1253	3月31日	加賀美五郎七	青島日語学校教師兼務

出典：『青島守備軍公報』各号により作成。なお「号数」とは『公報』の号数である。

きく分けて兼務教員と、日語学校のみの専任教員（嘱託含む）に分けられる。前者に該当するのが加賀美五郎七、上利恭助、野中伊平、谷口林右衛門、池田清、児玉五助、櫻田有、納十郎、野崎鉄司、安藤昇三、池田弘、和田作十郎、岩城信太郎、川田佐一郎、呼野義幸である。主に支那語学校との兼務教員である。後者に該当するのが軸丸卓爾、久保田嘉喜太郎、近藤龍雄、桑本二郎である。加賀美、谷口、池田清、櫻田の4人は日語支那語学校長を勤めていたが、第五章で見るように彼らは日本

人公学堂長副堂長も勤めていた。さらに泉と桑原も公学堂教師であった。先に「現ニ公学堂ノ教員ヲナセルモノヲ教官トシテ教授ニ当ラシメ」たことに触れたが、彼らがそうした公学堂教師であったと考えられる。

現地人教員もまた、日語学校の専任教員と、支那語学校との兼務教員に分けられる。前者は李容劭、方徳明、加長齢であり、後者は王錫済、于耕三、張宝五、孟広璐であった。なお李容劭は先に見た現地人公学堂長（台西鎮）としての役職を持っていた。専任教員は青島や李村で、兼務教員は鉄道沿線の日語学校に勤務していた。

以上の日語学校教員を見ると、日本人教員は加賀美や池田のように公学堂長と兼任し、青島と李村の間を行き来していた。すなわちこれら青島李村の「模範的ノ学堂」と日語学校との間は密接な関係にあったことが分かる。また鉄道沿線の日語学校では、小規模校であったため日語学校と支那語学校が一緒になり、現地人教員も兼務していたと考えられる。

続いて、学校概況に関して、山東鉄道沿線の坊子について『大正十一年四月　青嶋守備軍坊子日支語学校概況』（以下『坊子概況』）[19]から、張店について『概況』から探ろう[20]。

まず、坊子の日語学校から見ていく。『坊子概況』によると、1921年には卒業者がいなかった。その理由は、「排日風潮発生ノ為」であったという。1922年段階の第1学年は62名、第2学年は15名であった。1921年の入学者は86名であったことから、71名もの生徒が退学した。退学について校長である軸丸卓爾は以下のように述べている。

　　　毎年新学期ノ始ニ於テハ相当生徒ノ出席者アレドモ兎角永続セズ。殊ニ大正八年五月中旬排日風潮発生ト共ニ生徒ノ総退学ヲ見ルノ如キ現状ヲ呈スルコトモ有リテ、以来生徒募集上ニモ一大障害ヲ来タシ、近年兎角隆盛ノ域ニ達スルコト難シ

退学者が多かった理由として、1919年5月の五四運動の影響を指摘している。坊子はドイツ統治時代から博山、淄川と並んで炭鉱が開発されたものの、石炭の質の低さから実質的に放棄されていた。しかし日本軍占領期には石炭需要の増加と淄川炭鉱の出炭量不足から1917年から日系企業に請け負わせて採掘を再開したため、1918年以降相応の出炭

量を見せていた[21]。坊子日語学校はこうした時期に設立されたことから炭鉱関係者の要請を目的として設置されたと予想されるが、管見の限りでは設置理由は不明である。坊子炭鉱は再開以来1921年にかけて順調に出炭量を増やしており[22]、日系企業への雇用機会はこれに伴って増えたと考えられるが、日語学校は五四運動の影響で不振が続いていた。とはいえ不振が続いた理由は五四運動だけではなかった。軸丸によれば日本人が唱える「日支親善」にも問題があったという。

　　　日本人ハ口ニ日支親善ヲ唱ヘナガラ、其ノ実ノ挙ラザルコト多シ。此全ク日本人ノ根本ヨリ其ノ方針ヲ誤レルニ起因スト云ザル可カラズ。此日本人ノ唱フル日支親善ハ実ニ口頭禅ニシテ何等具体的ニ現実セシコトナク、常ニ他外国人ノ後塵ヲ拝スル如キ観アルハ甚ダ遺憾ナリ。

　このように軸丸は、「日支親善」が口先だけで終始し、列強の後塵を拝していると批判している。軸丸が「日支親善」をどのようなものと想定していたのかは不明だが、現地人を前に苦悩する彼の姿が浮かび上がる。
　次に、張店日語学校の『概況』から学校状況を探ろう[23]。張店は山東鉄道と博山炭鉱と続く博山線との分岐点であった。開校は支那語学校が1919年1月25日、日語学校が同年2月16日と『青島軍政史』の記載よりも遅い。卒業生は、日語学校は第一回が14名、第二回が2名で、就職先は「鉄道部従業員養成所入学、会社、商店等」であった。このように山東鉄道職員や企業に就職することが期待されていた。なお日語学校の生徒数は調査時と推測される1922年には第1学年が23名、第2学年が18名であった。入学者は「高等小学校卒業以上ハ極メテ少ク、初等小学校卒業生、及半途退学生、私塾ニ数年学ビタル者等」が多かったという。膠州湾租借地内の公学堂からの入学者への言及はなかった。このことから張店日語学校は公学堂と接続しておらず、地元から生徒を集めたと考えられる。学科について日語は週当たり12時間とし、「初等小学校卒業以下ノ者ノ補習教育トシテ」漢文週5時間、算術週5時間、書方週2時間と定めた。なお支那語学校の卒業生は第一回が3名と日語学校よりも少なく、1922年は生徒がいなかった。

以上山東鉄道沿線の2校の日語学校を見てきたが、いずれの学校も経営に苦労していたことがうかがえる。まず、五四運動の影響が指摘できる。さらに1922年2月に結ばれた「山東懸案解決ニ関スル条約」第五章によって青島済南府鉄道（山東鉄道）を北京政府側に引き渡すこととなり、坊子日語学校のように鉄道部従業員を目指すという進路が不安定となったためと考えられる。

第三節 「公学堂ト支那政府設立ノ中等程度ノ各種学校」との接続問題

第一項 「上申書」提出の背景

1917年12月6日、本郷軍司令官は民政に合わせて「青島守備軍公学堂規則」を改正した。「青島守備軍公学堂規則」の主な改正点はどのようなものだったのだろうか[24]。

改正点を見ると、まず軍政長官の権限は軍司令官に移譲したもの（2条、3条、24条、31条）と、民政長官に移譲したもの（8条、10条、11条、14条、23条、28条、30条、32条）の2系統に分けられる。その内容を見てみると、軍司令官の権限は、公学堂の設置などといった主に学校制度面に関する事項であった。一方、民政長官は教科書の選定や教員人事といった公学堂の内容面での管轄を行うこととなった。このように、民政実施に伴う青島守備軍公学堂規則改正によって、単に軍政長官が民政長官へと横滑りしたわけではなかった。改正前は第二章で検討したように公学堂に関する権限は実質的に軍政長官が全て握っていたが、改正後は公学堂の設置などといった制度面で軍司令官が関与するようになり、その関与が強まったのである。ここに、軍政時代の大谷と、民政時代の本郷との間に、軍司令官による現地人教育への関与という点において断絶した側面が見いだせよう。

第二項 「上申書」の内容分析

「公学堂規則」を改正した翌日の12月7日に、本郷は陸軍大臣大島健一に上申書（以下「上申書」とする）を送った[25]。「上申書」提出は公

学堂規則改正の翌日であることから、改正と同時進行的に作成されていたと考えられる。本項ではまず「上申書」の内容分析を行う。公学堂の経営状況について、以下のように述べている。

　　　大正三四年戦役ニ於テ帝国ノ独逸租借地タル膠州湾一帯ノ地ヲ占領シ、次イテ青島ニ守備軍司令部ヲ設置セラルルヤ、爾来地方ノ秩序回復ニ努ムルト同時ニ力ヲ教育方面ニ注ギ、特ニ支那人教育ニ付テハ元独逸ノ経営ニ係ル公学堂ヲ復活セルノミナラス枢要ナル地方ニハ之力増設ヲ為シ、又校舎ノ如キ狭隘不完全ナルモノハ之ヲ改築シ、以テ児童就学ノ便ヲ図リ、又其ノ教科課程ヲ始メ教育方針ノ如キ唯僅ニ日本語ヲ加ヘタル外他ハ全然支那政府所定ノ国民小学校ト同一主義ノ下ニ之ヲ教養シ来リ候処、開設以来児童数益々増加シ、目下其ノ学堂数二十八、生徒数千七百名ニ垂ントシ、尚増加ノ趨勢ヲ呈シツツアル現況ニ有之

　「大正三四年戦役」（日独戦争）によって日本は膠州湾租借地を占領し、青島守備軍司令部を設置して教育を開始した。「元独逸ノ経営ニ係ル公学堂ヲ復活」したとあるように、現地人教育はドイツ時代の経営を引き継いだ点に触れている。ここにはドイツ統治時代との連続性を本郷は意識していたことがうかがえる。しかも単に引き継ぐだけでなく、増設や改築を行ったことにまで言及している。すなわちドイツ時代日本統治時代の方が、現地人教育が発展したというアピールだろう。一方で「教科課程ヲ始メ教育方針ノ如キ唯僅ニ日本語ヲ加ヘタル外他ハ全然支那政府所定ノ国民小学校ト同一主義」と、日本語科目を加えたこと以外は北京政府側の国民小学校と同一であったと言う[26]。何が「同一」だったのかというと、修学年限ではなくカリキュラムが「同一」であると本郷は主張する。この点については次項で扱う。こうした「同一主義」が児童数の増大を招き、1917年時点で学堂数28校、生徒数1700人になったという。

　それではなぜ、北京政府側学校との接続問題が浮上したのか。その理由について「上申書」では以下のようにある。

而シテ此等児童ノ父兄其ノ他、保護関係者等ニ於テ職業上又ハ生計上ノ関係ヨリ支那内地ト転出編入スルモノ少カラサルノミナラス、殊ニ明年（1918年：引用者註）七月末ニハ前述公学堂ニ於テ第一回卒業生ヲ出スヲ以テ、此等卒業者ノ更ニ進ンテ支那本国師範学校、中学校、高等女学校其ノ他各種学校ニ入学セムトノ希望ヲ有スルモノアルハ予測シ難カラサル

　第一に保護者の職業上の問題で、「支那内地ト転出編入スルモノ少カラサル」ため、公学堂と国民小学校との転出編入の問題が生じたためである。第二に1918年7月末に公学堂で第一回卒業生を出すため、「卒業者ノ更ニ進ンテ支那本国師範学校、中学校、高等女学校其ノ他各種学校ニ入学セムトノ希望」者がいる可能性があることを述べる。前節第三項で触れたように、青島公学堂では確かに1918年7月、第一回卒業生を出している。1点目は青島が商業都市として発展することに伴い、現地人の移動が激しくなったことが背景にあると考えられる。第2点目は、公学堂卒業生の進路の確保である。以上2点を挙げ、「当軍経営ニ係ル公学堂ト支那政府設立ノ中等程度ノ各種学校トノ間ニ連絡ノ途ヲ講スル」必要があることを主張した。

　本郷はなぜ、「上申書」で上級学校への進学問題を取り上げたのだろうか。それは「此際当軍経営ニ係ル公学堂ト支那政府設立ノ中等程度ノ各種学校トノ間ニ連絡ノ途ヲ講スルハ、父兄児童ノ最モ希望スル所」だったからである。つまり連絡問題を取り上げる理由として父兄児童が希望していることを挙げている。第二章でも述べたように、公学堂は現地人の手に職をつけさせる簡易で卑近な教育機関に止まっていた。しかし保護者はそのようなレベルに止まらず、より高度な教育レベルを要求し、上級学校への進学を求めたのである[27]。ただし管見の限りでは、青島守備軍に要望を出したという史料は見つかっていない。

　青島守備軍が想定していた北京政府側中等学校とは一体どういった学校なのだろうか。1917年5月現在の山東省の中等教育機関（表3-8）一覧表を見よう。中等教育機関の主だった学校は中学校5校、甲種実業学校および師範学校3校と省都である済南（省城）に集中し、山東鉄道沿線は益都に中学校と師範学校が、高密と青州に中学校があるのみで、未

だ少ないことがうかがえる。各学校の設立は1914年から15年に集中し、山東省全体でも中等学校の整備が発展途上にあった。こうして大陸での近代学校の整備と、膠州湾租借地における日本側が設立した近代学校とがどのように関係を築くのか、という課題が生じていたのである。

【表3-8　山東省の中等教育機関】

分類	校別	科別	地点	教員	職員	班数	人数	畢業学生	経費	立案年月
中学校	省立第一中学校		済南	29	8	4	552	65	12000	1915年1月
	省立第二中学校		聊城	23	6	4	232	98	7500	1915年1月
	省立第三中学校		泰安	21	6	4	209	32	6780	1915年1月
	省立第四中学校		恵民	22	6	3	298	37	8050	1915年1月
	省立第五中学校		臨沂	19	6	3	235	25	7932	1915年1月
	省立第六中学校		荷澤	20	6	4	239	83	9000	1915年1月
	省立第七中学校		済寧	19	7	4	282	53		1915年1月
	省立第八中学校		蓬莱	21	6	4	250	29		1915年1月
	省立第九中学校		掖県	8	4	2	112	15	8000	1915年1月
	省立第十中学校		益都	7	2	2	225	59	7000	1915年1月
	高密県立中学校		高密	5	2	1	36			1914年1月
	黄県県立中学校		黄県	8	3	2	74		11588	1915年5月
	濰県県立中学校		濰県						3600	1915年1月
	安邱県立中学校		安邱	7	3	2	70		7200	1915年12月
	長山県立中学校		長山						3500	1914年6月
	私立正誼中学校		済南	22	5	3	242		1830	1914年5月
	私立育英中学校		済南	21	6	3	232			1914年5月
	私立徳文中学校		済南							1916年1月
	私立中西中学校		済寧	9	3	4	118			1915年5月
	私立東運中学校		済南						8530	1914年5月
	青州中学校		青州						3567	1914年5月
甲種実業学校	省立第一甲種農業学校	農科 林科 蚕科	益都	7	6	3	71	70	8124元	1914年5月
	省立第二甲種農業学校	農科 蚕科	滋陽	6	5	2	49		4161元	1915年1月
	省立農業専門学校附設甲種農業講習科	農科 林科 蚕科	省城	6	7	甲3 教1	150 41	甲111		1912年8月
	蚕農業教員養成所	染織科 図絵科	済寧	10	7	3	147		12683元	1916年6月
	済寧道立甲種工業学校	金工科 染織科	省城	12	7	4	137			1914年1月
	省立工業専門学校附設甲種工業講習科	商科	省城	7	7	2	82	64		1914年4月
師範学校	山東省立第一師範学校		省城	4	7	8	326	102	36000	1915年1月
	山東省立第二師範学校		曲阜	4	7	5	233	177	24000	1915年1月
	山東省立第三師範学校		聊城	5	7	6	232	45	24000	1915年1月
	山東省立第四師範学校		益都	6	7	6	287	90	24000	1915年1月
女子師範学校	山東省立女子第一師範学校		省城	4	7	5	214	56	17000	1914年5月
	山東省立女子第二師範学校		省城	6	7	3	123	81	14000	1914年5月
	荷澤県立女子師範学校		荷澤	3	7	2	99		2000	1915年4月

出典：『中華民国六年五月　全国中学校一覧表』p.11-12、『中華民国六年五月　全国実業学校一覧表』p.2及び『中華民国六年五月　全国師範学校一覧表』p.12。

第三項　カリキュラムと教授時間数

　公学堂卒業生が上級学校に進むために「上申書」が求めたことは、以下に示すように公学堂と国民小学校とが同等程度であると北京政府側に承認させることであった。

　　　当公学堂ト支那国民小学校（高等科ヲ含ム）ト同等程度ニシテ、其ノ卒業者ハ国民小学校卒業者ト同一ノ取扱ヲ受クルコト支那政府ノ承認ヲ得置クハ刻下ノ急務ニ属シ候ニ付、貴大臣ヨリ外大臣へ可然御交渉相成候様致度、別紙公学堂規則及国民小学校トノ学科課程対照表相添此段上申候也

　上級学校への進学の前提として、北京政府側から「国民小学校卒業者ト同一ノ取扱」を受ける許可が必要である。そのため、「公学堂規則及国民小学校トノ学科課程対照表」を添付する。こうしてカリキュラムと教授時間数が同等であることを示す根拠として提示している。以下のように公学堂と国民小学校との比較を行う。

　　　追テ支那国民小学校ヘ初等科四年、高等科三年ノ規定ナルモ、当公学堂ハ修業年限五ヵ年ニシテ支那国民小学校ノ全科ヲ修了スルモノニ付、此等学堂及学校在学児童ノ被此転入学ノ場合ニ於テモ、其ノ履修セル学科程度ニ応シ相当学年ニ編入ノコト両国当局者ニ於テ承認シ置クコト必要ノ義ト存候条併テ申添候

　このように、上申書は北京政府側の「国民小学校」は初等科4年、高等科3年の計7年であったが、公学堂では修業年限5年で「国民小学校」の全科を修了すると主張する。そのため公学堂から国民小学校へ転入学する場合は「学科程度ニ応シ相当学年ニ編入」できるよう、日中両国で承認する必要があると述べた。それでは具体的に学課課程と時間数について見ていこう。

　まずは学課課程を見る。「公学堂ト支那国民小学校トノ学科課程対照表」を表3-9にまとめた[28]。この対照表からカリキュラムの進度を比較すると、以下のことが分かる。第一に、修身・華文・算術・図画で7年

分のカリキュラムを5年に短縮している。第二に高等小学校の歴史・地理・理科で3年分のカリキュラムを2年に短縮している。

次に、教授時間数を比較する。毎週教授時間数を表3-10にまとめた。この表によると、公学堂は第1学年25時間、第2学年25時間、第3学年26時間、第四学年26時間、第五学年26時間で、毎週教授時間は5年間総計127時間であった。一方国民学校は第1学年22時間、第2学年26時間、第3学年男29時間女30時間、第四学年男29時間女30時間で、高等小学校第1学年男31時間女29時間、第2学年男35（37）女33（35）時間、第3学年第2学年男35（37）女33（35）時間であった。7年間総計で見ると男217（221）時間、女210（214）時間であった[29]。

【表3-9 「公学堂ト支那国民小学校トノ学科課程対照表」】
（1）公学堂

	総計	商業	農業	縫紉	手工	図画	体操	唱歌	理科	算術	歴史及地理	日本語	華文	備考
毎週教授時数	25					簡単形体	3			5		6	10	本表中図画、手工、唱歌、図画、農業、商業二八適宜教授時数ノ一科若クハ数科ヲ欠クコトヲ得
第一学年					簡易手工		遊戯	単音唱歌		整数		読法、書法、作法、語法	読法、書法、作法、語法	
毎週教授時数	25					簡単形体	3			5		6	10	
第二学年					簡易手工		遊戯／普通体操	単音唱歌		整数		読法、書法、作法、語法	読法、書法、作法、語法	
毎週教授時数	25					簡単形体	3			5		6	10	
第三学年				通常衣服ノ縫法	簡易手工		遊戯／普通体操	単音唱歌		整数珠算		読法、書法、作法、語法	読法、書法、作法、語法	
毎週教授時数	26					簡単形体	3	2	5	1		6	8	
第四学年		商事大要	農事森林ノ大要	通常衣服ノ縫法補綴法	簡易手工		遊戯／普通体操	単音唱歌	通常植物動物鉱物及自然現象	小数／諸等数／珠算	中華民国及東洋地理ノ要略	読法、書法、作法、語法	読法、書法、作法	
毎週教授時数	26					簡単形体	3	2	5	1		6	8	
第五学年		商事大要	農事森林ノ大要	通常衣服ノ縫法補綴法	簡易手工		遊戯／普通体操	単音唱歌	通常物理化学現象人身生理衛生ノ大要	分数、百分算／比例／珠算	中華民国及東洋地理ノ要略	読法、書法、作法、語法	読法、書法、作法	

出典：「青島守備軍ノ公学堂ニ関スル件」（『欧受大日記』大正七年五月、JACAR:ref.C03024910700）より作成。

(2) 国民小学校

総計	縫紉	体操	唱歌	図画	手工	算術	国文	修身	
国民学校									
22			4		1	5	10	2	毎週教授時数
		遊戯	平易之単音唱歌		簡易製作	百数以内之数法書法二十数以内之加減乗除	(発音)簡単文字之読法書法及日用文章之読法書法作法語法	道徳之要旨	第一学年
26			4	1	1	6	12	2	毎週教授時数
		普通体操	平易之単音唱歌	単形／簡単形体	簡易製作	千数以内之数法書法百数以内之加減乗除	簡単文字之読法書法及日用文章之読法書法作法語法	道徳之要旨	第二学年
男29 女30	1	3	1	1	1	6	14	3	毎週教授時数
	運鍼法／通常衣服之縫法	普通体操	平易之単音唱歌	単形／簡単形体	簡易製作	通常之加減乗除(珠算加減)	簡単文字及日用文章之読法書法作法語法	道徳之要旨／公民須知	第三学年
男29 女30	2	3	1	男2／女1	1	5	14	3	毎週教授時数
	通常衣服之綴法	普通体操	平易之単音唱歌	単形／簡単形体	簡易製作	通常之加減乗除及簡易之小数諸等数加減乗除(珠算加減乗除)	簡単文字及日用文章之読法書法作法語法	道徳之要旨／公民須知	第四学年

出展：多賀秋五郎『近代中国教育史資料　民国編上』(日本学術振興会、1973)所収「国民小学校令施行細則」より作成。

(3) 高等小学校

総計	外国語	家事	農業	体操	唱歌	図画	手工	理科	地理	本国歴史	算術	国文	修身	
29		2		3	2	男2女1	男2女1	2	1	1	4	10	2	毎週教授時数
		縫紉		普通体操遊戯男兵式体操	単音唱歌	簡単形体	簡易手工	植物動物鉱物及自然現象	本国地理之要略	本国歴史之要略	整数小数諸等数(珠算加減)	日用文字及普通文之読法書法作法	道徳之要旨	第一学年
31	2	4	2	3	3	男2女1	男2女1	2	2	2	4	8	2	毎週教授時数
	読法書法作法語法	縫紉家事大要	農事農事之大要森林森林之大要水産水産之大要	普通体操遊戯男兵式体操	単音唱歌	簡単形体	簡易手工	植物動物鉱物及自然現象	本国地理之要略	本国歴史之要略	分数百分算(珠算加減乗除)	日用文字及普通文之読法書法作法	道徳之要旨中国法制大意	第二学年
31	2	4	2	3	3	男2女1	男2女1	2	2	2	4	8	2	毎週教授時数
	読法書法作法語法	縫紉家事大要	農事農事之大要森林森林之大要水産水産之大要	普通体操遊戯男兵式体操	単音唱歌	簡単形体	簡易手工	通常物理化学上之現象元素与化合物簡易器械之構造作用人身生理衛生之大要	本国地理之要略	本国歴史之要略	分数百分算比例(珠算加減乗除)	日用文字及普通文之読法書法作法	道徳之要旨中国法制大意	第三学年

多賀前掲書所収「高等小学校令施行細則」資料(6-105)より作成。

【表3-10　教授時間数比較】

毎週教授時間数													
総計	商業	農業	縫紉	手工	図画	体操	唱歌	理科	算術	歴史及地理	日本語	華文	修身	
25						3			5		6	10	1	第一学年
25						3			5		6	10	1	第二学年
25						3			5		6	10	1	第三学年
26						3		2	5	1	6	8	1	第四学年
26						3		2	5	1	6	8	1	第五学年

総計			縫紉	体操	唱歌	図画		手工	算術	国文	修身	
22					4			1	5	10	2	第1学年
26					4	1		1	6	12	2	第二学年
男29 女30			1	3	1	1		1	6	14	3	第三学年
男29 女30			2	3	1	男2 女1		1	5	14	3	第四学年

総計	外国語	家事	農業	体操	唱歌	図画	手工	理科	地理	本国歴史	算術	国文	修身	
29		2		3	2	男2女1	男2女1	2	1	1	4	10	2	第一学年
31	2	4	2	3	3	男2女1	男2女1	2	2	2	4	8	2	第二学年
31	2	4	2	3	3	男2女1	男2女1	2	2	2	4	8	2	第三学年

(公学堂／国民学校／高等小学校)

　このように各学年の教授時間数を比較すると、修業年限が国民小学校よりも短いにもかかわらず、公学堂での教授時間数は第1学年を除いてそれぞれの学年で国民小学校を下回っている。具体的には公学堂の科目の教授時間数は国民小学校の3割から7割に短縮されている。時間数を圧縮した上で、公学堂卒業生の学力を国民小学校卒業生と同一の水準に達することは、相当困難だったのではないかと考えられる。

第四項　「連絡問題」の顛末

　前項まで「上申書」の内容を分析することで、公学堂と国民小学校とのカリキュラム上の比較を行ってきた。その結果、国民小学校と比べると公学堂の教授時間数はかなり少ないことが分かった。

　「上申書」を本郷青島守備軍司令官が陸軍省に提出した後、「連絡問題」はどのような顛末を迎えたのだろうか。そこで外交問題として公学堂と中等学校との接続問題がどう扱われたのか見ていこう。

　1918年5月1日、「在支那特命全権公使」の林権助は後藤新平外務大

臣に北京政府側との交渉結果（以下「回答書」）を発信した[30]。まず、外務省から北京政府教育部傅増湘（ふぞうしょう）総長[31]に対し、「一月二十一日付通機密発送第九号ヲ以テ御訓令ノ趣」に従って「当館ヨリ傅教育総長ニ対シ、本郷司令官ヨリノ上申ニ基キ青島守備軍公学堂ト支那側中学程度ノ各種学校間ニ連絡ノ途ヲ講スルハ支那学生教育上尤モ必要且ツ利益ナル旨ヲ縷々説明シ、右許可詮議方交渉」を行った。その「結果同部ニ於テモ種々詮議中ノ処、最近ニ至リ同総長ハ青島守備軍公学堂ハ修業年限五年ナルニ付其卒業生ヲ修業年期七年ノ支那国民小学校（高等科ヲ含ム）ノ卒業生ト同一ノ取扱ヲ受ケシムルコトハ支那政府ニ於テ何分ニモ承諾シ難キ次第ニ付、乍遺憾公学堂側希望ニ応シ難シ」と、傅教育総長は公学堂と国民小学校との修業年限の違いを指摘し、卒業生を中国側国民小学校と同一の資格として取扱うことを拒否した。このことから、北京政府教育部は本郷が主張した公学堂の教育内容の同一性ではなく、その修業年限を重視していたと言える。

　以上の経緯から、公学堂から北京政府側の中等学校へ進学する道は閉ざされてしまったかのように見える。しかし傅は続けて「公学堂卒業生モ高等小学校卒業生ト同等ノ学力ヲ有スル限リ国文、算術、歴史、地理、理科ニツキ高等小学校卒業程度ノ入学試験ヲ経ハ、中学及師範学校等ニ入学シ得ヘキ次第ナル旨」を回答した。このように、「国文、算術、歴史、地理、理科」の受験科目を課す入学試験に合格すれば、入学を認めた。つまり間接的に公学堂から北京政府側の中等学校へ進学できる道を示した。公学堂卒業生に入学試験実施を課す理由として以下の点を挙げている。

　　尤モ支那国民教育ハ未タ普及セサル為メ、現時支那国民小学校ノ程度ハ各地ニ於テ等差アルヨリ別紙抄録ノ通リ支那国民小学校卒業生ハ中学入学定員超過セサル場合ト云ヘトモ国文、算術ノ二科ニツキ入学試験ヲ施行シ居リ。師範学校ノ入学ハ支那国民学校卒業生ト云ヘトモ国文、算術ノノ二科ニ付必ス入学試験ヲ要スル次第（…）

　このように北京政府自体の「国民教育ハ未タ普及セサル」ため、各地方で学校ごとに差が生じていたという。そのため「支那国民小学校卒業

生ハ中学入学定員超過セサル場合ト云ヘトモ国文、算術ノ二科ニツキ入学試験ヲ施行」していると説明し、公学堂卒業生に対しても試験を実施すると日本側を説得した。

なお回答書には「中学校施行規則」第42条及び「師範学校規程」第48条[32]の添付があるが、これを見ると北京政府側が公学堂をどのレベルの学校と見なしていたかが分かる。「中学校施行規則」では入学者の資格を高等小学校卒業及びそれと同等の学力保持者とした[33]。前者の資格を持ちながらも志願者が定員を超えた場合、国文と算術の2科目が入学試験として課された。後者の場合は入学試験は必須で、試験科目は国文、算術、歴史、地理、理科などで、それを以て高等小学校卒業程度の標準とした。一方、「師範学校施行規程」では、志願者は各県の行政長官を通して保証人による保証書を受験する学校長に送付することが定められている[34]。高等小学校卒業者は国文と算術が課され、高等小学校を経ていない者は国文、算術、歴史、地理、理科などが試験に課され、それをもって高等小学校卒業程度の標準とした。

以上の入学資格の条項から、中学校と師範学校のいずれにおいても公学堂卒業生に対しては「高等小学校畢業」相当とは認められなかったと言える。「有同等学力者」の試験科目として「国文、算術、歴史、地理、理科」が規定された。つまり北京政府側は公学堂卒業者を北京政府の学校体系内に位置付く高等小学校卒業者とは認めなかったのである。しかし一方で、傅教育総長は国民教育の未発達という現状を踏まえた上で、たとえ日本軍が設立した公学堂であっても、学力が伴えば北京政府側の中等学校への進学を認めたのである。つまり、大陸での近代学校の整備に、公学堂が間接的に関わることが認められたのである。

第四節　青島における高等教育機関の設立構想
　　　　　—青島商科大学を中心に—

第一項　山東省における大学設置の背景

本節では民政期に構想された大学設置をめぐる日本側の動きに注目し、高等教育機関の設立をめぐる外交交渉を中心に論じる。さらに、入

【表3-11 中華民国大学数】

	公立	私立	合計
1912	2	2	4
1913	3	2	5
1914	3	4	7
1915	3	7	10
1916	3	7	10
1917	3	7	10
1918	3	6	9
1919	3	7	10
1920	3	7	10
1921	5	8	13
1922	10	9	19
1923	19	10	29
1924	30	11	41
1925	34	13	47
1926	37	14	51
1927	34	18	52
1928	28	21	49
1929	29	21	50
1930	32	27	59
1931	36	37	73

出典：中華民国教育部『第一次中国教育年鑑』（丙編 教育概況，開明書店，1934年，p.22）。

学志願者の出身地などからどのような地域から人材を集めようとしていたのか検証する。そもそも大学を設置するということは、初等から高等教育へと一貫した学校体系を公的な力で作る意図があったと考えられる。槻木瑞生は吉林省を対象に、清代までは上級学校を受ける教育体系と初等教育の体系が分離していたが、1920年代から30年代にかけて統一に向かいつつあったことを指摘する[35]。本節はこうした研究を踏まえ、大学という高等教育機関の設置をめぐる対立の背景に、学校体系の整備という近代国家のシステムの一端をめぐるヘゲモニー争いを見いだす。

まず、1910年代から20年代にかけて、中国における大学数がどのように遷移したのかを表3-11を用いて確認する[36]。この表を見ると、1920年代初頭から後半にかけて、公私立ともに急激に大学数が増えている。この時期における山東省における高等教育機関として、中国側は6つの専門学校（農、鉱、法、商、工、医）があった[36]。他にアメリカが設立した齋魯大学があった[37]。このような時期に青島商科大学の設立構想が立ち上がったのである。そこで本節では、青島守備軍、日華実業協会及び外務省という3つのアクターがそれぞれどのような思惑で青島に大学を設置しようと考えたのか明らかにする。

第二項　青島守備軍による大学設立構想

最初に立ち上がった計画は、1921年6月2日に陸軍省次官から文部、外務両次官、拓殖局長官へ回された「青島大学設立ニ関スル意見」（以下単に「意見書」とする）である[39]。この「意見書」は青島官憲から提出されたものであるという。ここでいう青島官憲とは、青島守備軍の

ことと置き換えてよかろう。以下では、この「意見書」を分析する。

　　　青島ニ於ケル旧独逸ノ兵営ハ萬年兵営及旭兵営ノ二個所ニシテ、
　　目下青島守備軍ニ於テハ之ヲ守備隊ノ兵営及中学校ノ仮校舎ニ使用
　　致居候処、中学校ハ近ク新校舎竣工シ其ノ移転ヲ見ルヘキヲ以テ青
　　島還附ノ暁ニ於テハ少クトモ其ノ中一個所ハ自然不用ニ帰スルカ又
　　ハ支那政府ニ移転スルノ已ムヲ得サルニ至ルヘキモノト推察致候。
　　然ルニ此ノ宏大壯麗ナル建造物ヲ何等利用スルコトナク徒ニ荒廃ニ
　　委スルハ誠ニ遺憾ナリト謂フヘク、又支那政府管理ニ帰スルモ格別
　　ノ用途ナカルヘキニ因リ是亦同様ノ結果ニ陥ルヘキハ明ニシテ今日
　　予メ此カ利用方法ヲ講究スルハ洵ニ必要ノコトト存候。

　青島守備軍では萬年兵営と旭兵営の２カ所にそれぞれ守備隊の兵営と
中学校の仮校舎を入れていたが、中学校は新校舎が竣工して近く移転す
るため、租借地還附の際には旭兵営は不用になるか、または中国側に還
附しなくてはならなくなってしまう。しかしせっかくの「宏大壯麗ナル
建造物」を利用することなく放置するのは惜しいとして、利用方法を講
究することが重要だと主張する。そして、利用方法として以下のような
提案をする。

　　　我軍占領以来支那人子弟ノ為ニ公学堂ヲ起シ、現ニ其ノ数
　　三十八、生徒三千四百余人ヲ算スト雖、高等ノ教育機関ナキヲ以テ
　　我カ文化ヲ扶植スルニツキ甚不充分ナルヲ免レス。又済南ニハ邦人
　　ノ経営ニカカル中等程度ノ学校アリテ相当ノ成績ヲ挙ケ居ルモ、是
　　亦高等教育トノ連絡ナキカ為遺憾ノ点少カラサルノ状況ナルヲ以
　　テ、青島ニ高等教育機関ヲ設クルハ在来ノ諸学校ノ価値ヲ増進セシ
　　ムル途ナルト共ニ、是等ノ学校ヲシテ高等教育ノ予備機関タラシム
　　ルノ便宜アルヲ以テ、両様相竢テ其ノ使命ヲ完セシムルモノト謂フ
　　ヘク実ニ切要ノコトト存候。

　すなわち高等教育機関の設立という利用方法を提示するのである。そ
の理由として初等学校である公学堂の発展、「済南ニハ邦人ノ経営ニカ

カル中等程度ノ学校」を取り上げ、「高等教育トノ連絡ナキカ為遺憾ノ点少カラサルノ状況」であると学校系統の不備を指摘する。さらに「青島ニ高等教育機関ヲ設クルハ在来ノ諸学校ノ価値ヲ増進セシムル途」と主張する。これらの学校に「高等教育ノ予備機関タラシムルノ便宜」を図りたいという。「済南ニハ邦人ノ経営ニカカル中等程度ノ学校」とは済南東文学校であると考えられる。この学校については、第二章第四節第一項で見てきた。以上の提案から、青島守備軍は高等教育機関を青島における学校制度の頂点に位置づけ、初等学校として公学堂を、中等学校として済南東文学校を位置づけていたことと言える。

　青島守備軍はなぜ、文化事業に力を入れるべきだと主張するのか。それは、欧米各国の文化事業、特にアメリカの存在があったからである。

　　今日支那ニ於ケル欧米各国ノ文化事業ハ実ニ刮目ニ値スルモノアリ。殊ニ米国ノ如キハ大学及専門学校十六医学校七、中学校及高等女学校百三十八、実業学校十一、師範学校五十六、其ノ他多数ノ各種学校ヲ有スルノ盛況ニシテ、曩ニ青島租借地内滄口ニモ大学ヲ設立セムト計画シタルコトアリ。又現ニ青島市内ニ於テ大学予備校ヲ経営シツツアリテ近ク中学校ノ新校舎ニ移転スヘキヲ聞知シ、其ノ仮校舎ニ充当セル兵営ノ一部ヲ其ノ校舎トシ貸付セラレ度旨非公式ニ申出タルノ事実等アルヲ以テ、此ノ際我国ニ於テ将来不用ニ帰スヘキ兵営ヲ校舎トシテ高等教育機関ヲ設ケ、茲ニ我カ文化政策ニ一新面ヲ開クハ最モ機宜ニ適シタル処置ト認メ候。

　アメリカが中国国内に多数の文化施設を展開し、さらには「青島租借地内滄口ニモ大学ヲ設立」する計画や「青島市内ニ於テ大学予備校ヲ経営シツツアリテ近ク中学校ノ新校舎ニ移転」する計画があったという。後者は日本側の青島中学校が移転するため、同校が入っていた旭兵営を借り受ける予定であったと考えられる[40]。このように守備軍はアメリカの存在を警戒していたのである。よって、アメリカに対抗するために高等教育機関を設けたいと守備軍は考えていたのだろう。こうした高等教育機関の運営組織として、守備軍はどのような団体を想定していたのか。

及聞スル所ニ依レハ、日華実業協会ハ支那ニ於テ学校経営ノ希望
　　ヲ有スル趣ニ候処、本件ハ計画ヲ挙ゲ同協会ノ経営ニ委スルニ於
　　テハ協会ハ校舎ノ建築ヲ始メトシ其ノ設備ニツキ巨額ノ経費ヲ省キ得
　　ルノ利便アルト同時ニ、一方官ニ於テ直接経営スルヨリモ支那人ノ
　　歓心ヲ買ヒ、事業ノ発展上得策ト認ムヘキ関係モ有之候ニ付テハ本
　　件計画ノ実施ヲ同協会ニ慫慂セラレ、他国ニ先チテ此ノ好適ノ教育
　　都市ニ我文化事業ノ基礎ヲ確立スルヲ得策ト思考致。

　守備軍は日華実業協会が中国で学校経営を希望しているのを知り、この組織に経営を任せれば設備投資費を節約できる上に、「官ニ於テ直接経営スルヨリモ支那人ノ歓心ヲ買」うことができるため「事業ノ発展上得策」であると述べる。これは、軍や官が直接大学を経営すると現地側の反発を招く恐れがあったため、民間団体を前面に押し出す必要があったのだろう。この点に関して、日華実業協会が関わろうとした済南病院に関する別の史料でも同様の主張がなされている。「我官憲ノ後援アルモノハ支那官民間ニ歓迎セサレス、且欧米人ノ注目ヲ惹クヲ以テ是非共我民間ノ事業」でなくてはならなかった[41]。とはいえ、民間の事業として経営するためには「実業家ノ国家的篤志」によるほかない。そこで「日本全国屈指ノ実業家」によって設立された日華実業協会に期待するのである。さらに、「他国ニ先チテ此ノ好適ノ教育都市ニ我文化事業ノ基礎ヲ確立」する目的もあった。

　以上の検討から、青島守備軍側は第一に還附対策として、「将来不用ニ帰スヘキ兵営ヲ校舎トシテ高等教育機関ヲ設」けるために、日華実業協会の学校を入れようとした。第二にアメリカの対華文化事業への対抗策としての側面があった。つまりアメリカという「列国」を意識して、文化施設の設立を唱えるのである。これは駒込が台湾での学校普及の原因の一つとして取り上げた「列国ノ視聴」と重なる。アメリカの対華政策が具体化しつつある中で、「列国ノ視聴」に対抗できる施設が求められたのである。しかし、文化施設であるならば、何も大学の設立でなくてもよかったはずである。なぜ大学である必要性があったのだろうか。次項では日華実業協会側を中心に、大学設立構想が作られた理由を探る。

第三項　日華実業協会による設立計画

　本項では「支那ニ於テ学校経営ノ希望ヲ有」した日華実業協会に焦点を当てる。同協会は 1920 年 6 月 18 日に設立された[42]。設立 2 年目の事業として「支那文化施設に就き種々協議する所あり、其第一着手として山東・直隷二省の中適当の地を選定し、来年四月開校の予定にて、大学程度の学校を設置することに決し」た[43]。翌 22 年 2 月 2 日の評議員会において「計画中の対支文化事業に付協議する所ありしが、先づ最初青島に商科大学、済州に医科大学を設置する事とし」た[44]。このように短期間のうちに青島に商科大学の設置を決定した。1922 年 3 月 22 日、日華実業協会発外務省亜細亜局栗野書記官宛「山東大学計画案」において具体的な設立計画が提示された。なお校舎候補地の選定は大学設立計画より先行して行われ、1921 年 2 月 3 日に青島市内の萬年兵営の貸下を青島守備軍陸軍経理部長との間で契約し、さらに 4 月 7 日に萬年兵営附近に所在する官有土地貸下を、青島守備軍青島民政署長と契約した[45]。

　日華実業協会はなぜ青島に商科大学を設立する計画を立てたのだろうか。「青島商科大学開設ニ関スル概要」によると、現地の商務総会の要望があったためだという。時期ははっきりしないが、その要望は 1921 年末から翌年初めにかけてなされたと考えられる。その要望とは以下のようにあった。

　　　大学所在地ノ青島商務総会ニ対シテハ会長成蘭甫、副会長隋石郷両氏ニ会見ヲ求メ将来山東省内ニ学校設立ノ場合ニハ如何ナル土地ハ適当ニシテ如何ナル種類ノ学校ヲ要求スヘキカヲ質問シタルニ両氏ハ青島ハ気候、風土、物質等ノ関係ヨリ更ニ将来世界的貿易港トシテ列国ニ開放セラルヘキ商港ナルヲ以テ当地ニ商科ノ学校ヲ開設スルハ最モ適切ノ施設ナリト語ラレ独逸時代ノ独華学堂ノ成功ヲ愿想シテ有益ナル助言ヲ与ヘラレ且ツ協会ニテ斯ル学校ヲ開設スル場合ニハ応分ノ援助ヲ惜マサルヘキヲ言明シタリ[46]（4-5 丁）

　前述したように、1912 年の青島蒙養学堂の設立に「青島商務総会」が関与した。会長の成蘭甫と副会長の隋石郷が、貿易港としての青島に必要な学校は商科だと助言し、第一章で見た独華高等学堂にも言及した。

しかし、日華実業協会は青島商務総会の意見を重視していたのだろうか。そこで日華実業協会会長の渋澤栄一の発言に注目する。1922年6月に開かれた日華実業協会第2回総会における渋澤の発言の中に青島商科大学を計画した理由について触れた箇所がある。それは以下のようにある。

　　　　青島ニ於テ一ツノ学校ヲ起ス必要ヲ彼方ニ於テ御勧メアリ、又出タ人ノ考モアッテ、是ガ吾吾局ニ当ッテ居ル者トノ間ニ一ツノ問題トナリマシタ、蓋シ此山東問題ハ日支交渉ノ結果必ズ還附ニナルデアラウケレドモ、彼処ニ何モ後ニ残ラヌト云フコトハ、吾々トシテ余リニ物足ラヌヤウナ感ジガスル丁度彼ノ萬年兵営ヲ一ツノ学校ニシタラ宜カラウ、サウシテ支那人ニ対シマシテ、追々ニ文化教育ヲ進メテ行ツタナラバ至極宜カラウ [47]

　前述したように、青島の還附は1922年2月に締結された「山東懸案解決ニ関スル条約」によって既定路線となった。しかし、還附の後「彼処ニ何モ後ニ残ラヌト云フコトハ、吾々トシテ余リニ物足ラヌヤウナ感ジガ」したために、「萬年兵営ヲ一ツノ学校」にして「支那人ニ対シマシテ、追々ニ文化教育ヲ進メテ行」けばよいのではないか、と主張する。いわば、還附記念の文化事業として大学の設置を主張したのである。渋澤は「青島ニ於テ一ツノ学校ヲ起ス必要ヲ彼方ニ於テ御勧メ」があったと発言したが、これは前項で検証したように、青島守備軍が日華実業協会に大学設立を打診したことを指していると考えられる。続けて渋澤栄一は以下のように発言する。

　　　　但シサウ大ナル金ヲ掛ケルト云フ訳ニモ行カヌカラ、先ヅ商科ヨリ始メテ、追々ニ綜合大学ニシタラ宜シカラウ、先ヅ商科大学ヲ作ルトシタナラバ、一年ニ四万乃至五万位ノ金額ヲ費セバイケルダラウ

　このように渋澤は、「サウ大ナル金ヲ掛ケルト云フ訳ニモ行カヌカラ、先ヅ商科ヨリ始メ」てはどうか、と主張する。つまり商科大学を設置しようとしたのは青島を商業・貿易基地として位置づけたこととは関係が

なく、単に費用を抑えるためであったと言える。なお「一年ニ四万乃至五万位ノ金額」という具体的な数字が挙がっている。ほぼ同時期に松山で高等商業学校設立運動が起こった際、「県立松山商業学校に高等商業学校を併設すれば最もその実現が容易であり、それに要する費用は四万五〇〇〇円程度に過ぎない」との意見があった[48]。ここで主張された金額とほぼ同額である。同時期において、高商は4万ないし5万円で設立できると考えられていたのである。なお松山高等商業学校を研究した山田浩之は、高等商業学校という学校種が選択されたのは単なる経済的理由であったと指摘する[49]。こうした指摘を踏まえると、商科大学という学校種が選ばれたのも同様の理由であると考えられる。そのため、青島商務総会の提言を受けての学校種選択ではなかったと言える。

以上、渋澤栄一の発言から、青島商科大学の設立は第一に還附記念の文化事業として、第二に費用を安く抑えるためという2点から計画されたと言えよう。

続いて計画はどのようにして具体化されていったのか、その経緯を検証する。まず1921年6月2日に日華実業協会が青島守備軍司令長官由比光衛に宛てた電文の中で、「将来綜合大学タラシメントスルニアルモ差当リ第一期ニ於テ商科ヲ設ケ第二期ニ於テ農科ヲ併置シ、漸次理工科、法科、文科等ヲ設ケテ完成セントス」と総合大学志向に言及している[50]。翌年1922年3月22日、外務省亜細亜局栗野書記官に宛てた「山東大学計画案」でさらに具体的な設立計画が提示された。それには以下のようにある。

青島商科大学
一、所在地　支那山東省青島艮町萬年兵営ヲ使用ス（将来無償下附又ハ永代無償貸下ヲ受クル見込）
一、開校期　大正十一年四月二十日（予科及附属実業学校ヲ開始ス）
一、程度　中華民国大学令ニ準ス（本科三年予科二年ニシテ中学卒業生ヲ収容ス）
一、定員　本科三百名、予科二百名、附属学校二百名
一、目的　中華民国ノ青年ニ現代商業ニ関スル必要ナル智識ヲ授ク
一、附属学校　修業年限四ヵ年ノ中等商業学校ヲ附置シ予科ト混合教育ヲ行ヒ一面ニハ大学本科ニ進ム途ヲ啓キ一面ニハ修業後実

業ニ就カシム、本校ハ小学卒業程度ノ者ヲ入学セシム（…）[51]

　計画では萬年兵営を校舎として使用することにしていた。本科と予科及び附属学校の３つに分けた。このように、北京政府の大学令に準拠した大学として設立する予定であった。しかし修業年限を見ると「本科三年予科二年」とあり、北京政府「修正大学令」（1917年９月27日部令第64号）第８条の「大学本科之修業年限四年預科二年」という規定と比べると[52]、本科が１年短い。附属学校は「修業年限四ヵ年ノ中等商業学校」として位置づけられ、「一面ニハ大学本科ニ進ム途ヲ啓キ一面ニハ修業後実業ニ就カシム」るとあるように、予科としての機能と、卒業後実業に就く職業教育としての機能の２つの側面を合わせ持つ予定であった。なお先の３つの学部構成は、1920年に東京高等商業学校から本科と大学予科及び商学専門部に改組された東京商科大学の学部構成と重なる。しかし本科と大学予科及び商学専門部の修業年限はそれぞれ３年であり[53]、それらとは異なっている。ただし日本の大学令（1919年４月施行）第13条では修業年限２年の大学予科も認められていた[54]。つまり、北京政府の大学令に準拠するとしながらも、日本の大学令に準じた修業年限であると言えよう。

　そして予科と附属学校が本科より先行して1922年４月15日に開校する予定であった。すなわち、計画が立ち上がってからわずか１年で開校しようとしたのである。

　こうした具体的構想ができる前に土地の貸借と平行して学生募集の準備が行われた。日華実業協会は代表員の工藤鉄男を青島に派遣し、1921年12月中には校舎の整備など開校に必要な準備を終えた[55]。1922年２月に現地で準備事務局を開設し、さらに３月１日に北京の日本語学校に大学招生辨事処を開設して学生募集を行った[56]。引き続いて商科大学予科第１学年と実業学校第１学年の学生を募集する広告を打った[57]。その結果、同年５月22日時点で志願者1086人、入学手続完了者436人となり[58]、翌月８日には志願者1328人、入学手続完了者468人に達し[59]、定員を超えた。このように日華実業協会が開校を急いだのは、青島を北京政府に還附する前に開学しようとしたためだと考えられる。

　ところで、なぜ大学設立案が「青島商科大学」ではなく「山東大学」となっ

ているのだろうか。それは、前述のように総合大学志向を有し、「山東大学ハ先ヅ商科大学ヲ開始シ近ク数年間ニ於テ農林科、理工科、医科、文科、法科等ヲ併置シ漸次総合大学ヲ完成スル計画」だったためである[60]。この案に付せられた設立予定表によると、商科を1922年4月に開校させ、医科を同年9月、農林科を翌23年9月、理工科を24年9月、法科を27年、文科を29年に設立する予定であった。つまり当初は「山東大学」という名称で大学設立を目指し、最初に商科大学を設立する予定であった。そのため青島商科大学は単科大学ではなく、総合大学の一分科大学として位置づけようとしていたのである。このことから、日華実業協会は総合大学として拡張することを前提に、大学設立計画を作成したのである。

第四項　外務省による日中交渉

　前項まで、1921年から22年にかけて、青島守備軍と日華実業協会が青島商科大学設立を具体化しつつあった様子を分析してきた。一見すると計画は順調に進んでいたかのように見える。しかし同時期の1922年6月26日から11月21日にかけて「山東懸案細目協定日支共同委員会」（以下「共同委員会」と略記）が開催されると状況は一変する。外務省はこの共同委員会において北京政府側と折衝する立場から、青島商科大学の設立に関わることとなる。この共同委員会は租借地行政や公有財産の移転等に関する細目を取り決める第一委員会と、山東鉄道移管問題を扱う第二委員会に分けられた[61]。前者の第一委員会は、日本側が委員長小幡酉吉（駐中公使、以下小幡）、委員の秋山雅之介（青島守備軍民政長官）、出淵勝次（大使館参事官）の3人であった。一方中国側は委員長王正廷[62]（おうせいてい）（督辦魯案前後事宜、以下王）、委員の唐在章（外交部参事）、徐東藩（督辦魯案前後事宜公署参議）の3人であった。1922年3月25日、外務省の栗野書記官から渋澤栄一に対して以下のような指示が出された。

　　一、本件準備行為ハ此際一応打切リ追而日支細目交渉完了スル迄延
　　　期スルヲ可トセラルル事／二、若シ四月廿五日ノ開校期日ヲ延
　　　期セス之ヲ遂行セントノ希望ナラハ先ツ小幡駐北京公使ヲ経由
　　　支那側ノ意嚮ヲ質シ其了解ヲ得テ進行スルヲ可トセラルル事／
　　　右ノ御趣旨ニ基キ協会ニ於テハ審議ノ末第一項ヲ採択スルヲ必

要ト認メ、已ニ発表セル四月廿五日ノ開校期ヲ日支細目交渉完
　　　了スル迄延期ノ事ニ決定シ（…）[63]

　このように共同委員会での交渉が完了するまで青島商科大学の開校を延期するか、小幡公使を介して中国側の了解を取るよう指示が出された。この指示に対して協会は既に発表していた4月25日という開校日を、共同委員会が終了するまで延期することに決定したのである。渋澤は「急ニ開校ヲ延期スルニ至リタルハ誠ニ遺憾」と漏らしつつも、「華府会議等重要ナル変局ヲ生シタル為メ御方針ノ変リタル次第カトモ被存」とワシントン会議との関係から方針変換がなされたと理解した。そして青島に出張中であった日華実業協会代表員工藤鉄男に対して開校延期の決定を伝えた。このように開校延期勧告を出した理由として、外務省の芳澤課長は渋澤栄一に対して以下のように述べている。

　　　仮令既定計画ニモセヨ山東条約実施事項ニ関係セル事柄ヲ支那側
　　　トノ十分ナル了解ヲ遂ケスシテ著々施設ノ歩ヲ進ムルニ於テハ支那
　　　側ヲシテ無用ノ疑念ヲ抱カシメ本事業ノ崇高ナル精神ヲモ誤解セシ
　　　メ延テ累ヲ一般交渉ノ円滑ナル進捗ニ及ホシ我立場ヲ不利ナラシム
　　　ルノ虞無シトセス[64]

　「既定計画」とあるが、これは前述のように1921年初めに萬年兵営の貸下を青島守備軍との間で契約したことを指していると考えられる。この萬年兵営貸下計画を中国側と協議しなければ、中国側に「無用ノ疑念」を抱かせ、共同委員会で他の交渉にも悪影響を与えるのではないかと懸念している。つまり、共同委員会の円滑な運営のために、大学設立計画を止めたのであった。
　この開校延期を受け、「俄カニ各応募者ニ延期ノ通知ヲ発シ又既ニ青島ニ到着セシモノニハ同協会ヨリ旅費ヲ義捐シテ帰還セシメタル等ノ失敗ヲ演シタ」[65]。学生募集にも混乱が生じたことがうかがえる。
　共同委員会では青島商科大学の設立に関してどのような交渉が行われたのだろうか。そこで共同委員会の日本側委員長であった小幡と、内田康哉外務大臣（以下内田）との電報等の史料から、青島商科大学の校舎候補

地であった兵営確保をめぐって、本省と現地との交渉過程を検証する。

そもそも、青島商科大学のための兵営確保をめぐる交渉は、共同委員会ではあまり重視されていなかった。というのも渋澤は7月31日と11月3日の2回にわたって、小幡に対して大学設立に尽力するよう督促したからである[66]。1922年9月27日、内田は小幡に対して暗号電報で以下のような指示を出した。

　　　　日華実業協会ヨリ青島大学ノ件ハ其ノ開校準備等特ニ急キ居ル事情アルニ付、分科会ニ於テ特ニ他問題ト切離シ、至急解決方詮議アリ度キ旨願出テタル処、談判全体ニ悪影響ヲ及ホサザル模様ナルニ於テハ右希望ニ副フ様取計ハレ度シ[67]

1922年4月の開校を延期した後、9月開校を目指していたため、青島商科大学の問題を他の問題と切り離して協議を進めようとしたところ、特に問題がなさそうだったため日華実業協会の希望に添うように交渉するよう指示した。

しかし、交渉は順調には進まなかった。1922年11月6日に小幡は「青島商科大学問題ニ関シ当日支那側ニ於テ強硬ニ反対シタル」と共同委員会において中国側が反対したと報告する[68]。そこで同電文において小幡は「武器問題ニ関スル先方ノ切実ナル希望ニ引掛ケ話題ヲ商科大学問題ニ転ジ、本件計画ハ守備軍司令官ヨリ寧ロ発案ノ上日華実業協会ヲシテ考究企画セシメタルモノナリ。今之ヲ拒絶センカ司令官ハ極メテ面白カラサル立場ニ立タサルヘカラサル次第」であると述べ、青島守備軍司令官からの武器払い下げを引き合いに出して強引に交渉する。それに対して北京政府側委員長の王は「萬年兵営ノ保留ハ支那側当初ヨリノ計画ニシテ此際絶対ニ日本側ノ希望ニ応ジ難シ」と萬年兵営を日本側が獲得することに強硬に反対する。しかし「他ノ場所ナレバ考慮ノ余地ナキニ非ズト述ベタ」ために、小幡は「朝日兵営ナラバ如何」と追及すると、王は「考慮ノ余地ナキニ非ズ」と応じる。こうして、日本側は萬年兵営の獲得には失敗したが、代替案として旭兵営の獲得にこぎ着けたのである。そして翌11月7日の共同委員会において、小幡は「支那委員カ青島大学問題以外大体日本側提議ニ賛同セラレタルヲ欣幸トス」と青島商科大学以外の問題はまとまっ

たと宣言する[69]。しかし「青島大学ノ件ニ関シ青島日本官憲ノ処置ハ毫モ不当ニアラスト雖、叙上ノ純理論ハ暫ク之ヲ措キ、元来本件ハ日支共利共益ノ文化事業ナルニ顧ミ支那側ニ於テ更ニ切実ナル再考ヲ加ヘラレンコトヲ熱望ス」と、日華実業協会と青島守備軍が共同委員会の前に貸下契約を結んだことを弁護し、中国側の再考を要求する。これに対して王は「青島大学ノ件ハ他ニ適当ナル地点ヲ選定スルニ躊躇セサルモ、萬年兵営ハ支那ニ於テ是非共回収ノ必要アル旨ヲ反復力説」する。

　なぜ、中国側は萬年兵営の獲得に強硬に反対したのだろうか。11月17日午前10時の第一委員会第35回会議において、討議の結果「萬年兵営ハ支那側ニ於テ青島大学設立上是非之ヲ回収」する必要があることが確認された[70]。つまり中国側でも萬年兵営を校舎とする大学の設立を計画していたのである。ここに、日本側に対抗するために大学設立計画を出したという側面が見られる。「支那側ニ於テハ青嶋ニ綜合大学ヲ開設セムトスル極メテ熱心ナル希望ヲ有シ且其ノ校舎ニハ萬年兵営ヲ以テ充当スルノ内議既ニ熟」しており、日華実業協会が青島商科大学用地として求めていた萬年兵営を、中国側も総合大学用地として求めたことを報告する[71]。こうして青島商科大学の校舎候補地をめぐる共同委員会での日中交渉は、日本側は萬年兵営の獲得を諦め、旭兵営を確保することでもって幕を閉じたのである[72]。

　一方で希望が通らなかった日華実業協会は、こうした決定に対してどのような対応をしたのだろうか。11月20日に渋澤栄一は「本会ノ希望通リ円満ナル解決ヲ見ル能ハサレハ本計画ヲ放棄スルノ外ナシ」と大学設立計画を断念することを内田外務大臣を通して小幡公使に伝える[73]。こうした日華実業協会の対応に青島守備軍側は「実業協会ノ態度ニ対シテハ衷心ヨリ遺憾ニ堪エズ」と批判する[74]。小幡も「日華実業協会ノ其意ヲ得サル態度ニ関シテハ全然御同感ナリ」と同意する[75]。しかし内田は「支那側ニ於テハ同協会ノ好意ヲ解セス、当方ノ計画ニ対シ兎角故障カマシキ態度ニ出ツルハ甚タ遺憾ニ堪エサル処ナリ」として中国側の対応を批判し、「今一応同協会趣旨ノ存スル処ヲ王委員長ニ説明シ其攻究ヲ促サレ度」と日華実業協会を支持する立場から再度交渉するよう指示する[76]。

　この指示に対し、小幡は「此際全然之ヲ撤回スルニ付テハ本委員等ニ於テ頗ル迷惑ナル立場ニ立ザルヲ得ザルニ付、同協会ニ於テ遽カニ計画

ヲ断念スルニ至レル事情委細電報アリ度シ」と、日華実業協会が計画を撤回しようとしたことに苦言を呈する[77]。なぜなら小幡は王に対して主張したように青島商科大学は「青島ニ於ケル我紀念事業ノ一タラシメムトスルモノナリトノ主張ヲ固持シ数回ニ渉リ力説シタル結果、漸ク萬年兵営ト大差ナキ旭兵営ノ保留ヲ容諾セシムルニ至」ったと述べ、大学設立のための用地を確保するのにかなりの苦労を強いられたからである。結局小幡は王に対して「日華実業協会ニ於テ商科大学ノ経営ヲ断念スル以上朝日兵営ハ或ハ支那ニ引渡サルヘカラサルヤモ計ラレスト雖、他ノ団体ニ於テ之カ経営ヲ引受クルヤモ知レサルニ付暫ク之ヲ保留」したいと伝える[78]。

こうした対応を迫られた小幡は日華実業協会に対し、「同協会カ斯ル態度ニ出ツルニ至レルハ唯意外トスル外ナク、剰ヘ自己ノ発言ニテ文化施設ノ押売ヲシナカラ今更支那ノ誠意ヲ詰責セムトスルカ如キハ其ノ何ノ意味タルヲ解スルニ苦シム次第」であると批判する。ここには日華実業協会を批判しつつ、同協会を弁護した内田外相への批判も含まれていると言えよう。そのため小幡は「実業協会カ果シテ従来ノ浮薄タル態度ヲ改メ、真面目ニ素意ヲ遂行スルノ意アラバ該兵営ヲ使用スルモ何等差支ナシ」と怒りを込めている[79]。一方でこうした小幡の憤りを日華実業協会側は気づかなかったと考えられる。というのも、後に以下のように審議したからである。

　　予て日華実業協会に於て設立計画中であつた青島商科大学に就いては中途支那側が余り之を歓迎しないやうであつた為め、一時計画中止と決定して居つた処、最近に至り、支那側は幾分態度を改め其設立を希望する事が判り、且つ従来協会の希望して居た万年兵営を校舎として引渡す事は出来ないが、旭兵営の方ならば譲渡するを辞さないと申込んで来たので、協会では五日正午より渋沢会長・和田副会長、児玉白岩・荻野・杉原・阿多の各幹事出席協議を重ね午後三時散会した、六日は外務当局の出席を乞ひ更に協議をすると[80]。

中国側が萬年兵営の確保に固執したことを「余り之を歓迎しない」と捉え、「支那側は幾分態度を改め其設立を希望する事が判」ったため、12月5日に旭兵営での大学設置を審議した。その後この審議の結果を

踏まえて、12月半ばに青島駐在の日華実業協会関係者が在青島総領事館を訪問し、「再ヒ朝日兵営ニテ満足シ予テノ計画ヲ実現スルコトトナレル旨ヲ」述べたという[81]。しかし後述するように結局、いつ開校するのかも目処が立たないまま、頓挫するのであった。

以上見てきたように、萬年兵営の断念と旭兵営の確保に対して、小幡（駐北京公使）と由比（青島守備軍司令官）という現地出先のアクターは日華実業協会の対応を批判し、内田（外務大臣）と渋澤（日華実業協会会長）という「内地」で指揮を執るアクターは中国側の対応を批判した。両者の間で正反対の評価をしていたのである。

第五項　青島商科大学頓挫の原因

青島守備軍は兵営の確保とアメリカを視野に入れた文化事業として、一方日華実業協会は山東還附を記念する文化事業として、それぞれ大学設置において利害が一致し、青島商科大学の創立が具体的に動こうとしていた。しかし外務省は「山東懸案細目協定日支共同委員会」が完了するまで開校を延期するよう指示し、協会側も受け入れた。こうして開校は延期され、商科大学構想は一時頓挫する。その後青島商科大学はどうなったのだろうか。1924年に発行された『膠澳商埠教育彙刊』によると、青島商科大学について日華実業協会が旭兵営に事務所を建ててから1年余り経ったものの、校長は就任せず、いつ開校となるかも分からないとある[82]。日華実業協会側は「十二年九月一日ノ関東大震災ニ遭遇シ、該計画ハ、当分延期ノ已ムナキニ至」ったと、関東大震災が計画頓挫の原因としている[83]。しかし、それだけが頓挫の原因だったのだろうか。以下ではその原因を検証する。

頓挫の原因は、第一に兵営以外の土地問題であった。前述のように日華実業協会は青島商科大学を総合大学の一分科大学として位置づけようとしていたため、日華実業協会は萬年兵営の敷地だけでは満足しなかった。1921年12月26日に日華実業協会が出した「山東大学校舎敷地及附属建物ニ関スル御願」によると、日華実業協会が要求した敷地は「一、萬年兵営土地建物及附属物件一切／二、該敷地ニ隣接セル土地約五十万坪／三、旧防備隊司令官舎跡ノ土地、建物及付属物一切」であった。つまり萬年兵営だけでなく、隣接する50万坪もの敷地を要求したのであ

る。しかし、この敷地要求に対して、「陸軍側トハ単ニ萬年兵営ニ付テノミ諒解アリタルニ拘ラス、願出ニ突然隣接地五十万坪ノ下附ヲ附記シ来レルヲ以テ陸軍側ニ於テハ右ハ全然諒解ニ反ストテ頗ル反感ヲ抱クニ置レル模様ナリ。陸軍大臣ノ如キモ頗ル立腹シ居トノコトナリ」[84]と、外務省だけでなく陸軍側も不快感を露わにしたという。外務省の村木書記官はこの50万坪の土地を大学経営の財源の一部としようとしたのではないかと疑惑を抱き、日華実業協会の工藤鉄男特派員に対して「差当リノ必要ナキ斯ル厖大ナル土地ヲ山東大学ノ為メニ要求シ、而カモ之ヲ経費捻出ノ財源ニ利用スルカ如キハ美名ノ下ニ人ノ褌ニテ相撲ヲ取ラムトスルモノナリトノ非難ナカルヘキヤ」と批判する。こうして土地問題をめぐって日華実業協会と外務省・陸軍省との間に齟齬が生じた。このことが青島商科大学頓挫の最初のきっかけと考えられる。

　第二に、中国側の反対があったことが挙げられる。前述のように、1922年11月6日に小幡は「青島商科大学問題ニ関シ当日支那側ニ於テ強硬ニ反対シタル」と共同委員会において中国側が反対したことを報告している。それは中国側も萬年兵営に総合大学を設立するため、同兵営を確保しておきたかったからである。

　第三に、萬年兵営獲得をめぐる日中交渉の不調が挙げられる。前述のように日華実業協会は、大学設立の候補地として萬年兵営を希望していた。「当初ノ目的貫徹スル為メ、外務当局ハ勿論直接支那側交渉委員長王正廷氏ト交渉スル等、種々誠（試）」みたが、共同委員会の交渉過程で「本協会当初ノ希望タル万年兵営ハ支那側ニ於テ保有スル事ニ決定シ、交渉不調ニ終」わり、協会側の希望は通らなかった[85]。このため「昨年（1922年：引用者註）十一月一旦本計画ヲ放棄スル事ニ決定」した。しかし中国側から旭兵営という代案が出され、計画を復活させて準備していたが、「今回ノ大震災ニ遭遇シタルヲ以テ、幹事会ニ於テハ此際当分着手延期ヲ決議」するに至ったのである。

　第四に、協会内部の対立が挙げられる。1923年7月16日に出淵亜細亜局長は日華実業協会副会長の和田豊治を呼び、中国側の中学校開設のため旭兵営を中国側に貸し出す交渉のため青島商科大学をいつ開校する予定なのか問い質したところ、和田は「実ハ商科大学ノ問題ニ付テハ協会ノ内部ニ有力ナル反対者ヲ生シ（極内密ノコトナルカ郵船及正金ハ絶

対ニ参加ヲ拒絶スルノ態度ヲ仄カセリ）最近排日問題ニ関連シ協会内部ニ於テ斯カル対支文化施設ヲ経営スルハ不必要ナリトノ空気漸次濃厚ニ赴ケリ」と事情を説明した[86]。和田本人は「本件計画ヲ実行スルノ鞏固ナル決心ヲ有ス」と主張する。それに対し出淵も「外務省トシテモ協会ニ於テ支那側ニ対スル兼テノ声明通リ商科大学ノ開設ヲ実現センコトヲ希望」していると応じる。和田は排日運動のために日本郵船と横浜正金銀行が協会内部で大学設立計画に反対していると述べている。ここでいう排日運動とは、1923年中頃という時期から見て旅順大連回収運動のことであると考えられる[87]。こうした排日運動が激化したために、中国での文化施設の経営は不必要という意見が出てきたのである。

以上の4つの原因から青島商科大学設立計画が頓挫したと考えられる。こうして計画が頓挫したために、日華実業協会は「対支文化事業」の意思はもはやなくなったのだろうか。1924年8月9日付日華実業協会往復には、以下のようにある。

　　青島大学設立ニ関スル七月十四日附文化機密第九〇号貴翰正ニ落手、堀内青島総領事ノ具申書ト共ニ逐一拝誦仕候／弊協会ハ曩ニ山東還附ニ際シ、文化事業ヲ創メテ一紀念事業トナシ、兼テ支那人材ノ養成ニ貢献スヘキ見込ニテ、商科大学設置ヲ画策シ来リ候ハ、夙ニ御詳知被下候通ニ御座候、然ル処、其後本邦経済界ノ不況ニ次テ大震火災ノ為、右計画遂行上一頓挫ヲ来シ、之レカ実現ヲ期シ難キ状態ト相成居候ハ誠ニ遺憾ニ堪ヘサル次第ニ御座候、此時ニ方テ支那有力者ノ自発的企図ニヨリ青島大学設立ノ挙アルハ、弊協会ニ於テモ素ヨリ賛助スヘキ義トハ存候得共、本年々初以来、上海中華学芸社ノ企図セル学芸大学ノ設立ハ、其主旨弊協会ノ所見ニ適合シ、彼我文化ノ連絡上有力ノ施設タルヘキヲ思ハシメ候ノミナラス、一面本邦留学出身者ヲ幇助進展セシメ、我朝野多年ノ期望ヲ完成スル所以ナリト思料致候ニ付、弊協会ハ曩ニ同社ノ希望ヲ容レ、過月来委員ヲ設ケ、同大学ノ援助ニ付協議中ニ有之、目下ノ経済界ニ於テ此際更ニ進ンテ青島大学ヲ援助スルハ至難ノ事ト推察致居候／事情右ノ如ク候得ハ、青島大学ニ対スル弊協会ヨリノ援助ハ、不本意乍ラ此際謝絶スルノ外無之モノト御諒察ノ上、堀内総領事ニ対シ可然御答被成下度願上候[88]

堀内青島総領事から中国側の青島大学設立に援助を求められたとあるが、出淵対支文化事務局長経由で日華実業協会に発起者一覧と設立趣意書が送付されたことを指していると考えられる[89]。しかし、「本年々初以来、上海中華学芸社ノ企図セル学芸大学ノ設立ハ、其主旨弊協会ノ所見ニ適合」しているために同大学への援助を協議しており、「此際更ニ進ンテ青島大学ヲ援助スルハ至難」として青島大学への援助を断った。中華学芸社とは日本留学出身者による学術文化団体で、1916年に丙辰学社を設立し、1923年に中華学芸社となる[90]。上海の学芸大学援助を協議し始めたのは同年6月17日からであり、その1ヵ月後に青島総領事からの具申書が届いたことになる。以後日華実業協会の関心は青島商科大学から中華学芸社の学芸大学へと移り、1926年8月16日に「上海日本商業会議所ヲ経テ、金二万五千円ヲ寄贈」する[91]。つまりは、日華実業協会の「対支文化事業」は青島商科大学から中華学芸社に乗り換えたと言えよう。上海学芸大学は一時開校されたようだが、詳細は不明である[92]。

第六項　青島商科大学のカリキュラムと学生募集

　本項では、以下の2点を対象に分析する。第一に、構想の中でどのような教育を行おうとしたのか、という点である。そこで「山東大学計画案」に記載されたカリキュラム案を分析する。第二に、「青島商科大学学生応募統計表」を用いて、どの地域や学校から学生を募集しようとしたのか分析することで、青島商科大学はどのような地域や学校と接続しようとしたのか検証する。

　青島商科大学はどのような科目を構想していたのだろうか。特徴的なこととして、必修科目と選択科目に分かれていないことが挙げられる。以下では、比較対象として東京商科大学を取り上げる。なぜなら、1920年に商科大学として最も早く発足し、さらに本科・予科・専門部と学部構成が青島商科大学と重なるからである。

　最初に予科から見ていこう。予科で最も重視された科目は、表3－12のように、総教授時間数において第1年で13時間、第2年で10時間割り当てられた日本語であった。続いて英語の5時間である。商業関係の科目では商業簿記が第2年で4時間割り当てられており、実用的な

【表3-12　青島商科大学の科目】

青島商科大学予科課程表			青島商科大学本科課程表				青島商科大学附属専門部課程表			
	第1年	第2年		第1年	第2年	第3年		第1年	第2年	第3年
商業道徳	1	1	法学（商法、民法、国際法、行政法）	3	3	2	商業道徳	1	1	0
商業通論	2	2	社会学	2	2	0	東洋史及西洋史	2	2	0
商業簿記	0	4	経済学	3	0	0	商業通論	0	0	3
商業算術	3	2	財政学	2	0	0	商業地理	2	0	0
商業作文書方	3	3	金融学（貨幣、為替及銀行）	0	4	0	経済学	0	3	0
経済大意	3	0	商品農工学	2	2	3	法学通論	0	2	2
法学通論	0	2	商業経営及実習（銀行、貿易交通、保険、租税等）	3	3	7	商業作文（支那及日本）	4	3	0
日本語	13	10	商業史商業地理	2	2	0	商業用習字（々）	2	2	0
英語	5	5	東洋経済事情	0	0	3	商業算術	0	0	3
体操	3	3	商工業及植民政策研究	0	0	3	商業簿記	0	2	3
計	33	32	英語	7	7	7	商品農工学	0	3	7
			日本語	5	5	0	商業経営及実習	17	10	10
			計	29	28	25	日本語	(5).	(5).	(5).
							英語（随意科）			
							体操	3	3	3
							計	31	31	31

出典：「山東大学計画案」。

科目が重視されていた。東京商科大学予科（3年制）は、第1学年（33時間）第2学年（33時間）と、ほぼ変わらない[93]。しかし外国語を見ると、英語（第1年10時間、第2年8時間）、第二外国語（第2年4時間）であり、青島商科大学の方が語学の時間数が多い。一方で東京商科大学では配された化学や物理といった理系科目は青島商科大学にはない。

次に本科を見ていこう。本科では、英語が7時間、日本語が5時間と予科と逆転しており、語学の中では英語が重視されていた。商業関係の科目では商業経営及実習が最高学年の第3年で7時間と英語と並んで重視された。また理論面では「法学」が第1年と第2年で3時間、第3年で2時間と比較的の時間数が多く、商業では「商品農工学」（第1、2年2時間、第3年3時間）「商業史商業地理」（第1、2年2時間）が時間数が多い。ただし、「商業経営及実習」（第1、2年3時間、第3年7時間）に最も時間数を割いており、実習を重視していたことが分かる。東京商科大学と比較すると、第1学年は合計28時間、第2学年及び第3学年では合計26時間で、時間数はそれほど変わらない[94]。しかし、第1学年では民法が5時間と青島商科大学と比べると多く、英語及び第二外国語は各学年3時間と少ない。

付属専門部では商業経営及実習が第1年で17時間、第2年及び第3年でも10時間と最も多く、本科よりもさらに実習を重視していることが分かる。一方で東京商科大学商学専門部では「商業実践」という科目で第3学年に4時間配されているに過ぎない[95]。なお、青島商科大学附属専門部では本科と同じく理系科目は配されていない。さらに「商業」と銘打った科目は、15科目中9科目と6割にも上る。「山東大学計画案」では付属学校は小学校卒業程度の者を収容し、卒業後は大学本科と実業への就職と2方向を示していたが、科目数から判断すると実業への就職を促そうとしていたと考えられる。東京商科大学商学専門部で「商業」と銘打った科目は17科目中6科目と約3割5分に過ぎず、青島商科大学の方がより商業に特化した科目構成であると言えよう。

以上、科目構成から青島商科大学と東京商科大学とを比較したが、青島商科大学は一般教養ではなく、実学に重点を置いていたと言える。

次に、志願者募集を通して各省との関係を検証する。青島商科大学はどのような地域から、どのような学歴の学生を募集していたのだろうか。こうした地域の広がりと学歴から、青島商科大学が中国社会においてどのように位置付こうとしていたのか知ることができよう。こうした関心から「青島商科大学学生応募統計表」（1922年6月8日現在）を分析する[96]。表3-13を見ると「申込志望者総数」では、最多が江蘇省の359人、続いて地元山東省257人、直隷省211人、安徽省111人、山西省103人と続く。地元の山東省よりも、江蘇省出身者が100名も上回っているのが興味深い。江蘇省は山東省の南側と接しており、比較的近かったために出願者が多かったと考えられる。しかし、「入学手続完了者統計」では地元山東省172人、江蘇省116人、浙江省69人と上位が入れ替わり、特に江蘇省は3割弱にまで減った。直隷省は25人、山西省は27人である。

続いて出身学校種ごとに、志願者と入学手続完了者に分類して見てみよう。志願者では中学校卒業者が529人と最も多い。うち山東、江蘇、直隷各省出身者は100人を超えている。こうした隣接する各省の中学校から、青島商科大学を志願したのである。実業学校208人、小学校199人、大学137人と続く。このように大卒者の志願者がいたことも特徴的である。

一方、入学手続完了者となると、こうした傾向が一変する。まず、大卒者がいなくなる。続いて、中学卒業者のうち直隷省は志願者106人か

【表3-13　青島商科大学志願者数及び入学手続完了者数】

	省別	山東省	直隷省	江蘇省	山西省	安徽省	浙江省	両湖	福建省	江西省	陝西省	川広	河南省	満洲	合計
申込志願者総数															
出身学校別	大学	8	21	54	7	2	6	16	8	3			10	2	137※
	師範学校	21	22	25	2	4	19	8	2	7	2	1	3	5	124※
	中学校	104	106	110	43	16	61	22	2	21	3	15	2	24	529
	実業学校	29	28	54	35	10	5	13	1	5	4	3	18	3	208
	小学校	59	25	58	12	6	6	8	1	4	6	2	10	2	199
	不明	36	9	58	1		14	2		8		2		1	131
	小計	257※	211	359	103	38	111	69	14	48※	15	23	43	37	1328※
入学手続完了者統計															
	省別	山東省	直隷省	江蘇省	山西省	安徽省	浙江省	両湖	福建省	江西省	陝西省	川広	河南省	満洲	合計
予科	中学畢	76	9	54	16	4	56	5		7		1		1	229
	中学程度	21	16	40	9	5	11	10	4	4	4		6	8	138
	小計	97	25	94	25	9	67	15	4	11	4	1	6	9	367
実業学校	小学畢	69		22	2		2								95
	小学程度	6													6
	小計	75		22	2		2								101
	計	172	25	116	27	9	69	15	4	11	4	1	6	9	468

註：※は原史料で計算間違いがあったため、合計人数を修正した箇所である。
出典：「青島商科大学学生応募統計表」。

ら手続完了者9人にまで激減する。山東省が104人から76人、江蘇省が110人から54人と、3分の1から半分程度の減少だったことと比較すると、入学手続を行わなかった志願者が大半であったと言える。ただし青島商科大学に出願しながらも入学手続きを行わなかった者が、その後どこの学校に進学したのかは、今のところ不明である。

　この学生募集の事例から以下のことが言えよう。第一に、青島商科大学は当初、地元山東省だけでなく、江蘇省や安徽省など華北部を中心に出願があった。すなわち華北部の学校体系の頂点に位置づけられようとしていた。第二に、入学手続完了時には江蘇省や浙江省出身者が減少し、一方、山東省出身者が172人と最多となったことから、山東省を中心とする学校体系の頂点に位置づけが変わったと言えよう。とはいえ、江蘇省を中心に他省の入学手続き完了者は296人と約63％であり、他省に開かれた大学として位置づけられようとしていたと言える。

おわりに

　本章では日本統治下民政期の現地人教育を中心に分析した。第一節で

は、民政によって公学堂の位置づけがどのように変化したのか分析した。その結果、民政長官の伝記から、山東還附を念頭に公学堂経営によって日本の青島支配を既成事実化しようとしつつも、日本人教員が不足していたことが分かった。

　第二節では現地人の公学堂教員の採用と転出を分析した。その結果、市区部の重点校出身の堂長と、同じ学堂に長く在職した堂長との２パターンに分けられた。後者は郷区の小規模校に勤務した。さらに市区部の重点学堂がどのような人々に支えられたのか、青島公学堂を対象に検証した。父兄職業を見ると商業関係者が全体の約半数を占めていたことから、商人層によってこの公学堂が支えられていた。原籍を見ると山東鉄道沿線の瀰県が最も多い。ここに機械製綿糸による手織布業が盛んだった瀰県と青島の結びつきが垣間見える。卒業生を分析すると、鉄道員など近代的職業に就職する者が多数だったが、家業を引き継ぐ者も見られた。一方で中等学校へ進学する者も現れた。続いて日語学校の成立と教員を分析し、市区部では日本人公学堂教員や小学校教員が兼務し、鉄道沿線の日語学校は支那語学校と教員の面で重なっていた。

　第三節では青島守備軍公学堂と、北京政府側中等学校との連絡問題を取り上げ、日中の外交折衝を追った。その折衝過程をまとめると、青島守備軍側はカリキュラム編成が同一であることを理由に、公学堂と中国側中等学校との直結を求めたが、北京政府側は修業年限の違いを理由に直結を拒否した。つまり北京政府側は青島守備軍公学堂を北京政府側の学校体系から除外しようとしたと言える。逆に日本側から見れば、日本の学校体系は民国側の学校体系と直接リンクできなかった。ただし入学試験を経ての進学は認められたことから、間接的に公学堂と北京政府中等学校とのリンクが認められたと言えよう。

　第四節では日本側の青島商科大学設立の動きを外交面に着目して分析した。青島守備軍はアメリカの文化政策への対抗策と兵営の確保を目的として、日華実業協会は山東還附を記念する対中文化事業を目的として大学の設立を志向し、両者の利害が一致した。ここには、アメリカという「列国ノ視聴」に対抗するための文化施設として大学の設立が求められていた側面があった。一方外務省は北京政府との「山東懸案細目協定日支共同委員会」の開催を懸念して、日華実業協会に開校を思い止まら

せた。そして校舎候補地をめぐって紆余曲折し、結局青島商科大学は開校されることはなかった。一方、学生募集に注目すると、入学手続完了者の半数以上が他省出身者であり、青島商科大学は他省に開かれた大学として位置づけられようとしていた。

以上の知見をまとめ、学校系統図として整理したのが図3-2である。青島守備軍の構想では当初公学堂から高等教育機関への接続が含まれていたが、日華実業協会の構想ではその点が消えている。また、公学堂と北京政府側の中等学校との関係は、入学試験を課す形ではあるが、間接的に接続していたと言えよう。ただし、実態としてどれだけ公学堂出身者が北京政府側中等学校に入学したか、という点は今のところ不明である。

【図3-2　民政期学校系統図】

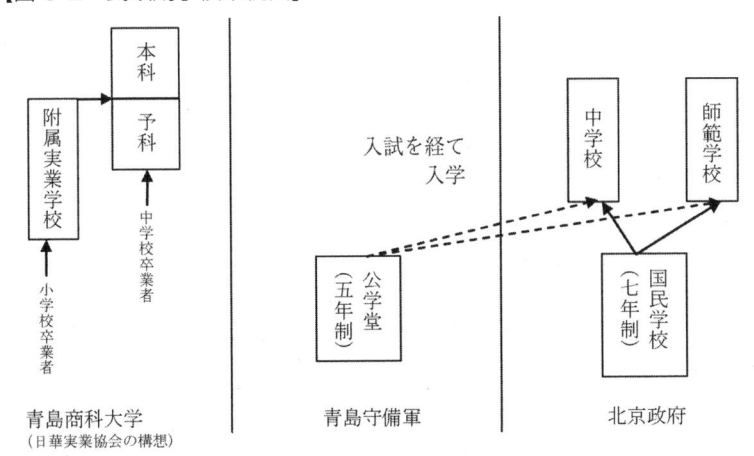

【註】
1) 桂川光正「日本軍政と青島：一九一四〜二二年」『東アジアと『半島空間』−山東半島と遼東半島−』(思文閣出版、2003年)。
2) 1917年1月9日、『寺内正毅関係文書目録』(山本四郎「寺内内閣初期の対華政策」『史窓』第37号、1980年より再引用)。千葉功によると、この決定に至るまで「日支親善」を旨とする松方正義の「対支政策意見」(1916年10月)と反袁政策の当事者であった宇垣一成の「対支政策ニ関スル私見」(1916年10月)の二つの流れがあり、外務省内でも「対支方針ニ関スル意見書」に見られる「内政不干渉」を掲げながらも「支那ヲ指導啓発」することを承認する対中政策観と、「対支外交方針」に見られるように、指導啓発を否定し

「好意的援助」なるレベルにとどめておこうとする自制的なそれとが併存していたという。結局前者の方針が採られ、1917年1月9日の閣議決定に至ったのである（千葉功 pp.334-337）。

3) 北岡伸一『日本陸軍と大陸政策』（東京大学出版会、1978年）p.200。
4) ただし、軍政から民政への移行はスムーズに行われたわけではなかった。第一に、日本側での方針の揺れがあった。1917年8月9日に陸軍省軍事課が「山東占領地都督府条例」の勅令案を作成し、8月18日には閣議提出案まで作成されたが、結局9月12日になって突如廃案となり、「青島守備軍条例案」という軍令案が出された。このように突然方針を変更した理由として、桂川光正によれば、外地統治機関を勅令によって新たに設置することは対外的な不都合が出るため、軍隊の編成を軍令によって変えるという形を取ったという。そして第二に、中国側の反発があった。民政の管轄範囲について中国政府と何の協議もなく租借地外の山東鉄道沿線である坊子と済南に民政署を設置したことにより、沿線住民が反発し、外交問題となった。
5) 『青島守備軍公報』第360号、1917年10月1日。
6) 本庄比佐子「膠州湾租借地内外における日本の占領地統治」『日本の青島占領と山東の社会経済 1914-22年』（東洋文庫、2006年）p.5。
7) 民政を開始したという報告は、10月1日の「民総第10号開庁ノ件報告」で本郷軍司令官から大島健一陸軍大臣宛になされた。
8) 渡邊清編『秋山雅之介伝』（秋山雅之介伝記纂編集会、1941年）pp.194-195。
9) 朝鮮総督府『支那教育状況一斑』（1919年）p.265。
10) 『青島守備軍公報』（312号、1917年6月26日発行）。
11) 『青島日本中学校校史』（西田書店、1989年）p.609。
12) 「公学堂南金書院卒業生名簿」『公学堂南金書院創立三十周年記念誌』1934年、p.163 = p.195『「満洲・満洲国」教育資料集成』第7巻所収。「于常年」が同姓同名の別人の可能性は否定し得ないが、時期から考えて同一人物と考えられる。
13) 膠澳商埠財務局「一宗湛山小学校」（青島市档案館所蔵、全宗号臨29目録号1案巻号1397-1401）。
14) 第四章で見る表4-1の青島公学堂の生徒数変遷と比べると、統計結果に違いがあることが分かる。例えば1915年と22年を除いて表3-2の生徒数の方が多い。これは統計を取った月が異なるためと考えられる。
15) なおその後の青島公学堂の動静については第四章で扱うが、本書で扱わない1930年代以降については以下の通りである。1937年に「日支事変」のために停止し、1938年3月に青島治安維持会立となり、39年1月に市公署が成立することに伴い青島特別市市立北京路小学校と改名する（「青島特別市市立各学校概況表」青島市档案館所蔵、請求番号B0023.001.00451.0089）。
16) 弁納才一「占領期前後における山東省綿業構造の変動」前掲『日本の青島占領と山東の社会経済 1914-22年』p.290。
17) 『青島軍政史』（第2巻）p.551。
18) 前掲『山東問題細目措置ニ関スル参考資料（第一号）』p.134。
19) 坊子日支語学校『大正十一年四月　青嶋守備軍坊子日支語学校概況』（前掲『山東占領地処分一件　別冊細目協定関係（公有財産問題参考資料二）』所収）。
20) 張店日支語学校『概況』（前掲『山東占領地処分一件　別冊細目協定関係（公有財産問題参考資料二）』所収）。

21) 富澤芳亜「占領期の淄川炭鉱　1914-1923年」前掲『日本の青島占領と山東の社会経済』pp.208-209。
22) 富澤前掲論文、表1（p.206）参照。
23) 張店日支語学校『概況』（前掲『山東占領地処分一件　別冊細目協定関係（公有財産問題参考資料二）』所収）。
24) 『青島守備軍公報』（387号、1917年12月8日発行）。
25) 欧受第1637号「青島守備軍ノ公学堂ニ関スル件」『大正七年　欧受大日記　五月』（JACAR:ref.C03024910700）。
26) 中国側の学制には「国民小学校」という名称はない。そのためこの史料では国民学校と高等小学校とを合わせて表記していると考えられる。こうしたことから、本章でもこの二つを合わせた表現として「国民小学校」という名称を用いる。
27) 駒込武は、学校教育のレベルを卑近なものにとどめようとする植民地官僚、従属的な地位からの脱却する手段として学校教育の拡充を求める現地人エリート、その狭間にあって改宗者増大のためにプラクティカルな関心から適切な教育を模索する欧米人宣教者の三者を取り上げ、植民地の教育をめぐる三つ巴の関係が一定の典型姓を持っていたことを指摘している（駒込武「帝国と「文明の理想」」『帝国と学校』昭和堂、2007年）p.26。
28) 上申書に付された資料はこの「公学堂ト支那国民小学校トノ学科課程対照表」と「公学堂学科程度及毎週教授時数表」である。
29) カッコ内の時間は外国語を含めた場合である。
30) 1918年5月1日付林権助在支那特命全権大使発後藤新平外相宛「青島守備軍公学堂ト支那国政府設立ノ中学堂程度ノ各種学校間ノ連絡ニ関スル件」（前掲『大正七年　欧受大日記　五月』）なお、該当史料は同件の10綴り目からである。この回答書はまず5月1日に機密第179号として林公使から後藤外相宛に送られた。5月7日に後藤外相から大島陸相宛に送られ（通送第140号）、5月15日に欧受第491号として陸軍次官から青島守備軍司令官に送られた。
31) 教育総長1917年12月4日～1919年5月15日。（多賀前掲書、中巻）p.6。
32) 回答の付録に記載された「師範学校規程」は48条とあったが、同条文は50条の誤りである。
33) 多賀秋五郎『近代中国教育史資料　民国編上』（日本学術振興会、1973年）p.430。規則内容は以下の通りである。
中学校入学資格須在高等小学校畢業及與有同等学力者
如具有第一項第一種資格者超過定額時応行入学試験其試験科目為国文算術二科凡具有第一項第二種資格者必須行入学試験其試験科目為国文算術歴史地理理科等以高等小学校畢業程度為標準
34) 多賀前掲書（p.435）。規則内容は以下の通りである。
凡志願入学者須由県行政長官保送並由妥実之保証人保証書送校長試験収録其在高等小学校畢業者並呈験畢業証書
前項試験科目在高等小学校畢業生試国文算術二科非由高等小学校畢業者試国文算術歴史地理理科等以高等小学校畢業程度為標準
35) 槻木瑞生「満洲国以前の吉林省の教育施設」『玉川大学教育博物館紀要』（第7号、2010年）p.75。

36) 中華民国教育部『第一次中国教育年鑑』(丙編　教育概況、開明書店、1934年)p.22。
37) 6つの専門学校の正式名称は、山東公立工業専門学校（1912年5月設立）山東公立商業専門学校（1912年6月設立）山東公立法政専門学校（1913年2月設立）山東公立農業専門学校（1913年6月設立）山東公立医学専門学校（1916年4月設立）山東公立鉱業専門学校（1920年3月設立）であった（山東大学校史編写組『山東大学校史』山東大学出版社、1986年）p.17。
38) 齋魯大学とは第一章第四節で見たように濰県広文学堂、青州共和神道学堂、済南共合医道学堂が1904年に合併してできた大学で、アメリカ長老教会などイギリス・アメリカ・カナダの10の教会が経営に携わった（『山東省志・教育志』山東人民出版社、2003年）p.348。
39) 『大正十年　欧受大日記　自六月至八月』(JACAR:ref.C03025228900)。
40) 青島中学校は1917年2月に青島市内の旭兵営を仮校舎として創立され、1921年6月に旧旭兵舎から魯山路新校舎に移転した（『大正十四年十月　青島日本中学校一覧』p.2（『会計検査関係雑件／在支補助団体実施検査復命書第二巻』所収、JACAR:ref.B05015109400)。
41) 作成時期不明「済南病院ヲ赤十字社独占的ニ経営セシムルノ不可ナル理由」（外務省記録『山東懸案解決交渉一件　細目協定関係　公有財産（保有財産、学校、病院）』第3巻所収、以下単に『公有財産』と略記する）。
42) 『竜門雑誌』386号、1920年7月＝『渋澤栄一伝記資料』（第55巻）p.167。
43) 『竜門雑誌』400号、1921年9月＝『渋澤栄一伝記資料』（第55巻）p.187。
44) 『竜門雑誌』405号、1922年2月＝『渋澤栄一伝記資料』（第55巻）p.187。なお、ここでいう「済州」とは済南のことである。本書では扱わないが、日華実業協会は済南病院に医科大学を附設させる計画を有していた。前掲の「済南病院ヲ赤十字社独占的ニ経営セシムルノ不可ナル理由」では「昨年来日華実業協会ハ同病院（済南病院：引用者註）ノ経営ニ医科大学ヲ併置シテ対支文化ヲ進メ度キ希望ヲ有シ、漸次具体化シテ去冬山梨大臣ニモ其ノ主任者面会シテ其ノ趣旨ヲ述ヘ大賛成ヲ得、愈々経営スヘク決定シ当早春既ニ差当リ経費二十萬圓ヲ拠出ヲ議決シ其ノ準備ニ取掛ラント」していたという。さらには日華実業協会は赤十字社と共同で医科大学を設立する予定であったが、赤十字社がそこから離れて独自に済南病院を経営する希望を出したことに青島守備軍司令部は困惑する。なぜなら「官憲ノ後援ヲ標榜スルモノハ成ルヘク手控ユルハ我対支国家的事業ノ発展ニ資スルノ便法」であったが、「赤十字社ハ半官半民ノ事業ニシテ而モ純然タル陸軍ノ後援アルカ為ニ支那官民ハ其ノ事業ヲ快トセサル風」があったという。病院の経営においても官憲、殊に陸軍が前面に出ることを控えようとしていたのである。
45) 『公有財産』第3巻所収。
46) 前掲『公有財産』第3巻所収。
47) 1922年6月23日付「日華実業協会第二回総会議事速記録」『渋澤栄一伝記資料』（第55巻）p.190。
48) 大正十年愛媛県会通常会会議録『愛媛県教育史』第2巻、pp.198-199。
49) 山田浩之「高等商業学校におけるビジネスマン養成－戦前期日本の地方都市における高等教育機関の社会的機能－」（望田幸男・広田照幸編『実業世界の教育社会史』昭和堂、2004年）p.135。
50) 1921年6月2日付日華実業協会発青島守備軍司令長官由比光衛宛「青島大

学設置ニ付キ萬年兵営使用ニ関スル陳情」『公有財産』第1巻所収。
51) 1922年3月22日付日華実業協会発外務省亜細亜局栗野書記官宛「山東大学計画案」『公有財産』第1巻所収。
52) 多賀秋五郎『近代中国教育史資料　民国編上』(日本学術振興会、1973) p.460。
53) 「東京商科大学学則」『東京商科大学　自大正九年至大正十年』所収。なお東京商科大学では予科・本科・専門部の他に商業教員養成所がある。一方で青島商科大学構想では教員養成所が含まれていない。
54) 米田俊彦『近代日本教育関係法令体系』(港の人、2009年) p.442。
55) 外務省記録『山東占領地処分一件　別冊細目協定関係（公有財産問題参考資料）』第3巻、6丁。
56) 北京通材高等商業学校専門学校教授原広太郎「青島商科大学北京招生辨事処状況」(外務省記録『山東占領地処分一件　別冊細目協定関係（公有財産問題参考資料）』第3巻所収)。
57) 前掲1922年3月22日付日華実業協会発外務省亜細亜局栗野書記官宛「山東大学計画案」所収。
58) 「青島商科大学学生応募統計表　五月二十二日現在調」『公有財産』第3巻所収。
59) 「青島商科大学学生応募統計表　大正十一年六月八日現在調」『山東占領地処分一件　別冊細目協定関係（公有財産問題参考資料）』第3巻所収。
60) 1921年12月10日付日華実業協会発内田康哉外相宛電文『公有財産』第1巻所収。
61) 曽田三郎「山東鉄道をめぐる日中交渉と日本人主任雇用問題」(本庄比佐子『日本の青島占領と山東の社会経済1914-22年』東洋文庫、2006年) p.101。
62) 王正廷は浙江省奉化県の出身で、北洋大学で学んだ後ミシガン大学、エール大学を経て辛亥革命直後に帰国した。パリ講話会議において北京政府全権委員として参加した。また1922年3月に山東問題善後時宜督辦となり、同年6月山東問題日支連合委員会中国側全権委員に任命される。同年11月に汪大燮内閣が成立すると外交総長となる。後に中露交渉で活躍し、1928年には国民政府外交部長となった(『中国人名資料事典』第5巻、日本図書センター、1999年) pp.373-374。
63) 1922年3月29日付渋澤会長発内田康哉外相宛「青島商科大学開設準備ニ関スル件」『山東懸案解決交渉一件　公有財産（保有財産、学校、病院）』第1巻所収。
64) 1922年4月13日付芳澤課長発日華実業協会渋澤会長宛電文『公有財産』第1巻所収。
65) 文書作成時期不明「萬年兵営ヲ商科大学ニ使用ノ件」『公有財産』第1巻所収。前述の5月6月の学生募集は開校延期勧告の後、再度募集された学生ではないかと思われる。
66) 1922年7月31日付日華実業協会会長渋澤栄一発小幡公使宛電報及び1922年11月3日付日華実業協会会長渋澤栄一発小幡公使宛電報『公有財産』第1巻所収。
67) 1922年9月27日付内田外務大臣発小幡公使宛電報『公有財産』第1巻所収。
68) 1922年11月6日付小幡公使発内田大臣宛電文『公有財産』第1巻所収。
69) 1922年11月7日付小幡公使発内田外務大臣宛電文『公有財産』第1巻所収。
70) 1922年11月17日付山会第248号其一小幡公使発内田外務大臣宛電文『公有財産』第1巻所収。

71) 1922年11月17日付山会第251号小幡公使発内田外務大臣宛電文『公有財産』第1巻所収。
72) 外務省記録『山東占領地処分一件・別冊山東懸案細目商議報告書』(外交史料館、請求番号5.2.6.21-1)所収の第一本委員会会議日誌においても、1922年11月17日の第35回委員会において、「商科大学校全問題決定」としてこの問題に関する審議が終了したことを記している。
73) 11月20日付日華実業協会会長子爵渋澤栄一発内田外務大臣宛書簡『公有財産』第3巻所収。
74) 1922年11月24日付由比司令官発小幡公使宛電報『公有財産』第1巻所収。
75) 1922年11月25日付小幡公使発在青島由比司令官宛電報『公有財産』第1巻所収。
76) 1922年11月25日付内田外務大臣発小幡公使宛電文『公有財産』第1巻所収。
77) 11月26日付小幡公使発内田外務大臣宛電文『公有財産』第1巻所収。
78) 1922年11月28日付小幡公使発内田外務大臣宛電文『公有財産』第1巻所収。
79) 1922年12月13日付小幡公使発内田外務大臣宛電報『公有財産』第1巻所収。
80) 1922年12月6日『中外商業新報』13200号＝『渋澤栄一伝記資料』(第55巻) p.197。
81) 1922年12月27日付森総領事発内田外務大臣宛電文『公有財産』第1巻所収。
82) 膠澳商埠督辦公署民政科学務股『膠澳商埠教育彙刊』(青島市档案館所蔵、1924年) p.120。
83) 『渋澤栄一伝記資料』第55巻 p.196。
84) 1921年12月26日「山東大学ノ校舎及敷地ニ関スル件」『公有財産』第3巻所収。
85) 「日華実業協会報告(自大正十一年六月至大正十二年五月)第三回総会及評議員会ニ於ケル会務報告」『渋澤栄一伝記資料』(第55巻) p.199。
86) 1923年7月16日付「旭兵営ヲ一時支那側ヘ貸与方ノ件」『公有財産』第3巻所収。
87) 服部龍二『東アジア国際環境の変動と日本外交 1918-1931』(有斐閣、2001年) p.125。
88) 1924年8月9日付日華実業協会往復『渋澤栄一伝記資料』(第55巻) pp.294-295。
89) 文化機密第90号は1924年7月14日付出淵対支文化事務局長発日華実業協会会長渋澤子爵宛「青島大学設立ニ関スル件」で、それに付された文書は1924年7月1日付在青島総領事堀内謙介発外務大臣男爵幣原喜重郎宛「青島大学設立ニ関スル件」(外務省記録『文化施設及状況調査関係雑件　施設計画関係』第1巻所収)である。
90) 阿部洋『「対支文化事業」の研究』(汲古書院、2004年) pp.553-554。
91) 『渋澤栄一伝記資料』(第55巻) p.437。
92) 阿部前掲書、p.554。
93) 前掲『東京商科大学一覧』pp.108-110。
94) 前掲『東京商科大学一覧』pp.93-94。
95) 前掲『東京商科大学一覧』pp.115-116。
96) 1922年8月5日付小幡公使発内田外務大臣宛電文(外務省記録『山東占領地処分一件　別冊細目協定関係(公有財産問題参考資料)』第3巻所収)。

第四章

北京政府期膠澳商埠における現地人学校

はじめに

　本章では山東還附によって同地域が中華民国北京政府に回収された後、日本統治時代と北京政府との連続面がいかなるものであったか分析する。第一節では、北京政府に回収後の公学堂に、新学制である壬戌学制がどのように適用されるのかを制度面から描く。第二節では教員に注目し、公学堂教員がどの程度北京政府の公立小学校に残ったのか検証する。第三節では日本側が設立した私立中等学校を対象とし、山東還附による再編の結果を分析する。第四節では、北京政府側の大学設立への動きについて、外交面を中心に探る。さらに大学設立を支持した人々や、在学生の出身校の分析を通して、青島という地域における大学の位置づけを探る。

第一節　旧公学堂への壬戌学制の適用過程

　本節では、第一に先行研究で解明が不十分であった壬戌学制の定着過程について、初等学校を中心に分析し、第二に旧租借地の学制がどのように中国側に包摂されていったのか検証する。この作業は従来の教育権回収運動研究が主な対象としてきたミッションスクールや満洲における日本の教育施設の回収問題とは異なった側面を提示できよう[1]。以下、第一項では青島守備軍公学堂がどのように膠澳商埠公立学校として引き継がれたのか検討し、第二項では統計上の修業年限の変更を扱う。第三項で各公学堂が壬戌学制における初級・両級小学校に分類される様を分析し、第四項

と第五項では生徒数の変遷から壬戌学制の定着過程について分析する。

第一項　青島守備軍公学堂から膠澳商埠公立小学校への踏襲

　旧学制から壬戌学制に至る連続面を考察するためには、膠州湾租借地における公学堂がどのように北京政府へ踏襲されたのか見ておく必要がある。そこで本項では公学堂が膠澳商埠公立小学校として踏襲される過程を検証する。

　既に第二章で論じたように、青島守備軍公学堂はドイツ時代の蒙養学堂を引き継いだもので、1915年時点で24校、最終的には37校となる。つまり少なくとも13校の公学堂は青島守備軍が独自に設立したのであった。1922年2月4日に結ばれた「山東懸案解決ニ関スル条約」第5条ではドイツ権益の中国への還附が定められた。こうして還附自体は決まったが、前章でも見たように、具体的な施設の帰属問題等については、同年6月26日から11月21日にかけて北京で行われた「山東懸案細目協定日支共同委員会」で日本と北京政府側の代表者が話し合って決定した。第一委員会は、日本側が委員長小幡酉吉（駐中公使）、委員の秋山雅之介（青島守備軍民政長官）、出淵勝次（大使館参事官）の3人であった。一方中国側は委員長王正廷（督辦魯案前後事宜）、委員の唐在章（外交部参事）、徐東藩（督辦魯案前後事宜公署参議）の3人であった。

　会議中の8月29日に小幡は「青島教育計画ニ関スル王正廷ノ意見」（以下「意見書」）を王から受け取った。これは渋澤栄一に送付されたものの写しであった。この「意見書」の中で、「公学堂ヲ回収シ同時ニ法ヲ設ケテ維持シ改良、拡張ス」として以下のような計画が出された[2]。

　　　　公学堂回収後ハ先ツ常年経費ヲ籌定シテ竭力維持シ、同時ニ我国
　　　学制ニ遵拠シテ法ヲ設ケ改良スヘク余力アルヲ俟テ、更ラニ未就学
　　　ノ学齢児童ノ為ニ学校及学額ヲ拡張シ以テ教育ノ普及ヲ期ス。小学
　　　教育ハ市民教育ノ基礎タリ。独領時代原ト公立小学校二十六校アリ。
　　　日本占領以来増シテ三十七校ニ至リ、並其ノ名ヲ改メテ公学堂ト曰
　　　ラ入学児童三千百二十五人、常年経費三万九千六百八十七元（八年
　　　度予算）ニシテ、市政経費中ヨリ支出ス。然レトモ調査シ得タル所
　　　ニ拠レハ、已ニ学齢時期ニ達シテ而カモ未タ入学セサル児童尚ホ

二万八百九十一人アリ。依テ全力ヲ以テ小学教育ノ拡張ヲ謀ルハ亦当然ノ急ナリ。

このように「公学堂回収後ハ先ツ常年経費ヲ籌定シテ竭力維持シ、同時ニ我国学制ニ遵拠」する方針を王は打ち出した。つまり青島守備軍が設置した公学堂を回収した上で、北京政府の学制を適用させるつもりであった。ただしこの時にはまだ壬戌学制は公布されておらず、北京政府初期の壬子・癸丑学制を適用しようとしたのではないかと考えられる。

1922年12月10日に山東還附が行われ、膠州湾租借地が北京政府に還附される。「守備軍董事ニ於テハ李村尋常小学校、青島日語学校、青島支那語学校及支那児童ニ対シ初等教育ヲ目的トスル公学堂三十七ヵ所ヲ設置シタリシモ、軍撤退ト同時ニ総テ之ヲ廃校」となる[3]。そのため、王の想定した通り、北京政府側に公学堂が引き継がれることとなる。公学堂の引き継ぎについて、第三章で取り上げた秋山雅之介が報告書を残している。彼は山東還附後青島守備軍民政長官から行政引継実施委員長となり、引き継ぎ状況をまとめる。その報告書が『大正十一年十二月二十九日　行政引継状況報告』である[4]。その中に「公学堂引継状況報告」があり、公学堂の引き継ぎの様子が具体的に述べられている。

一、十一月十五日支那側委員胡氏外一名来施公学堂ニ関スル事項一切ヲ引受ケム為ニ来レリト、依テ別綴引継書ノ通関係書類ノ授受ヲ了セリ

一、午後毎日公学堂ニ関スル各般ノ事項研究ノ為実施セルヲ以テ出来得ル限リ親切説明シ且ツ将来ノ経営ノ上参考トナルヘキコトヲ懇談向ニ注意セリ

一、右ニ依リ愈々実地引継ノ時機モ双方協議成レルヲ以テ十一月十九日台西鎮、青島、台東鎮及李村ノ四公学堂ニ限リ宅問嘱託及胡委員立会ノ上授受ヲ完了セリ

山東還附が行われる12月10日よりも前の11月19日に台西鎮、青島、台東鎮、李村の4校が北京政府側に引き継がれた。「支那人子弟教育機関タル公学堂全部（三十七校）引渡シヲ完了セリ支那側ニ於テハ差当リ

青島、台東鎮、台西鎮、李村ノ四校ヲ開設スル旨申シ居レリ」[5]として山東還附前に授受された4校が開設されることとなった。この4校は第二章で論じたように、公学堂の中でも重点的な学校であった[6]。そのうち青島と李村の2校は公学堂時代に「模範的ノ学堂」とされ、日本人教員が堂長又は副堂長を務めた[7]。また台東鎮・台西鎮の2校も公学堂時代に日本人教員が副堂長を務めた[8]。一方で日語学校、支那学校についての言及がないことから、これらの学校は廃校のまま再開されなかったと考えられる。

　北京政府が膠州湾租借地を接収した後、1923年1月13日公布の「膠澳商埠各校暫行改良辦法」によって公学堂37校全てが公立両級初級小学校となる[9]。こうして青島守備軍が設立した公学堂は法的に膠澳商埠公立学校として引き継がれたのである。なお接収後各校の課程は北京政府教育部令の章程に従った教科書を用いるよう定められた。接収当初は両級小学7校、初級小学が30校で、学生数は約3000人だったという[10]。なお各公学堂が両級と初級に振り分けられる過程については、第三項で扱う。

　こうして青島守備軍公学堂は北京政府公立小学校として再編される。しかし青島守備軍の撤退は軍政費の凍結を意味する。それでは経費の面での再編はどのように行われたのだろうか。「常年経費ヲ籌定シテ竭力維持」することが王正廷プランで述べられていたが、実際に経営主体が変わったことで、どのような断絶があったのだろうか。『青島小学校呈送預算書由附預算書一本　中華民国十二年一月廿六日到』によると、日本統治時代の常年経費は完全に日本の官署によって直接管理され、必要となる物品も随時日本官署に請求していたが、北京政府によって回収された後は北京政府の予算方法に準拠して用途及び数を記入して説明を加えて申請することになった[11]。ここには学校経費の申請の仕方が変わったことで、校長の戸惑いが垣間見える。なお、同文書には「暫行代理青島公立両級小学校長祁月汀」のサインが記されているが、学校印は「暫用「青島公学堂」印」を用いている。用いられた印鑑に注目すると、公学堂から公立小学校への過渡期であったことがうかがえる。

第二項　統計表における修業年限の変更に関して

　膠澳商埠において、旧学制から壬戌学制に制度的に移行したのは、

1923年であった。それは修業年限の変更に注目することで明らかとなる。第一章で述べたように、ドイツ統治時代に設置された蒙養学堂（公立小学堂）は修業年限5年であり、また第二章で述べたように日本統治下の公学堂もまた修業年限5年である。壬戌学制の両級小学校は修業年限6年である[12]。このように、修業年限の変更は壬戌学制への移行を確認する指標となるからである。

まず、『膠澳志』の統計表における学年がどのように変化したか確認する。これによって、統計表の枠組みがいつ壬戌学制となったのかが分かる。1922年までは最高学年が5年であったが、1923年以降は6年となった[13]。つまり1923年には初等教育6年制という壬戌学制が適応されることとなったと言える。

次に、山東省全体で壬戌学制がどのように実施されたのか確認しよう。そこで山東省に出された法令を取り上げる。なお1924年時点では膠澳商埠は北京政府に直轄しており、山東省教育庁の管轄ではなかったが、ここでは参考として取り上げる。1924年に「実施新学制標準辦法」[14]が北京政府教育部から山東教育庁に出される。内容は初級小学修了後に義務教育4年の証書を発行すること、高級小学の単独設置禁止、高級小学の修業年限を2年に限定する、旧学制によって設立された高等小学校は6年制の小学校に改めることなど、壬戌学制の枠組みを確認するものであった。つまり1924年3月には山東省全体で壬戌学制の定着を計ろうとしていたことがうかがえる。逆に言えば、当時はまだ、壬戌学制が地域に浸透していなかったため、わざわざこのような法令が出されたと考えられる。

第三項　学校数及び生徒数の変遷

生徒数の変遷のみでは旧来の学制と壬戌学制との連続性を直接導くことはできない。というのも生徒名が不明のため、公学堂から公立小学校に連続して在籍していたかどうかは分からないからである。しかし、コーホート分析的に学校ごとの生徒数を捉えることで、壬戌学制の定着過程を予測することが可能となる。そこで『青島守備軍統計表』と『膠澳志』所収の生徒数統計表を用い、1915年から1927年までの各学校の生徒数がどのように変遷したのか分析する。ただし、いずれの史料でも1921年の生徒数については不明である。

【グラフ1　公立学数の変遷】

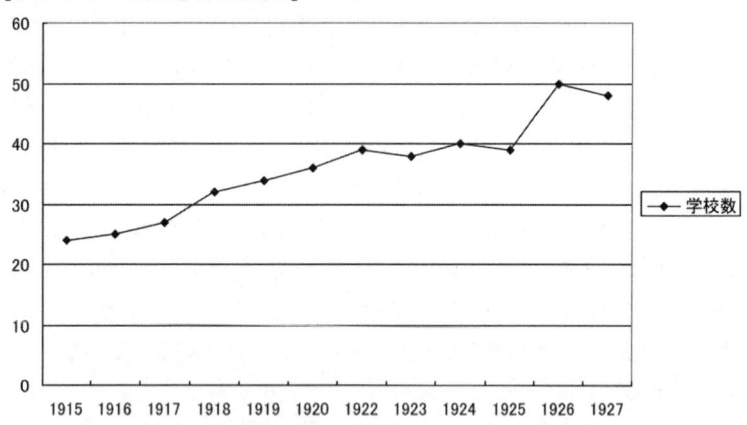

【グラフ2　生徒数の変遷】

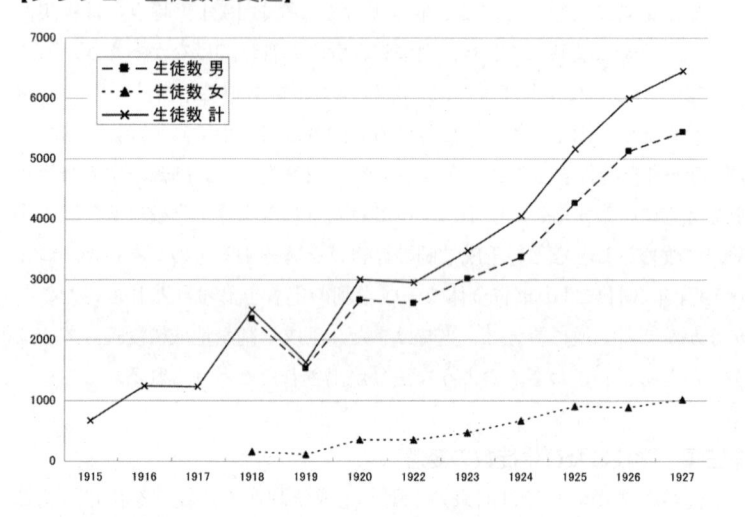

　まずはグラフ1から、公立学校数の変遷を見てみよう。学校数は公学堂時代の1915年から22年にかけて、徐々に増えていくが、1922年末の山東還附後はほぼ横ばいとなる。しかし1926年には50校にまで急増する。いわば1925年を境に、青島における教育の近代化が急展開するのである。その後学校数が若干減るのは、北伐の影響と考えられる。

　続いて、グラフ2から生徒数の変遷を確認する。まず1919年に生徒数が激減していることに気付く。これは五四運動の影響であると考えら

れる。しかし、翌1920年には回復し、山東還附までほぼ横ばいとなる。ところが還附後の1923年から右肩上がりに生徒数が増える。これは序章表0-1で見たように、「支那人」人口の増加と連動していると考えられる。この時期はグラフ1で見たように、学校数そのものはそれ程増えていない。それでも生徒数が増えたということは、一学校当たりの生徒数が増えたと考えられる。こうして1920年代に入り、特に山東還附をきっかけとして、近代学校がこの地に定着しつつあったと言えよう。

そこで第四項では両級・初級に振り分けられる過程を検証し、続く第五項と第六項では学校ごとの個別事例にまで対象を絞り、生徒数の変遷を分析する。

第四項　各小学校はどのように両級・初級小学校に分類されたのか

膠州湾租借地時代の公学堂は壬子癸丑学制の四・三制と異なり、初等高等の別はなかった。壬戌学制における小学校は初級と高級に分けられ、前者が4年制であり、初級高級の両方を設置する小学校が両級小学校であった[15]。では、壬戌学制が出された直後であり、かつ山東還附直後でもある1923年1月に旧膠州湾租借地の各公学堂はどのように振り分けられたのだろうか。

 1923年1月 [16]
 ・両級小学校
  青島、台西鎮、李村、台東鎮、薛家島、施溝、下河、朱家窪、法海寺、宋哥庄、雙山、浮山所（計12校）
 ・初級小学校
  高家村、湛山、滄口、浮山後、趙哥庄、于哥荘、埠落、侯家荘、九水、灰牛石、香裏、現化菴、仙家寨、黄埠、夏荘、常在、辛家荘、登窰、濠北頭、姜哥庄、辛島、大麦島、瓦屋荘、上流、南屯（計25校）

このように、両級小学校が12校、初級小学校が25校となっていた。青島、台西鎮、李村、台東鎮といった公学堂時代から重点校であった市区部の学校だけでなく、西部（海西）半島の薛家島といった郷区の学校も両級小学校となっている。では、両級と初級の割合はその後どのように変化したのだろうか。同年半ばの史料から確認する。

1923年5-6月 [17]
・両級小学校：青島、台西鎮、李村、台東鎮（計4校）
・初級小学校
薛家島、施溝、下河、宋哥庄、雙山、浮山所、高家村、湛山、滄口、浮山後、趙哥庄、于哥荘、埠落、侯家荘、九水、灰牛石、香裏、現化菴、仙家寨、黄埠、夏荘、常在、辛家荘、登窟、濠北頭、姜哥庄、辛島、大麦島、瓦屋荘、上流、南屯（計31校）
・不明（単に小学校とのみ表記）：朱家窪、法海寺（計2校）

このように、1923年初めという還附直後は両級小学校と称した学校が12校に及んだが、同年半ばには重点校であった4校のみが両級小学校となる。残りの8校のうち6校は初級小学校に降格した。つまり大半の旧公学堂は初級小学校となったのである。

第五項　重点学校における生徒数の変遷

　公学堂時代は37校であったが、還附後2年目の1924年には公立女子小学校と公立張村小学校の2校が設立されて39校となった。この2校は公学堂時代には存在しなかったため、検討対象からはずす。
　両級小学校が設置された重点学校4校の最高学年と生徒数をまとめたのが表4-1である。この表は、公学堂から膠澳商埠の公立小学校となったことの連続性を間接的に示していると予測される。表4-1によると、1923年で最高学年である第6学年に生徒が進級した学校は、青島、台東鎮であった [18]。これらの学校は前述の「実施新学制標準辦法」が出される前に壬戌学制における両級小学校の制度が定着した学校と言える。
　台西鎮及び李村は1923年以降も第5学年は毎年在籍していたが、第6学年に在籍者が現れるのは台西鎮では1925年以降、李村では1924年以降であり、かつ連続して在籍していない。とはいえ、いずれの学校も公学堂時代から生徒数が100名を超えており、大規模校として存在感を放っていたのは確かだろう。
　李村は第二章でも論じたように、公学堂時代の1916年に特科が附設され、公学堂教員と官衙要員の養成を行った [19]。表4-1から、その特科

【表4-1 重点学校】

所在地		1915		1916		1917		1918		1919		1920	
		男	女	男	女	男	女	男	女	男	女	男	女
青島	最高学年	4		5		特		5	1	5	2	5	3
	生徒数	65		100		133		160	20	164	33	224	124
台東鎮	最高学年	3		4		5		5		5	2	5	3
	生徒数	43		60		132		161		185	37	190	65
台西鎮	最高学年			5	5	5	5	5	5	5	5	5	5
	生徒数			71	27	87	27	126	53	141	56	170	61
李村	最高学年	3		特		特		特	1	特	2	特	3
	生徒数	50		50		130		173	34	217	35	224	42

所在地		1922		1923		1924		1925		1926		1927	
		男	女	男	女	男	女	男	女	男	女	男	女
青島	最高学年	5	5	6	5	6	6	6	6	6	6	6	6
	生徒数	343	124	313	189	348	189	401	158	417	183	394	192
台東鎮	最高学年	5	5	6	6	6	6	6	6	6	6	6	6
	生徒数	161	50	188	67	174	91	259	84	243	68	232	101
台西鎮	最高学年	5	5	5	5	5	3	6	4	5	3	6	5
	生徒数	231	66	309	101	351	86	342	131	330	137	411	216
李村	最高学年	5	5	5	5	5	5	5	5	6	6	6	4
	生徒数	107	33	101	187	159	39	171	45	223	29	202	33

典拠：各年度『青島守備軍統計表』、「膠澳商埠各学校自接収後近三年学生年級班次男女人数表」『膠澳商埠教育彙刊』所収、「膠澳商埠公私立各校接収後自十一年至十二年止毎年学生年級班次男女人数表之一」「同自十三年至十四年表之二」「同自十五年至十六年表之三」『膠澳志』巻二所収。

に1916年から1920年にかけて生徒が在籍していたことがわかる。

　続いて、これらの4校における女子生徒の就学状況について見る。というのも、女子の就学者が増加するということは、皆学を基本とする近代学校として地域に定着した指標になると考えるからである。青島と李村では1918年に女子生徒が第1学年に入学し、台東鎮は1919年に第2学年に女子生徒が入学した。台西鎮では設立された1916年には男女とも最高学年である第5学年に生徒が在籍した。その後青島では1924年に男子と同じく最高学年の第6学年に女子生徒が進級した。台東鎮では1922年に公学堂での最高学年である第5学年に進級した。さらに翌年に壬戌学制での最高学年である第6学年に進級し、男女とも第6学年が最高学年となった。このことから壬戌学制が定着したと言える。

　李村では1922年の公学堂時代に女子生徒が最高学年である第5学年に進級したが、1923年の壬戌学制以後も最高学年は第5学年のままであり、1926年に男子とともに最高学年の第6学年に進級した。ただし、翌年には最高学年が第4学年となり、最高学年まで進学することが定着

していなかったことがうかがえる。また台西鎮では女子生徒の最高学年は第5学年を超えることはなく、壬戌学制は定着していなかったと言えよう。しかし、いずれの学校も公学堂時代に女子生徒が毎年連続して在籍しており、女子生徒の就学自体は定着していたと考えられる。

第六項　郷区学校における生徒数の変遷

続いて郷区の学校について見てみよう。郷区の学校は、前述のように還附後半年でほぼ全てが初級小学校となったことが分かった。それでは生徒の在籍形態の変遷を以下の3つのパターンに分類して分析する。第一に、1922年まで連続して第5学年の生徒がいたが、1923年以降いなくなった学校である。第二に、1923年以降も連続して第5学年がいた学校である。第三に、安定して最高学年が定着していなかった学校である。以下、それぞれを分析する。

(a)　1923年以降第5学年の生徒が在籍しなくなった学校

第一パターンの学校を分析する。1923年以降に第5学年の生徒が在籍しなくなり、最高学年が第4学年となるということは、壬戌学制における初級4年が定着したと言えよう。このパターンに該当する学校は、以下の通りである。

　　上流、侯家庄、下河、朱家窪、浮山後、辛家荘、登窟、姜哥庄、于哥庄、現化菴、灰牛石、瓦屋荘

これら12校の生徒数と最高学年の変遷をまとめたのが表4-2である。上流、朱家窪、登窟、姜哥庄、于哥庄、灰牛石、南屯は設立当初は最高学年が第3学年（南屯は第2学年）であり、年を重ねるごとに最高学年が上がり、2年後（南屯は3年後）には公学堂の最高学年であった第5学年に達した。このことから、これらの学校は公学堂の学制に従って順調に在籍生徒が進級していったことが分かる。

次に、女子生徒の就学状況について見てみよう。女子生徒が入学した学校は下河、朱家窪、浮山後、辛家庄、登窟、姜哥庄、于哥庄、現化菴、瓦屋荘であった。『青島軍政史』によると、「台西鎮、朱家窪、于哥庄、

公学堂ニ於テ女児ノ男児ト同シク就学スル者ヲ生スルニ至リシハ頗ル注目スルニ足ル」と、前項で扱った台西鎮公学堂だけでなく、朱家窪と于哥庄に女子生徒が入学したことについて注目している[20]。しかし毎年連続して女子生徒が入学した学校は、下河、浮山後、現化菴、灰牛石の4校に過ぎなかった。そのうち公学堂時代から女子生徒が定着した学校は浮山後のみであった。他は膠澳商埠時代に入ってから女子生徒の在籍が定着した。

【表4-2　1923年以降第5学年の生徒が在籍しなくなった学校】

所在地		1915		1916		1917		1918		1919		1920		1922		1923		1924		1925		1926		1927	
		男	女	男	女	男	女	男	女	男	女	男	女	男	女	男	女	男	女	男	女	男	女	男	女
上流	学年	3		4		5		5		5		5		5		4		4		3		4		4	
	数	22		47		64		51		59		39		42		34		104		94		101		95	
侯家庄	学年	3		4		5		5		4		5		4		5		4		4		4			
	数	15		31		50		59		44		43		19		59		68		59		105		198	
下河	学年	3		4		4		5		4		4		4		4	1	4		4	2	4	3	4	4
	数	26		42		90		90		83		114		79		66	11	106	15	85	10	109	20	121	8
朱家窪	学年	3		4		5	?	5	2	5	3	5		5		5		4	3	4	2	4	2	4	3
	数	42		53		63	17	46	17	59	13	74		67	9	63		65	5	85	22	168	11	98	17
浮山後	学年	3		4		5		5		5		3		5		4		4		4		4		3	
	数	25		43		69		60		68		58	19	60	18	60	16	55	29	107	15	144	18	83	23
辛家庄	学年													5		4				3		4		4	
	数													36		37				50		45	7	45		38	
登窰	学年	3		4		5		5		5		5		5				4		4	1	4	2	4	3
	数	23		38		55		52		68		41		57		80		102		123	49	105	35	103	19
姜哥庄	学年	3		4		5		5		5	1	5		4		5		4		4		4		4	
	数	43		56		92		77		75	29	66	22	56	8	75		90		162	48	132	34	101	28
于哥庄	学年	3		4		5		5		5		5		5		4		4				4	1	3	
	数	23		43		83		72		55		40		60		62		86		110		179	33	107	
現化菴	学年					4		5		5		5		5		4		3		4	3	4	4	4	3
	数					67		58		66		68		75		78		101		90	3	102	1	102	1
灰牛石	学年	3		4		5		5		5		5		5		4	1	4	1	4		4	4	4	4
	数	27		46		62		45		48		56		71		61	30	90	30	94	60	102	53	103	51
南屯	学年	2		3		4		5		5		5		4				4		4		4		4	
	数	11		18		20		24		36		27		35		34		50		50		60			
瓦屋荘	学年	4		4		4		4		5		5		4		4		4		4		4		4	2
	数	37		38		31		34		38		40		46		32		33		79		91		48	1

典拠：表4-1に同じ。「最高」は最高学年、「数」は生徒数である。

（b）　1923年以降も第5学年の生徒が在籍した学校

　第二のパターンは、壬戌学制のもとでは初級小学校は最高学年が第4学年であるにもかかわらず、膠澳商埠時代になっても旧学制である公学

堂の修業年限5年を保持した学校である。このパターンに該当する初級小学校は以下の通りである。

　　湛山、大麦島、九水、埠落、浮山所、薛家島[21]

　これらの6校の最高学年と生徒数をまとめたのが表4-3である。なお浮山所は1925年に、薛家島は1924年に最高学年である第6学年が進級した。こうして実質的に両級小学校となった。また湛山と大麦島は1923年には一度第5学年がいなくなるが、その後第5学年が復活する。
　次に女子生徒の就学状況を見てみよう。女子生徒が在籍した学校は、湛山、浮山所、大麦島、九水、埠落、薛家島と、ここで分類した全ての学校に在籍が確認できる。ただし、連続して在籍した学校は浮山所、埠落、薛家島に過ぎなかった。そのうち浮山所と薛家島は公学堂時代に女子生徒が在籍したが、膠澳商埠時代になると在籍者がいなくなった。つ

【表4-3　1923年以降も第5学年の生徒が在籍した学校】

所在地		1915		1916		1917		1918		1919		1920		1922		1923		1924		1925		1926		1927	
		男	女	男	女	男	女	男	女	男	女	男	女	男	女	男	女	男	女	男	女	男	女	男	女
湛山	最高学年									2		3		5		4		5		5	1	5		4	2
	生徒数									37		52		45		55		52		52	6	54		53	7
浮山所	最高学年									2	1	3	2	5	3	5		5		6		6		6	
	生徒数									90	2	94	2	93	2	79		103		113		104		86	
大麦島	最高学年											3		5		3		4		5		6		4	3
	生徒数											34		64		55		77		90		97		101	3
九水	最高学年	3		4		5		5		5		4		5		5	1	6		6		6	1
	生徒数	16		39		38		34		58		72		57		80		68	22	142		122		129	1
埠落	最高学年	2		3		4		5		5		5		5		5		6	1	6	1	6	3
	生徒数	18		20		44		45		51		42		65		62		102		114	28	100	27	105	30
薛家島	最高学年	4		5		特		5		5	2	5		5		5		6		6		6		5	
	生徒数	45		59		85		98		89	20	95	25	95	19	78	23	110	16	129		128		89	

典拠：表4-1に同じ。

まり、女子生徒の就学が定着しなかったと言える。

(c) 最高学年が変動した学校

　第三のパターンは、公学堂時代と膠澳商埠時代とを問わず、最高学年が一定しなかった学校である。このパターンに該当する初級小学校は以下の通りである。

　　滄口、雙山、香裡、仙家寨、宋哥庄、夏荘、法海寺、黄埠、趙哥庄、辛島、施溝、濠北頭、高家村 [22]

　これら13校の最高学年と生徒数の変遷をまとめたものが表4-4である。これらの学校のうち、1923年以降も最高学年に第5学年が在籍した学校は、仙家寨、宋哥庄、夏荘、法海寺、黄埠、趙哥庄、高家村であった。さらに、連続して第5学年が在籍した学校は高家村であった。この学校は1923年に最高学年が第2学年にまで下がり、翌年第3学年となった。しかしその後第5学年にまで上がった。このため公学堂時代の学制を保持していたと言えよう。高家村は膠州湾内の陰島に位置した。同島北部は塩田が盛んであった [23]。滄口は、男子が1916年から1920年まで最高学年が第3学年で、1922年以降は第4学年となっている。趙哥荘も1920年まで第5学年が最高学年であったが、1922年には第4学年となっている。一見すると膠澳商埠となる前から初級小学校の制度を適用したかのように見える。しかしこの時期はまだ壬戌学制が公布されておらず、これはおそらく偶然の一致と思われる。

　女子生徒が在籍した学校は、滄口、仙家寨、黄埠、濠北頭であった。このうち毎年在籍が確認できるのは、最高学年は男子と同じ学年には達しなかったものの、滄口のみである。そのため、滄口以外では女子生徒の在籍が定着しなかったと言える。第六章でも見るが、滄口は青島守備軍によって「産業区域」と定められ、農地・湿地帯などが買収されて広大な工業用として整備される [24]。この土地は紡績工場をはじめ新たに青島へ進出してきた日本企業に格安で提供された。こうした日本企業の存在が女子生徒の就学状況とどのような関係にあったのかという課題については、今後別に検討したい。

【表 4-4 最高学年が変動した学校】

所在地		1915		1916		1917		1918		1919		1920		1922		1923		1924		1925		1926		1927	
		男	女	男	女	男	女	男	女	男	女	男	女	男	女	男	女	男	女	男	女	男	女	男	女
滄口	最高学年	2		3		3	?	3	1	3	2	3	2	4	3	4	2	4	2	4	3	4	2	3	3
	生徒数	27		31		34	13	25	13	25	13	43	14	30	14	40	22	49	22	50	29	96	16	89	26
雙山	最高学年							3		4		5		5		3		4		4		4		4	
	生徒数							34		45		40		36		33		48		68		81		87	
仙家寨	最高学年							3		4		5		5		4		3	1	5	3	4		4	1
	生徒数							27		59		65		35		60		39	8	52	7	62		63	2
宋哥庄	最高学年	3		4		5		5		4		5		5		3		4		5		4		4	
	生徒数	19		42		49		43		48		33		74		45		70		60		65		91	
夏荘	最高学年							3		4		4		5		5		4		5		4		4	
	生徒数							64		84		63		51		62		48		96		92		84	
法海寺	最高学年	2		3		4		5		5		5		5		5		4		5		6		4	
	生徒数	22		47		75		57		73		89		76		73		51		105		128		122	
黄埠	最高学年							3		4		5		5		5		3	1	4	2	4		3	
	生徒数							84		92		80		66		62		39	8	52	7	59		67	
趙哥荘	最高学年	3		4		4		5		5		5		4		4		4		5		4		4	
	生徒数	12		27		32		32		35		28		42		32		62		81		71		65	
辛島	最高学年					2		4		5		5		3		4		3		4		4		4	
	生徒数					20		28		27		31		29		26		30		32		34		35	
施溝	最高学年	3		4		5		5	1	5		5		5		3		3		3		3		3	
	生徒数	17		30		35		41	1	48		50		50		40		46		69		102		94	
濠北頭	最高学年	2		4		5		5		5		4		5		3		4		3		4	3		
	生徒数	16		30		30		41		37		35		29		29		30		30		29		39	17
高家村	最高学年											3		5		2		3		5		5		5	
	生徒数											34		20		39		32		63		46		44	

典拠：表 4-1 に同じ。

　以上本節では生徒数の変遷から公学堂との連続面を探った。膠澳商埠では公学堂を引き継いだ小学校のうち、1923 年時点で合計して約 4 割（37 校中 14 校）が新学制である壬戌学制を適応した。その一方で旧学制であ

る公学堂学制を続けた学校が7校と、約2割に上った。

以上から、次のように言える。日本が北京政府に膠州湾租借地を還附した後の膠澳商埠時代は、重点学校においては公学堂学制から壬戌学制の6年一貫性へスムーズに移行した。郷区では、義務教育年限の4年制初級小学に移行する学校もあれば、公学堂の年限であった5年制を保持した学校もあった。このように公学堂学制と壬戌学制との両方が併存する形で、膠澳商埠における北京政府の学校体系が構成されていた。また女子生徒の就学状況について、重点学校では女子生徒の在籍が日本統治時代から定着したが、郷区においては定着が進んでいなかった。このことから、都市部と地方との間には、女子生徒の就学状況にはかなりの差があったと言える。続いて、教員に注目して公学堂との連続面を探る。

第二節　公学堂教員と膠澳商埠公立小学校教員との連続性

本節では現地人対象の公立初等学校の教員人事を主な対象とし、旧膠州湾租借地における学校制度と北京政府の学校制度との関係を検証する。

第一項　公学堂教員の再雇用

前掲の『大正十一年十二月二十九日　行政引継状況報告』では、公学堂教師についての言及が以下のようにある。

（イ）引受側委員ハ元青島公学堂教師（月俸十七円）ニシテ自ラ主任ト称シ大ナル抱負アル如キ態度ヲ以テ来レルハ将来ノ経営ニ関シ不安ヲ感セサルヲ得サリキ

（ロ）引継学校ニ於ケル元公学堂教師全員一致ノ運動トシテ一、現給ヲ保持シ全員ヲ採用スルコト、他ノ各省ニ於ケル噂ノ如キ俸給ノ不〇〇ナキコトヲ保障スルコト等ノ大会ヲ数開催王、熊督辦其ノ他要職ニ陳述セリトノコト[25]

この「元青島公学堂教師（月俸十七円）」が誰なのか特定できなかったが、自分で主任を名乗るこの人物に対して引受側委員が不快感を抱い

たのは確かだろう。また、公学堂教師が給料を保障して採用するよう働きかけを行ったことが興味深い。公学堂が民国公立小学校へと再編される中で、その教員が再雇用を訴えていたのである。果たして公学堂教師は北京政府の公立小学校教員として再雇用されたのだろうか[26]。

　こうした関心から本節では『膠澳商埠教育彙刊』（1924年、青島市档案館所蔵）所収の「膠澳商埠公立各学校職教人名表」を主な史料として分析する[27]。さらに公学堂教員の人事に関しては『青島守備軍公報』所収の民政部人事欄（451号－1358号）を使用し、教員の一部については『青島特別市教育半月刊　第一号（創刊号）』（1929年、青島市档案館所蔵）所収の「青島特別市公立各学校現任校長一覧表」から学歴を探る[28]。ただし、『青島守備軍公報』人事欄が全ての公学堂教員を把握しているとは限らない。そのため、漏れがある可能性が否定できないことをあらかじめ断っておく。

　表4-5で、山東還附直後の公立小学校長を一覧にまとめた。この一覧を見ると、青島と李村は公学堂教員の経験がない者が校長に就任した。逆に言えば、校長名が分からなかった2校を除いて、他は全て公学堂教員経験者がそのまま膠澳商埠時代にも公立小学校長となっていたのである。このように、校長に注目すると、日本統治下の公学堂と北京政府膠澳商埠との間には教員人事において連続した一面があったと言える。つまり公学堂教員が公立小学校教員として再雇用されたのである。では、他の教員もまた、公学堂時代から連続していたのだろうか。次項から、こうした課題に取り組む。

第二項　重点学校

　前節では膠澳商埠公立小学校を重点学校と郷区に分類して考察した。本節でもこの分類を踏襲して考察する。分析方法は「膠澳商埠公立各学校職教人名表」と『青島守備軍公報』人事欄の公学堂教員データベースをクロスさせ、1924年当時の膠澳商埠公立小学校における公学堂教員経験者（以下単に「公学堂教員」とし、公学堂教員を経験していない教員を「非公学堂教員」とする）を析出する。その中で重点学校の6校をまとめたのが表4-6である。

　表から、以下のことが言えよう。第一に、1924年に設立された公立

【表4-5　還付直後の公立小学校長一覧】

学校名	校長名	公学堂採用年	公学堂遍歴
暫行代理青島公立両級小学校長	祁月汀		
暫行代理台西鎮公立両級小学校校長	法鴻熙	1919	台西鎮
薛家島公立両級小学校教員	李佩之	1920	薛家島
施溝公立両級小学校主任教員	辛玉亭	1919	滄口（李村）→養正→施溝
高家村公立初級小学校主任教員	矯遵法	1918	趙哥庄→雙山→高家村
湛山公立小学校長	于常年	1918	台東鎮→湛山
滄口公立初級小学校主任教員	李法章	1918	香裏→李村
下河公立両級小学校主任教員	朱学塾	1919	下河
朱家窪公立両級小学校主任教員	朱琛	1919	朱家窪（長）
浮山後公立初級小学校主任教員	袁相适	1919	浮山後
趙哥庄公立初級小学校主任教員	藍恭詔	1918	九水→浮山所→趙哥庄
于哥荘公立初級小学校主任教員	匡輝庭	1920	台東鎮→于家荘
埠落公立初級小学校主任教員	李崇漢	1919	埠落
法海寺公立両級小学校長	黄続	1919	青島→法海寺
候家荘初級小学校	棚		
宋哥庄公立両級小学校主任教員	張顕勃	1918	姜家庄→法海寺→宋哥荘
九水初級小学校校長	李鴻儒	1918	九水
灰牛石初級小学校長	藍孝銘	1918	灰牛石
香裏公立初級小学校校長	李鴻梁	1919	香裏
現化菴初級小学校	棚		
雙山公立両級小学校主任教員	法続臣	1918	台西鎮→雙山
仙家寨公立養正初級小学校主任教員	藍文吉	1920	大麦島→養正
黄埠公立明徳初級小学校長	張文徳	1919	明徳（長）
夏荘公立育英初級小学校主任教員	金兆桂	1919	施溝→育英
常在公立初級小学校主任教員	于堃甫	1920	育英→宋哥荘→常在
李村公立初級小学校校長	曲春芳		
辛家荘公立初級小学校長	高嵋	1919	薛家島（長）→辛哥荘（長）
登窰公立初級小学校主任教員	王薛五	1918	浮山後→上流→登窰
濠北頭初級小学校教師兼校長	陳希儀	1919	濠北頭（長）
姜哥庄公立初級小学校長	王吉源	1918	姜哥庄→上流→姜哥庄（長）
辛島公立初級小学校長	蘇鐘嵋	1919	南屯→辛島
大麦島公立初級小学校長	徐澤潤	1920	大麦島（長）
瓦屋荘公立初級小学校長	薛増燦	1919	瓦屋荘（長）
台東鎮公立両級小学校長	張春峰	1919	台東鎮（長）
浮山所公立高初級小学校長	仲蹟成	1920	浮山所（長）
上流公立初級小学校長	王旭村	1920	青島→上流（長）
南屯初級小学校主任教員	薛実源	1921	南屯

出典：青島市档案館蔵『一九二二年度三十七処小学呈送一月？支出予算書』及び『青島守備軍公報』各号。なお「公学堂遍歴」の（長）は公学堂長を示す。

職業学校及び公立女子小学校の2校には公学堂教員はいなかった。これは山東還附後の新設校だったため、公学堂教員ではなく北京政府側の教員を採用したのではないかと推測される。

第二に、青島、李村、台東鎮、台西鎮の4校における公学堂教員の割合は2割から4割と半分以下であった。逆に言えば、非公学堂教員が半分以

上を占めたこととなる。とはいえ、膠澳商埠督辦公署側がこれら4校の重点校の教員を非公学堂教員で充実させようとしていたかどうかは今のところ不明である。なお台東鎮は堂長が公学堂時代と連続して勤務している。そのため公学堂教員の割合が約38％と他の3校と比べると高いと言えよう。

【表4-6 　重点学校】

校別	職教員別	姓名	籍貫	公学堂教員遍歴	出身校
職業学校	校長	李自励	山東海陽		
	教務長	王汝寳	山東文登		
	学監兼教員	王鴻誥	山東諸城		
	学監兼教員	趙汝弼	山東海陽		
	庶務	劉建武	山東棲霞		
	会計兼教員	馮一塵	山東棲霞		
	文牘	鄭在庠	山東諸城		
	校医	崔銘	山東安邱		
	教員	楊宗乗	直隷懐来		
	教員	田桂久	山東黄県		
	教員	葉崇羲	山東日照		
	教員	葉春堀	山東日照		
	教員	石振鐸	山東鄒平		
	教員	徐徳恩	山東文登		
	教員	劉元樸	山東海陽		
	教員	呉玉璋	山東高唐		
青島小学校	校長	譚家駿	山東濰県		
	教員	蔡文鶴	京兆大興		
	教員	趙学寛	山東昌邑	青島教師	
	教員	郎熙民	山東濰県		
	教員	石志崑	山東益都		
	教員	安省身	山東壽光		
	教員	裴昌年	山東濰県		
	教員	邵淑貞	福建閩侯		
	教員	周南	浙江定海		
	教員	苗松琪	京兆大興		
	教員	王樹寶	山東棲霞		
	教員	李夢周	山東昌邑		
	教員	高星舫	山東膠県	台西鎮教師→姜哥庄教師	
	教員	王紹煕	山東濰県		
	教員	高棨	山東膠県	薛家島教師	
	教員	郭蕙蘭	山東膠県	薛家島教師→青島教師	
	教員	徐壽汶	山東濰県		
	教員	高明舫	山東膠県	于哥庄教師	
	教員	尹徳纓	山東日照		

第四章　北京政府期膠澳商埠における現地人学校　149

校別	職教員別	姓名	籍貫	公学堂教員遍歴	出身校
台東鎮小学校	校長	張春峯	山東益都	台東鎮（長）	山東登州文会館師範科
	教員	張天民	山東濰県		天津師範学校
	教員	王樹沅	山東長山		
	教員	鞏金章	山東廣饒		
	教員	鄭培明	山東日照		
	教員	王遜	山東膠県	台西鎮教師→台東鎮教師	
	教員	劉学乾	山東即墨	九水教師→青島教師	
	教員	胡丕佐	山東昌邑		
	教員	臧駿騏	山東諸城	台東鎮教師	
	教員	范芳蘭	山東膠県	台東鎮教師	
	教員	周徳美	山東安邱		
	教員	段聡秋	山東即墨		
	教員	鄧恩明	貴州荔波		
台西鎮小学校	校長	蔡自聲	山東高密		
	教員	梁大公	山東高密		山東単級教員養成総所
	教員	法鴻熙	山東膠県	台西鎮教師	
	教員	張伯起	山東高密		
	教員	張鑑清	山東膠県	台西鎮教師	
	教員	房蓮馨	山東文登	台西鎮教師	
	教員	朱玉芳	山東高密	台西鎮教師	
	教員	李世昌	山東膠県		
	教員	劉敬廷	山東膠県	台西鎮教師	
	教員	王貴貞	直隷天津		
	教員	宋振範	山東陽信		山東省立第一師範
	教員	糕鍾瑞	山東高密		
	教員	周正侑	山東安邱		
	教員	王博学	山東萊蕪		
	教員	任青選	山東高密		
	教員	廷壽撰	山東廣饒		
李村小学校	校長	胡維藩	山東即墨		
	教員	臧煒堂	山東諸城		
	教員	陳庭楷	山東濰県		
	教員	彭錫会	山東濰県		
	教員	藍和中	山東即墨		
	教員	林振鐸	本埠	李村教師	
	教員	王政亭	本埠	李村教師	
	教員	丁花香	山東膠県	台西鎮教師→李村教師	
	教員	丁瑞花	山東膠県		
	教員	殷毓斌	山東禹城		
	教員	初蕡瑞	山東即墨		
女子小学校	校長	連索蘭卿	山東蓬萊		山東登州文会館
	教員	趙国梁	山東臨淄		
	教員	周振策	山東諸城		
	教員	崔淑蘭	山東臨淄		
	教員	脱鳳鸞	山東益都		
	教員	李淑芬	山東濰県		
	教員	鞠文煥	山東栄城		
	教員	劉文蓮	山東招遠		
	教員	王紫雲	山東即墨		

出典：膠澳商埠督辦公署民政科学務股『膠澳商埠教育彙刊』（1924.12、青島市档案館蔵　請求番号A000815）。教員遍歴は『青島守備軍公報』民政部人事欄より作成したデータベースに依拠した。出身校の項目は『青島特別市教育半月刊　第一号（創刊号）』（1929年6月15日、青島市档案館蔵　請求番号A00570）より作成した。

【表4-7　青島両級小学校教職員録】

青島公学堂							公立青島小学校			
職名	氏名	原籍	就職年月日	担任	1924年時点	職員別	姓名	籍貫	公学堂教員遍歴
堂長	加賀美五郎七	日本東京市	大正10年3月25日	日本語		校長	譚家駿	山東濰県	
副堂長	谷口林右衛門	佐賀県	大正6年9月11日	日本語		教員	蔡文鶴	京兆大興	
教師	井出九十九	長野県	大正10年5月6日	日本語		教員	趙学寛	山東昌邑	青島公学堂教師
教師	周鵬鸞	中国（支那）山東省即墨県	大正4年3月31日	華文、作文、習字		教員	郎熙民	山東？県	
教師	劉学乾	即墨県	大正6年10月28日	第五学年	公立台東鎮小学校	教員	石志寬	山東益都	
教師	高澤煦	即墨県	大正9年6月27日	第2学年丙班		教員	安省身	山東壽光	
教師	李方勛	莱陽県	大正6年6月15日	第三学年		教員	裴昌年	山東濰県	
教師	法龍川	膠県	大正6年6月15日	第2学年甲班		教員	邵淑貞	福建閩侯	
教師	黄続	膠県	大正8年9月22日	第1学年乙丙班		教員	周南	浙江定海	
教師	趙学寛	昌邑県	大正10年3月1日	第四学年	公立青島小学校	教員	苗松琪	京兆大興	
教師	李崇士	即墨県	大正9年10月11日	第2学年乙班		教員	王樹寶	山東棲霞	
教師	王旭村	即墨県	大正9年11月11日	第1学年甲班		教員	李夢周	山東昌邑	
教師	郭蕙蘭	膠県	大正8年9月3日	第三四学年女子	公立青島小学校	教員	高星舫	山東膠県	台西鎮公学堂教師→姜哥庄公学堂教師
教師	袁素香	平度県	大正9年10月11日	第1学年女子		教員	王紹熙	山東濰県	
教師	魏復生	膠県	大正8年9月22日	第2学年女子		教員	高棨	山東膠県	薛家島公学堂教師
嘱託医	鈴木又	日本愛知県	大正9年10月6日			教員	郭蕙蘭	山東膠県	薛家島公学堂教師→青島公学堂教師
						教員	徐壽汶	山東濰県	
						教員	高明舫	山東膠県	于哥庄公学堂教師
						教員	尹徳纓	山東日照	

出展：『大正十年九月末調査　青島公学堂一覧』（『山東占領地処分一件　別冊細目協定関係（公有財産問題参考資料）三』（外交史料館蔵、外務省日記5-2-6-21-4-13）

　なお、青島公学堂は1921年現在の教職員録が残っている[29]。この職員録と表4-6を照らし合わせたのが表4-7である、公学堂時代から引き続き教員を勤めた者は趙学寛と郭蕙蘭の二人であった。他に公学堂教員経験者は高星舫（姜哥庄公学堂）、高棨（薛家島公学堂教師）、高明舫（于哥庄公学堂）であった。

　以上の見地から、一般教員を含めて公学堂時代から連続して勤務した教員がいたことが明らかとなった。ただし、そうした教員が還附後思想

面においてどのような変化があったのか、という内面レベルの史料は今のところ見つかっていない。そのため思想の変化については今後の課題とする。

第三項　郷区の小学校

重点学校以外の小学校を郷区の小学校とし、表4-8にまとめた。この表を見ると、以下のことが言える。全員公学堂教員だったのは9校、公学堂教員が半数以上だったのは12校、公学堂教員が半数以下だったのは7校、公学堂教員がいなかったのは7校であった。

このように、公学堂教員がいた学校は34校中27校と約8割に上った。つまり1924年時点では、特に郷区において公学堂教員の存在感が強く残っていたと言える。

【表4-8　郷区】

校別	職員別	姓名	籍貫	教員遍歴	出身校
滄口	校長	李法章	山東即墨	香里教師→李村教師	
	教員	王芹芳	山東廣饒		
	教員	朱心爵	山東荷澤		
下河	校長	李修清	本埠	于家下河教師	即墨小学教員養成所
	教員	江敦瑾	山東即墨		
	教員	曲瑞莘	本埠	宋家庄教師→李村教師	
上流	校長	李伯川	本埠		
	教員	陳立仁	本埠	登窯教師→上流教師	
	教員	朱正積	本埠	姜家庄教師→雙山教師	
侯家荘	校長	畢懇令	本埠上流	上流教師→姜哥庄教師→候家荘教師	
	教員	呂宦山	本埠 侯家荘	明徳教師→辛島教師	李村私立師範講習所
張村	校長	于堃甫	山東莱陽	育英教師→宋哥庄教師→常在教師	青島明徳中学校
	教員	王乗廷	本埠張村	常在教師	
	教員	萬国華	察哈爾		
朱家窪	校長	朱琛	本埠	朱家窪教師兼堂長	
	教員	朱正温	本埠	香裡教師→朱家窪教師	
	教員	劉潤亭	本埠	朱家窪教師	
浮山後	校長	袁相适	本埠	浮山後教師	歴充小学校長教員十二年
	教員	劉香山	山東平度	浮山後教師	
	教員	李芬桂	山東高密	李村教師→浮山後教師	
雙山	校長	王政中	山東濰県		
	教員	王恕惇	本埠	上流教師	
浮山所	校長	仲蹟成	本埠	浮山所教師兼堂長	
	教員	王集成	本埠	辛家庄長	
	教員	高襄	山東膠県	浮山所教師	
	教員	趙成璇	山東即墨		
	教員	臧維鎬	本埠	高家村教師→瓦屋荘教師	

校別	職員別	姓名	籍貫	教員遍歴	出身校
湛山	校長	韓崇聖	山東即墨		奉天省立師範学校
	教員	辛玉鏡	本埠	湛山教師	
	教員	劉鴻章	山東即墨		
大麦島	校長	藍文吉	本埠	大麦島教師→養正教師	即墨県立教員養成所
	教員	王鳳芸	本埠	大麦島教師	
	教員	張昹	山東濰県		
	教員	閻子成	本埠	大麦島教師	李村特科師範
辛家荘	校長	劉銘勛	山東膠県		
	教員	張世賢	山東膠県		
九水	校長	李鴻儒	山東高密	九水教師	高密師範講習所
	教員	李暁峯	山東即墨	九水教師	
	教員	李文煥	山東即墨		
	教員	李元茂	直隷北京		
	教員	張守安	山東博興		山東省立第一師範
	教員	李鴻官	山東高密		
登窰	校長	王薛五	本埠	浮山後教師→上流教師→登窰教師	歴充浮山後上流各小学校校長
	教員	宋玉衡	本埠	于哥荘教師→登窰教師	
	教員	李天策	山東高密	登窰教師	
姜家荘	校長	趙金三	山東廣饒		
	教員	郭以奎	山東鄒平		
	教員	王世珩	山東廣饒		
于哥荘	校長	張顕勃	本埠	姜家庄教師→法海寺教師→宋哥庄教師	
	教員	萬世詰	山東即墨		
埠落	校長	李崇漢	本埠	埠落教師	
	教員	閻昌壽	本埠		
	教員	婁振東	山東即墨		
現化菴	校長	臧宏訓	本埠	香裡教師→現化菴教師	
	教員	楊紹唐	本埠		
	教員	臧正礼	本埠	現化菴教師	
香裏	校長	李鴻梁	本埠	香裡教師	
	教員	毛芝瑞	山東即墨		
灰牛石	校長	楊乃宣	本埠	灰牛石長	礼賢中学特科師範
	教員	藍孝銘	本埠	灰牛石教師	
	教員	藍書堂	本埠		
仙家寨	校長	徐澤潤	本埠	大麦島教師兼堂長	
	教員	李相輔	山東高密		
宋哥荘	校長	李芙鏡	山東棲霞		
	教員	陳崇久	山東即墨		
	教員	牛涵渓	山東即墨		
下荘	校長	劉鳳竹	山東即墨	于家下河教師	李村特科師範
	教員	楊友佐	本埠	育英教師	
法海寺	校長	李開平	山東廣饒		
	教員	劉毓琛	山東即墨		
	教員	王明哲	山東即墨	法海寺教師	
黄埠	校長	張文徳	山東即墨	明徳教師兼堂長	
	教員	李克芳	本埠	明徳教師	
	教員	王思莘	山東即墨		
趙哥荘	校長	張心濤	山東廣饒		
	教員	藍紀温	山東即墨		
薛家島	校長	史玉銘	山東即墨		
	教員	孫志節	山東即墨		
	教員	李佩之	山東即墨	薛家島教師	
	教員	呉学述	山東即墨		
	教員	丁多加	山東膠県		

校別	職員別	姓名	籍貫	教員遍歴	出身校
施溝	校長	金兆桂	山東膠県	施溝教師兼堂長→育英教師	膠県師範講習所
	教員	薛本欽	本埠	薛家島教師→施溝教師	
辛島	校長兼教員	劉紹楊	山東即墨		山東省立第四師範
南屯	校長	王懋潤	山東即墨		山東省立師範講習所
	教員	江桂馨	山東即墨		
瓦屋荘	校長	薛増燦	本埠	瓦屋荘教師兼堂長	
	教員	陳錫栄	山東膠県	瓦屋荘教師→浮山所教師→瓦屋荘教師	
濠北頭	校長	陳希儀	山東膠県	壕北頭教師兼堂長	
	教員	薛懐英	本埠	壕北頭教師→高家村教師	膠県師範講習所
高家村	校長	毛肇瓚	山東即墨		
	教員	潘明信	山東即墨		
韓哥荘	校長	劉学輝	本埠	姜哥庄教師→于家下河教師→養正教師→台西鎮教師	李村特別師範
	教員	呂耿隣	本埠	登臺教師兼姜哥庄教師于家庄教師→侯哥庄教師→浮山後教師	

第四項　教員の出身地

　前述の表4-6と表4-8から出身地を分析したのが表4-9である。この表によると、本埠（＝膠澳商埠）の出身者が約24％であり、近隣地域を合計すると約5割である。つまりおよそ半数の教員が膠州湾租借地周辺の出身であった。さらに出身地を公学堂

【表4-9　出身地】

出身地	人数	割合
本埠	42	23.60%
山東即墨	34	19.10%
山東膠県	19	10.70%
山東濰県	11	6.20%
山東高密	11	6.20%

教員、非公学堂教員に分類したのが表4-10である。公学堂教員と非公学堂教員とでは出身地域が異なっていたことが分かる。

　公学堂教員は膠澳商埠（膠州湾租借地内）が最多で判明分の半数以上を占めた。逆に言えば、残り半数が租借地外から教員として採用されていたこととなる。つまり、日本統治下の膠州湾租借地であっても租借地外と切れていたわけではなく、租借地内とをつなぐ教員採用のネットワークの存在が示唆されよう。

　非公学堂教員は、膠州湾の北岸に近い即墨が最も多い。ただし、なぜ即墨出身者が非公学堂教員に多かったのかという点については、現在のところ不明である。

【表 4-10　公学堂教員の出身地／非公学堂教員の出身地】

公学堂教員

出身地	人数	割合
本埠	38	55.90%
山東膠県	14	36.80%
山東即墨	7	10.30%
山東高密	4	5.90%
山東益都	1	1.50%
山東諸城	1	1.50%
山東文登	1	1.50%
山東平度	1	1.50%
山東莱陽	1	1.50%
山東昌邑	1	1.50%

非公学堂教員

出身地	人数	割合
山東即墨	27	24.50%
山東濰県	11	10.00%
山東高密	7	6.40%
山東廣饒	6	5.50%
山東膠県	5	4.50%
本埠	4	3.60%
山東棲霞	4	3.60%
山東日照	4	3.60%
山東諸城	4	3.60%
山東安邱	3	2.70%
山東海陽	3	2.70%
山東昌邑	3	2.70%

第五項　教員の学歴

本項では 1929 年当時の「青島特別市公立各学校現任校長一覧表」[30]を用いて、ごく限定的であるが公学堂教員と非公学堂教員の学歴について分析する。

【表 4-11　公学堂教員の出身校】

所属校	氏名	出身	公学堂遍歴	出身校
台東鎮	張春峯	山東益都	台東鎮（長）	山東登州文会館師範科
下河初級	李修清	本埠	于家下河公学堂教師	即墨小学教員養成所
侯家荘初級	呂官山	本埠侯家荘	明徳公学堂教師→辛島公学堂教師	李村私立師範講習所
張村初級	于堃甫	山東莱陽	育英公学堂教師→宋哥庄公学堂教師→常在公学堂教師	青島明徳中学校
浮山後初級	袁相适	本埠	浮山後公学堂教師	歴充小学校長教員十二年
大麦島初級	藍文吉	本埠	大麦島公学堂教師→養正公学堂教師	即墨県立教員養成所
大麦島初級	閻子成	本埠	大麦島公学堂教師	李村特科師範
九水初級	李鴻儒	山東高密	九水公学堂教師	高密師範講習所
登瀛初級	王薛五	本埠	浮山後公学堂教師→上流公学堂教師→登瀛公学堂教師	歴充浮山後上流各小学校校長
灰牛石初級	楊乃宣	本埠	灰牛石公学堂長	礼賢中学特科師範
下荘初級	劉鳳竹	山東即墨	于家下河公学堂教師	李村特科師範
施溝初級	金兆桂	山東膠県	施溝公学教師兼堂長→育英公学堂教師	膠県師範講習所
濠北頭初級	薛懐英	本埠	濠北頭公学堂教師→高家村公学堂教師	膠県師範講習所
韓哥荘初級	劉学輝	本埠	姜哥庄公学堂教師→于家下河公学堂教師→養正公学堂教師→台西鎮公学堂教師	李村特別師範

出典：膠澳商埠督辦公署民政科学務股『膠澳商埠教育彙刊』(1924.12、青島市档案館蔵　請求番号 A000815)。公学堂教員遍歴は『青島守備軍公報』民部部人事欄より作成したデータベースに依拠した。出身校及び 1929 年校長の項目は『青島特別市教育半月刊　第一号（創刊号）』(1929 年 6 月 15 日、青島市档案館蔵　請求番号 A00570) より作成した。

まずは、公学堂教員の出身校である。表4-11の14名を分析すると、以下のことが判明する。公学堂教員に省立師範学校卒業者はおらず、特科師範や師範講習所が多い。また、明徳中学校や礼賢中学校といったミッションスクール出身者（于堃甫、楊乃宣）も見られる。礼賢中学校の前身は礼賢書院である。これらのミッションスクールの設立に関しては第一章で述べた。ただし、卒業年が分からないため、卒業したのがドイツ時代だったのか、日本時代だったのか、はたまた還附後なのか、特定することができない。

表中、李村特科師範（闍子成、劉鳳竹）及び李村特別師範（劉学輝）の出身者が見られる。これら2つの学校はどちらも李村公学堂特科を指していると考えられる。第二章で見た通り、この学校は1916年に李村公学堂に付設され、「公学堂教員又ハ官衙要員ヲ要請スル目的ヲ以テ従来日語夜学校ニ於テ日本語研究中ノ者ヨリ優秀ナル子弟ヲ選抜」した[31]。一方、李村私立師範講習所（呂官山）は1924年に設立された別種の養成校と考えられる[32]。このように李村は、日本統治時代から膠澳商埠時代にかけて、教員養成校を有していたのである。なお師範系の学校を卒業せずに校長となった教員は、私塾やドイツ時代の蒙養学堂の関係者が公学堂教員となった可能性がある。というのも前述したように、李村において1915年に公学堂教員検定試験が実施され、かつて教員だった者を採用したという記録があるからである[33]。

次に、非公学堂教員の出身校をまとめたのが表4-12である。この表によると、非公学堂教員は省立師範及び他省の師範学校出身が多いことがわかる。なお山東省立第一師範学校の前身は山東省師範学堂である[34]。同校は日本人教習内堀維文が招聘され、開校以来3年で500余名の教員を省内各小学堂へ送ったという[35]。『山東優級師範学校一覧』（1913年）の「学生一覧」及び「歴年畢業生姓

【表4-12　非公学堂教員の出身校】

所属校	氏名	出身	出身校
台東鎮	張天民	山東濰県	天津師範学校
台西鎮	梁大公	山東高密	山東単級教員養成総所
台西鎮	宋振範	山東陽信	山東省立第一師範
湛山初級	韓崇聖	山東即墨	奉天省立師範学校
九水初級	張守安	山東博興	山東省立第一師範
辛島初級	劉紹楊	山東即墨	山東省立第四師範
南屯初級	王懋潤	山東即墨	山東省立師範講習所
女子小学校	連索蘭卿	山東蓬莱	山東登州文会館

出展：表4-10に同じ。

名録」では宋振範と張守安の名はなかった。そのため山東省立第一師範学校となってからの卒業生だと考えられるが、管見の限りでは名簿等の史料がなく、確認できなかった。よって内堀の影響をどれほど受けていたのか不明である。以上のように、公学堂教員は李村を中心に租借地内で養成され、非公学堂教員は租借地外の師範学校を中心に養成された。租借地の回収は教員人事に大きな影響を及ぼしたのである。

第三節　中等学校の整備

第一項　済南東文学校の再編

　第二章で見たように、済南東文学校は北京政府の学制に準拠しながらも、経費のほとんどは青島守備軍民政部に依拠していた。そのため、山東還附による青島守備軍の撤退は、同校において死活問題となる。そのため、維持経営の希望を以下のように出した。

　　　現在百五十名ノ在籍生徒アリテ相当ノ成績ヲ挙ケツツアルモ、経
　　営上困難ナル事情アリ。従テ民政部ニ於テモ校舎買収費及修繕費ノ
　　全額ヲ補助シ、尚且経常費中月額銀千六百四拾円ヲ補助シ来レリ。
　　故ニ此際現在済南商埠地ニ民政部ノ所有セル官有地財産中ヨリ将来
　　ノ維持ニ充ツル為ノ相当額ヲ基本財産トシテ下附シ置クコト可然[36]。

　このように、同校は青島守備軍民政部の補助なくしては経営が成り立たない状況であり、済南商埠地の民政部所有官有地財産から学校維持のための基本財産を下付することを希望するのである。
　1924年8月に済南東文学校は私立東魯学校と改称して「日支合弁制」となり、修業年限を初級中等3年高級中学3年に変更する[37]。初級中学は「小学六年修業程度ノ者ヲ収容シ普通教育ヲ施スモノ」で、高級中学は「初級三年修業者ヲ収容シ文化理科ニ分ツ、大学ノ予科ニ当ル」ものである。こうして壬戌学制の修業年限を適応することで、北京政府側の学校として活路を見いだしていくのである。この点では公学堂と同様の道を歩むこととなったと言えよう。

第二項　青島学院の再編

　青島守備軍の補助がなくなり困惑したのは、私立青島学院においても同様だった。1923 年 5 月 5 日付けで財団法人青島学院は内田康哉外務大臣に宛てて「補助金下付願」を提出する[38]。まず、軍撤退の影響について 3 点を挙げている。第一に夜学生の減少である。「軍撤廃ニ伴ヒ生徒減少（特ニ夜学生ノ減少甚タシ）シ収入減少シタルコト夜学生ヨリ来ル収入ヲ以テ昼間商業学校ノ経費ヲ補ヒ来リシコトナレバ夜学生ノ減少ハ一大打撃ナリ」と、夜学生が減少することで学校経営、特に商業学校の経営が立ち行かなくなることを憂いた。第二に「民政部ヨリ補助金廃止セラレタルコト」である。第三に寄附金の減少である。「軍撤廃ト経済界不況トノ両方面ヨリ来ル人心不安ノ為メニ臨時寄附金ニ就テハ予想シ得サルモ少額」であろうと予測している。青島学院の財政状況について、「従来学院ノ経費ハ民政部ノ補助金（毎月二百五拾圓）ト授業料収入ト民間有志ノ賛助金醵出トニ依リテ漸ク支ヘ来」たが、「近来財界ノ不景気ト軍撤廃ニ伴ヒ収入減少シ大正十三年度ニ於テ別紙青島学院予算書ノ通リ年額五萬六百五拾圓ノ不足ヲ生スル次第」であり、青島守備軍から下賜された金二万円以外に基本金がないことを訴える。

　その一方で、「中国人学生ニ対シテハ強ヒテ之（授業料増額：引用者註）ヲ行フハ彼等ノ就学ヲ益々普カラシムノ趣旨貫徹上ニ取リテモ策シ得タルモノニ無之」と、授業料を引き上げられない事情を説明する。さらに「昼間商業学校ハ全学級完成スルマデノ今後三ヵ年間ハ逐年学級ヲ増加シ経費ノ膨張ヲ来スノミニシテ前述収入ノ不足額ハ年々多キヲ加ヘ」、不足金は年額で 8 万 5、6 千円に達すると予想する。その後も民間有志からの醵金を仰ぐなど経営策を講じるが、「一ハ日支共栄ノ大旨ニ依リ、一ハ従来支那ニ於ケル邦人ノ文化事業トシテ御承認ヲ得タル主旨ニ基キ特別ノ御詮議ヲ以テ前期不足額ヲ対支文化事業費中ヨリ御下付相成ル様」取り計らうことを希望する。このように山東還附は青島学院の学校経営において深刻な問題をもたらしたため、「対支文化事業」の補助を希望するのである。なお「対支文化事業」に関しては第六章で扱う。

　「対支文化事業」特別会計による補助はすぐにはなされなかったものの、1925 年 5 月にようやく政府から基本金として金 10 万円が下付され、経営が安定する[39]。1928 年 3 月 13 日、青島学院商業学校は在外指定学

校として認可される[40]。こうして、「日支共学」を掲げた中等学校でありながらも、基本的には「内地」の学校体系に準拠していくのである。この点で、済南東文学校とは別の道を歩むこととなるのであった。

第三項　北京政府が把握した中等学校

　第三章までに見てきたように、ドイツ統治時代でも日本統治時代でも中等学校はミッションスクールないしは日本側設立の私立学校（済南東文学校、青島学院）であり、中国側が設立した中等学校はなかった。では、膠澳商埠時代となってどのような中等学校が建てられたのだろうか。表4-13では、1924年現在で北京政府側が把握した中等学校である。この表を見ると、第一章で分析した私立礼賢中学校のようなミッションスクールを除いて、そのほとんどの中学校が私立として1922年の山東還附以降に設立されている[41]。このうちの私立青島中学校に関して、『膠澳商埠教育彙刊』での紹介がある[42]。私立青島中学校は「青島鋸商」の劉子山（りょうしさん）が設立し、校長として青島教育会長の孫子敬（そんしけい）が招かれた。1924年4月に開学して初級中学一級に40人が入学した。教職員は10名で、基金として10万元、開学費用（開創費）として1万5000元がかかり、経常費は毎月1500元である。キャンパス（校址）は太平洋路海浜にあり、規模が大きく校舎は50間余りである。カリキュラムは壬戌学制に沿っており（其学程概依新制）、青島で最も完備した中等教育機関である。今後高級中学を設立後大学の増設も予定しており、将来有望である、と記されている。

　このように私立青島中学校は、壬戌学制に則って設立された私立中学校であり、今後大学を設立することまで視野に入れているのである。なお同校については次節で扱う。

　こうして、山東還附直後に私立中学校が整備されていった。しかし一方で、公立中学校の整備も進められつつあった。表4-13にある私立膠澳中学校は、1926年9月に公立中学校に再編される[43]。また1924年5月に公立女子小学校が設立されると、翌年10月に同校内に中学班が設置され、1927年9月に公立女子中学校として独立する[44]。

　すなわち膠澳商埠時代となることで、初等学校だけでなく中等学校まで公立学校として回収されていったのである。

【表4-13　1924年現在における北京政府側が把握した中等学校一覧】

校名	開校年月	地点	校舎	職教人数	学生総数	年間経費
私立青島中学校	民国12年4月	大学路	教室12大間 辦公禮堂雑用等項約150大間	職員4人 教員7人	72	12,000
私立膠澳中学校	民国13年3月	文登路	7人	職員7人 教員11人	139	11,160
私立礼賢中学校	光緒27年	上海路1号2号門牌	教室28間 辦公雑用等82間	職員4人 教員8人	61	6,350
私立青島女子中学校	民国13年4月	莱陽路		職教員共7人	20	4,800
私立文徳女子中学校	民国10年			職員1人 教員7人	68	3,500
私立文徳女子中学校	民国10年			職員1人 教員7人	68	3,500
私立文徳女子中学校	民国10年			職員1人 教員7人	68	3,500

註：漢数字は算用数字に変更した。
出典：膠澳商埠督辦公署民政科学務股『膠澳商埠教育彙刊』（1924年12月）p.17。

第四節　北京政府側の青島大学構想と私立青島大学の設立

第一項　王正廷の高等教育機関設立構想

　北京政府側はいつから青島に大学を設立する計画を立てていたのだろうか。そこで共同委員会の中華民国北京政府側代表であった王正廷に注目し、王が日本側委員長小幡酉吉公使や渋澤栄一に中国側の大学設立構想をどのように提示したのか分析する。1922年8月2日の会合で、以下のような王正廷の発言があった。

> 　（…）八月二日、日支両国委員ノミノ饗宴ノ席上王正廷ハ小幡ニ向ヒ青島大学ノ件ニ言及シ、自分ハ兼テヨリ青島還附ノ紀念トシテ文化事業ヲ為スコトハ賛成ニテ殊ニ本件大学ノ設立ニ就テモ徹底ノ計画ヲ立テ、先ヅ第一段ニ於テハ病院林務署農事試験所ヲ合併シテ独リ商科ノミナラス医科農科林科ヲモ併置スヘク、進テ第二段ニ於テハ工科理科法科ヲ増設シ、更ニ進ンデハ文科美術音楽等ノ各科ヲモ包含セル完全ナル綜合大学トシ、以テ日支協同ノ一記念事業トシタキ希望ヲ有ス。（引用者註：小幡が義和団事件還附金を中国全体の文化事業に幅広く用いるべきだと主張したことに対して王正廷

は）一ヵ所ニ集中スル方一層有効ナルノミナラズ支那人民ニ対スル印象モ亦深カルベキ旨「ロックフェラー」事業ノ例ヲ引キテ述ベタルニ付小幡ヨリ右ハ畢竟見解ノ相違ト謂フノ外無ク、広汎ニ亘ルト一ヵ所ニ集中スルト何レカ得策ナルヤハ一概ニ断ズヘカラズ。兎ニ角此ノ際直ニ賛否ノ意ヲ表スル地位ニ非ル旨答ヘ置キタリ。支那ニ於テ果シテ二百万乃至四百万ノ資金ヲ支出シ得ベキヤ元ヨリ疑ガハシキモ少クトモ王正廷ガ真面目ニ本件ヲ考慮シ且不完全ナル大学ニ満足セズ、徹底的腹案ヲ有スルハ今日迄ノ同人ノ口吻ニ徴スルモ之ヲ窺知シ得ベキヤニ思考セラル。御参考迄。[45]

　このように王正廷側から青島大学に言及し、「自分ハ兼テヨリ青島還附ノ紀念トシテ文化事業ヲ為スコトハ賛成」であると、日華実業協会による青島商科大学の設立意図に賛成する。さらに第一段階では「独リ商科ノミナラス医科農科林科ヲモ併置」し、第二段階では「工科理科法科ヲ増設」し、さらに「文科美術音楽等ノ各科ヲモ包含セル完全ナル綜合大学トシ、以テ日支協同ノ一記念事業トシタキ希望」を有すると述べている。つまり 1922 年 8 月の段階では王正廷は表面的には日本側による大学設立を支持していた。一方で小幡の義和団事件還附金の用途に対して、北京政府側委員長王正廷は「ロックフェラー」を引き合いにして一つの文化施設（具体的には大学）への集中的な援助をすべきだ、と主張する。このような王の意見に対し、小幡は「直ニ賛否ノ意ヲ表スル地位ニ非ル」と明言を避けた。しかし、小幡はこうした王の発言に、「徹底的腹案」があるのではないかと睨んでいた。

　確かに、小幡の洞察は正しかったのである。というのも、小幡が内田外相に宛てた文書の中に、本章第一節で見た「青島教育計画ニ関スル王正廷ノ意見書」（以下単に「意見書」とする）を添付しているからである[46]。この「意見書」は「青島教育計画ニ関スル王正廷ノ意見トシテ最近渋沢子爵ニ送致セルモノノ写トシテ八月二十九日会議ノ席上王氏ヨリ全然非公式ニ手交セルモノ」であるという。この「意見書」は 6 項目にわたっている。すなわち「青島市教育局ノ設立」「公学堂ヲ回収シ同時ニ法ヲ設ケテ維持シ改良、拡張ス」「一模範青島小学校ノ創設」「一分科青島中学校ヲ籌備ス」「一公立青島大学校ヲ発起ス」「社会教育ヲ提唱

ス」である。このうち公学堂に関しては既に見た。これが 8 月 2 日の小幡と王の会談において小幡が「徹底的腹案」と睨んだものであると考えられる。この「意見書」で中国側の青島大学の設立が初めて言及された。そこでは以下のようにある。

　　文化的青島ハ必ス須ク経済的青島ト同時ニ発展スヘキハ吾人前ニ已ニ之ヲ言ヘリ。然レトモ能ク此ノ希望ヲ達スルヤ否ヤハ厥レ惟タ青島ニ於テ能ク大学ヲ設立スルヤ否ヤヲ以テ之ヲトスルヲ得ヘシ。吾国人ハ大学籌備ニ対シ自ラ当サニ心力ヲ竭尽シ法ヲ設ケテ進行スヘシ。而シテ日本ハ曾テ青島問題ノ為ニ中日両国民族ノ間ニ感情上極大ノ障碍ヲ発生セシメタリ。若シ能ク此時機ヲ借リ吾人ヲ賛助シテ青島大学ヲ成立セシメ、東西ノ学術ヲ辨通シ一最善良ノ紀念ヲ留メ、竝以テ両国間ノ誤会ヲ消除スレハ計ノ甚得タルモノナリ、故ニ若シ日本退還庚子賠款中ニ就キ一千萬ヲ撥シ青島大学ノ基金トナシ同時ニ吾人ハ別ニ自ラ二百萬ヲ募集シ大学開辦費ト為サハ、則チ大学ノ基礎立ツ曩ニ日本ノ教育ニ熱心ナル者モ亦嘗テ青島商科大学ノ籌備ヲナセリ。然レドモ該大学ヲシテ日本人ノ主持スル所トナラシメント欲セハ忽チ吾国人ノ疑問ヲ惹起シ好意アリト雖モ亦吾国人ノ同情ヲ得ルコト能ハスシテ失敗ニ帰スヘシ。然ラハ則チ現在ノ青島大学ハ必ス須ク吾国人自ラ辦理スヘキハ毫モ疑問ナキ所ナリ。日本国民力本件ニ関シ側面ヨリ賛助ヲ為シ、米国ノ退還庚子賠款ノ如クスレハ則チ双方均シク相常ノ利益ト親善ノ友誼トヲ得テ東西ノ文化亦因テ以テ交換増進シ一挙ニシテ数善備ル設クヘキ学科ニ至リテハ青島ノ歴史、地理、政治、社会、経済、文化種々方面ニ就テ之ヲ観察スルニ則チ文、理、法、医、農、林、工商、各科何レモ良善ノ基礎アラサルナシ。独領時代曾テ六十四萬馬克ノ創立費四十六萬馬克ノ経常費、二十四萬五千馬克ノ工科設備費ヲ以テ青島高等専門学校ヲ建設セリ。該校ハ本ト法政、理工、医薬、農林ノ四科ヲ設ケタルカ、当時又文科ヲ設立スルノ籌備アリ則チ将来青島大学ハ以上各科ニ対シ亦当サニ漸次設立スヘク此ノ外美術、音楽等ノ科実ニートシテ宜シカラサルナシ人物経済ノ可能ヲ見テ期ヲ分チ増設スルヲ要ス。冀クハ全国最完善ノ大学校トナラン。之レ則チ青島大学設立ノ希望ナリ

王は「日本ノ教育ニ熱心ナル者モ亦嘗テ青島商科大学ノ籌備ヲナセリ」と日華実業協会の青島商科大学に一定の評価をしつつも、「日本人ノ主持スル所トナラシメント欲セハ忽チ吾国人ノ疑問ヲ惹起」すると日本主導の大学設立を牽制する。さらに「現在ノ青島大学ハ必ス須ク吾国人自ラ辦理スヘキハ毫モ疑問ナキ所」と、中国側が進めていた青島大学の設立は中国主導で動いていることを強調し、「日本国民力本件ニ関シ側面ヨリ賛助」してほしいと訴える。そこで引き合いに出されたのが、「米国ノ退還庚子賠款」、すなわちアメリカの「対支文化事業」である[47]。青島守備軍がアメリカの文化政策を警戒していたことと考え合わせると、王正廷はアメリカを持ち出すことで日本側の「対支文化事業」費を青島大学の設立費用として引き出そうとしたと言えよう。さらに、第一章で見てきた「独華高等学堂」（青島高等専門学校）を引き合いに出し、同校以上の設備を備え、「全国最完善ノ大学校」となることを目指したのである。こうしてアメリカやドイツといった列国の文化事業の事例を用いて日本側の青島商科大学設立構想を牽制し、北京政府主導で大学の設立を行おうとしたのである。

第二項　私立青島大学の設立

　前項では王が抱いていた大学設立構想を分析した。王の構想は「公立大学」であったが、実際に設立されたのは「私立大学」であった。私立青島大学はどのような経緯で設立されるに至ったのだろうか。1924年には「日華実業協会ノ計画ニ係ル商科大学設立ニ関シテハ其後全ク停頓シ其校舎用トシテ支那側ヨリ貸与ヲ受ケタル旭兵営ノ一部ハ目下支那職業学校ニ於テ利用」されていた[48]。このように、日本側の大学設立に向けての動きは完全に止まっていたのである。一方で、この年から中国側の青島大学設立が具体的に動き出す。在青島総領事の堀内謙介は、以下のように松井慶四郎外務大臣に報告した。

　　最近当地富豪劉子山ノ北京ヨリ帰来スルヤ其留守中青島地方銀行設立ニ関連シ同人ト高督辦トノ間柄ニ付種々流言アリタル事情ニ顧ミ、之力誤解ヲ釈ク為メニヤ本官並高督辦各国領事等ヲ主賓トシ宴

会ヲ催セルカ、其際劉子山ハ高督辦カ新ニ青島大学設立方ヲ決定シタル旨ヲ披露致候[49]

このように、青島の「富豪劉子山」[50]と「高督辦」(高恩洪膠澳商埠督辦)が中心となって青島大学の設立を決定する。さらに高らは「既ニ私立青島中学校及職業学校等設立セラレアルヲ以テ先右両校ヲ基礎トシ更ニ商業、機械、林業、路鉱、航政及文化ノ六科ヲ有スル大学ヲ設立スル事トナルヘク目下関係文案ノ起草中」であるという。設立学部の筆頭として商業が挙げられていることから、青島商科大学と同じく商業を中心とする大学設立を目指したと考えられる。前節第三項で触れた「私立青島中学校」は劉子山が経営していた。一方「督辦公署側ヨリハ殆ト出資ノ見込ナキ模様」のため大学設立にあたってさらに基金を募集するという。高田幸男は教育は元来地域エリートが担うべき事業であることを指摘したが[51]、私立青島大学の設立も同様に地域エリートがその設立に関わっていたのである。教員は「当地督辦公署及鉄路局等ノ職員中ヨリ充当」し、校舎は「元萬年兵営及旭兵営(商科大学用)等ヲ使用」する計画であった。そして設立に向けて具体的に動いていたのが私立青島中学校長の孫廣欽であった[52]。

私立青島大学の設立には他に一体どのような人物が関わったのであろうか。堀内は大学設立関係者と漢字新聞記事から総合して、膠澳商埠督辦高恩洪以外に、表4-14のような人物が董事として関わっていることを幣原喜重郎に報告する[53]。この一覧によると、大学設立運動の中心の一人であった劉子山は東莱洋行及東莱銀行を営んでいた。先の史料で「青島地方銀行設立ニ関連」したとあったが、この東莱銀行の設立を指していると考えられる。また董事の役職を見ると、商業、鉄道、電気という青島の工業化と密接に関わった新興商人層が名を連ねていることに気付く。私立青島大学はこうした人々の期待を受けて設立されようとしていたのである。

なお、これらの人物の中には、青島商務総会の前身である青島中華商務公局の創立から幹事長として活躍した傅炳昭の名がある。彼は「青島支那商人ノ牛耳ヲ取リ一面独逸政庁ノ顧問格トシテ独支連鎖ノ衝ニ当リ縦横ニ其辣腕ヲ揮ヒ勗メテ同志間ノ団欒ヲ図リ、深刻ナル独逸官憲支配

【表4-14　私立青島大学董事】

氏名	役職
宋傳典	山東省議会副議長、対外貿易商
于耀西	済南商埠商会長、東萊銀行済南支店長
隋石郷	青島総商会長、山東銀行支店長、青島地方銀行経理
傅炳昭	祥泰木行長
邵恒済	膠済鉄路局長
孫炳炎	膠済鉄路機務処長
劉子山	東萊洋行、東萊銀行
宋雨亭	膠済電気公司経理、怡和洋行買辦
王子雍	膠済電気公司総理
孫廣欽	青島中学校長、青島大学籌備主任

出典：1924年7月1日付堀内総領事発幣原外務大臣宛電文『施設計画関係』第1巻。

ノ下ニアリテ能ク支那商人ノ面目ヲ傷ケス一方外郷ノ各商会ト連繋ヲ保チ意思ノ疎通ヲ図リ以テ支那商人ノ招致ニ全力ヲ傾注」した[54]。彼はドイツ統治時代からの有力商人で、青島において大きな影響力を持った人物だと考えられる。さらに、商科大学の設立を日華実業協会の工藤鉄男に助言した隋石郷の名がある。彼は助言した時には青島商務総会副会長であったが、この時には会長として董事に名を連ねている。このことから、商務総会側は青島商科大学から私立青島大学に乗り換えたと考えられる。第三章で見てきたように、日華実業協会は青島商科大学から上海学芸大学へと乗り換えたが、商務総会もまた同様の動きをしたと言えよう。

　こうした中国側の大学設立の動きに対して、かつて青島守備軍が恐れていた、アメリカの文化政策の動きが呼応した。在青島総領事の堀内謙介は幣原喜重郎外務大臣に宛てて、以下のように報告した。

　　高督辨始メ発起者ハ一方山東方面ノ有力者ヨリ資金ヲ醵出セシムルト共ニ、他方日英米等ノ援助ヲ仰ガントスルモノナル処、米国側ニ在リテハ当地駐在領事ハ東洋艦隊司令長官「ワシントン」提督等ノ斡旋ニ基キ今回「シユルマン」公使ノ来青トナリ且亦数日前ニハ「ロツクフエラーインスチチユウト」関係者モ高督弁ノ求メニ応ジテ大学予定校舎ヲ実地検分スル等米人一流ノ敏速ナル処置振リニ依リ当地支那官民ニ頗ル良好ナル印象ヲ与ヘタル模様ナルガ、若シ今後米国ニ於テ愈団匪賠償返還金ヨリ本件計画ノ為相当出資ヲ為ス事トナラバ或ハ北京精華学校ノ如キ純然タル米国式大学ノ設立ヲ見ルニ至ルヤモ知ルベカラズ[55]

アメリカの「シユルマン」公使や「ロツクフエラーインスチチユウト」関係者が大学予定地を視察し、現地の人々に好印象を与え、ひいては「団匪賠償返還金」によって「純然タル米国式大学」が設立されるのではないかと堀内は警戒した。そのため以下のような私見を述べた。

　（一）日華実業協会計画ニ係ル商科大学ハ急速実現ノ見込無キノミナラズ今日トナリテハ最早ヤ実情ニ適応セザルヲ以テ断然之ヲ放棄スルヲ可トスベク（二）対支文化事業ノ要諦ハ支那人自身ノ希望スル処ヲ助成スルニ在ルベキガ故ニ日本ニ於テモ今回ノ計画ヲ出来得ル限リ援助スベク（三）米国出資ノ場合ニハ日本モ設立ノ当初ヨリ相当ノ出資ヲ為シ将来大学経営上発言権ヲ保留シ置クヲ得策トスト云フニ在リ

　第一に日華実業協会による大学設立計画の放棄、第二に対支文化事業の適用、第三に大学経営上の発言権確保のための出資という３点を挙げ、中国側青島大学設立へのアメリカの関与に対してイニシアティブを取ろうとした。中国側も日本の出資に期待した。堀内によると、「青島大学校董会ノ有力者ハ何レモ此際日本側ノ援助ヲ希望シ居リ殊ニ高督辦、孫籌備主任等ハ機会アル毎ニ本官ノ尽力ヲ求」めたという[56]。孫廣欽は東京まで出向き、８月４日に外務省の太田参事官と面会して以下のように述べる。

　　青島大学ノ校舎借用器具譲受等ニ関シ日本側ヨリ多大ノ厚意ヲ受ケタルヲ感謝。同校ハ来ル九月一日ヨリ商工二科ヲ開校スル予定ニテ目下学生ノ募集校舎ノ施設等準備ヲ取急キツツアリ。先般米国公使「シヤーマン」氏来青同校経費トシテ米国庚子賠款ヨリ補助ヲ為スコトニ関シ出来得ル限リ尽力スヘキ旨声明セラレタル処、由来青島ハ歴史地理及経済的ニ日本ト緊密ナル関係ル有スルニ鑑ミ、本校カ第二ノ精華学校ト成リ純米国式ニ経営セラルルカ如キコトアラハ自分等ノ素志ニ反シ又中日両国ノ為遺憾ナルニ付（孫氏ハ東京高等師範出身）、此際日本側ヨリ何等カノ方法ヲ以テ経営基金ノ幾分

ヲ補助方尽力ヲ求ムルモ差支ナク、今回特ニ同大学董事会ノ決議ニ基キ日本公使館ノ援助ヲ求ムル為来京シタル次第ナリ[57]

　孫もまた、日本との関係を重視して青島大学がアメリカの出資によって「純米国式」の大学になることを警戒し、日本側の出資を求めた。この点に関しては堀内総領事と同じ主張であった。こうした孫の訴えに対し、太田参事官は以下のように応えた。

　　青島大学ノ設立ニ対シテハ日本側ニ於テモ好意ヲ表シ居リ、堀内領事ニ於テ是迄種種尽力スル所アリ。将来ノ援助ニ関シテモ同官ヨリ其筋ニ具申シ居ル次第ナルカ日本政府ノ庚子賠款返還金ハ已ニ支途確定シ之レ変更ヲ許ササル状態ニ在ルモ、其他何等カノ方法ニテ援助シ得ル機会アラハ当方ニ於テモ素ヨリ尽力ヲ吝マサルヘク仍テ貴方ニ於テ経費ニ関スル計画等具体案出来タル際ハ青島総領事ニ申出テ随時相談セラルル様致度シ

　庚子賠款返還金（義和団事変賠償金還附金）の用途は確定しているためにそこからの支出はできないが、経費などの具体案を作れば青島総領事の堀内と相談するよう促した。このように外務省の出先や参事官は、青島大学設立援助に好意的であった。それは先述の通り、アメリカへの警戒心からであろう。さらに堀内総領事から「其筋ニ具申シ」たという。この「具申」には前述の日華実業協会への打診も含まれていると考えられる。しかし前述の通り、結局日華実業協会は上海中華学芸社への出資を決定し、私立青島大学の設立には応じなかったのである。
　一方で、設立準備そのものは具体的に進行していた。1924年5月29日に私立青島大学開設事務所（籌備処）が成立し、高が1万元、劉子山が2万元を負担して設立資金（籌備費）とした。キャンパスは萬年兵営に設けられた。そして6月に「私立青島大学」という名称に決定し、8月に北京、南京、済南、青島から工商両科の予科生80名を募集し、校長として高恩洪を選出した。青島商科大学設立構想がどれだけ影響を与えたのかは不明だが、工科と並んで商科の設立が最初に行われたのである。そして9月20日に私立青島大学が開学する[58]。なお、なぜ「私立」

としたかというと、「政界変動ノ影響ヲ避ケ以テ青島大学トシテノ特別ナル伝統的精神ノ確立」を目指すためだからだという[59]。

こうして開学したものの、孫が警戒しつつも当てにしていたアメリカからの資金も獲得できなかったようである。堀内の報告には以下のようにある。

　　同大学ハ本月二十日仮開校式（正式ノ開校式ハ諸般ノ設備成ルヲ俟テ十月中旬頃挙行ノ筈ナリト云フ）ヲ挙行ノ上目下授業開始中ニテ現在ノ生徒数ハ商科及工科ノ予科合計八十名ニ有之候。尚其後ニ於ケル米国側ノ同校援助計画ヲ内査スルニ、今尚具体化シ居ラサルモノノ如ク旁々高督辦ハ同校基金ノ調達ニ苦心セル模様ニ有之候[60]。

1924年9月20日に仮開校したものの、外務省側が警戒してきたアメリカの資金援助の具体的な進展は見られず、高恩洪は資金調達に苦心した。1922年の共同委員会では日本に対抗して中国側は萬年兵営を獲得し、何とか大学を設立した。しかし頼りにしていたアメリカからの資金が得られなかったのである。

開校当時の教職員はどのような人物だったのだろうか。発足当時の私立青島大学の教職員は22人で、李貽燕（膠澳商埠督辦公署学務股股長）のような行政関係者が教務処主任を勤めた。このように膠澳商埠督辦側が大学経営に密接に関わったことから、王が構想したような「公立」大学に近いと言える。

表4-15によると、アメリカの学校出身者が6人、日本の学校出身者は2人[61]、中国の学校出身者は7名であった。日本留学者が少なく、アメリカと中国の学校出身者がほぼ同じ人数いたことが特徴的である。しかし高恩洪が1924年秋に起こった第二次奉直戦争によって失脚すると[62]、「米国留学生出身者若クハ齋魯大学卒業生殆ト其ノ全部ヲ占メ今ヤ齋魯大学ト共ニ山東ニ於ケル学界ノ勢力ヲ全然米国系ノ手ニ収メラレタルヤノ観」があったという[63]。こうして、青島の高等教育において、日本側は結局影響力を及ぼすことはできなかったのである。

経営状況について見ていこう。経費は膠澳商埠督辦公署（1925年以降は膠澳商埠局）によって補助された[64]。そして1926年に鉄路管理科が、1927年に附属中学班が設置された[65]。表4-15の学生数を見てみると、

【表 4-15　私立青島大学教職員一覧及び学生数】

姓名	別号	籍貫	職務	履歴
高恩洪	定庵	蓬莱	校長	教育総長　交通総長 膠澳商埠督辦
孫廣欽	子敬	益都	校務主任	山東省立第八中学校校長 私立青島中学校校長
李貽燕	翼庭	閩候	教務処主任	北京女子高等師範学校教務長 膠澳商埠督辦公署学務股股長
姜澤民		漢口	事務処主任 兼体育指導主任	中華留日基督教青年会幹事 済南基督教青年会体育幹事
陳厥寶	善之	海澄	教務員	瓜哇泗水中華学校及国立曁南学校英語教員
宋銘	警吾	益都	事務員	留日名古屋高等工業学校畢業 公立山東工業専門学校教員
趙淼如		益都	会計員	山東高等学校畢業山東全省路政局科員
梁國棟	咸中	濰県	舎務員	北京大学畢業
嚴宏洭	仲絜	含山	工科教員	北京大学畢業 美国康乃爾大学工科碩士
温萬慶		台山	商科教員	美国耶魯大学経済科学士 膠済鉄路英文秘書
程環	仰秋	南昌	英文教員	国立北京師範大学教授 国立北京女子師範大学教授
隋星源	曜西	廣饒	国文教員	北京大学畢業 公立山東法政専門学校教員
藤美麗		美国	英語会話教員	美国阿海阿奥奈大学学士 愛阿瓦潘恩大学学士
胡陳麗娟		杭県	音楽教員	上海中西女塾畢業 中西女塾教員
高崇徳	宗山	棲霞	地質鉱物教員	美国哈佛大学学士 交通大学教授
李薈裘	琴軒	蓬莱	化学教員	北京大学畢業 交通大学教授
陳煥祺	奐其	新会	銀洋貨幣教員	美国西北大学商学士文碩士
劉乃宇	宜風	閩清	商通商地教員	美国伊立那大学商科学士 厦門大学教授
関星熒			九江	法商経済教員	留日東京帝国大学経済学士 大学院研究一年
潘大達	達九	開県	歴史教員兼 体育指導員	精華学校畢業
黄文駿		蕉嶺	体育教員	留美高地陸軍大学学士 高地陸軍大学教員及軍官
孫振奎	星元	鄆県	武術教員	第五師技術隊畢業 曾充運輸隊隊長
孫振奎	星元	鄆県	武術教員	第五師技術隊畢業 曾充運輸隊隊長

出典：『中華民国十三年十月　私立青島大学概況』外務省記録『満支人本邦視察旅行関係雑件』第六巻所収。

　初年度に80人が入学したが、翌年2年級に進学したのはその約半数であった。1925年入学者が予科と本科のいずれなのかは不明だが、予科と考えるならば114人中30人が中退したことになる。翌26年は本科生39人が入学したが、2年級に進学したのは19人であった。このように、同大学は中退者が多かった。
　1928年に同校は教職員17人、学生155人であり、商埠局の補助経費は年額1.2万元であった。校舎は「教室八大間辦公室宿舎礼堂雑用等約二百大間」であった[66]。しかし相次ぐ政情不安と国民党軍による北伐

の影響で 1928 年初めに同大学は停止する。同年秋南京国民政府によって山東省が統一されると国立山東大学籌備委員会が設立され、同じく既に停止していた省立山東大学を青島に移転し、私立青島大学の学校資源を接収して国立山東大学が設立される[67]。結局、私立青島大学はわずか4年間存在したに過ぎなかったのである。

第三項　在学生の出身地及び出身学校

　私立青島大学が閉校する直前にまとめられたと考えられる『民国十八年六月　私立青島大学畢業生一覧』[68]から、学科別に年齢と出身地、出身校を分析する。さらに、第二節の「青島商科大学学生応募統計表」で得られた知見と比較し、日中における大学を頂点とする学校体系の差異を明らかにする。

　まず表4-16を使って平均年齢から各学科の接続を見ていくと、最も年齢が低いのが「附属初中畢業生」で、続いて「予科一年級」「予科二年級」と年齢が上がる。そして「鉄路管理本科二年級」「土木工本科二年級」「商本科二年級」はほぼ同じ年齢であることから、この3学科は「予科二年級」からそれぞれ進級したと考えられる。すなわち「附属初中→予科→鉄路管理本科 or 土木工本科 or 商本科」と進級したと考えられる。

　続いて出身地と出身学校を分析する。出身地の記載がなかった3人を除いた学生155人のうち、出身地を山東省と他省とに分類したのが表4-16の「出身地」の項目である。その結果、山東省は121人、他省34人となった。山東省出身者のうち青島出身者は、わずか1人であった。また省都済南の出身者はいなかった。つまり省都済南や地元青島の出身者ではなく、山東省全体から学生を集めていたのである。一方で、山東省以外の出身者のうち第三章で見た「青島商科大学学生応募統計表」で志願者数において最多であった江蘇省出身者は、わずか4名であった。

　表4-16「出身学校」の項目を用いて、地域別に出身校を見ていこう。出身学校の記載がなかった38名を除い

私立青島大学学生数				
		1年級	2年級	合計
1924	男	商工80		80
	女			
1925	男	114	39	153
	女			
1926	男	本科39	予科84	122
	女			
1927	男	予科52 本科57	本科19	128
	女			

出典：『膠澳志』巻七教育志、p.35:41。

【表4-16　私立青島大学学生出身地及び出身学校】

	学生数	平均年齢	出身地	出身学校
附属初中畢業生	31	17.7	濰県・益都:4 安邱・即墨:2 栄成・河北宛平・河北寧河・広東南海・膠県・湖北○陽・湖北黄岡・湖北黄陂・寿光・昌楽・諸城・青州・清平・単県・青島・定陶・蓬莱・牟平・披県:1	
土木工本科三年級	5	23	高密県:2 浙江泰化県・広東中山・江蘇無錫:1	高密県立中学:2 済第一中学高級部・南洋路鉱山学校・江蘇第一中学:1
土木工本科二年級	6	22.7	益都県:2 牟平県・莱陽県・河北寳県・河北寧路:1	山東第一中学 山東第十中学・青州海岱中学・上海南洋中学・北平畿車団大学:1
商本科三年級	5	25.2	威海・高密・肥城県・寿光県・平度県:1	威海県立甘堂・高密県立中学・育英中学・山東第一中学・職業高級二年:1
商本科二年級	9	22.9	陽信県・昌楽県・寿光県・江西新建・淄川県・四川・濰県・益都県・商汗県:1	済南正誼中学・山東第一中学:2 山東第四中学・北平滙文中学・天津扶輪中学・山東大学文科・山東大学高中:1
鉄路管理本科二年級	17	22.6	濰県・益都:2 高苑県・江蘇上海・広饒県・寿光県・清平県・浙江義烏・即墨県・高唐県・長清県・日照県・博山県・莱陽県・菅県:1	正誼中学:3 育英学校・膠澳中学・山東省立第二師範・山東第一中学・山東第十中学・山東第四師範・塩孫中学・青州守善中学・天津新学書院・奉天安東高級商業・本県南区師範学校・莱陽中学・礼賢中学・滬江中学高級:1
予科一年級	36	18.9	即墨県:4 濰県・益都県・高密県・長山県・日照県:2 安邱県・広東新会・広東東南海・恵民県・高河県・広饒県・膠県・商河県・昌邑県・諸城県・浙江建徳・浙江餘姚・泰安県・直隸涿鹿・天津・博山県・平度県・蓬莱県・牟平県・莱陽県:1	第一中学・済南育英中学:4 青島礼賢中学・山東第十中学:3 濰県県立中学・山東大学高中:2 煙台東海初級中学・京兆高級中学・膠澳中学・高密県立中学・済南甲種商業・済南正誼高中・済美中学・山大高中一年・山大予科一年・山東第一中学初級・山東四中高級・齋魯大学附中・浙江第九中学・天津扶輪中学・東魯初級中学・南京金陵中学・南開中学:1
予科二年級	49	20	日照県:4 即墨県・膠県:3 泰安・舘陶県・蓬莱県:2 広東番禺・黄県・曲阜県・清平県・京兆大興・恵民県・広饒県・杭州・江西敦建・浙江江陰・江蘇阜寧・高密県・棲霞県・浙江嘉興・浙江新昌・長山県・荷澤県・福建・北平大突県・楽陵県・臨膠県・禹城県・聊城県・菅県:1	済南育英中学・山東大学高中:6 膠澳中学:5 礼賢中学:4 膠澳公立中学・萃英中学・山東第一中学:3 青島鉄路中学・済南済美中学:2 河南彰徳高級中学・華北大学一年・江蘇江陰南青中学・膠東中学・済南正誼中学・山東大学二部・山東大学予科一年・山東第六中学・職業学校・浙江杭州安宗中学・南方中学・福州路高中:1

た120人について、省都の済南、大学が設置された青島、山東省のその他の地域、他省の4つに分類して、どこの出身が多かったのか分析した[69]。その結果、済南は55名、青島23名、山東省その他の地域は23名、他省は19名であった。このように、私立青島大学は地元青島より、省都済南の学校出身者が多かった。一方で、山東省以外の出身者は全体の約2割に過ぎなかった。

【表4-17　私立青島大学出身学校別一覧】

	学校名	出身者数		学校名	出身者数
済南省	山東大学	15	他省	河南彰徳高級中	1
	天津扶輪中	2		華北大学	1
	山東一中	14		京兆高中	1
	済南育英中	13		江蘇江陰南青中	1
	済南正誼中	7		江蘇第一中	1
	済南正美中	3		塩孫中	1
	済南甲種商業	1		上海南洋中	1
	齋魯大附	1		浙江杭州安宗中	1
	東魯初中	1		浙江第九中	1
	合計	55		天津新学書院	1
青島	礼賢中	8		南京金陵中	1
	膠澳中	7		南方中	1
	膠澳公立中	3		南洋路鉱山学校	1
	青島鉄路中	2		北平幾車団大学	1
	職業学校	2		北平滙文中	1
	膠東中	1		南開中	1
	合計	23		滬江中	1
山東省	山東第十中	5		合計	19
	高密県立中	4			
	萃英中	3			
	濰県県立中	2			
	山東第四中	2			
	煙台東海初中	1			
	山東省立第二師範	1			
	山東省立第四師範	1			
	山東第六中	1			
	青州海岱中	1			
	青州守善中	1			
	莱陽中	1			
	合計	23			

次に個々の学校に分別して分析する。表4-17を参照すると、済南の学校出身者は山東大学[70]が15人であった。そして山東省立一中が14人、済南育英中学が13人、済南正誼中学が7人と続く。なお山東大学とは山東省立山東大学であると考えられる。この大学は前述の日本側が提出した「山東大学案」とは関係がない。前身は1901年に当時山東巡撫であった袁世凱が設立した官立山東大学堂である。その後山東高等学堂、山東高等学校と校名を改めたものの1914年に停止し、学生たちは1912年から20年にかけて設立された6つの専門学校（農、鉱、法、商、工、医）に振り分けられた[71]。その後1926年夏に山東省立の先の6つの専門学校を合併して山東省立山東大学が設立される[72]。他に済南の出身学校を見ると、育英や正誼、正美といった私立中学も多い。

青島では礼賢中学が8人、膠澳中学が7人、膠澳公立中学が3人であった。礼賢中学は第一章で検証したように、1900年にドイツ同善教会伝教師 Richard Wilhelm（中国名：衛礼賢）が始めた「礼賢書院」がその前身である[73]。膠澳中学校は1924年に魯紳の陳雪南が創設し、当初若鶴兵営の跡地に入ったが、のち海軍陸戦隊が駐屯することにより職業学校の一部を借用していたが、経費が続かなくなったため1926年に公立

中学に改組された[74]。このことから、膠澳中学校と公立中学校は同一校と見なすことができる。

以上のように、私立青島大学は、出身地において155人中121人、出身学校において120人中101人が山東省の出身であった。さらに言えば、実際に開校された私立青島大学の学生の出身学校は山東省のうち特に省都済南に所在する学校の出身者が約半数であった。

このことから、私立青島大学に至るルートは、以下のように分けられよう。第一に山東省全体から済南の中等学校を経て大学に至るルートである。このルートが最多であり、本流と言えよう。第二に、山東省全体から各地の地元の中等学校を経て大学に至るルートである。第三として、山東省全体から青島の中等学校を経て大学に至るルートである。第四として、山東省以外の中等学校を経て大学に至るルートである。この第四のルートが全体に占める割合は約2割と低かったが、こうしたルートがあったことから私立青島大学は山東省以外には閉じたわけではなかった。ただし、入学手続完了者のうち6割弱の者が他省出身者であった青島商科大学と比較すると、私立青島大学は山東省内でほぼ完全に完結した学校系統の頂点に位置づけられていたと言えよう。

おわりに

本章では、山東還附後中華民国北京政府による現地人教育を分析した。第一節では膠澳商埠時代となる中、公学堂が民国側の小学校として踏襲される様を検証した。その結果市区部の重点学校においては公学堂学制から新学制である壬戌学制の6年一貫性へスムーズに移行した。郷区では4年制初級小学に移行する学校もあれば、公学堂の年限であった5年制を保持した学校もあり、まちまちであった。このように日本統治時代の学制と民国の新学制との両方が併存していた。

第二節では公学堂教員が膠澳商埠時代にどの程度残っていたのか分析した。その結果、市区の重点校では日本統治時代の公学堂教員が半分以下であったものの、郷区では同経験者がいた学校が8割あった。つまり1924年段階では公学堂教員の存在感が強く残っていたと言える。続い

て教員の出身地域を分析した。するとおよそ半数の教員が膠州湾租借地近辺の出身であった。一方公学堂教員と非公学堂教員とに分類すると、前者は膠澳商埠が最多であったが、非公学堂教員は即墨が最多であった。このように公学堂教師は地元の出身者が多く、山東還附後も引き続き在職していた。ただし、還附後にどの程度学校間で教員人事が行われていたのか、その実態を示す史料が管見の限りではなかったため、教員人事の具体的な姿を描くことはできなかった。

　第三節では、主に日本側が設立した私立中等学校を対象に、山東還附後の変化を探った。その結果、済南東文学校と私立青島学院では異なった動きを見せた。前者は壬戌学制に準拠することで、北京政府側の学校として位置付いていったが、後者は「対支文化事業」による補助を受け、最終的には在外指定学校となる。こうして日本側の学校として位置付くのであった。一方で北京政府側でも山東還附直後に私学を中心に中等学校の設立が行われ、さらに公立中学校まで設立される。第四節では大学設立の動きを中華民国側から探った。設立運動を展開した孫廣欽は「私立青島大学」の開学に向けて日本側にアメリカの存在を仄めかし、開学費用の獲得に努めた。そして董事には地域エリートが名を連ね地域の支持を集めた。こうして、私立青島大学は 1924 年 9 月に設立された。しかし設立後の経営は財政面と政治面のために盤石ではなかった。前者においてロックフェラー財団やアメリカの義和団事変賠償金還付金の存在を日本側に示しながらも、実際にそれらの資金が得られる目処は立たなかった。後者において北京政府直隷派であった高恩洪膠澳商埠督辦が設立を主導したため、彼が第二次奉直戦争の後その座を追われると私立青島大学の人員を一新せざるを得なくなった。結局同大学は停止に追い込まれ、南京政府によって回収された後、1928 年に国立青島大学となった。続いて、在学生の出身地と出身学校を分析した。その結果山東省全体から済南の中等学校を経て大学に至るルートを本流とし、山東省内でほぼ完全に完結した学校系統の頂点に位置付いていた。

　以上の学校体系をまとめたのが、図 4-1 である。この図のように、公立両級小学校から高等教育機関である私立青島大学まで一貫した学校間接続が形成された。すなわち、北京政府期膠澳商埠時代になって初等から高等に至る完結した学校体系がこの地に確立したのである。

【図4-1　膠澳商埠時代の学校体系】

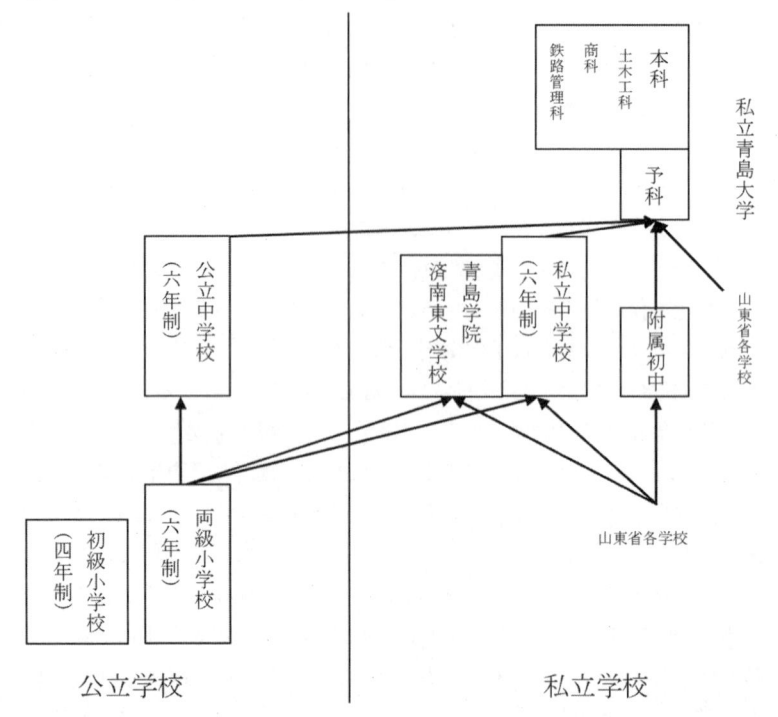

私立青島大学
- 本科（土木工科、商科、鉄路管理科）
- 予科

公立中学校（六年制）
青島学院済南東文学校
私立中学校（六年制）
附属初中

初級小学校（四年制）
両級小学校（六年制）

山東省各学校

公立学校　　　　私立学校

【註】
1) 教育権回収運動に先鞭を付けた研究として、阿部洋「旧満州における日本の教育事業と教育権回収運動――一九二〇年代前半期を中心に―」『日中教育文化交流と摩擦』(第一書房、1983年)が挙げられる。阿部は奉天での日本に対する教育権回収運動を分析する。一方で、中国側の最近の研究として孫培青主編『中国教育史』(第三版、華東師範大学出版社、2009年)がある。同書によると1922年3月に蔡元培は『新教育雑誌』(第4巻第3期)誌上で「教育独立議」を発表し、欧米系の教会学校からの独立を主張したことが嚆矢とされ、教育権回収運動が展開した。しかしこの運動は単に中国側が教会教育に反発しただけではなく、教会学校側も宗教色を薄めて教育機能を強化することで、教会教育の地域への定着と世俗化が進んだという評価がなされている(pp.405-407)。
2) 「青島教育計画ニ関スル王正延ノ意見書」外務省記録『青島占領地処分一件ノ雑』(JACAR:ref.B0709079200)。
3) 在青島日本帝国総領事館「大正十三年十一月調　青島ニ於ケル日本人経営文化施設」外務省記録『支那に於ける文化事業調査関係雑件　外国人の文化事

業』第6巻。
4) 陸軍大臣山梨半造宛秋山委員長報告「行政引継状況報告ノ件」（大正十二年『欧受大日記 自一月至三月』JACAR:ref.C03025379600）。
5) 陸軍大臣山梨半造宛秋山委員長電報「公学堂全部引渡済ノ件」（大正十一年『欧受大日記 自十月至十二月』JACAR:ref.C03025369000）。
6) これらの4校のうち最も設立が遅かったのが台西鎮公学堂である。他の3校は第二章で見たように蒙養学堂を踏襲したが、台西鎮公学堂は蒙養学堂を基礎とせずに1915年に設立された。このように設立が遅れた理由として、当時の台西鎮の規模が小さく、また人口のほとんどが大港埠頭の労働者で流動性が高かったことが挙げられる（青島市市南区政協編『台西鎮－一種日常化的青島平民生活』山東画報出版社、2010年、p.222）。
7) 陸軍省『自大正三年十一月至大正六年九月 青島軍政史 第四巻』（法務省法務図書館所蔵）p.531。以下『青島軍政史』と略記する。
8) 『青島守備軍公報』民政部人事欄によると、台西鎮では1922年1月に高橋久造が（1215号）、台東鎮では1921年11月に池田清が副堂長となった(1179号）。
9) 膠澳商埠局『膠澳商埠現行法令彙纂』（1926年10月）p.477。「膠澳商埠各校暫行改良辨法」は全5条、付表5葉の簡潔な法令である。以下に原文を記す。
　膠澳商埠各校暫行改良辨法　十二年一月十三日公布
　一　膠澳区内公学堂計三十七処應按照該校程度及各該地名称某公立両級小学校或某初級小学校並呈報備案
　二　各校應速将在校教職員履歴俸額在校年月及在校学生名数班次與曾経畢業生数分別造報呈覆以憑核辦
　三　各校課程應按照我国教育部令章程辦理教科書亦一律用我国各校通行教本並應按照在校生徒学級程度人数計画所需種類冊数呈候核辦
　四　各校教職員有辞退或欠額時應速呈報以憑核辦
　五　各校経常預算宜従撙節造表迅速呈候核辦
10) 袁榮叜編、趙琪著1928『膠澳志』（沈雲龍編1968『近代中国史料叢刊』第31集第1巻、文海出版社、影印版、巻二、巻七教育志p.5 = pp.990-991）。以下ページは左が巻七教育志、右が影印版のページとし、単に『膠澳志』と略称する。
11) 『青島小学校呈送預算書由附預算書一本　中華民国十二年一月廿六日到』（青島市档案館蔵、全宗号29目録号1案巻号1346)。原文は以下の通りである。
　為造報預算呈請経費事査本校日人管理時代常年経費完全由日署直接支配不帰本校開支応用物品亦條随時開単向日署請発不帰本校購直茲吾国接辦自応遵照吾国預算辨法核計用途填列確数加具説明呈請／核発以維校務而利進惟接辦伊始諸同創設所有此次預算純係力求撙節未敢稍渉浮冒除照項一份逕送学務科存案備査外理合将造報預算呈請経費緑由連同清冊呈請／鑒核示遵実為公使謹呈／山東省長兼膠澳商埠督辦熊／附呈十二年一月份預算清冊一本／暫行代理青島公立両級小学校長祥月汀謹呈／暫用「青島公学堂」印
12) 教令第23号、「学校系統改革案」第一章第一項（多賀秋五郎『近代中国教育史資料　民国編中』p.213）。
13) 『膠澳志』（巻二、pp.27-30 = pp.1034-1041）及び膠澳商埠督辦公署民政科学務股『膠澳商埠教育彙刊』（1924年12月、青島市档案館蔵　請求番号A000815、pp.20-22）。なお1923年までの生徒数などといったデータが一致するため、『膠澳志』は『膠澳商埠教育彙刊』を元に作られたと考えられる。

14) 指令第722号、1924年3月17日。前掲『近代中国教育史資料 民国編中』p.406。
15) 前掲「学校系統改革案」第一章第二項。
16) 『蒋匪一九二二年度三十七処小学校一月分経常費』（青島市档案館蔵、請求番号：全宗号臨29目録号1案巻号1346）。
17) 『蒋匪一九二二年度三十七処小学校五六両月分経常費』（青島市档案館蔵、請求番号：全宗号臨29目録号1案巻号1348）。
18) 筆者が現地で確認したところ、青島公学堂は青島北京路小学として今も続いている。同小学の校門の案内には、蒙養学堂時代から現在に至るまでの沿革が書かれている。ただし、公学堂時代についての記載はなかった。
19) 『青島軍政史』、p.543。
20) 『青島軍政史』、p.542。
21) なお九水初級小学校は1924年8月に、公立埠落小学校は1925年10月両級となった（『膠澳志』:pp.1010-1011）。
22) 仙家寨、夏荘、黄埠は、公学堂時代は「養正」「育英」「明徳」という校名であった。
23) 『膠澳志』、p.179。
24) 久保亨「近代山東経済とドイツ及び日本」『日本の青島占領と山東の社会経済1914-22年』（東洋文庫、2006年）p.66。
25) 註4に同じ
26) 膠澳商埠公立小学校の教職員に任用される資格は「膠澳商埠公立小学校職教員任用標準暫行規定」（1924年2月16日通令）で以下のように定められている。「甲国立或省立或外国留学男女各高等師範学校本科撰科并附辦之専修科畢業者／乙 国立或省立男女初級師範学校本科并附辦之専修科師範二部畢業者／丙 曾経各地小学教員検定委員会検定取得許可状者」（『膠澳商埠教育彙刊』p.10)。元公学堂教員が以上のいずれの資格で任用されたのか、その実態は今のところ不明である。今後の課題とする。
27) 前掲『膠澳商埠教育彙刊』。
28) 『青島特別市教育半月刊 第一号（創刊号）』（1929年6月15日、青島市档案館蔵 請求番号A00570）。
29) 『大正十年九月末調査 青島公学堂一覧』、外務省日記『山東占領地処分一件 別冊細目協定関係（公有財産問題参考資料）』（第3巻、外交史料館蔵、5-2-6-21-4-13）。
30) 「青島特別市公立各学校現任校長一覧表」前掲『青島特別市教育半月刊 第一号（創刊号）』。
31) 『青島軍政史』pp.543-551。
32) 『膠澳商埠教育彙刊』pp.105-107。
33) 『青島軍政史』p.529。
34) 『山東省志 教育志』（山東人民出版社、2003年）pp.513-514。
35) 阿部洋、蔭山雅博、稲葉継雄「東アジアの教育近代化に果した日本人の役割－お雇い日本人教習と中国・朝鮮－」『日本比較教育学会紀要』（第8号、1982年）p.54。
36) 「公共施設又ハ公共企業等ニ関スル維持経営ノ希望事項（追録）」外務省記録『山東占領地処分一件 別冊 細目協定関係（公有財産問題参考資料二）』所収（JACAR:ref.B07090772200）。

37)「私立東魯学校現状報告（昭和八年四月現在）」外務省記録『参考資料関係雑件／学校及学生関係』第3巻（JACAR:ref.B05016163600）。
38) 1923年6月13日発送「対支文化事業費中ヨリ補助金下付願書（民団ヲ経テ外務大臣ニ提出類類）」『大正五年（自大正五年四月至昭和二十年）永久書類／青島学院』個人蔵。提出者は理事長石井久次、会計理事松本文三郎、理事兼学院長吉利平次郎で、他に理事として塩場三郎、松井文弥、丁敬臣、鄭志和、田辺郁太郎、宇田川賢治郎が名を連ねている。
39) 1925年5月23日在青島総領事堀内謙介発財団法人青島学院理事長石井久次宛「補助金交付命令ニ関スル件」同上所収。なお下付の前提として、日本政府の法規に準拠することが求められる。その法規とは「私立学校令」「私立学校令施行規則」「実業学校令」「実業学校設置廃止規則」「公立私立実業学校教員資格ニ関スル規定」「商業学校規則」「甲種程度ノ実業学校修身教授要目」である。こうして、「内地」の法体系に準拠する体制が整うのである。
40) 官実9号「其ノ院設置ニ係ル青島学院商業学校ヲ恩給法施行令第八条ニ依リ在外指定学校トシテ指定ス」同上所収。
41) 私立文徳女子中学校は民国10（1921）年と日本統治時代に設立されたことになっているが、管見の限りでは傍証できる史料がないため、詳細については不明である。
42)『膠澳商埠教育彙刊』p.119。
43)『膠澳志』p.13 = p.1006。
44)『膠澳志』p.13 = pp.1006-1007。
45) 1922年8月5日付小幡公使発内田外務大臣宛電文 外務省記録『山東懸念解決交渉一件 細目協定関係公有財産（保有財産、学校、病院）』、JACAR:ref.B07090862300）。第1巻所収。以下『公有財産』と略記する。
46) 1922年9月7日付小幡公使発内田外務大臣宛電文『公有財産』第3巻所収。
47)「退還庚子賠款」とは、義和団事件賠償金の還付金のことである。アメリカが率先して行い、日本も「対支文化事業」として1923年3月30日より運用された。なおアメリカの対中文化事業については、阿部前掲書「補論 アメリカの対華文化事業」を参照のこと。
48) 1924年5月22日付在青島総領事堀内謙介発外務大臣男爵松井慶四郎宛電文「青島大学設立計画ニ関スル件」外務省記録『文化施設及状況調査関係雑件 施設計画関係』第1巻所収。以下単に『施設計画関係』と略記する。
49) 同上。
50) 劉子山はアヘン販売に関わっていたという。渡邊清編『秋山雅之介伝』（秋山雅之介伝記編纂会、1941年）では以下のようにある。
  青島民政部に於て、当時（註 民政実施当時）懸案中なりし大問題は、同地における阿片販売のことなりしが（…）従来劉子山なる支那人をして特許販売せしめ、日本人も往々其販売に関与し居りしが、民政部開設と同時に、之を改良するの必要を認めたるが故に、大正七年四月を一期とし、支那人劉子山をして従来の如く販売せしむると同時に、其特許料として、民政部の納金を倍額とし、同人以外には何人も其販売に関与せしめず、殊に日本人をして之に関与せしむるときは、種々の弊害を生じ、或は国際的問題をも惹起するの恐あることを慮り、日本人に対しては、一切其販売を禁止し、劉子山の店に在りたる日本人も、劉をして其雇用を解かしめたり（pp.196-197）。
  また、1923年2月18日付大阪朝日新聞では、本文で述べる「東萊銀行」

もアヘン販売の利潤によって経営されたという記事が掲載されている。さらに同年3月14日付の大阪朝日新聞でもアヘン問題と劉子山との関係を取り上げている。1922年12月の青島守備軍撤退に伴い、それまで軍が携わっていたアヘン問題が表面化したと考えられる。

51) 高田幸男「近代教育と社会変容」飯島渉・久保亨・村田雄二郎編『シリーズ20世紀中国史2 近代性の構造』(東京大学出版会、2009年)p.131。
52) 『東京高等師範学校一覧 大正十至大正十一』によると、孫廣欽は外国人学生として1921年3月に文三を卒業した(79ノ6)。なお第三節第三項で取り上げた「孫子敬」とは、この人物と同一だと考えられる。
53) 1924年7月1日付堀内総領事発幣原外務大臣宛電文『施設計画関係』第1巻所収。
54) 前掲『山東研究資料』第1編、p.142。
55) 1924年7月16日付堀内総領事発幣原外務大臣宛電文『施設計画関係』第1巻所収。
56) 1924年7月22日付堀内総領事発幣原外務大臣宛電文『施設計画関係』第1巻所収。
57) 1924年8月9日付在支那特命全権大使芳澤謙吉発外務大臣男爵幣原喜重郎宛「青島大学経営費補助方ニ関シ同校籌備主任来館ノ件」『施設計画関係』第1巻所収。
58) 『中華民国十三年十月 私立青島大学概況』(外務省記録『満支人本邦視察旅行関係雑件』第6巻所収 (JACAR:ref.B05015732900)
59) 1924年7月1日付在青島総領事堀内謙介発外務大臣男爵幣原喜重郎宛電文「青島大学設立ニ関スル件」『施設計画関係』第1巻所収。
60) 1924年9月27日付在青島総領事堀内謙介発外務大臣男爵幣原喜重郎宛「青島大学開校ニ関スル件」『施設計画関係』第1巻所収。
61) 孫廣欽は東京高等師範学校の出身だったので正確には3人である。
62) 第二次奉直戦争と日本陸軍出先の裏面工作との関係については、服部前掲書 (p.171-173) を参照のこと。
63) 1924年9月30日付在青島総領事堀内謙介発外務大臣男爵幣原喜重郎宛電文「青島大学ノ近況ニ関スル件」(『施設計画関係』第1巻所収)。同電文に付された「青島大学職員表」によると、教職員17人中アメリカの大学出身者は10人、齋魯大学出身者は3人だったが、日本の大学出身者は1人に過ぎなかった。なお先の表と比較すると、引き続き在職していたのは劉乃宇、関星熒、藤美麗の3人であった。
64) 『膠澳志』(巻七教育志) p.25 = p.1031。
65) 『膠澳志』(巻七教育志) p.3 = p.978。
66) 『膠澳志』(巻七教育志) p.25 = p.1031。
67) 山東大学校史編写組『山東大学校史』(山東大学出版社、1986年) p.21。
68) 『民国十八年六月 私立青島大学畢業生一覧』(山東省档案館所蔵、請求番号：全宗号J110目録号01巻号215件号003)
69) 山東省の中等・高等教育機関については第三章の表3-9を参照のこと。
70) ここでの数字は予科・本科・附属を含んだ値である。
71) 前掲『山東大学校史』pp.6-7。
72) 『山東省立山東大学概況』(青島市档案館所蔵、請求番号：全宗号A001359)p.5。
73) 魯海『青島旧事』(青島出版社、2003年、第二版) p.87。
74) 前掲『膠澳志』(巻七教育志) p.4 = pp.988-989。

第二部

「在外指定学校」としての日本人学校を中心に

第五章

日本統治下膠州湾租借地における日本人学校の整備

はじめに

　第二部は青島における「在外指定学校」に認定された日本人学校を対象に、それぞれの学校間関係を教員人事を通して分析する。「在外指定学校」とは「外国に在つて日本人のために設立されてる学校にして「恩給法施行令」第八条に関し外務・文部両大臣の指定したる学校」のことである[1]。指定の基準は「管理及び維持の方法確実であつて所定の学科を教授するに足るべき相当の教員及び設備を具ふるものに限」った。

　なぜ、在外指定学校に対象を絞るのか。それは、「内地」の学校体系とリンクすることで、帝国日本の近代学校をつなぐ役割を在外指定学校は担っていたからである。この制度は、1905年の「在外指定学校ニ関スル規程」の制定に始まる。この規定によって「在外国の日本人学校を国内の学校と制度的に結合し、特に従来隘路になっていた教員派遣を容易にした」[2]。基本的には教員派遣をめぐる問題の解決策として、在外指定学校制度が作られたのである。しかしこれは、「内地」から教員を送る側面にのみ注目したに過ぎない。

　逆に、教員を受け取る側の組織について見よう。在外指定を受ける学校を経営したのは、日本人会や居留民団であった。居留民団とは、「居留民団は外国の領土内に在る（元は朝鮮にも在たのであるが今では中華民国のみに在る日本人の行政団体（引用者註：史料ママ）」であり、属地的な「植民地行政」とは異なり、属人的に在留邦人に適用された[3]。中内二郎によると居留民団の設立時期は3つに分けられる（pp.22-23）。第一期が日露戦後の1907年9月1日に、天津、上海、漢口、牛荘、安

東の各都市で設立された。第二期は山東還附後で、青島で1923年3月1日に、済南で同年5月1日に設立される一方で、同年10月1日に安東と牛荘の居留民団が廃止された。第三期が満洲事変後で、北京、張家口、石家荘、広東、南京、太原、大同、徐州に設立された。つまり中内の時期区分に従うと、本研究が対象とする青島で居留民団が設立されたのが、第二期の山東還附後のことであった。管轄する地区は旧膠州湾租借地全区域とされた。

　それでは、山東省にはいつから日本人学校があったのだろうか。最初に設立されたのは芝罘尋常高等小学校で、1907年8月13日に居留民会によって設立された[4]。在外指定を受けたのが1915年4月15日であった。芝罘は山東半島北岸に位置する。この地に最初に日本人学校が設立された理由は、日本が日露戦争で租借権を獲得した関東州とは黄海を挟んだ対岸であったためだと考えられる。日独戦争によって日本が膠州湾及び山東鉄道（青島－済南間）を占領した1914年末以降、日本の勢力がこれらの地域に展開し、日本人学校が設立された。

　青島における在外指定学校は何校あったのか。それぞれの設立年月日及び在外指定日はいつだったのか。青島と鉄道沿線の日本人学校を表5-1と5-2にまとめた。膠州湾租借地が日本によって占領されて最初に設立された日本人学校は青島小学校と李村小学校で、それぞれ1915年3月30日に設立された。青島小学校は、後述するように日本人人口が増大したために増設することとなり、1917年4月に第一青島尋常高等小学校と第二青島尋常小学校が設立された。1916年には高等女学校が、翌年には中学校が設立された。これらの学校は青島守備軍司令官が設立者となっており、学校経費は軍政費によって賄われる。そのため、本章ではこれらの学校を軍立学校と称する。これらの軍立日本人学校は山東還附によって設立者が居留団民に変更され、学校名に「日本」が挿入される[5]。

　青島の日本人学校は、どこに設立されたのか。図5-1を使って確認する。青島で最初に設立された青島小学校は、4番の第二青島尋常小学校（以下二小）の位置に設立された。校舎は元ドイツ総督府学校を使用した[6]。そして1917年に第一青島尋常高等小学校（以下一小、図5－2）が3番の位置に設立された。青島中学校は1917年に1番の旭兵舎を用いて開校した。生徒増加により手狭となると、1920年に5番の位置に移転した。

【表 5-1　青島における日本人学校一覧】

学校名	設立者	開校年月日	告示	指定	指定者	備考
青島小学校	青島守備軍司令官	1915.3.30	1916.7.15	1916.7.15	外務・文部	T6.4 第一青島尋常高等小学校に改称
李村尋常小学校	青島守備軍司令官	1915.3.30	1916.7.15	1916.7.15	外務・文部	
第二青島尋常小学校	青島守備軍司令官	1917.3.26	1917.5.11	1917.5.10	外務・文部	T12.3.31 民政撤廃ノ結果廃校トナル／T12.3.31 民団立小学校トシテ継承ス／同上　在外指定学校ニ指定セラル
青島第一日本尋常高等小学校	青島居留民団		1923.8.10	1923.3.31	外務・文部	
青島第二日本尋常高等小学校	青島居留民団		1923.8.10	1923.3.31	外務・文部	
四方日本尋常高等小学校	青島居留民団	1918.10.9	1923.9.30	1923.9.30	外務・文部	第一青島尋常小学校四方文教場とに設立
滄口日本尋常高等小学校	青島居留民団	1923.4.4	1923.9.30	1923.9.30	外務・文部	李村尋常小学校を引き継いで設立
青島第三日本尋常高等小学校	青島居留民団		1941.4.8	1941.4.1	外務・文部	
青島中央日本国民学校	青島居留民団		1942.4.14	1942.3.31	外務・文部	
青島中学校	青島守備軍司令官	1917.4.4	1917.7.5	1917.7.5	外務・文部	T12.3 設立者青島居留民団に変更
青島高等女学校	青島守備軍司令官	1916.4.15	1917.1.10	1917.1.10	外務・文部	T12.3 設立者青島居留民団に変更
青島学院紘宇高等女学校	財団法人青島学園	1938.3.1	1942.2.27	1942.2.2	外務・文部	
青島学院商業学校	財団法人青島学院	1921.3.1	1928.3.15	1928.3.15	文部・外務	前身の青島英学院は1916年4月8日設立
青島学院実業学校	財団法人青島学院	1925.3.1	1932.3.19	1932.3.18	文部・外務	
青島日本工業学校	青島居留民団		1943.9.16	1943.9.1	大東亜大臣	
青島本青年学校	青島居留民団		1940.3.2	1940.2.29	外務・文部	

【表 5-2　山東鉄道（膠済鉄道）沿線日本人学校一覧】

学校名	設立者	開校年月日	告示	指定	指定者	備考
淄川尋常高等小学校	魯大鉱業公司	1915.7.17	1924.4.28	1924.4.24	外務・文部	T12.3.31 青島守備軍民政部撤廃ノ結果廃校トナル／博山尋常高等小学校淄川分教場トナル
坊子尋常高等小学校	坊子日本人会	1915.12.1	1923.5.12	1923.3.30	外務・文部	T5.10.4 青島小学校分教場トナル／S10.10 設立者坊子居留民会に変更
青州尋常高等小学校	青州日本人会	1916.2.6	1937.4.24	1937.4.24	文部・外務	T7.2.15 青島第一日本尋常小学校ト分教場ト改称ス／T11.12 駐屯軍撤廃ト共ニ廃校トナリ建物其他全部支那側ヘ返還セラレシモ、越エテ翌十二年四月一日青島鈴木系廠青州分行構ヨノ一部ヲ無償ニテ借リ受ケ再ヒ開校
張店尋常高等小学校	張店日本人会	1916.4.15	1923.5.12	1923.4.1	外務・文部	T12.3.31 青島守備軍民政部撤廃ト共ニ廃校トナリ建物其他全部支那側ヘ返還サル／T12.3.31 附在外指定小学校トシテ認可セラレ張店日本人会立張店尋常高等小学校ト称シ張店日本人会之ヲ経営ス／S17.4 設立者張店居留民団に変更
高密小学校	高密日本人会	1917.6.2				T7.2.15 青島守備軍第一青島尋常高等小学校高密分教場トナル
博山尋常高等小学校	博山日本人会	1918.12.12	1923.4.21	1923.4.1	外務・文部	T12.4.1 博山日本人会ノ経営トシテ現今ノ名称ヲ用ヒ在外指定学校トナル／S17.10 設立者博山居留民団に変更
灘県日本尋常高等小学校	灘県日本人会		1940.6.14	1940.6.12	外務・文部	S17.10 設立者灘県居留民会に変更
済南第二尋常高等小学校	済南居留民団		1941.4.8	1941.4.1	外務・文部	
済南第三尋常高等小学校	済南居留民団		1941.4.8	1941.4.1	外務・文部	

出典：渡部宗助『「在外指定学校制度」の成立とその実態に関する歴史的研究』（昭和56年度文部省科学研究費一般研究（C））財団法人青島学院『昭和十七年九月青島学院商業学校青島学院実業学校青島学院紘宇高等女学校要覧』外務省亜細亜局第二課『昭和三年九月一日調　外務省関係　在外日本人学校一覧表』『青島学院情況一班（大正十年五月調）』『大正十四年十月青島日本中学校要覧』『青島日本高等女学校一覧　大正十四年十月』より作成。

第五章　日本統治下膠州湾租借地における日本人学校の整備　183

【図 5-1　日本統治下青島における日本人学校所在地】

青島市市區地図

1：青島中学校旭校舎
2：青島学院
3：第一青島尋高小
4：第二青島尋小
5：青島中学校桜ヵ丘校舎
6：青島高等女学校

出展：『青島日本中学校校史』（西田書店、1989年）所収の地図を元に作成。

【図 5-2　第一青島尋常高等小学校校舎】

同校舎は武定路沿いに建てられ、1918年3月に完成した。
出典：青島第一日本国民学校『昭和十八年三月　修了記念　初等科［第二十八回］』、個人蔵。

こうした地域にどのような特徴があったのだろうか。日本はドイツが建設した青島を占領後、建物や法制を含めその大部分を継承したため、ドイツ時代の市街地形成が参考となろう。ドイツ時代の青島の都市形成を研究した瀬戸武彦によると、青島は大きく三つの地区に分けられたという[7]。第一に「青島湾に面した区域で、諸官衙、銀行、商会、ホテルなどの純然たるドイツ風建築物が威風を払う町並みで、街路名も全てドイツ名」(p.66)であった青島地区である。第二に「大港・小港に面した中国人の商店が軒を並べる区域で、街路名も全て中国名」であった大鮑島地区である。第三に「青島の中心からは少し離れた、モルトケ兵営に近い一画」で、「碁盤目状のほぼ正四角形の区域」であった台東鎮地区である。この区分に従うと、二小は青島地区にあり、一小及び2番の青島学院、6番の青島高等女学校は大鮑島地区にあったことが分かる。この地区は日本の占領後、葉桜町(山東還附後は館陶路)を中心に日本人街が形成され、青島高女の近くに青島神社が築かれるなど青島の日本人社会の中心地となる。

それでは、青島が日本統治下に置かれることで、青島の日本人社会にはどのような変化が起こったのだろうか。まず、人口増加が挙げられる。ドイツ占領時代の1913年にはわずか316人(他に朝鮮人12人)であった日本人人口は、日本による占領直後の1915年1月20日現在では3743人と急増した[8]。序章第二節の表0-1で見た通り、軍政後日本人人口は増大し、民政期の1920年から22年にかけて2万4千人と増加した。こうして青島が日本に占領され、青島守備軍によってその統治が行われるようになると、青島に渡来する日本人が増加し、日本人社会が形成されていったのである。こうした中で、日本人学校の設置が求められていくのであった。

しかし還附後の1923年には約9千人が減少して1万5千人となった。このように人口動態の上で見ると、日本統治以前と以後、山東還附以前と以後とには断絶が見いだせる。それでは、占領直後に急激に増え、山東還附とともに激減した日本人は、どのような人々だったのだろうか。そこで本章では、日本統治下の日本人学校に注目し、その整備がどのようになされたか、その過程を明らかにする。特に注目するのが、教員人事である。本章では日本統治下青島における日本人学校教員の人事異動

【表5-3 日本統治下の青島各学校教員の採用数と転出数】

年	小学校 採用	小学校 転出	中学校 採用	中学校 転出	高等女学校 採用	高等女学校 転出	日語支那語学校 採用	日語支那語学校 転出	公学堂 採用	公学堂 転出
1918	16	1	4	0	3	0	13	3	63	17
1919	12	2	8	0	6	1	10	0	22	6
1920	30	15	12	0	9	1	4	0	42	5
1921	45	22	10	3	6	1	12	4	31	23
1922	20	12	7	0	10	3	1	0	73	42
合計	139	53	41	3	34	6	40	7	231	93

出典:『青島守備軍公報』451号から1358号より作成。なお合計数は延べ人数である。

がどのように展開していたのか、山東還附までを検討する[9]。こうした作業を経て、戦前期日本の学校教員がどのように「外地」に採用されていったのか、その全体像を知る一つの手がかりとしたい。

まず、『青島守備軍公報』人事欄を用いて、日本統治下の膠州湾地域における教員人事を「採用」と「転出」という分析枠組に基づいて表5-3にまとめた。日本人学校は小学校、中学校、高等女学校であり、現地人学校は公学堂、日語学校であった。いずれも初等中等教育機関であり、この時期には高等教育機関はなかった。この表の合計数によると採用数、転出数ともに現地人学校である公学堂が最多であり、小学校、日語支那語学校、中学校、高等女学校と続く。それは単純に学校数が多かったためだと考えられる。

本章の構成を以下に示す。第一節では日本による青島占領後、日本人社会がどのように形成されたのか分析し、日本人小学校が必要とされた社会的基盤を明らかにする。そして「在外指定学校」に指定されることで、「内地」とどのようにリンクしたのか明らかにする。第二節では初等学校における日本人教員の人事に注目することで、日本人学校同士の関係を描く。第三節で中等学校の整備と教員の「採用/転出」について分析し、第四節で広島高等師範学校出身者の教員採用の具体的様相と同窓会組織の設立から、広島高師と青島との関係を探る。

第一節　「在外指定学校」としての青島日本人小学校の設立

日本占領後と山東還附後の在青島日本人の就業状況について分析した

研究として、柳沢遊の研究が挙げられる。柳沢によると、占領と同時に青島にやってきた日本人の約3分の2は、関東州をはじめとする「外地」からやってきたという[10]。占領当初は旅館業、料理店、露店、土木請負業が隆盛を極めたが、民政期に入って居留民社会が安定していくにつれてこれらの業者は淘汰されてその営業数を激減させた。こうした「零落商人」には、日本国内→朝鮮・満洲→青島という移動ルートが見られた（柳沢1986:p.227）。一方で、1920年代に入っても営業を続けていた在青島商人は、山東省産特産物を取扱い、かつ満洲など「外地」での営業経験を経て日独戦争直後ないし大戦好景気に来青した（柳沢1986:p.209）。こうした商人層の移動に柳沢は注目し、「単に都市間（地域間）移動のみならず、商店間移動・「暖簾分け」（社会的上昇）が、植民地、国内を問わず広範に展開したことが、当該期の商人動向の特質であった」（柳沢1986:p.228）と指摘する。すなわち、青島が日本に占領されることで、既に日本の支配下にあった地域と青島がリンクし、多数の日本人がやってくることとなる。さらに、そうした日本人の移動は、階層性があったことがうかがえる。

このように日本占領下で勢力を伸ばしたのは日本人商人層だけでなく、工業を中心とした企業も勢力を伸ばす。青島の工業は1917年以降急速な発展をみせ、19年には日本人が設立した工場が54に及んだ[11]。こうした発展の背景には、青島守備軍による官有地廉価貸与や工業用水・電力の低廉供給などの手厚い保護政策の展開があった。具体的には紡績業、醸造工業、製粉業、製糸業、石鹸工業が挙げられる。こうした有力企業は山東還附後も業績を維持した。序章で見たように、日本人人口は、青島守備軍による占領地経営が安定化する民政期において、2万4千人前後にまで増加するのである。日本統治下で青島は商業都市から、商工業都市へと変貌を遂げたのである。

以上、日本占領後の青島における日本人人口の増加とその背景について探った。こうした中、青島の日本人小学校はどのような経緯で設立されたのだろうか。日本人学校は、ドイツ統治時代の1913年に西本願寺の僧侶である中原宗定布教使が芝罘領事館の許可を得て開設したのがその最初である[12]。学生は38人であった。先の表0-1のように、この当時の日本人人口が316人であることを考えると、その1割以上の者が学

生であったと言えよう。さらには日本の仏教が率先して青島での日本人教育を行ったことが注目される。日本による青島占領後の1915年1月に、再び児童を集めて教育を開始した。

しかし日本人が増加したために「到底私人ノ手ニ教育ヲ委ヌルヲ許サザルノ情勢ニ至リシヲ以テ愈々小学校ノ設立ヲ決シ」[13]、1915年3月に青島守備軍小学校仮規則を発布し、同年4月に青島小学校と李村小学校が設立された。また1915年6月に万年町、同年11月に葉桜町、翌16年9月に台東鎮にそれぞれ分教場が設置された。1917年5月に青島守備軍小学校規則に改正され、同年4月に李村尋常小学校、一小、二小が設置された。これらの学校の中で高等小学校を有したのは、一小のみであった。租借地内では1916年9月台東鎮に、さらに1918年10月四方に一小の分教場が設置され、租借地外の鉄道沿線では1917年5月高密（1918年2月一小の分教場）に、1915年11月坊子（1916年10月分教場）に、1917年2月青州（同年同月分教場）に、1916年4月張店（同年10月分教場）に、1915年7月淄川に、1918年12月博山（1920年3月分教場）にそれぞれ一小の分教場が設置された[14]。

鉄道沿線では最初日本人会などが独自に小学校を設立したが、おそらく教員確保のために一小の分教場となったと考えられる。なお教員人事における一小と分教場との関係は次節で扱う。1919年時点での学校数は、日本人学校は小学校3校、中学校1校、高等女学校1校、支那語学校2校で、現地人学校は日語学校5校、公学堂37校であった[15]。

第二節　初等学校における日本人教員の人事
―その構造と特色―

本節では日本統治下膠州湾地域を中心に、山東鉄道沿線まで含めて初等教員人事を扱う。教員の動きから、それぞれの学校観関係がどのような構造であったのか探る。

こうした学校への教員採用を具体的に探るために、第一に各学校一覧の職員録、第二に外務省記録『在外日本人学校教育関係雑件／退職賜金恩給関係』所収の履歴書、第三に『青島守備軍公報』を用いる。『青島

『守備軍公報』では1917年に民政部設置後、451号（1918年4月22日発行）から1358号（1922年11月30日発行）にかけて「民政部彙報」に人事欄が設けられた。その中に教員人事が記録されており、小学校、公学堂、中学校、高等女学校の教員採用の実態を把握できる。

第一項　小学校教員採用

本項では日本統治時代の膠州湾租借地及び山東鉄道沿線の日本人小学校を対象とする。第一に各地域から日本人学校への採用を数的に分析することで、「内地」とのどのようにリンクしていたのか分析する。第二に、日本人学校間で教員採用がどのようになされたのか分析し、学校間関係を描く。日本統治時代の日本人学校に採用された小学校教員は、確認できた限りでは125人であった。内訳は以下の通りである。一小52人、二小39人、李村6人で、租借地内の分校である四方1人、台東鎮3人、さらに山東鉄道沿線の一小分校では高密3人、淄川5人、青州4人、張店5人、坊子5人で、居留民会立の済南2人であった。

続いて各小学校への教員採用を分析する。日本統治時代の日本人学校へ採用された者のうち、前任校が判明しているのは70人である。表5-4によると、一小で最多は福岡4人、続いて朝鮮3人であった。二小では朝鮮2人が最多で、他は1人であった。傾向がわかる数ではないが、福岡や朝鮮など青島に比較的近い地域から採用されていた。

【表5-4　各地から青島小学校への教員採用】

	一小	二小	李村	台東鎮	四方	坊子	淄川	高密	張店	済南
1915	長崎									
1916	広島、三重、朝鮮、香川									
1917	岡山、佐賀					兵庫	香川			
1918	香川	島根、北海道、佐賀		茨城		愛媛		鹿児島		
1919	栃木、熊本、島根、福岡、兵庫	朝鮮			富山					
1920	鹿児島、福岡2、和歌山、奈良、兵庫	朝鮮、富山、愛媛	長野						宮崎	福井
1921	島根、佐賀、長野、長崎、朝鮮、青森、宮崎、山口、済南、岐阜	台湾、福岡、岡山、大阪、長崎、神奈川、富山、宮崎、香川							山形	
1922	福岡、朝鮮、北海道2、富山、秋田	広島、岐阜、熊本				福岡				岡山
1923				青森						

出典：『青島守備軍公報』各号、外務省記録『在外日本人学校教育関係雑件　退職賜金、恩給関係』、外務省記録『会計検査関係雑件／在支補助団体実施検査復命書』第2巻より筆者作成

第二項　青島地区及び山東鉄道沿線の各学校間の教員人事

　租借地内だけでなく山東鉄道沿線の一小分教場の人事異動の分析を通して、租借地と鉄道沿線の各学校がどのように結びついていたのか探ろう。本項では前任校から採用校への異動を1とカウントし、それを各学校(分教場)ごとに年代に分けて分類した。その結果を表5-3にまとめた。一人の教員が複数回異動した場合、それぞれカウントしたため、合計数は教員数とは重ならない。なお山東省青島地区及び鉄道沿線の一つの学校のみに勤務した場合は、異動がないためカウントしていない。

　なお、軍政期での異動は、管見の限りでは1916年に青島小から李村、台東鎮、鉄道沿線分校への3回の異動しか確認できなかった。そのため検討対象から外し、民政期(1917年10月1日－1923年3月31日)を主な対象とした。一小の分教場は、租借地内に2校(四方、台東鎮)、租借地外の鉄道沿線に6校(張店、坊子、青州、高密、淄川、博山)があった。この表では分教場を租借地内と外とで一括りにした。

【表5-5　青島と山東鉄道沿線の各日本人小学校の異動】

発\至	一小						二小						李村					
	二小	李村	内分校	済南	外分校	その他	一小	李村	内分校	済南	外分校	その他	一小	二小	内分校	済南	外分校	その他
1917年10月																		
1918				3				1		1								
1919																		
1920			1		1	1	1		1								3	
1921	1	1	2	1	6			2		1	2		1	3	1			
1922		1	1		2		1			1	1	1						
1923年3月					1		2											
計	1	2	4	1	13	1	4	3	2	1	5	1	2	3	1		3	

発\至	外分校						内分校						計
	一小	李村	内分校	済南	外分校	その他	一小	二小	李村	済南	外分校	その他	
1917年10月													
1918				3									9
1919													0
1920	2	2	2	1				2			1		19
1921	5	1			3	1		1					33
1922	3	2		1		1	1						18
1923年3月	4	1			1		2						11
計	14	6	2	2	4	2	3			1			90

註：「内分校」とは、膠州湾租借地内の一小の分校であり四方と台東鎮の2校である。「外分校」とは租借地外の一小の分校のことであり、淄川・張店・高密・青州・坊子・博山である。

この表によると、民政期での教員人事は鉄道沿線の各校から一小への異動が最多の14回で、逆に一小から沿線各校への異動が13回と続く。一小と分教場という関係から、この結果は当然と言えよう。一方、租借地内の一小分教場と一小との間の異動は、それぞれ4回で、二小や李村と比べると多い。これも分教場であったためであろう。しかし一小と分教場という関係以外に目を転じると、一小から他の小学校への異動は1名ないし2名に過ぎなかった。ところが沿線各校同士の異動が7回、二小から沿線各校は5回で逆に沿線各校から二小が6回、李村から二小及び沿線各校がそれぞれ3回の異動を行っていた。二小から一小が4回、李村から二小は3回であった。このことから、一小と沿線各校の分教場がもっとも密接につながっていながらも、沿線各校同士や租借地内の各校もまた、教員人事を通してつながり合っていたと言えよう。

第三項　公学堂教員となった日本人教員

　前項まで日本人小学校の教員人事を検証した。本項では、第三章でも触れた日本人堂長・副堂長の採用を中心に考察する。堂長・副堂長の規定は「青島守備軍公学堂規則」第25条で「地方ノ状況ニ依リ副学堂長書記ヲ置クコトヲ得」と定められ、その職務は第26条で「副学堂長ハ学堂ノ事務ヲ掌理シ及職員以下ヲ監督シ学堂長事故アルトキハ其ノ職務ヲ代理ス」と定められた[16]。では、これらの堂長・副堂長職は実際どのように運用されたのか。『青島軍政史』では「教師モ従来全部支那人ナリシカ青島公学堂訓導中ニハ第一青島尋常、高等小学校ノ訓導二名ヲ兼務セシメ其ノ一名ハ副学堂長トセリ」とあるが、一方で「李村公学堂ニ於テモ学堂長ハ学務係ノ兼務トシ通訳一名、小学校訓導二名ヲ教師トシテ兼務セシメタリ」とあり、青島と李村の両公学堂では主に小学校教員が兼職する形式を取った[17]。このように規定された堂長・副堂長の人事異動には、どのような特徴があったのだろうか。以下では『青島守備軍公報』（以下単に『公報』とする）の人事欄及び陸軍省大日記『大正六年　欧受大日記　四月』『大正六年　欧受大日記　七月（共三）其一』所収の学校一覧、青島守備軍民政部『大正十年四月一日現在　在外指定学校調査報告書』（陸軍省大日記『大正十年　欧受大日記　四月五月』所収）をまとめたデータから、日本人と現地人のそれぞれの堂長・副堂

【表 5-6　日本人公学堂教員採用変遷表】

氏名	出身校／資格／前任校	上段／採用、下段／採用日				
櫻田有	広島県師範学校一部	二小 1916.3.20	青島公学堂兼勤 1917.5.10	李村 1921.3.25	李村日語長 1921.3.29	
谷口林右衛門	佐賀県教員養成所 小学校教員検定（小正）	一小（本校） 1916.6.19	青島公学堂兼勤 1917.9.11	青島日語兼勤 1918.4.15日	青島公学堂副堂長 1921.3.25	
高橋久造	島根県師範学校講習科	二小 1917.5.10	台西鎮公学堂堂長兼教師 1922.1.16	一小（本校） 1922.6.30		
池田清	小学校教員検定（尋正）	李村 1917.9.1	李村日語学校教師兼務 1918.4.30	一小（本校） 1921.11.4	台東鎮公学堂副堂長兼勤 1921.11.4	青島日語学校 1921.12.7日
加賀美五郎七	師範学校	李村訓導兼李村公学堂長 1918.4.8	李村日語長 1918.4.10	二小兼青島公学堂長 1921.3.25	青島日支語学校長 1921.3.29	
小林新三郎	長野県南佐久郡青沼尋常高等小学校	李村 1921.1.31	李村公学堂教師兼勤 1921.3.2	李村公学堂副堂長 1922.1.16	公学堂退職 1922.11.13	

出典：『青島守備軍公報』各号及び陸軍省大日記『大正六年　欧受大日記　四月』『大正六年　欧受大日記　七月（共三）其一』、青島守備軍民政部『大正十年四月一日現在　在外指定学校調査報告書』（陸軍省大日記『大正十年　欧受大日記　四月五月』所収）。註：一小とは「第一青島尋常高等小学校」、二小とは「第二青島尋常小学校」の略記である。一小に「本校」とあるのは、山東鉄道沿線の分教場と区別するためである。

長に分けて考察する。なお典拠が『公報』の場合、以下号数のみ示す。

　管見の限りでは、公学堂長・副堂長職にあり、人事異動が確認できた者は小濱宗助、谷口林右衛門、櫻田有、加賀美五郎七、小林新三郎、高橋久造、池田清の7名であった。うち小濱を除く6名の経歴について、表5-6にまとめた。一方、堂長副堂長とならなかった日本人公学堂教師として井手（吉田）九十九、相山義男、桑原善材、泉平がいる。まずは一般の日本人教員の経歴を見ていこう。

　井手九十九は長野県南佐久郡立教員養成所を卒業して尋常小学校本科正教員の免許を取得し、1921年4月15日に長野県南佐久郡青沼尋常高等小学校から一小に採用される（1090）。翌年1月16日に青島公学堂にも採用され（1215）、同年3月31日に博山分教場に異動する（1253）。1923年3月31日、「守備軍撤退廃校自然退職」となる[18]。同日居留民団立となった青島日本第一尋常高等小学校に採用され、滄口に一度異動し、もう一度一小に戻り、1931年8月8日に退職する。なお管見の限りでは、井出は公学堂教員の中で唯一、軍立から民団立に連続して勤務した教員である。

　相山義男は青島日語学校が本職であったが、1918年4月21に青島公

学堂と兼務し（456）、同年12月10日に日語学校と公学堂を退職する（582）。

桑原善材は1921年1月2日に李村日語学校教師として採用され（1023）、さらに同年2月28日に李村公学堂教師嘱託として採用される（1047）。

泉平は1918年5月8日に青島日語学校に採用され（466）、同年9月30日に青島公学堂にも採用される。しかし翌年10月10日に公学堂と日語学校を退職する（735）。また第二章表2-7に示したように、1920年1月15日に私立青島学院の専任教師となり、本科高等科と日語科を担当する。

このように、堂長ではない一般教員として採用された日本人教員の多くは、日語学校との「兼務」教員であった。

続いて以下では日本人堂長副堂長の経歴について、就職年月日が早い順に論じる。

小濱宗助は就職年月日は不明だが、1918年4月8日に李村公学堂長を退職する（451）。就職年月日は不明だが、1921年5月には第二章で論じた私立青島学院で「修身、国語、漢文、地理、歴史、珠算、習字」を担当している[19]。なお小濱は山形師範学校長の経歴を持つ「李村民政署の学事主任」で、青島学院が商業学校を開設する際、専任講師として招聘される[20]。『青島軍政史』では「李村公学堂ニ於テモ学堂長ハ学務係ノ兼務」であったという記述がある[21]。このことから、小濱は李村軍政署学務係を本職とし、李村公学堂長を兼務したと考えられる。

櫻田有は1916年3月20日に二小教員として採用され、1917年5月10日に青島公学堂を兼勤する。先の青島公学堂沿革において、大正6年5月に初めて日本人を採用したとあったが、この櫻田の採用を指していると考えられる。採用時期は特定できないが、1920年から22年に至るまで青島日語学校・支那語学校校長事務取扱を務める（909）。その後21年3月25日に李村尋小教員に、続いて同月29日に及び李村日語学校長、李村公学堂長を命じられ（1066,1069）、活動の場を李村に移す（1128,1179,1255,1295）。また同年4月に李村公学堂長として青島守備軍視学委員を務める（1081）。

谷口林右衛門は1916年6月19日に一小教員に採用され、同校教員

を本職とする (794,909,1128,1255,1295,1353)。さらに青島日語学校教員 (456,1295)、青島公学堂教員 (21年に副堂長、1066) を兼務する。槻木瑞生によると、谷口は山東還附後に一小教員から関東州の水師営公学堂長に異動したという[22]。1926年発行の満蒙文化協会『会員名簿』によると、谷口は水師営公学堂長の肩書きで記載されており、確かに水師営に異動したことが分かる[23]。谷口は「雲渓」という名で南満洲教育会の機関誌であった『南満教育』に数回投稿している[24]。彼は膠州湾租借地での現地人教育の経験を満洲に持ち込んだ人物として注目に値する。なぜなら「青島→関東州」というルートがあったと言えるからである。

　高橋久造は1917年5月10日に二小に採用された。1922年1月16日に台西鎮公学堂副堂長兼教員となる (1215)。同年6月30日に二小から一小に転出する (1301)。公学堂教師を退職した記載はないため、二小から一小に転勤となっても台西鎮公学堂教師を続けていたと考えられる。

　池田清は1917年9月1日に李村尋小教員に採用され、1918年4月30日に李村日語学校教員兼務を命じられる (461)。1920年6月には李村公学堂嘱託教員となっている (909)。1921年11月4日に一小教員及び台東鎮公学堂副堂長兼教員を命じられ、青島に移る (1179)。さらに翌12月7日に青島日語学校教員を兼務する (1193)。

　加賀美五郎七はそれまで李村公学堂長を勤めていた小濱宗助に代わり1918年4月8日に李村尋小教員及び李村公学堂長兼教員に採用された (451)。同月10日にさらに李村日語学校長兼教員となった。同年7月には青島中学校の水泳教員嘱託となる(495)。1921年3月25日に二小教員、青島公学堂長兼教員、同月29日に青島日語学校長兼支那語学校長となり (1066,1069)、櫻田と交代する形で活動の場を青島に移す。なお加賀美は青島で教鞭を執る前に、東京府師範学校を卒業後、善隣書院で「清語」を習得し、関東州小平島公学堂長を勤めていた。『南満洲教育会会報』によると、同公学堂は1907年9月1日に設立され、初代堂長は西川美隆であった。1910年4月1日に西川が公学堂南金書院に転任すると、同日加賀美が堂長に任ぜられた[25]。その後加賀美がいつまで関東州公学堂に勤務していたのか、李村の小学校公学堂教員になるまでどこに勤務していたのかなど不明な点が多いが、先に見た谷口とは逆に関東州から青島へ転任した教員がいたことは、注目に値しよう。つまり「関東州

→青島」というルートがあったと言える。さらに、他の日本人公学堂教師と異なり、彼だけが小学校教員と公学堂教師に同時に採用されたのは、関東州での公学堂教師の経験があったためだと推察される。加賀美は公学堂退職後に小濱と同じく青島学院に勤務し、「清語」をマスターしていたため「支那語」を担当した。この2人の関係は不明だが、李村公学堂長という職において小濱は加賀美の前任者であることから、青島学院での教職も小濱の紹介によるものではないかと推察される。

小林新三郎は1921年1月31日に長野県南佐久郡青沼尋高小教員から李村尋小教員に採用され、同年3月2日に李村公学堂教員の兼務を命じられる（1049）。その後翌年3月2日に副堂長兼務となった（1215）。しかし、還附直前の1922年11月13日に李村公学堂教員及び副堂長の兼勤を辞任する（1352）。

以上公学堂教員となった日本人教員の来歴を概観してきた。副堂長職が設けられたのは「模範的ノ学堂」とされた青島、李村と、青島郊外の台東鎮、台西鎮の合わせて4校のみであった。これらの学校は重点学校として位置付いていたと言える。秋山雅之介の伝記では「なるべく多く日本人教師を入れる方針ではあつたが、もとより人員不足で、思ふ十分の一にもゆかなかつた」とあったが[26]、この重点学校4校に優先的に日本人教員を配していた。また日本人教員は小学校教員を本職とし、公学堂堂長・副堂長や日語学校教員を兼務した。さらに1922年3月以降青島では堂長が加賀美、副堂長が谷口であり李村では堂長が櫻田、副堂長が小林であった。このように1922年段階の青島と李村では堂長・副堂長の両方の職を日本人教員2人が占める体制となる。一方台東鎮では1921年11月から池田が、台西鎮では1922年1月から高橋が副堂長となり、第三章で見たように現地人教員を堂長に据える体制であった。このように青島・李村と台西鎮・台東鎮とでは堂長まで日本人教員が担うかどうかに違いがあった。この違いは青島守備軍が「模範的ノ学堂」として位置づけ、他の2校よりも優先的に日本人教員を配するという形で現れた。第一章で見たように蒙養学堂としての設立は台東鎮の方が早かったが、青島商務総会が協力して青島蒙養学堂を設立した背景から、それを引き継いだ青島公学堂に重点を置いたと考えられる。一方で李村は、青島市街から北に30キロ離れ、李村河中流に位置し、李村を中心

に郷区の主要な路線が集まっていた[27]。いわば郷区への結節点であったため、軍政時代から守備軍は重視していたと考えられる。ただし、後に見るように李村近郊の膠州湾岸の滄口という地域に大規模な在華紡工場が建てられると、在留日本人は滄口を中心に活動することとなる。

第四項　支那語学校

支那語学校は日本人を対象として青島に1915年2月に設立された。1917年12月28日に「日支語学校規則」によって統一的な規則が整った（397）。この規則によって日語学校も支那語学校も修業年限2年と定められた。ただしこの学校規則では入学資格は明記しておらず、教員についての規定もなかった。また支那語学校は他に1918年4月には坊子に、1918年10月には張店にも設置された[28]。第三章で見たように、1921年になると第1学年の入学資格が以下のように規定された（1056）。

  イ　支那語学校ニ入学ヲ志願シ得ル者ハ日本人ニシテ高等小学校卒業以上ノ者
  ロ　日語学校ニ入学ヲ志願シ得ル者ハ支那人ニシテ支那初等小学校卒業以上ノ者

このように日本人は高等小学校、現地人は民国初等小学校と接続した。

表5-7を参照しながら教員人事を分析する。支那語学校の教員は、伊宗明以外は小学校教員や公学堂教員、日語学校との「兼務」教員であった。特に鉄道沿線日語学校と支那語学校は教員が重なっており、少ない人員を活用せざるを得ない状況であったことがうかがえる。給与体系を見ると、現地人教員は銀本位制、日本人教員は金本位制であった。これは北京政府と日本とでは貨幣体系が異なっていたためだと考えられる。

第五項　日本統治時代の初等学校間関係

以上の分析を踏まえ、公学堂と日語学校及び支那語学校の教員人事と日本人小学校の教員人事から、これらの学校間関係の構造について考察する。まず、日本人教員と現地人教員とで構造が異なった。前者は「模範的ノ学堂」である青島公学堂などの日本人公学堂長・副堂長は小学校

【表5-7 支那語学校の教員人事】

	号数	発行日	指令日	氏名	採用先	前職	給与
1918	451	4.22	4.11	上利恭助	坊子支那語学校長事務取扱兼務	第一青島尋常高等小学校訓導	月手当金5円
	456	5.3	4.11	軸丸卓爾	坊子支那語学校教師兼務		
	468	6.7	5.27	伊示明	青島支那語学校教師嘱託	雇員	月手当銀5円
	545	10.19	10.10	児玉五助	青島公学堂兼青島日語学校、青島支那語学校雇員		月給金25円
	553	11.12	10.31	浜中直樹	青島支那語学校教師嘱託		月手当金20円
1919	586	1.19	1.10	納十郎	張店日語学校長事務取扱兼張店支那語学校長事務取扱		月手当金10円
	586	1.19	1.10	野崎鉄司	張店日語学校教師兼張店支那語学校教師		月俸金20円
	586	1.19	1.10	渡邊知吉	張店日語学校教師兼張店支那語学校教師		月俸金20円
	636	4.19	4.10	安藤昇三	坊子日語学校教師兼坊子支那語学校教師嘱託		月手当金20円
	669	6.15	6.8	池田弘	坊子支那語学校教師兼坊子日語学校教師		月俸金50円
1920	831	3.23	3.16	和田作十郎	坊子日語学校事務取扱並坊子支那語学校事務取扱		月手当金10円
	851	4.23	3.24	岩城信太郎	坊子日語学校事務取扱並坊子支那語学校事務取扱		
	855	4.30	4.16	川田佐一郎	張店日語学校教師兼張店支那語学校教師		月俸金75円
1921	1066	3.27	3.25	軸丸卓爾	坊子日語学校長及坊子支那語学校長兼勤	坊子日語学校教師兼坊子支那語学校教師	
	1066	3.27	3.25	川田佐一郎	張店日語学校長及張店支那語学校長兼勤	張店日語学校教師兼張店支那語学校教師	
	1069	3.31	3.29	加賀美五郎七	青島日語学校長兼青島支那語学校長	李村日語学校長兼教師	
	1097	5.18	5.16	呼野義幸	青州日語学校長兼青州日語学校教師、青州支那語学校長、青州支那語学校教師		月俸金110円
	1114	6.19	6.17	王錫済	張店日語学校教師兼張店支那語学校教師		月俸銀20円
	1114	6.19	6.17	于耕三	青州日語学校教師兼青州支那語学校教師		月俸銀20円
	1114	6.19	6.17	張宝五	坊子日語学校教師兼坊子支那語学校教師		月俸銀20円
	1137	8.16	8.6	孟広璐	坊子日語学校教師兼坊子支那語学校教師		月俸銀20円
	1193	12.10	12.7	李容劭	青島支那語学校教師兼務	青島日語学校教師	

教員を本職とし、公学堂堂長・副堂長や日語学校教員を兼務した。そのため彼らは小学校長に属する形となっていた。後者は、「模範的ノ学堂」出身の堂長と、同じ学校に長く在職した堂長の2パターンに分けられた。小学校教員と公学堂教員を重ねてみると、小学校長をトップとする小学校教員、小学校長に属する小学校教員兼副堂長、現地人堂長をトップとする公学堂教員の三層構造があったと言える。

　三層構造と学校間の関係として図5-3にまとめた。この図のように、

【図5-3　初等教員の三層構造】

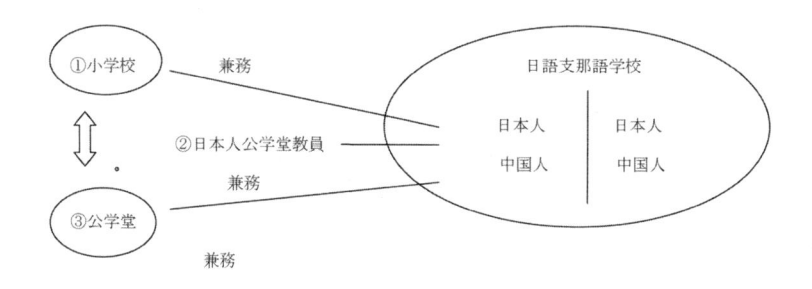

①小学校　　兼務　　　　　　日語支那語学校
　　　　　　　　　　　　　日本人 ｜ 日本人
　↕　　②日本人公学堂教員　中国人 ｜ 中国人
　　　　　　兼務
③公学堂
　　　　　兼務

　小学校教員は日本人教育のみならず現地人教育を「兼務」という形で担っていた。それぞれの学校が孤立して存在していたのではなく、「兼務」という形で小学校・公学堂・日語支那語学校が結びついていたのである。一方で、それぞれの学校には兼務しない教員がいた。つまり膠州湾地域の初等教員は、兼務する教員集団と、専任の教員集団との２つの類型に分けられよう。前者は小学校、特に一小をトップとする小学校教員に組み込まれていたが、後者は組み込まれていなかったと考えられる。
　しかし山東還附後、青島守備軍小学校は居留民団立小学校となり、青島守備軍公学堂は北京政府膠澳商埠督辦公署管轄の小学校という形で日中それぞれの政府の管轄に分離する。そのため「兼務」教員という形式はなくなり、この三層構造は２つの学校体系に回収される。こうして「兼務」教員が担った日本人学校と現地人学校との関係は断たれることとなった。山東還附後はこうした教員人事の構造はどのように再編されたのか。現地人教員については既に第四章で見てきた。日本人教員については次章で扱う。

第三節　中等教育の整備──教員人事を中心に──

　前節では初等教員を中心に考察した。そこで本章では中等学校に絞って論を進める。なぜなら中等教員については一部の教員ではあるが出身校の名簿を利用することで経歴を追うことができるからである。そのため中学校と高等女学校を対象に、採用と転出という軸からどのような経

歴の教員が集められ、採用の後どこに転出したのか考察する。

第一項　青島高等女学校の設立

　青島守備軍が中等学校として最初に設立した学校は、青島高等女学校であった。なぜ青島高等女学校を中学校よりも先に設立されたのか。その理由は「大正五年四月青島小学校第一回ノ卒業生ヲ出スヤ女子ハ男子ト異ナリ容易ニ笈ヲ負テ父母ノ膝下ヲ辞スルヲ許ササル情況ニアルヲ以テ先ツ此等女子ヲ収容スル高等女学校ヲ開設スルノ必要ヲ感シ」たためであった[29]。つまり男子は小学校卒業後「笈ヲ負テ父母ノ膝下ヲ辞」して「内地」の中等学校に進学することができたが、女子は父母の元から離れることができないという男女による就学事情の違いが背後にあった。青島高等女学校の設立にあたって、「武岡顧問」による助言が意味を持った。大谷喜久蔵青島守備軍司令官の1916年1月13日付の日記によると「小学校及高等女学校新設ノ計画モ目下調査中ニシテ女学校ノ為メニハ約一万円ヲ要スト武岡」が大谷に助言したとある[30]。

　また同年3月12日の日記に「武岡顧問来訪高女校長ハ来ル廿日頃宇品出船ニテ来任ノ電報」があった。到着は同月29日で、「桐谷新任高等女学校長来青留守宅書面ヲ受領ス」と広島から桐谷岩太郎が着任したこ

【図5-4　青島高等女学校校舎】

出典：遠藤一二『青島』(光陽社、1940年)

とが述べられている。桐谷は「在職九ヵ年（広島高等師範学校：引用者註）附属中学校ニ勤務セラルル傍ラ本校地理ノ授業ヲ分担サレマシタ又教科目研究会ノ委員デ」あった[31]。さらに送別会で「桐谷教諭ハ青島ニ出テテ其平素ノ抱懐ト学識ヲ実地ニ施シ、新附ノ地新占領地ノ域ニ理想的ノ教育ヲ行ハレテ国威発揚ノ一助トナラルルハ亦近来ノ痛快時デアル」と紹介されている[32]。そして、「本年（1916年：引用者註）三月中第二回地歴部の桐谷岩太郎氏は新占領地青島に高等女学校長として赴任せられました」[33]。以上の『尚志同窓会誌』での桐谷に対する記述から、広島高等師範学校附属中学から青島高等女学校長として赴任することで、広島高師側もかなり期待を込めていたのではないかと考えられる。『青島軍政史』によると教員は「広島高等師範学校長ニ依頼シテ職員ヲ選定セシメ」た[34]。この時広島高師から青島高等女学校に採用された者として東山好計がいる[35]。

　青島高等女学校は1916年3月11日に青島軍政委員長の吉村健蔵によって「青島女学校生徒募集ノ件」が『公報』105号に告示され、「四月ヨリ新ニ開設スヘキ青島女学校（高等女学校程度）生徒（第一第二第三学年共）ヲ募集」した[36]。同年4月8日に「青島高等女学校仮規則」が吉村名義によって制定された[37]。修業年限は同仮規則第2条によると4年である。「校舎ハ幸町元独華高等学校内旧校舎ヲ充当シ四学年制ヲ採用シ入学試験ヲ行ヒ一年ヨリ三年迄ノ学級ヲ編成シ同十五日ヨリ授業ヲ開始」した[38]。翌年1月に文部省告示第一号で在外指定学校に認可された[39]。生徒募集は1917年2月に竹内軍政長官名で出され、「本年四月青島高等女学校第1学年ニ入学スヘキ生徒竝本年度ニ限リ第二、第三学年生徒補欠募集」を行った[40]。設立2年目では第1学年の入学を基本とし、第二第三学年の生徒補欠募集をこの年のみに限定した。なお、設立当初は仮規則により運営されたが、設立翌年の1917年6月29日に「青島高等女学校規則」が制定され、新たに補習科の規程が追加された[41]。

第二項　青島高等女学校の教員人事

　本項では『公報』を用いて、採用と転出という軸から青島高等女学校の教員人事を明らかにする。表5-8のように、採用は他地域からが21名、

【表5-8 青島高等女学校の教員人事】

年	各地域→青島高等女学校		青島高等女学校→各地域	
	他地域からの採用	租借地内の人事異動	他地域への転出	島租借地内の人事異動
1918	鹿児島県川辺中（教諭、中津安彦）不明（茶儀教授嘱託、大野美枝子）			
1919	師範学校（教諭、祝光次郎）公立中（教諭、瓜田友衛）不明（嘱託、福田ムメ）不明（教諭、岩田熊治郎）	青島中（教諭、堀可直）	大阪府河内郡視学（教諭、東山好計）、退職（教諭、中村元子）	
1920	岩手盛岡中（教諭、小西清雄）千葉木更津中（教諭、一由信五）不明（教師、川村喜代・原静江）不明（筝曲教授、森川初子）不明（教諭、家近太須恵）不明（書記、鹿島留次郎）不明（校医、城崎重駿）	第一青島尋高小（助教諭、高須賀品一）		青島中（教諭、林章）
1921	不明（教師、坂水末造・江刺家憲条）不明（教諭、対馬たみ）		退職（教諭、中津安彦・川村喜代、嘱託、福田ムメ）	青島守備軍視学委員（校長兼教諭、桐谷岩太郎）
1922	不明（図画科教授嘱託、越智與次郎）不明（裁縫科教授嘱託、西村きぬ）栃木県宇都宮市立女子技芸学校（教諭、原口ノブ）島根浜田中（教諭、橘和一）	第二青島尋小（助教諭、石塚清輔）第一青島尋高小（助教諭、片瀬茂久）	公立高女長兼教諭（校長兼教諭、桐谷岩太郎）、朝鮮京畿道公立高女（教諭、一由信五）、退職（助教諭、高須賀品一）	

註：各項目の凡例は「採用元（役職、氏名）」とした。そのため採用元が分からない場合は「不明」とした。なお下線部が付せられた教員は広島高師の出身者である。）
出典：『青島守備軍公報』各号より作成。

租借地内からが4名であった。逆に転出は、他地域へは8名、租借地内へは2名であった。採用元を『広島高等師範学校一覧』で補って確認すると、愛媛、鹿児島2名、岩手、千葉、栃木、島根から採用されており、西日本や東北、関東からの採用がある。教諭として採用された者10名のうち広島高等師範学校出身者（以下同窓会組織名から尚志会員と略す）[42]）は4名と後述する中学校の採用数ほど多

【表5-9 青島高等女学校教諭】

年	教諭数	広島高師	割合
1916	5	2	40.00%
1917	7	2	28.60%
1918	10	3	30.00%
1919	11	4	36.40%
1920	11	5	45.50%
1921	12	4	33.30%
1922	13	2	15.40%
1923	14	2	14.30%
1924	13	2	15.40%
1925	14	1	7.10%

出典『青島日本高等女学校一覧 大正十四年十月』187頁および『広島高等師範学校学校一覧』各年度。

くない。1918年1月の統計では男性4名女性7名であり、19年12月から2月まで男性9名女性8名であったことを除いて教員中女性が男性を上回っており、そもそも男性教員自体の比率が低かったためである[43]）。そのため尚志会員の割合も低くなったのである。この点が中学校との違いである。

教員数と尚志会員の割合はどう変化したのか。表5-9のように1916年から21年に至るまで半数近くを尚志会員が占めていたが、山東還附直前の22年には15%まで低下することがわかる。外務省管轄となった1923年以降は1割前後にまで低下する。こうした青島を去った尚志会員は一体どこへ行ったのだろうか。次項では尚志会員の転出先を考察する。

第三項　青島高等女学校教員経験者の前歴およびその後

『広島高等師範学校一覧』から表5-10を作成して尚志会員の転出先を考察する。ただし、卒業生名簿が記載されたのは昭和13年までであり、その後の経歴については不明である[44]。この経歴を分類すると、校長人事に関して、初代校長桐谷岩太郎（在職1916年4月から22年）をはじめ、2代祝光次郎（1922年から24年）、3代瓜田友衛（1924年から26年）はともに尚志会員で、祝・瓜田はともに青島高等女学校教諭からの昇任人事であった。青島日本高等女学校に改組して外務省管轄となった1923年以降、この2人は校長職となった。この2人は青島高女で初めて校長となり、「内地」に転出後も校長職を続ける。このことから、青島への転出は彼らの社会的上昇につながったと考えられる。他の尚志会員の転出先を分析すると、桐谷、祝、東山は「内地」に移動し、一由

【表5-10　青島高等女学校に採用された広島高師出身者の経歴】

氏名	卒業年	卒業学部	経歴
桐谷岩太郎	1907年	地理歴史部	1908-10：広島高師助教諭兼訓導、1911：広島高師教諭、1912-15：広島高師助教授兼教諭、1916-21：青島高女長、1922-23：大阪府南高女長、1924-27：大阪堺高女長、1928-：大阪夕陽丘高女長
瓜田友衛	1908年	博物学部	1908-18：鹿児島第二中、1919-22：青島高女、1923-25：青島日本高女、1926-30：青島大泊高女、1931-33：樺太真岡中学校長、1934-：樺太大泊中学校長
祝光次郎	1912年	英語部	1912-13：兵庫第二神戸中、1914-16：京都帝大文科大学学生、1917-18：愛媛県師範、1919-21：青島民政部視学官兼青島高女、1922：青島高女長、1923：青島日本高女長、1924：鹿児島伊集院中学校長、1925：不明、1926-28：非役、1929：東京聖労院長、1930：死亡
東山好計	1913年	博物学部	1913-15：北海道函館高女、1916-18：青島高女、1919-21：大阪府河内郡視学、1922-23：富山県視学、1924-28：茨城県社会教育主事兼県立農業補習学校教員養成所教諭、1929-30：文部省嘱託、1931-：島根県社会教育主事
一由信五	1915年	英語部	1915-16：茨城土浦中、1917-18：三重第一中、1919：千葉木更津中、1920-21：青島高女、1922：朝鮮京城女子高普、1923-33：朝鮮京城第二高女、1934：朝鮮平安南道視学官、1935：死亡
林章	1916年	英語部	1916-17：兵庫姫路中、1918-20：青島高女、1921-22：青島中、1923：京都舞鶴中、1924：不明、1925-26：朝鮮鏡城高普、1927-：樺太真岡中

出典『広島高等師範学校学校一覧』各年度より作成。

は朝鮮、林は朝鮮の後樺太、瓜田は樺太と「外地」間を移動する。また校長を除いて山東還附後の1923年以降も教員として留まった者はいなかった[45]。瓜田と林は1926-7年とほぼ同時期に樺太に渡り、さらに瓜田は31年以降真岡中、大泊中で校長を歴任する。なお藤田弘一（M45英、卒業年及び学部、以下同様）が27年から真岡中校長となり、その後瓜田が真岡中校長となる。藤田校長時代に瓜田のほかに柳沢軍一（T2国漢）山田五郎（T11理三）服部久男（S2文三甲）が27年に、金谷綾太（S2文二）が30年に採用される。また瓜田校長時代に石川春郎（S6文二）奥出政清（S6理二）が31年に採用される。このように「外地」の学校も校長が尚志会員の場合、当該校に集まった。

第四項　青島中学校の設立

　本項では青島中学校の教員人事を検証する。まず、青島中学校はどのような経緯で設立されたのか。本項では設立から1922年の山東還附に伴う組織変更までを概観する。1916年7月8日に大谷喜久蔵軍司令官は「青島ニ中学ト職工学校トノ得失研究」と記し、同月20日に「青島ノ中学ト職工学校ト孰力急ナルヤ」と記すように、中学と職工学校のどちらを優先させるべきか悩んでいた[46]。結局同年11月30日に大谷は青島中学校の開校に向けて旧ドイツ兵舎であった旭兵舎を中学校校舎に充てることを申請する。結局中学校の設立を決めたのであった。その中で大谷は設置理由を以下のように述べた。

小学校生徒ノ如キ開校当時僅ニ二百余名ニ過キサリシモ、今ヤ千名ヲ超ユルニ至リ尚増加ノ趨勢アルヲ以テ曩ニ高等女学校ヲ設置シ女子高等普通教育ノ機関備ハレルモ、男子ニ在リテハ未タ中等教育ノ機関ナク殊ニ来年三月尋常小学卒業及高等

【図5-5　青島中学校校舎（桜ヵ丘）】

同校舎は日本統治下の1920年に魚山路に建てられた。
出典：遠藤一二『青島』（光陽社、1940年）

> 小学修業並ニ卒業生ニシテ中学校入学希望者六十余名ニ達スヘク尚他ノ植民地並ニ内地残留家族ノ希望者モ可有之被存候ニ就テハ来年四月ヨリ中学校ヲ開設シ此等子弟教育ノ途ヲ講シ度候[47]

　1917 年 3 月に尋常小学校を卒業する者や既卒生のうち約 60 名の中学校入学希望者のために中学校を開設するという。つまり小学校卒業生の増加が中学校設立を後押ししたのである。17 年 2 月 8 日に「青島中学校規則」が公布され[48]、同年 4 月 4 日に入学式が行われた。修業年限は「内地」の中学校と同じく 5 年であった。青島中学校設立時の教職員は校長 1 名、教諭 7 名、教師 2 名、書記 1 名であった[49]。『尚志同窓会誌』の「客員及会員異動」によれば、青島中学校長として熊谷政直が採用されている[50]。他に教諭として三尾良次郎、山森正一、堀可直、江部易開、富岡朝太が採用された[51]。なお教諭と教師 2 つの役職があるが、教師は在外指定学校に特有の役職で、教諭とは別であった[52]。同年 7 月 4 日に文部省普第 205 号で在外指定学校に指定され、制度的に「内地」の学校と結合した[53]。翌年の 1918 年 1 月 14 日に「青島中学校規則中改正」があり、第三条の「「外国語」ヲ「英語、支那語」ニ改メ但書中「実業」ヲ「支那語、法制及経済、実業」ニ改」め、「第四条、第八条、第二十八条中「軍政長官」ヲ「軍司令官」ニ改」めた[54]。これは第三章でも見た通り、1917 年 10 月に青島守備軍に民政部が置かれたことに伴う変更で、語学のうち「支那語」を重視した。1921 年 3 月に第 1 回生 17 名が卒業し、翌年の第 2 回生は 59 名と 3 倍に増える[55]。

第五項　青島中学校の教員人事

　『公報』の人事欄を用いて、青島中学校の教員人事を分析する。表 5-11 のように、他地域からの採用は合計 25 名、租借地内人事で青島中学校に採用された者は 5 名であった。逆に青島中学校から他地域への転出は合計 4 名、租借地内人事は 1 名であった。採用者数が多かったのは 1919 年と 20 年の各 7 名で、1921 年及び 22 年も各 5 名であった。急なペースで教員が採用されている。これは開校した 1917 年は第一、第 2 学年のみであったが、翌年からこれらの学年が持ち上がり、1920 年 4 月になって 5 学年全てがそろったためである[56]。教員数は 1918 年 1 月現

在で8名だったが、1920年4月現在で21名とほぼ3倍となった。さらに21年と22年でも教員採用数が多かった理由は、新入生が急増したためである。20年まで90名前後の入学であったが、21年の新入生は145名と約1.5倍も増えた。新入生の増加の原因は同年6月に旧旭兵舎から魚山路新校舎に移転して収容できる生徒数が増えたためと考えられる[57]。

なお教諭採用13名中9名と約7割が尚志会員であった。安藤良夫によると守備軍と青島中学校との関係について、「軍用船は広島の宇品に通っていて青島と内地の窓口でもあり、大谷軍司令官は広島高師の校長幣原坦氏と親交があったこともあって、青島高女、青島中学の設立に当たって意見も伺い、人材の推薦を受けた」という[58]。こうしたことから尚志会員の割合が高く、さらに前述した守備軍が高等女学校の教員選定を広島高等師範学校長に委任したことと関連があると考えられる。一方で、尚志会員以外の教員の経歴を確認すると、19年採用の松田は検定、21年採用の川本は神宮皇學館、22年採用の水野は検定、田上は神宮皇學館の出身であった[59]。

他地域からの採用を見てみると、判明分の内九州からが3名、静岡1名、奈良1名、富山1名、長野1名、朝鮮1名であり、九州からの採用が若干多い。他に朝鮮からの採用もある。先に教諭採用のうち尚志会員が多かったことを明らかにしたが、尚志会員は教員全体の中でどれほどの割合を占めていたのだろうか。

表5-12のように、開校当時が7割弱と最も尚志会員の割合が高く、山東還附後の1926年には5割に下がり、さらに1933年には約2割にまで下がる。このように、青島守備軍時代には教諭として採用された者のうち尚志会員の割合が高かったのである。山東還附後尚志会員の割合が下がった点については、次章で考察する。なお開校当時の尚志会員以外の教諭として早川穎治郎（東京音楽学校師範科、1911年卒）と田辺毅（京都高等工芸学校、1912年卒）の2人がいる[60]。田辺について、広島高師出身の三尾良次郎は1920年の日記に「私は青中に来て決し優待せられはしなかつた第一俸給が図画教師の田辺君よりも進みが悪かつた」と不満を記している[61]。さらに「出張も視察も三年の間に一度も廻って来なかつた創立当時から居るもので出張のないのは私と田辺君二人丈け」であり、尚志会員では三尾だけが出張・視察の機会が回ってこなかったという。このように三尾は田辺の待遇と比較して不満を記していた。このことが「遠慮なく

【表5-11　青島中学校の教員人事】

年	各地域→青島中学校		青島中学校→各地域	
	他地域からの採用	租借地内の人事異動	他地域への転出	租借地内の人事異動
1918	公立中（教諭、豊島貢）	李村尋小（水泳教師嘱託、加賀美五郎七）、青島高女（水泳教師嘱託、中津安彦）		
1919	熊本中（教諭、山川虎之助）佐賀中（教諭、松田介三）朝鮮釜山中（教諭、井口末吉）不明（教師、涌井清光・池上條太郎）不明（水泳教師嘱託、祝光次郎・福島與平）			
1920	静岡師範（教諭、仲原善忠）、奈良畝傍中（教諭、堀井勘三郎）、富山堀川尋高小兼女子師範（教諭、吉田梅次郎）不明（教諭、井芹善蔵・広瀬長四郎）、不明（水泳教師嘱託、松本松次）不明（書記、竹田虎之助）	青島高女（教諭、林章）、陸軍憲兵曹長（書記、竹田虎之助）	退職（栗村虎雄、三尾良次郎）	
1921	長野松本中（教諭、太田伊勢雄）、不明（教諭、川本皓）不明（教師、小林岩男）不明（校医嘱託、神内正範）不明（英語科教授嘱託、ヂヨンパーカー）	第二青島尋小（教師兼勤、吉賀徳次郎）	福岡若松中（教諭、井口末吉）、関東庁中（教諭、吉池泰二）	青島守備軍視学委員（熊谷政直）
1922	宮崎中（教諭、水野六次）、不明（教師、梅森香・小松誠三）不明（英語科教授嘱託、広瀬俊作）不明（教諭、田上捨四郎）			

出典『青島守備軍公報』各号。凡例は表5-6と同じである。なお兼任者を含んでいる。

【表5-12　青島中学校の教諭数変遷】

	教諭数	広島高師	割合
1917	7	5	71.40%
1926	18	9	50.00%
1933	19	4	21.10%

出典「青島日本高等女学校」、「青島日本中学校」66-68頁、「在外中等学校職員調査ニ関スル回答　昭和八年六月」及び『広島高等師範学校学校一覧』各年度。

去る事の出来る好結果を齎した」という。実際三尾は同年3月23日に青島中学校を退職している[62]。このような青島中学校を後にした尚志会員はどこに行ったのか。次項ではこの問題を考察する。

第六項　広島高師出身の青島中学校教員経験者の経歴

　青島中学校に採用された尚志会員は、その後どこに転出していったのか。彼らの転出先を『広島高等師範学校一覧』を用いて分析する。

　表5-13の経歴を分類すると、「内地」に転出した者（山川、堀、井口、大田、仲原、栗村、広瀬）、他の「外地」に転出した者（熊谷、吉池、江部、三尾、井芹）、長く同じ学校に勤めた者(堀井)の3つの類型に分けられる。なお吉田はこの類型とは異なり、外務省に転出した。また他の「外地」に転出した者は台湾に転出した井芹、「内地」の後に朝鮮へ転出した山川以外、みな満洲に転出した。熊谷が1923年に奉天中校長として転出すると、翌年江部が奉天中に転出した。熊谷は青島へ校長として転出し、

その後奉天中でも校長となったことから、青島への転出がきっかけで校長職という社会的上昇を遂げたと言えよう。熊谷の奉天中校長時代には、松山信（T13文三）が25年に採用される。他に上野亀雄（T7数物化学）、

【表5-13　青島中学校に採用された広島高師出身者の経歴】

氏名	卒業年	卒業学部	経歴
熊谷政直	1906	地理歴史部	1908-11：熊本済々黌、1912-13：宮崎師範、1914-16：富山砺波中、1917-22：青島中校長、1923-26：満洲奉天中校長、1927：不明、1928：死亡
吉池泰二	1910	数物化学部	1910-12：福岡小倉中、1913-15：青森弘前中、1916-17：岐阜中、1918-20：青島中、1921-25：関東庁大連中、1926：満洲教育専門学校助教授、1927-28：満洲教育専門学校教授、1929：死亡
堀可直	1910	数物化学部	1910-11：鹿児島第二中、1912-16：愛知県喜多方高女、1917-22：青島中、1923-29：青島日本中、1930-32：福岡県南吉富高等実業女学校長、1933-36：福岡筑紫高女、1938-：福岡糸島中高
井口末吉	1911	数物化学部	1911-14：福岡小倉師範、1915-18：朝鮮釜山中、1919-20：青島中、1921-27：福岡若松中、1928-31：福岡鞍手中学校長、1932-35：福岡県視学官、1936-：福岡県筑紫中長
江部易開	1911	国語漢文部	1911-16：富山砺波中、1917-22：青島中、1923：青島日本中、1924-30：満洲奉天中、1931-32：満洲長春高女長、1933-35：満洲新京高女長、1936：満洲新京敷島高女長、1937-：満洲安東高女長
山川虎之助	1912	国語漢文部	1912-14：島根松江中、1915-18：熊本中、1919-22：青島中、1923-31：青島日本中、1932-34：鹿児島大島中、1935-36：朝鮮元山高女、1937：朝鮮咸興高普、1938：朝鮮新義州東中
広瀬長四郎	1913	数物化学部	1913-16：岩手師範、1917-18：熊本鹿本中、1919-20：非役、1921-22：青島中、1923：青島日本中、1924-30：鹿児島伊集院中、1931：鹿児島出水高女長、1931-：休職
三尾良次郎	1917	地理歴史部	1917-19：青島中、1920：非役、1921-22：京都帝大経済学部撰科生、1923-24：京都帝大大学院、1925-27：満洲教育専門学校教授、1928-：台湾台北高校教授兼教諭
仲原善忠	1917	地理歴史部	1917-19：静岡師範、1920-22：青島中、1923-24：鹿児島第一師範、1925：東京成城第二中、1926-29：成城高校、1930-32：成城高校教授兼中学部長、1933-36：成城高校教授兼専任主任、1938：成城高校教授兼中学部長
大田伊勢蔵	1917	数物化学部	1917-18：石川県立農学校、1919：奈良五条中、1920：長野松本中、1921-23：青島中、1924-25：非役、1926-27：愛媛宇和島中、1928-31：非役、1932-34：不明、1935：死亡
栗村虎雄	1918	国語漢文部	1918-19：青島中兼第一青島尋高小訓導、1920-22：広島高師徳育専攻科生徒、1923-31：大分高等商業学校教授、1932-34：沖縄県視学官、1935-：鹿児島県視学官
堀井勘三郎	1918	地理歴史部	1918-19：奈良畝傍中、1920-22：青島中、1923-32：青島日本中、1933：不明、1934：ひとのみち小学校（大阪）、1935-36：不明、1937：福岡勝山高女、1938：福岡筑豊鉱山学校
井芹善蔵	1918	国語漢文部	1918-1919：広島高師附中附小、1920-22：青島中、1923-27：青島日本中、1928-29：台湾嘉義農林、1930-35：台湾嘉義高女、1936-37：台湾台南第一高女、1938：台湾嘉義商業中
新井（吉田）梅次郎	1920	教育科	1920-23：支那済南東文学院、1924：外務省対支文化事務局、1925-28：外務属（外務省対支文科事務局）兼文部属、1929：東京府、大妻高等女学校、1930：不明、1931：広島文理科大学助手、1932-：不明

出典『広島高等師範学校一覧』各年度より作成。
なお吉田梅次郎は『公報』では青島中学校への採用となっていたが、『一覧』では「支那済南東文学院」となっている。確かに表2-5では彼の名が見える。このように採用校が異なっている理由については今のところ不明である。

稲井豊（T10理三）が27年に採用された。江部は1931年から長春（新京）と安東の高等女学校校長を歴任した。三尾は満洲の後さらに、台湾に転出した。このように満洲・台湾への転出が特徴的である。その一方で、井口、山川、江部、堀井のように租借地返還後、青島中が外務省管轄の青島日本中となった後も勤めた教員がいた。「外地」への転出パターンとして、青島中からは満洲・台湾へ転出し、青島高女からは朝鮮・樺太へ転出した。

第四節　広島高等師範学校と青島

第一項　尚志会と教員採用

　先に青島中学校に採用された教員と、同校を経由して転出していった尚志会員の経歴を分析してきた。こうした教員採用は具体的にどのように行われたのか。本項ではこのような関心から三尾良次郎の日記を用いて教員採用の実態を明らかにする。三尾は青島中学校が設立された1917年に、新卒教員として採用される。この日記史料は三尾良次郎が1920年1月から12月までの日常を記した私的な日記である。しかし日々の感想だけでなく備忘録としての性格も有することから、当時の教員採用を探る史料としての価値があると考えられる。この日記によると、三尾は3月に京都帝大受験準備のために青島中学校を退職して「内地」に帰り、9月に京大経済学部撰科生となった。1月から3月にかけて、三尾が青島中を退職する際、後任の仲原善忠[63]が採用される過程について記されている。つまりこの史料は「外地」の学校に後任を推薦する際の実態を記しているのである。三尾と仲原は、広島高等師範学校地理歴史部を大正6年に卒業した同級生という関係である。以下では仲原の採用をめぐる記述を見ていこう。

　　一月二十三日　夜阿部君と仲原君に手紙を書く（…）仲原君の方は私の後任として青島に来ることになるかも知れないので当地の教員生活や学校の模様を罫紙に三枚も書いてやる
　　二月九日　仲原君から手紙が来て居た学校では阿部君の手紙を受け

取つたのであつたが何れも校長は取る気がないらしいので大いに困つた
二月二十四日　学校では仲原君を採用する事に決して私の名で電報を発した
二月二十八日　仲原君から電報が来た「コウチヨに話した許される具也」と　大方来ることになるだらう
三月七日　昨夜は一晩の中に電報が二つも来た一つは仲原君から校長が転任を許したと云ふ知らせ一つは三澤先生から六十二円に七割で来ないかと云ふ転任勧誘の電報である三澤先生の下であるから行つて見たいとは思はぬでもないが例の大学行きを控へて居るので断らなければならない
三月十一日　仲原君から履歴書は届いたが採用決定したかと問ひ合せの電報が来た　明日返電しやう。
三月十二日　学校から帰つて居ると学校の支那人が電報を持つて来た仲原善忠君からである　採用確定したか否かの問ひ合せであるが今日校長に質ねて見た所が確定の電報は暫く待つて居て呉れとの事である　向ふでは後任まで探して大いに忙いで居るのであらうに
私は板挟みになつて甚だ困る次第である
三月十三日　校長は明後日までに退職願を出して呉れと云つた　仲原は今日校長に電報で採用の有無を問ひ合せたので学校から採用すると云ふ電報をやつたさうだ
私も朝返電を打つて置いたのであつた

　以上から、仲原は同級生である三尾の退職を待って後任に就こうとしていたことが分かる。一方三尾も仲原を自分の後任と考え、青島での教員の様子などを手紙に記していたが、当初熊谷校長は仲原を採用するつもりはなく、そのため何度も三尾に仲原から連絡があった。2月24日になってようやく学校が三尾の名で仲原に採用を通知した。結局3月13日には三尾の退職と、仲原の採用が決定された。こうして三尾が積極的に仲原の採用を校長に働きかけることで採用を促し、校長が三尾の働きを追認する形となった。
　一方、三尾も三澤（大阪府立高津中学校長の三澤糾、元広島高等師範

学校教授）[64]から「転任勧誘」の電報を受けているが、この時は京大受験を理由に断った[65]。先行研究では尚志会員校長の出現と尚志会員の集中について指摘があるのみだったが[66]、以上の史料から尚志会員が教員人事に関与する具体的な過程が明らかとなった。

次に、推薦される側であった仲原が教員採用についてどのように働きかけていたのか。以下では三尾に宛てた書簡から分析する。

> 大正9年2月15日／（…）其の後例の一件に関し君よりも山下先生よりも通信無之、少々不安を感じ居り候。遠隔の地なれば、便船の都合上かも知れざれど、遅くとも二月の半ば迄には校長に申出る考へなりしに今日迄成否の程さへ気づかはれる故、少し心配致し居り候。／（…）私は、時間も多く寄宿舎の仕事も多く、又教育会の機関雑誌の主任を致し居る故、忙しく、又今月二十三日には教育会大会の結果、常任調査委員を任命せられそうろうて誠に多忙の身となる事と存じ早く此の地を切り上げたく思ひ居り候。一面から見れば、これは小生の発展かも知れざれど、小生としては今少し閑地にありのんびりと研究し他日の大成を期し度く、そんなことで大切な時間を費すのは非常な損失の様に存じ居り候。／（…）実は、台湾の方にも、鹿児島の方にも直接交渉して居る処があるので、青島の方が結局欠員ときまれば其の方に話を向けやうかと存じ居り候[67]。

この書簡は学校側がまだ仲原の採用を決定していない時期に三尾に宛てたものであり、採用の決定が届かないことに仲原は不安を感じていた。仲原はそのまま静岡にいては教育会の機関雑誌の主任などの仕事を任されるため、「閑地にありのんびりと研究」するために青島、台湾、鹿児島の学校への転出を希望していたのである。このように仲原はこれらの地域を「内地」と同じように見なしており、「内地」と「外地」の区別を特に意識していなかったと言えよう。

三尾の日記によればこの直後の2月24日に仲原の採用が決まる。3月26日に「静岡県静岡師範学校教諭兼静岡師範学校訓導兼静岡師範学校舎監　仲原善忠」は青島中学校に四級俸で採用される[68]。採用決定から約2週間の後に辞令が発令されたことになる。つまり、仲原は三尾

という同じ学部の同級生とのつながりを使って転職希望校に働きかけ、実際に採用されたのである。

ところで、仲原が三尾の後任となったという意識は他の教員と共有されていたのか。三尾の日記によると、青島を出発する2日前の4月1日に「豊島山川両氏が新任教諭井芹善藏君を連れて来て僕（三尾：引用者註）の跡に置くからと云つて荷物をドシドシ運び込んで校長の宅に行つた」とあり、地理歴史学部卒で地理歴史の担当となった仲原ではなく、同年に採用された国語漢文部卒で国語漢文の担当となった井芹を三尾の後任と認識していたのである[69]。つまり三尾と仲原、井芹は同じ尚志会員ではあったが、卒業学部が異なっていたにもかかわらず他の教員は井芹を「僕の跡に置くから」と紹介したため、仲原ではなく井芹が三尾の後任として認識されていたのであった。このように三尾と他の教員とは後任に対する意識はずれていたものの、ここに挙げた教員は全員尚志会員であったことから、そうしたずれはさほど意識されなかったと考えられる。

第二項　青島と広島高等師範学校尚志会とのつながり

前項まで、青島を軸に広島高等師範学校出身者が教員としてどのように採用され、その後転出していったのか分析した。そこで本項では尚志会の側から、青島とどのようにつながっていたのか考察する。特に広島高等師範学校第二代校長幣原坦[70]による青島への関与の側面と、尚志会における青島の紹介という両側面から分析する。

主な史料は広島大学文書館蔵『尚志同窓会誌』（以下号数と発行年、ページ数のみ記載する）である。この同窓会誌の発行目的は「同窓生即ち会員間の消息を通じて、旧誼を温め、母校との連絡を謀りて師弟の情誼を厚ふし、母校を中心として同窓生の活動に統一あり関連あらしむる」（第2号、1908年頃、p.66）ことであった。会誌の内容として各地からの通信報告、母校の様子の報告を中心に編纂した。こうした発行目的を鑑みると、青島と広島高等師範学校とのつながりを分析する材料として本史料は有用である。

ところで、幣原坦とはどのような人物だったのだろうか。幣原は1893年に東京帝国大学国史科を卒業した後、鹿児島高等中学校造士館

教授、山梨尋常中学校長を歴任し、1900年に東京高等師範学校教授に任ぜられ、その身分のまま韓国政府に招聘される。文学博士の学位を取得し、1905年に韓国学政参与官となる。翌年に文部省視学官となり、東京帝国大学文科大学教授を経て1913年5月15日に広島高等師範学校校長に転任する。そして1920年4月28日に文部省図書局長に転出し、1925年に台北帝国大学創設事務を委嘱。1928年に台北帝国大学初代総長となり、後に興南錬成院長などを歴任した[71]。

以上の経歴から、幣原は「内地」の教育行政だけでなく、「外地」の教育行政に深く携わった人物であると言えよう。

『尚志同窓会誌』で最初に青島の記述が掲載されたのは、第18号（1915年頃）である。そこでは「青島便り」というタイトルで、以下のような記述がなされている。

　　（…）広島高等師範学校出身者唯一の出征者として御掲出下さいました私は、陛下の忠良なる輸卒として七度の眼鏡を光らせつつ働いて居ります。此の頃は労役が大分少くなり、練兵に引っぱり出されて歩調の格好をしらべられたりして居ます。砲弾も担ひました、米も麦も運びました、道路もつくりました、橋もかけました。仲士と土方とそれが陛下輸卒の仕事なのです。／青島が陥落しましてから二週間計りして見物に連れて行かれました。一寸良い町でした。兵隊靴の行軍は大分弱りましたが、それでも行つた丈けのものはありました。毎日帰る日を数へて居ます。大略の予定が十二月二十日の乗船ですが、今回の検疫は宇品かも知れませんから、上陸は許されなくも、母校のつい近くまで行かれるかも知れません。（…）（十二月五日）（p.21）

教員としてではなく一兵士として日独戦争に参加し、日本による陥落直後の青島の様子について紹介している。執筆時が12月5日とあることから、陥落した11月7日のちょうど1ヵ月後の様子である。しかし青島という町については「一寸良い町でした」とあるだけで、具体的な描写はない。主に描かれているのは兵士として従軍することの苦労である。また兵士を運搬する船は宇品経由であり、青島と宇品が船によって

結ばれていたことがうかがえる。

　教員として青島に渡った者が書いた記述としては、同じく「青島便り」というタイトルの以下のものが最初である。

　　これは桐谷君より津山君に宛たる私信に候へども青島の状況を知るに適当のものと存じここに掲載いたし候。／学校創設の際とて意外に多忙筆不精の小生をして益々筆不精にならしめ申候軍政中とて不便もある代りに便利も多く有之候学校の仕事は凡て緒につき候のみに候が両三年間には相当のものに致したく考居り候。／物価は内地より来りし物は二三割高く候が牛肉、鶏卵、魚（これは夏に限る）等は大変やすく米も十六銭許に候、家賃は高く水道料、電灯料等も高く候が官舎にはこれ等の費用を要せず石炭も支給せられ候故生活は容易に候煙草のやすい事は小生等には何の恩典無之候。道路のよき事衛生設備のとどける事町の美はしき事等は中目先生の語をかりて云へば東洋一に候。唯いやなものは支那人の臭に候家も炊事場の設備など大変よく候が小生等はやはり日本風の家で田舎住ひがよく感ぜなれ候がそんな家は当地にはまだ一軒も無之候。／当地は新開地とてなかなかハイカラ、小生もいろいろのものを経験いたし候（第24号、1916年頃、p.31-32）

　最初に編集部の注意書きで、桐谷岩太郎青島高等女学校長から同窓会評議員津山一郎宛の私信であったが、青島の紹介として掲載するした経緯が述べられている。この書簡によると、軍政下で不便もあるというが具体的な描写はない。詳しく描写されているのは青島における生活面である。「内地」から来た物は2, 3割も高かったが、牛肉や卵、魚、米などは安いという。牛肉と卵は山東の特産である。魚が夏は安いとあることは、港湾都市ならではと言えよう。家賃や水道代、電灯代は一般には高いが、高等女学校は軍立学校だったため教員は官舎住まいで、こうした費用はかからなかったようである。道路や衛生設備が整っており、「東洋一」と評している。しかし、中国人の「臭」や日本家屋がないことに戸惑うなど、中国大陸での生活に若干の困難を感じている。ただし「新開地とてなかなかハイカラ、小生もいろいろのものを経験いたし候」と

述べているように、青島での新生活を楽しもうとしている様子がうかがえる。

先に見てきたように、1916 年に青島高等女学校が、1917 年に青島中学校が開校され、多くの尚志会員が青島に渡った。第 29 号（1918 年頃）に「青島高女長桐谷岩太郎君（1917 年：引用者註）十一月十九日来校」（p.77）「熊谷政直君（青島中学校長）（1918 年：引用者註）二月十二日来校新領土の教育等について愉快なる談話をきけり」（p.78）という記述がある。青島の両校長が広島高師を訪問し、熊谷の記述にある通り青島の教育状況を広島高師関係者に話した。こうして青島から広島へ情報がフィードバックされ、尚志同窓会青島支部設立の気運が高まったと考えられる。具体的な設立の経緯については『尚志同窓会誌』（第 33 号、1919 年 12 月）に見られる。1919 年 7 月 27 日に「第十二回尚志同窓会総会」が開かれ、その席上で幣原会長は以下のように述べた。

　　余は明日（7 月 28 日：引用者註）青島に向かつて出発せんとしてゐる。彼の地は会員活動の一中心地であつて数年来屡々招かれたが意を果たさなかつた処偶然にも先般同地民政長官から植民地教育について話せとのことを文部省を通じて依頼して来た。此の度は同地の会員にも会ふことが出来ると楽しんでゐる。同地は昨今排日で多少危険の様子で済南にも戒厳令を敷いて居る状態であるから出来るならば北京、漢口、大冶、上海を経て帰りたいと思つて居る。若し目的通りに行くことが出来るならば九月上旬に帰校する予定である。(p.35)。

青島は前述の通り尚志会員が青島中・高女の多くを占めており、確かに「一中心地」であった。そのため何回も青島へ招待されていたものの、「意を果たさなかつた」と言う。しかし「同地民政長官から植民地教育について話せ」と依頼を受け、幣原は青島に行くことを決めた。「民政長官」とは、第三章でも見た 1917 年 10 月に青島守備軍民政長官に任ぜられた秋山雅之介のことである。つまり秋山が幣原を青島に呼んだのである。秋山と幣原がどのような関係であったのかは不明だが、両者とも朝鮮での勤務経験があったことから「外地」行政関係でのつながりがあっ

たのではないかと推察される。なお旅行日程は7月下旬から9月上旬と、1ヵ月あまりを予定していた。しかし、いわゆる五四運動の影響で「排日」運動が盛んとなっており、済南では戒厳令が敷かれていたという。

　それでは「同地の会員にも会ふことが出来ると楽しんでゐる」と期待して青島へ出発した幣原は、青島でどのように迎えられたのだろうか。同号によると、「青島在職尚志同窓会員は八月五日幣原名誉会長の渡青を機とし青島支部発足式を挙げ」(p.41)た。「名誉会長」とあるが、幣原は「大正二年五月十五日我が幣原先生が広島高等師範学校長に任ぜられ給ひ、我が尚志同窓会が名誉会長として戴」（第34号、1920年7月、p.1）いた。つまり幣原は現職校長として青島を訪問したのである[72]。青島にいつ到着したのかは不明だが、幣原の青島訪問を機として8月5日に尚志同窓会青島支部を発足させた。規則は、以下の通りである。

　　尚志同窓会青島支部規約
　　第一条　青島支部ハ青島及山東鉄道沿線在住ノ尚志同窓会員ヲ以テ組織ス。
　　第二条　当支部ノ事業左ノ如シ。
　　　　一、本部トノ連絡
　　　　二、母校関係者ノ歓送迎等斡旋。
　　　　三、会員相互ノ親睦並ニ慶弔
　　（…）（第33号、1919年12月、p.41）。

　青島支部の構成メンバーは、膠州湾の青島のみならず、山東鉄道沿線までも含んでいた。当時支部の会員の内訳を『学校一覧』を用いて明らかにすると、青島中学校11名、青島高等女学校5名、青島第一尋常高等小学校1名の合計17名いた。会員数は1248人（p.56）であったことから、およそ全体の1.3％を占めていた。

　尚志会青島支部規約では、青島支部の事業として「本部トノ連絡」「母校関係者ノ歓送迎等斡旋」「会員相互ノ親睦並ニ慶弔」の3つを挙げている。第2点の歓送迎に関して前項の三尾良次郎は1920年3月20日付の日記では「夜は廣高師出身の諸君が私と栗村君との送別会を天定で開いて呉れた。然し送別会なぞは実に有難迷惑なものだとツクヅク感じた」

と、不満を漏らしている。前項で言及したように、三尾は京都帝国大学受験準備のために青島を離れ、「内地」に帰ることとなった。その際日記のように「廣高師出身の諸君」が同じく青島を離れる栗村虎雄のために送別会を開いたという。「廣高師出身の諸君」とは尚志会青島支部と考えて間違いなかろう。しかし折角の送別会も三尾にとっては不満だったようである。送別会の様子が分からないためなぜ三尾は不満を感じたのかは不明である。とはいえ、尚志会青島支部の活動に必ずしも会員が満足していたわけではなかったことがここからうかがえよう。

三尾のように尚志会の活動には不満を持つ者がいたが、尚志会員にとって青島とはどのような街だったのだろうか。第33号（1919年）では「青島より」と題して、三尾と同期の栗村が以下のように述べている。

　　世界的問題の中心と申せば大袈裟に候へども、兎に角問題の舞台に、沸きかへる如き喧噪の真唯中に、静かに三千年の昔を談じつつある小生等の生活も、思へば変り者の仕業に御座候。物価の騰貴、実業界の殷賑、それらの事につきても聞き及びは致し候へども、差当つて食ふに困ると云ふには非ず、好きな本の一、二冊を購ふに事足らずと云ふにも至らず、それ程まで気にも止め申さず候、かくして教員は時勢にうとき者爺むさきものと相成ることやも知れ申さざれど、それとてもむしろ満足に御座候、要するに青島は教員のパラダイスに有之候。　青島中学　栗村虎雄（p.22）

「世界的問題の中心」とは、パリ講和会議で山東問題が取り上げられ、五四運動が展開したことを指していると考えられる。大戦景気によって「物価の騰貴」する中であっても、青島で暮らす栗村は食うにも困らず、本の購入にも問題はないという。「教員は時勢にうとき者」と自嘲しながらも、「青島は教員のパラダイスに有之候」と暮らしぶりに満足している様子がうかがえる。

以上、本節では青島守備軍統治下の膠州湾租借地における日本人中等学校の形成には、広島高等師範学校が深く関与し、尚志会支部を設立するなど広島閥に組み込まれていく過程が明らかとなった。

それでは、1922年末の山東還附によって青島守備軍が撤退し、占領

地行政を担っていた青島守備軍民政部が廃止されてからは、青島の日本人中等学校と広島高師との関係はどう変化したのだろうか。こうした問題関心を含め、次章では山東還附後の日本人学校について検証することとする。

おわりに

　本章では第一節で日本統治時代の在外指定学校に指定された日本人学校の設立過程を検証した。
　第二節では、教員人事を通してそれぞれの学校がどのように有機的につながっていたのか分析した。その結果、第一青島尋常高等小学校と、山東鉄道沿線の各校との間には密接なつながりを確認した。一小と沿線各校は本校と分教場という関係であったことから、こうした関係が教員人事にも反映されていたと言える。その一方で青島地区の各小学校と沿線各校、また沿線各校同士での教員人事から、各校が人事を通してつながり合っていたと言える。また、現地人学校の教員を「兼務」した日本人教員がいた。彼らは現地人学校である公学堂の堂長または副堂長に就任した。彼らが採用された公学堂は郷区の公学堂ではなく、青島や李村といった「模範的ノ学堂」や台東鎮・台西鎮といった青島周辺の大規模校であった。このように小学校教員の中には、日本人教育のみならず現地人教育を「兼務」という形で担っていた教員がいた。つまりそれぞれの学校が孤立して存在していたのではなく、「兼務」という形で小学校・公学堂・日語支那語学校が結びついていたのである。
　第三節で中等学校に注目して教員人事の実態を探った。まず高女・中学の設立時の教員の大半が広島高師出身者であり、人事を独占していた。続いて中学における教員採用の具体的事例から、広島高師出身者同士で連絡を取り合い、校長による追認があって人事が決定される様を明らかにした。こうして広島高師出身者による教員人事の「連携プレー」の具体相に迫った。こうした「連携プレー」によって、青島における中等学校の教員人事が広島閥に組み込まれていったのである。

【註】

1) 城戸幡太郎編『教育学辞典』(第2巻、岩波書店、1937年) p.843。
2) 渡部宗助「教員の海外派遣・選奨の政策史と様態」(小島勝編著『在外子弟教育の研究』玉川大学出版部、2003年) p.324。
3) 中内二郎『居留民団の研究』(三通書局、1941年) p.1;p.3。
4) 外務省亜細亜局第二課『昭和三年九月一日調　外務省関係　在外日本人学校一覧表』。
5) 校名に「日本」とのみ入れ、「日本人学校」としなかった理由は、小島勝によると在学生が日本人のみではないからであったという (小島勝「第二次世界大戦前の在外子弟教育の展開」小島勝編著『在外子弟教育の研究』2003年、p.14)。
6) 青島守備軍民政部『大正七年六月一日　青島ノ教育』p.3。
7) 瀬戸武彦「青島 (チンタオ) をめぐるドイツと日本 (3)」『高知大学学術研究報告　人文科学』第49巻、2000年。
8) 田中次郎『山東概観』(1915年) p.128;130。
9) 中国における租借地の定義については、川島真「領域と記憶－租界・租借地・勢力範囲をめぐる言説と制度」『模索する近代日中関係　対話と共存の時代』(貴志俊彦・谷垣真理子・深町英夫編、東京大学出版会、2009年) を参照のこと。
10) 柳沢遊「1910年代日本人貿易商人の青島進出」(久留米大学産業経済研究会『産業経済研究』1986年、第27巻第1号) p.205。1915年1月25日現在の青島憲兵隊実施調査によると (田中前掲書、p.131)、合計3329人 (男性2775人、女性554人、以下男：女と表記) のうち「内地」からの来青者は1123人 (980人:143人) であった。一方で関東州1306人 (1062人:244人)、朝鮮408人 (328人:80人)、「支那内地」346人 (301人:45人)、台湾146人 (104人:42人) であった。
11) 柳沢遊「1920年代前半期の青島居留民商工業」(久留米大学産業経済研究会『産業経済研究』1985年、第25巻第4号) p.118。
12) 修斌・李雪皎 (柴田幹夫訳)「大谷光瑞と青島－大谷光瑞と西本願寺及び青島との関係について」柴田幹夫編『大谷光瑞とアジア－知られざるアジア主義者の軌跡』(勉誠出版、2010年) p.175。
13) 『秘　自大正三年十一月至大正六年九月　青島軍政史　第二巻』(陸軍省、法務省図書館所蔵、p.465。以下『青島軍政史』とする)。
14) 『大正九年五月一日調　青島ノ教育』pp.10-24。
15) 青島守備軍民政部『大正十一年十月　民政概況』pp.9-10。
16) 『青島守備軍公報』(312号、1917年6月26日発行)。
17) 『青島軍政史』第2巻、pp.538-539。
18) 外務省記録『在外日本人学校教育関係雑件／退職賜金、恩給関係』第32巻請求番号 I-1-5-0-068 所収。
19) 『青島学院情況一班』外務省記録『山東占領地処分一件　別冊細目協定関係 (公有財産問題参考資料)』第3巻、請求番号 5.2.6.21-4-13 所収。
20) 青島学院報国団『昭和十七年十月　二十有余年間巡りし我学院の荊棘の道』

（1942年、非売品）p.14。
21)『青島軍政史』第2巻、p.538。
22) 槻木瑞生「「満州」の教育を創った人々」『同朋大学紀要』(第3号、1989年)p.47。
23) 満蒙文化協会編『会員名簿』(1926年) p.9。なお本史料は『人物情報大系 満洲編』(第19巻、皓星社)によった。
24) 谷口雲渓（水師営公学堂）「纏足中国女学生之涙言」『南満教育』(39号、1924年3月)「日本人の心得置くべき支那の人情風俗について」『南満教育』(41号、1924年6月)「北京の旅寓より」『南満教育』(50号、1925年7月)「支那俗諺の研究(2)」『南満教育』(58号、1926年3月)「孔子とカント」『南満教育』(59号、1926年4月)
25)『南満洲教育会会報』(第3号、1911年3月) p.158。
26) 渡邊清編『秋山雅之介伝』（秋山雅之介伝記編纂会、1941年）p.194。
27)『膠澳志』p.481
28) 前掲『山東問題細目措置ニ関スル参考資料（第一号）』pp.129-130。
29) 前掲『青島軍政史』(第二巻) p.516。
30)『大谷喜久蔵日記　大正四年九月一日ヨリ大正五年五月六日』(個人蔵、1月13日条)。
31) 広島大学文書館所蔵『尚志同窓会誌』(第23号、1916年) p.31。
32) 同上 (p.32)。
33)『尚志同窓会誌』(第24号、1916年) p.55。
34) 前掲『青島軍政史』第2巻、p.517。
35) 前掲『尚志同窓会誌』(第23号、1916年) p.63。
36)『青島守備軍公報』105号 (1916年3月12日)。
37)『青島守備軍公報』121号 (1916年4月11日)。
38) 前掲『青島軍政史』第2巻、p.517。
39)『学校要覧　青島日本高等女学校』(前掲『会計検査関係雑件／在支補助団体実施検査復命書』第2巻所収)。
40)『青島守備軍公報』268号 (1917年2月18日)。
41)『青島守備軍公報』315号 (1917年6月30日)。
42) 尚志会は1908年1月6日に卒業生を会員として発足した(広島文理科大学『創立四十年史』1942年、p.127)。本章では仲新・石川松太郎編『日本教育史文献集成』(第19回配本、1982年) を用いた。
43)「青島守備軍統計　大正七年一月」及び各号より確認（外務省記録『青島守備軍報告一件』第2巻及び『日独戦役占領地施政一件／青島ノ部　第五巻／青島守備軍公報　第六巻』、『日独戦役占領地施政一件／青島ノ部』第4巻所収、JACAR:ref.B07090796300）。
44) なお「外地」への尚志会員全体の分布状況については稲葉前掲書「表4　広島高等師範学校卒業生の「外地」分布」(pp.247-248)を参照のこと。
45) 移管後に採用された広島高師出身者は1924年採用の木村兵三（21年文科第二部卒）、31年採用の山本武一郎（26年理科第三部卒）、35年採用の藤本厳（33年理科第一部卒）がいる。木村は少なくとも38年までずっと同校に勤務しており、10年以上の勤務となる。
46)『大谷喜久蔵日記　大正五年五月七日ヨリ同六年二月十九日』(個人蔵)。
47)「旭兵舎ノ一部ヲ青島中学校校舎ニ充用ノ件」(『大正六年　欧受大日記　一

月』(JACAR:ref.C03024721500)。
48) 『青島守備軍公報』262 号（1917 年 2 月 8 日）。なお青島中学校は高等女学校と異なり、仮規則での運用はなかった。
49) 「青島中学校ヲ在外指定学校トナスノ件」(『大正六年　欧受大日記　五月』(JACAR:ref.C03024773000)。
50) 『尚志同窓会誌』（第 25 号、1917 年、p.65）。
51) 「客員及会員異動」『尚志同窓会誌』（第 26 号、1917 年）p.3;p.6。
52) 軍軍令第 4 号「在外指定学校職員ノ職務並服務及俸給ニ関スル規定」（大正 6 年 2 月 9 日）第十五条　在外指定学校ニ於テ必要アルトキハ教師ヲ置クコトヲ得（『青島守備軍公報』第 264 号、1917 年 2 月 13 日）。
53) 前掲『青島日本中学校一覧』p.1。
54) 『青島守備軍公報』（第 402 号、1918 年 1 月 15 日）。
55) 『大正十四年十月　青島日本中学校一覧』pp.93-95（『会計検査関係雑件／在支補助団体実施検査復命書』第 2 巻（JACAR:ref.B05015109400）。
56) 「青島守備軍統計　大正九年三月」（『日独戦役占領地施政一件／青島ノ部　第五巻／青島守備軍公報　第六巻』）。なお生徒数は各号統計表より確認した（外交史料館蔵『青島守備軍報告一件　第二巻』及び『日独戦役占領地施政一件／青島ノ部　第四巻』所収）。
57) 前掲『青島日本中学校一覧』p.2。
58) 青島日本中学校校史編集委員会『青島日本中学校校史』(西田書店、1989 年) p.109。
59) 前掲『青島日本中学校一覧』、pp.66-70。
60) 各職員履歴書（前掲「青島中学校ヲ在外指定学校トナスノ件」所収）。
61) 『三尾良次郎日記』（個人蔵、2 月 3 日付）。
62) 『青島守備軍公報』836 号（1920 年 3 月 31 日）。
63) 仲原善忠はのちに沖縄学の先駆者として活躍する。『仲原善忠全集』(第四巻、沖縄タイムス社、1978 年) に付された年譜によると、善忠は 1890 年に沖縄県久米島仲里村字真謝で生まれ、沖縄県立中学校に入学するものの中退し、沖縄県立師範学校に入学する。1913 年に広島高等師範学校に入学し、1917 年に地理歴史部を卒業する。卒業後は静岡師範学校に採用され、1920 年に青島中学校教諭となる。
64) 三澤糾履歴書「昭和十三年中　哈爾浜学院　人事給与」外務省記録『哈爾浜学院関係雑件　第三巻』（JACAR:ref.B05015942100）によると、三澤は 1918 年 4 月から 25 年まで大阪府高津中初代学校長であり、三尾に電報を送った 1920 年は同校校長であった。
65) その後、三尾は 1928 年に三澤校長時代の台湾総督府高校（台北高校）に採用された。
66) 前掲『広島高師文理大の社会的軌跡』第 10 章第 1 節では、1918 年設立の高津中学校は新設校であり、広島高師卒教員が集中したと指摘している。また山田浩之『教師の歴史社会学』(晃洋書房、2002 年、p.143) では各学校長が「優良」名教員を集めるために高給を提示して転任を求めたことが指摘されている。三澤は前述の通り高津中初代校長であり、三尾に対して行ったような「転任勧誘」が尚志会員の集中を促したのではないかと考えられる。
67) 仲原善忠書簡（個人蔵）。
68) 『青島守備軍公報』(826 号、1920 年 4 月 10 日)。

69)『三尾良次郎日記』(4月1日付)。なお各教員の担当科目は前掲『青島日本中学校校史』の「青島日本中学校教職員名簿(担当学科別)」を参照のこと。
70) 佐藤由美によると、幣原の人物像を「教育者」「歴史学者」「植民地教育に大変関わりを持った人物」という3つの側面があるという(佐藤由美「学政参与官幣原坦の韓国教育に対する認識とその活動」『教育研究』第35号、青山学院大学教育学会紀要、1991年)。佐藤によると、韓国学政参与官としての幣原が立案した改革案は、日本語の普及・普通学校の充実・農商工学校の充実という3点に力点があり、日本語の普及は新学問伝達の手段であると同時に、日本の植民地統治の下準備であったと指摘する。なお、幣原坦に関して、韓国学政参与官時代、広島高等師範学校第二代校長時代、台北帝国大学初代総長時代の研究がなされてきている。韓国学政参与官時代に関しては佐藤由美の他に馬越徹「漢城時代の幣原坦－日本人お雇い教師の先駆け－」(『国立教育研究所紀要』第115集、1988年)、稲葉継雄「旧韓国の教育行政と日本人の役割－学政参与官幣原坦を中心として－」(稲葉継雄『旧韓国の教育と日本人』九州大学出版会、1999年)が挙げられる。広島高師校長時代に関しては田中卓也「幣原坦の教育関係資料について－広島高等師範学校第二代校長在職時まで－」(『広島大学文書館紀要』第11号、2009年)及び馬越徹「広島高師時代の幣原坦－『学校教育』にみる植民地教育観－」(『戦前日本の植民地教育政策に関する総合的研究』平成4、5年度科学研究費補助金(総合A)研究成果報告書、研究代表者：阿部洋)がある。台北帝大総長時代に関しては、李恒全「台北帝国大学設立計画案に関する一考察－幣原坦の設立構想を中心に－」(『神戸大学大学院人間発達環境学研究科研究紀要』第1巻第1号、2007年)がある。
71) 以上、幣原坦の経歴については「特ニ親任官ノ待遇ヲ賜フ 興南錬成院長 幣原坦」『公文別録・親任官任免・明治二十二年～昭和二十二年・第九巻・昭和十六年～昭和十八年』(JACAR:ref.A03023536300)所収の履歴書を参照のこと。
72) 田中卓也によると、「幣原は校長退職後、中国大陸ドイツ領青島に赴任となった」(田中前掲論文、p.52)とあるが、幣原はこのように現職校長として青島を赴任したに過ぎず、かつ当時の青島は日本統治下にあった。

第六章

青島守備軍から青島居留民団へ

はじめに

　1922年2月4日に「山東懸案解決ニ関スル条約」が締結され、膠州湾租借地は北京政府に還附されることとなった。しかし、全ての日本政府の公有財産が北京政府に還附されたわけではない。同条約第7条では「日本人居留民団体ノ福祉ノ為特ニ必要ナルモノ（公立学校、神社及墓地ヲ含ム）ハ右居留民団体ニ保有セシムヘシ」と定められた[1]。序章で見たように、同年12月10日に膠州湾租借地は日本政府から北京政府に還附され、青島守備軍は撤退する。しかし撤退までに居留民団体が設立されておらず、それまで青島守備軍が設立した日本人学校は設立者を失い、廃校の危機に立たされた。さらに日本人学校を取り巻く日本人社会の形成過程に目を向けると、民政期において青島守備軍の保護政策によって多数の中小企業が生まれたが、山東還附によって保護がなくなると、市場環境の激変に対応しきれず廃業に追い込まれた。そしてこの激変に対応できたのは一部の大商社支店と有力個人商店に限定された[2]。
　そこで本章では、各日本人学校の職員録を用い、各教員の就職年月日及び学歴を探り、山東還附による変化が如何様であったか明らかにする。そして以下の2つの課題に応える。第一に、教職員の学閥構成の変化がどのようなものだったのか、ということである。さらには「内地」のどの教員養成校とつながり、そのつながりがどのように変化したのか、という課題を追及する。第二に、山東還附後に採用された教員の特徴を探る。
　第一の課題を敷衍しよう。青島における青島守備軍立日本人学校（以下軍立学校）がどのようにして存続を認められ、新設の青島居留民団設立

による学校（以下民団立学校）となったのか、その再編の過程を分析することである。日本人学校に「対支文化事業」特別会計による補助が適用されることで存続するようになった過程については、既に汪輝[3]と阿部洋[4]による詳細な研究がある。汪によると、以下のようにある。当初「対支文化事業」は、日本が義和団賠償金を受け取る権利を放棄して、逆にその資金を利用して中国留学生養成などの助長を目的とした事業だったが、山東鉄道及び山東権益の還附により生じた「山東国庫証券」を「団匪賠償金特別会計」に編入した関係から、山東の在留邦人の学校に補助が行われることとなった。補助は当初青島の日本人中等学校のみに限定されていた。しかし、1931年度から「対支文化事業」特別会計による日本人中等学校への補助は天津及び上海の日本人中等学校にまで拡大された。それは第一に1920年代半ば以降に中国におけるナショナリズム運動が展開したことと、第二にそうした動きに対する田中義一内閣による在華日本居留民への財政援助政策の決定という2つの流れがあった。

　汪の研究は「対支文化事業」特別会計の適用範囲が青島だけでなく天津や上海に拡大された過程に注目していたため、青島の各日本人学校が軍立から民団立にどのように再編されたのか、という点に関しては関心が薄いと言わざるを得ない。そこで本章第一節では軍立から民団立へどのように再編されたのか検討する。

　続いて第二の課題を敷衍する。軍立から民団立へと移行する中で初等と中等とではどのような違いがあったのか、ということである。そこで本章では、軍立から民団立へ移行する中で教員人事がどのように連続したのか検討する。特に山東還附後も連続して勤務した教員に注目し、教員の移動パターンを分析する。こうした問題関心から、第二節では初等教員について、第三節では中等教員について分析する。さらに、在華紡の青島進出と青島の工業化が日本人学校に与えた影響について考察する。

第一節　山東還附から居留民団立学校への移行

第一項　青島各日本人会の陳情

　前述したように、1914年の青島守備軍による膠州湾租借地占領から山

東還附までに設立された日本人学校は、初等教育は青島第一尋常高等小学校、青島第二尋常小学校、李村尋常小学校であった。また四方・張店・坊子・青州・高密・淄川には山東（膠済）鉄道沿線の都市には青島第一尋高小の分教場が設立され、四方を除くそれぞれに高等科が設置された[5]。一方、中等教育は、青島中学校と青島高等女学校であった。両校は華北において最初に在外指定を受けた中等普通学校であった[6]。これらの学校は全て軍政費により運営された。

しかし、1922年末の山東還附はこうした青島守備軍という後ろ盾を失うことを意味し、経費面だけでなく居留民の引き揚げによる生徒数の減少など学校経営に根本的な影響を及ぼすこととなる。そのため1922年9月26日、生島書記生は森安三郎総領事に宛てて「山東沿線ニ於ケル教育施設ノ件」という報告書を出した。鉄道沿線の各学校を視察した結果、沿線の各学校は「全然補助金ニヨルカ、沿線全部ノ子弟ヲ一、二ヵ所ニ集中シテ経費ノ節約ヲ計リ負担ハ各日本人会適当ニ分担スルカ然ラスハ全然教育施設ヲ抛棄シテ子弟ヲ全部青島ニ送リ授業料ヲ支払ヒテ通学」させる他ない、と補助案・集中案・抛棄案の3案を提案する。結局「沿線ニ於ケル教育施設ハ補助金ナクンハ到底維持シ得ヘカラサル状況ニアルヲ以テ此際是非共何等カノ方法ニヨリテ補助金支出ノ途ヲ講スルコト急務」であると指摘し、補助案を支持する。

1922年12月10日に青島守備軍が撤退すると同時に青島守備軍民政部条例が廃止され、1923年1月1日に山東鉄道が北京政府に引き継がれる[7]。その結果、分教場を含めこれらの学校は存亡の危機に立たされる。この事態に対し、青島と山東鉄道沿線の各日本人会は、学校の存続を求めて陳情を行った。以下では青島と山東鉄道沿線とに分けて、陳情の内容を分析しよう。

青島日本人会は、1923年1月に「教育基金下附ニ付歎願書」を提出した[8]。そこでは以下のように青島の中等学校の存在意義を主張した。

> 中等教育ニ至リテハ独リ青島在住民子弟ヲ収容スルニ止ラズ廣ク北支那一帯在住民ノ子弟ヲ迎ヘ、更ニ支那人子弟ヲ共学セシメツツアルカ如キ其ノ使命ノ重大ナル他地方ノソレト比スベクモアラズ。且又北支在留民子弟ニ対シ遠ク母国ニ送還スベキ就学ノ不便ヲ省キ容易ニ教

育ノ機会均等ヲ与フル所誠ニ緊要欠クヘカラサル所以ニ御座候

　このように、「対支文化事業」特別会計の補助を受ける意義として、第一に青島の中等学校は単に青島のみの学校ではなく「廣ク北支那一帯在住民ノ子弟ヲ迎ヘ」ていることを挙げ、第二に「支那人子弟ヲ共学セシメツツアル」ことを挙げている。では実際に青島中等学校に「北支那」の在留邦人子弟がどれだけ入学したのか、更に「支那人子弟」がどれだけ入学したのだろうか。以下で見ていこう。

　まず、両校の在校生の出身地から、「北支那」の在留邦人子弟がどれだけ入学したか検証する。1918年5月時点では1人もいなかったが[9]、1920年5月時点においても青島中学校に5人の「支那」出身者が在籍しているに過ぎなかった[10]。また還附後の1925年9月時点でも上海2人、天津7人、北京3人の合計12人で、全校生徒382人の約3％に過ぎなかった。青島高等女学校は日本統治時代には「北支那」出身者はいなかった。

　続いて、「支那人子弟」との共学がどのように進められたのか見ていこう。『青島守備軍公報』第1040号では、1921年2月10日付「中華民国人生徒ヲ募集ス」という広告を掲載した。しかし入学資格として「略日本ノ尋常小学校卒業程度ノ学力ヲ有シ且日本語ノ素養アル者」という条件を課しており、求める程度がかなり高かったことがうかがえる。こうした条件で、実際にどれだけの中国人が青島中学校に入学していたのだろうか。『青島日本中学校校史』によると、第5期生（1920年入学、1925年卒業）として4人が入学した[11]。その内の一人に黄瀛がいる[12]。黄は高村光太郎及び与謝野晶子の門人で、宮澤賢治とも親交があったという[13]。彼らの前歴がどのようなものであったのか不明だが、日本語能力の高さから公学堂ないし日本人小学校の出身者ではないかと推察される。

　以上のように、「北支那」の在留邦人子弟とは青島中等学校にさほど入学しておらず、「支那人子弟」も数人が入学していたに過ぎなかった。そのため、この2つの理由で「対支文化事業」特別会計の補助を受けるには、根拠が弱かったと言えよう。

　一方、鉄道沿線の日本人会はどのような根拠で学校維持を希望したのだろうか。「山鉄沿線日本人会聯合会」の代表者橋本誠三は1923年1月31日付で以下のように訴えた。

我カ山東鉄道沿線ニ於テモ重要ノ地即チ高密坊子青州張店博山淄川ノ六ヵ所ニハ各数万円ヲ投シテ校舎ヲ新設シ、内容ノ充備亦之ニ伴ヒ、教職員ハ何レモ内地優良ノ師ヲ聘シテ専ラ其ノ職ニ任セシメラルルノ有様ニシテ、サラバ学童ハ何レモ喜ヒ出テテ学ニ就キ父兄ハ走リテ各其ノ業務ニ精励スルヲ得タル次第ニ候。如斯シテ在留民ハ子弟教養ノ為メニハ何等ノ杞憂ヲ要セス墳墓ノ地ニアル同胞ト相等シク完全ナル教育ヲ致スノ幸ヲ得、皇国ノ仁恵厚キ聖恩ノ深キニ注イテ感激シツツアルノ時、俄然国策ハ急転直下シテ遂ニ学校ノ運命モ来ル三月ヲ以テ愈守備軍ノ手ヲ離レサルヘカラザル悲運ニ逢着仕リタル次第ニ候[14]。

　山東鉄道沿線6ヵ所の各分教場は校舎も新設し、「内地」から「優良ノ師」を採用していたため、「内地」と同等の教育がなされていた。しかし「俄然国策ハ急転直下」して各学校は1923年3月を以て青島守備軍の管轄を離れるという「悲運ニ逢着」する。なぜ補助を求めるのか。第一に「現在ノ貧弱ヲ以テハ例ヘ最大限度ノ徴賦金」でも学校経営が成り立たないからである。第二に救済措置を執らず放置した場合「沿線ノ現勢力ハ根底ヨリ破壊」され、「在沿線ニ於ケル同胞ノ破壊」にとどまらず「山東在留邦人ノ破壊」につながるからである。そのため「特別ノ御詮議」でもって沿線小学児童の教育のために相当金額の基金を下付するよう求める。青島日本人会の中等教育維持と比較するならば、山東鉄道沿線は坊子や博山の炭鉱業といった国策と密接に関わった地域であったため、青島守備軍の撤退は死活問題であった。

　いずれにせよ、青島守備軍撤退に伴い軍立の各学校は経営の後ろ盾を失ったため、青島と山東鉄道沿線の日本人会は学校維持を求めて訴えを起こしたのである。こうしたことが背景となって、当初中国人留学生養成など中国人のみを対象とするはずだった「対支文化事業」特別会計の補助対象に、日本人教育を入れることが議論されるのである。

第二項　設立主体の創出

　1922年12月10日に青島守備軍民政部条例が廃止され、旧膠州湾租

借地における日本側の行政権に空白が生じた。とはいえ、すぐに全ての民政部行政が停止したわけではない。青島守備軍民政長官の秋山雅之介を委員長とする残務整理委員会が発足し、それまでの職員の一部は残務整理を命ぜられ、業務を続けた。先の勅令第505号では「青島守備軍民政部ノ残務ヲ整理セシムル為民政長官及同部現在職員ノ一部ヲシテ当分ノ内執務セシム」とある。「当分ノ内」とは、結局1923年3月1日に青島居留民団が設立されるまでの約3ヵ月であった。空白期間はなぜ3ヵ月であり、またこの空白期間はどのような問題をもたらすのか。1922年11月30日に森安三郎総領事は内田外相に以下のように訴える。

　　軍司令部撤退ニ伴ヒ将来民団若クハ財団成立ニ至ル迄此等在外指定学校ハ一時経営者ヲ失フ形トナリ（事実上ハ適当ノ方法ヲ以テ維持ス）、為ニ教職員ノ恩給権ニ影響ヲ及ボスコトナシトセズ。去リトテ総領事館自ラ経営者トシテ手続ヲ履行スルコトハ法規ノ許サザル所可有之、現在ノ日本人会ヲシテ引継ガシムルコトモ政策上面白カラズ。結局本件中断期間ヲ如何ニ取扱フベキヤ問題ニ有之。尤モ中断三個月以内ナル時ハ恩給権ニ何等影響ヲ及ボサザル趣ナルモ萬一将来ノ経営者タルベキ民団若クハ財団ノ成立ガ三個月以後トナルベキ場合ニ於テハ当地特種ノ事情ニ鑑ミ恩給権ニ何等影響ヲ及サザル様豫メ文部省ノ保証ヲ取付ケ置クコト肝要ニ付、右可然御配慮ノ上何分ノ結果御申越相成度此段報告旁及稟請候 [15]

青島守備軍司令部が撤退することで在外指定学校の経営者が失われることとなり、教職員の「恩給権」に影響が及ぶ可能性があることを指摘する。つまり、勤続年数が途切れてしまうことを懸念するのである。しかし領事館が直接学校を経営するわけにもいかず、一方でまた日本人会に引き継がせることは「政策上面白」くない。それがどのような政策であったのかは不明であるが、民団か財団ができるまでは経営者を失う形で中断せざるを得ない。とはいえ、いつまでも中断できるわけではない。「中断三個月以内ナル時ハ恩給権ニ何等影響ヲ及」ぼさないが、それ以上となると影響が及ぶ可能性がある。そのため文部省にあらかじめ保証を取りつけてほしい。このように森総領事は内田外相に訴えかける。こ

こでは空白期間を「中断」としている。このことから、「中断」が1922年12月10日から民団ができる1923年3月1日までの約3ヵ月間だったのは、恩給法の関係で「中断」をこの期間内にとどめておくためであったと言えよう。

この「中断」は、教員の身分にどのような影響を与えたのだろうか。1934年11月13日付で在青島総領事坂根準三から外務大臣広田弘毅に宛てた「玉木磐根履歴事項調査ノ件」では、以下のようにある。

> （…）最初学校ノ経営ハ民政部廃止ト同時ニ之ヲ日本人会ニ引継クヘキ筈ナリシモ、当時ノ日本人会ハ早晩之ヲ解散シテ新ニ居留民団ヲ組織セラルヘキ運命ニアリタルヲ以テ右民団ノ組織ヲ見ルニ至ル迄ノ間経営者ナキ過渡期ノ変法トシテ差当リ残務整理委員長経営ノ任ニ当リ、大正十二年三月三十一日残務整理終了ト同時ニ之ヲ民団ニ引継キタルモノノ如シ。／叙上ノ事実ヨリ想察スルニ、其ノ当時ノ解釈ハ適当ナル経営者ナキ関係上便宜残務整理委員長ニ於テ之ヲ経営セリト謂フニ止マリ、学校職員ノ勤務ハ大正十一年勅令第五〇号ヲ以テ民政部廃止ト同時ニ大正五年勅令第一八二号ヲモ廃止セラレ、大正十一年十二月十日以降其ノ任免監督権カ守備軍ヨリ当館（青島総領事館：引用者註）ノ管掌ニ移リタル等ノ点ヨリ観テ或ハ残務整理ト認メサリシニ非スヤトモ思考セラル（…）[16]

このように、昭和に入ってからも恩給の関係から青島守備軍から居留民団に至る経緯に混乱が生じていた。そして結局、青島守備軍民政部→残務整理委員会→青島居留民団と、山東還附による青島守備軍廃止から居留民団の経営に移る約3ヵ月間は、残務整理委員会が管轄したと解釈された。なぜこのように混乱した状態にあったかというと、還附までに居留民団が設立されなかったことが挙げられる。1922年12月19日、森総領事は内田外相に宛てて「将来当地民団ニ引渡スヘキ学校及病院ハ豫テノ御訓示ニ依リ差当リ残務整理委員ノ管理ニ任シ同委員側ニ於テハ右管理期間ヲ大体本年十二月限トスルノ見込ナルヤノ趣」であったが、学校と病院の維持経営費について年度中は民政部予算から支出するよう陸軍側と交渉することを望んだ[17]。

こうした過渡期において、経営主体がどのように創出されるに至ったのか、その経緯を分析する。まず、学校経営主体として「財団法人青島育英協会」案があった。正確な史料作成日時は不明だが、「学校維持費ニ関スル意見」では以下のようにある。

　　（…）目下青島ニ開設シアル中学校一、高等女学校一、小学校二校ヲ青島還附後モ邦人ニ於テ経営維持スルヲ至当ト認メ之レカ経営維持ノ為メ年々生スル不足額二十萬圓ノ財源トシテ相応ノ官有家屋ヲ充当スルヲ適当トシ、已ニ夫々手続ヲ経テ右学校ヲ経営スル機関即チ財団法人青島育英協会ニ寄附ノ手続ヲ了シアル次第（…）[18]

還附後青島地区の各日本人学校の経費は年20万円ずつ不足するため、財源として「官有家屋」を充当し、学校経営主体となるべき「財団法人青島育英協会」に寄附する手続を既に終えた。不足金20万円の内訳は、1922年度予算で中学校が56,607円、高女が18,188円、一小が61,191円、二小が46,134円で、合計182,120円であった。小学校は授業料などの収入が無く、支出のみである。この不足金を、かつては青島守備軍民政部の軍政費によって賄っていたのである。その不足金の充当の財源となるのは「官有家屋」だったが、第三章でも見た「山東懸案細目協定日支共同委員会」での審議の結果如何では財源となるかどうか不透明となった。

　　（…）目下進行中ノ細目協定委員会ニ於テハ単ニ前記学校及教育用宿舎ヲ日本人居留民団ニ於テ保有スヘク上議シツツアルノミニシテ、前記財源ニ充ツヘキ官有財産ハ他ノ公有財産ト一律ニ取扱ハレツツアル状況トス（…）

このように、財源となるべき官有財産が他の公有財産と一律にされることを懸念している。これは一律にされることで北京政府への還附の対象となり、官有財産が学校経費の財源とならなくなることを懸念しているのである。結局、その懸念は現実のものとなる。先に見た1922年11月30日の森総領事電報では以下のようにある。

此等教育施設経営ノ主体タルベキ青島育英協会ナル財団ノ組織ヲ
了シ、公有財産ヲ其財源ニ充テ将来右財団ヨリ生ズベキ利益ヲ以テ
年参拾萬圓ヲ捻出スル計画ナリシコトハ疾ク御聞詳ノ義ト存候。然
ルニ今回細目協定ノ結果本件公有財産ハ全部支那側ニ還附スルコト
トナリ、自然右財団ハ有名無実ニ有之[19]。

公有財産を財源として年30万円を捻出して学校経営の経費とする計画は、そもそも公有財産を北京政府に還附することが「共同委員会」で定められたことにより潰え、同時に「財団法人青島育英協会」案も潰える。

このようにして財団法人による学校経営が幻と化したため、学校経営主体として居留民団の設立が求められるのである。居留民団が設置された都市は天津、上海、漢口、牛荘、安東の5都市で、いずれも日露戦争後の1907年9月1日に設立された[20]。そしてそこから16年後の1923年3月1日に山東還附の後外務省告示第13号で青島居留民団が、外務省告示第18号で同年5月1日に済南居留民団が設立される[21]。一方、外務省告示第36号で同年10月1日に牛荘及び安東の居留民団が廃止される[22]。こうして、青島居留民団が設立されるのである。

続いて、青島居留民団に補助がなされる過程を検証する。1923年2月17日、特別会計から救済問題と山東関係を分離し、「今期議会ニ提出スル対支文化事業特別会計法案ノ歳入ハ単ニ団匪賠償金ノミニ限リ、以テ至急該法案ヲ議会ニ提出スルコトトシ、一方青島ノ学校病院及済南病院ノ経費補助ハ一般会計ノ追加予算ニ計上スルコトトシ、次期議会迄ニ更ニ篤ト其ノ方針ヲ研究決定スルノ外ナカルヘシ」と特別会計法案の早期成立と、青島の学校及び病院経費補助を追加予算で計上する方針となった[23]。

こうしてようやく3月10日、「青島居留民団貸付金ニ関スル件」が閣議決定され、旧膠州湾租借地内及び山東鉄道沿線在住邦人に対して外務省より青島居留民団を通して金300万円を年利2分で10年間貸与することとなり、「青島居留民団貸付金」として1923年度の追加予算を要求することとなった[24]。「日支共同委員会」の審議の結果が先行き不透明であったために居留民団の設立が遅れたが、青島居留民団が設立され、貸し付けという形で補助がなされることとなったのである。

第三項　青島各学校への「対支文化事業」特別会計費の適用

　「対支文化事業」特別会計法の成立過程については前述の阿部による研究に譲り[25]、本項では青島の各学校にどのようにして同会計による補助がなされたのか、その過程を検証する。

　第二項で見たように、1923年3月1日に青島居留民団が発足し、ようやく青島各学校の設立主体が誕生する。その結果「青島居留民団貸付金」による補助が青島各学校に適用されることとなる。青島守備軍撤退後3ヵ月経って、ようやく学校経費が補償されたのである。このように補償の方針が遅れた理由は、山東関係補償金を義和団事件賠償金と合わせて「対支文化事業」特別会計を編制することにしたものの、外務省岡部書記官が「国庫証券ノ利子収入ハ必スシモ所定通リ収納シ居ルヤ否ヤ甚夕疑ナキ能ハス」と述べているように[26]、山東関係補償金の収入が不確実だったためだと考えられる。

　しかし、補償の仕方は、初等学校と中等学校とで異なった。というのも中等学校だけがその補助の対象となったのである。それではなぜ、中等学校だけが「対支文化事業」特別会計の補助の対象となったのだろうか。こうした疑問が衆議院において出されることを想定し、先の岡部書記官は以下のような回答を用意していた。

　　　支那ニ於ケル各居留地ノ小学校教育ハ、文部省所管義務教育国庫
　　補助金中ヲ以テ補助スヘキモノニシテ、斯ノ如キ義務教育補助ノ如
　　キハ本特別会計ニ於テ引受クヘキモノニハ非サル可シ[27]

　つまり小学校は「文部省所管義務教育国庫補助金」によって補助を受けるが、中等学校はその適用範囲外であるため、「対支文化事業」特別会計による補助が必要だと認識していたのである。

　以上の経緯を経て、「対支文化事業」特別会計法案が作成され、第46帝国議会で一部修正の上全員賛成でこれを可決し、ようやく1923年3月30日に法律第36号をもって「対支文化事業」特別会計法が公布される[28]。こうして居留民団立学校に「対支文化事業」特別会計の補助が適用されることとなったのである。そして同会計を実施する機関として「対支文化事務局」が1923年5月に設置され、翌年亜細亜局内の「文化

事業部」となり、27年に独立の部となる[29]。

第四項　廃校か、設置者変更か

　先に見たように学校経営主体である青島居留民団が1923年3月1日に設立されたことから、軍立時代の在外指定を廃止することとなった。1923年3月20日の「在外指定学校廃止ノ件報告」で、青島守備軍民政長官の秋山雅之介は以下のように申請した。

　　当軍ノ設立ニ係ル第一青島尋常高等小学校、第二青島尋常小学校、李村尋常小学校、青島中学校、青島高等女学校ノ各在外指定学校ハ来ル大正十二年三月三十一日ヲ以テ廃止致度候条御認可相成度左記在外指定学校ニ関スル規定第四条御規定ノ事項ヲ具シ此段及申請候也[30]

　こうして青島守備軍が設立した各校を1923年3月31日付で廃校することなる。山東鉄道沿線分教場のうち淄川は「引続当軍残務整理員ニ於テ管理可致ニ付此ノ際独立ノ小学校ニ資格ヲ変更致度別途設立認可申請可致候条申添候」と、一小分教場としてではなく独立の小学校に資格を変更して認可申請することが述べられている。なお、「残務整理員」については次節で扱う。

　廃校の理由は、「青島守備軍廃止残務整理終了ノ結果」であった。その結果児童生徒の処遇はどうなるのか。以下のようにある。

　　大正十二年四月一日開校ノ予定ヲ以テ青島居留民団其ノ他ニ於テ設立計画中ノ各学校（事実前記廃止学校ノ事業ヲ継承スルモノナリ）ニ就キ当該程度相当学年ニ入学セシメ教育上支障ナカラシム[31]

　1923年4月1日に青島居留民団などによって開校する予定の各学校に入学させ、教育上の支障をなくそうとした。しかしこれらの居留民団立学校は「廃止学校ノ事業ヲ継承スルモノナリ」と補足説明がなされている通り、軍立学校を引き継ぐものでもあった。

　このことは、恩給の問題で昭和に入ってからも繰り返し説明されることとなった。例えば1935年1月23日付の陸軍省人事局恩賞課発外務大

臣官房人事課宛書簡では、「大正十二年三月三十一日廃校トナリタルモノナリ青島ニ於ケル各学校（山東沿線各分校ヲ含ム）ハ三月三十一日附ヲ以テ一旦廃校ノ上四月一日ヨリ居留民団ニ於テ経営ニ任スルコトトナリタルモノナリ」と説明されている[32]。つまり日本人学校における山東還附という政治的断絶は、1923年3月31日と4月1日の間に象徴的に現れているのである。

結局、青島居留民団青島守備軍からが引き継いだ学校は、青島日本中学校・青島日本高等女学校・青島第一日本尋常高等小学校・青島第二日本尋常小学校であった。居留民団で創設した学校は四方日本尋常高等小学校・滄口日本尋常高等小学校・青島医学校であった[33]。なお青島医学校は青島居留民団が経営した唯一の現地人学校である。第四章で見たように、公学堂は全て膠澳商埠督辦公署に引き渡したが、青島医学校だけは独自に保持したのである。

山東鉄道沿線の各分教場も一度廃校となった。表5-2のように、淄川は魯大鉱業公司によって学校経営が引き継がれ、他の各校はそれぞれ日本人会が経営することとなる[34]。

こうして青島地区各学校に補助金が下付されることとなったのである。しかし、小学校と中等学校との間には補助の額に差があったため、「学校特別会計ニハ小学校ヲモ含ム様相成居ル所、学校ニ対スル政府補助金ハ中学校及女学校経費ヲ支弁シ小学校ニ振向ケラルル額ハ年一万五千円乃至二万円ニ足ラズ」と、1923年度に入ってすぐの4月に早くも不満の声が上がる[35]。

以上のように、山東還附による青島守備軍から青島居留民団への移行はスムーズになされたとは言い難かったのである。

第二節　初等学校の再編

前節まで山東還附によって学校経営主体を切り替える際混乱が生じ、青島守備軍民政部から青島居留民団へと移管される「中断」期間には、暫定的に「残務整理委員会」が置かれたことを明らかにした。そして設立主体の変更に伴う再編がこの期間内で行われていた。そこで本節第一

項では、「中断」期間でどのような再編が行われたのか、各校ごとに具体的に見ていく。続いて第二項では、図5-2で示した「初等教員の三層構造」が山東還附によってどのように再編されたのか分析する。

第一項　青島守備軍立小学校の廃止と居留民団立小学校の設立

　まずは各校ごとに移管の様子を概観する。第一青島尋常高等小学校は「大正十二年三月三十一日廃校ノ形式ヲ採リ現状ノ儘居留民団ニ引継カレ校名ヲ青島第一日本尋常高等小学校ト改称シ居留民団立トシテ在外指定学校ノ指定ヲ受」けた[36]。

　第二青島尋常小学校も「大正十二年三月三十一日廃校ノ形式ヲ採リ現状ノ儘居留民団ニ引継キ校名ヲ青島第二日本尋常小学校ト改称同日在外指定学校ノ指定ヲ受」けた。

　第一青島尋常高等小学校四方分教場は「大正十二年三月三十一日守備軍ヨリ民団ニ移管セラルルニ際シ分教場トシテ引継カレ爾来教務ヲ継続セシカ工場ノ発展ニ伴ヒ人口増加ノ傾向アルニ鑑ミ大正十二年十月一日分教場ヲ廃シ四方日本尋常高等小学校ヲ創設シ同日在外指定学校ニ指定」された。四方には内外綿株式会社の紡績工場が設置され、1917年12月に第一工場が、1922年7月に第三工場が操業を開始する[37]。また1920年4月に大日本紡績株式会社の工場も置かれ、さらに1922年4月には日清紡績株式会社の工場も置かれる[38]。このように在華紡が稼働し始め、かつ「（青島市からは：引用者註）地理隔絶ニ監督其ノ他ノ関係ニ於テ分教場タルニ適セス」ため、分教場ではなく独立した小学校となったのである[39]。

　在華紡工場が造られたため、人口が増加したのは滄口も同様である。「守備軍当時ニ於テハ滄口在留者ノ児童ハ李村尋常小学校ニ通学シツツアリシモ距離遠隔不便ナリシヲ以テ同地ニ小学校新設ノ議熟シ在留者ノ寄附金ニ依リ大正十一年十一月校舎ノ新築ニ着手セシメ工事ノ竣工ニ先チ守備軍撤退セラレ大正十二年三月三十一日李村尋常小学校ノ児童ヲ収容シ滄口尋常高等小学校ヲ開校シ仮校舎トシテ富士瓦斯紡績会社工場内ノ倉庫ヲ充用授業ヲ開始ス同年五月十日右新築竣工セシヲ以テ之ヲ移転ス大正十二年十月一日在外指定学校ニ指定」される。滄口には1921年10月に富士瓦斯紡績株式会社の工場が置かれ、さらに同年11月に上海製造絹糸株式会社、翌年3月に長崎紡績株式会社の工場が置かれる[40]。

このように在留日本人のために滄口に新校舎を建てて滄口小学校となり、李村小学校の通学区域を継承して在外指定を受ける。すなわち小学校が李村から滄口へ移動した理由として、郷区へ向かう路線の結節点であった李村から、民政期以降紡績工場が設立され工業化が進んだ滄口に日本人が集中したためであった。

つまり、四方は内外綿、滄口は富士瓦斯紡績という在華紡工場の設置に伴って両校は発展したのである。「紡績地帯たる四方、滄口は元我守備軍当局が工業の発展策として軍司令部買上地を工場地帯に指定貸下げたもので、各社使用土地は日支細目協定に依り三十ヵ年の借地権を保有」した[41]。すなわち在華紡工場の設置自体は民政期であったが、人口増加はそれより遅かったため、小学校の拡充は山東還附後を待たなくてはならなかった。

ヴォルフガング・バウアーは「山東懸案ニ関スル条約」によって日本の経済的優位が承認されたと指摘したが[42]、その指摘は特に四方と滄口の在華紡の事例に当てはまる。というのも民政期での在華紡の青島進出がそのまま承認され、四方と滄口は工業地帯へと変貌したからである。その経済的優位が四方小学校と滄口小学校の独立及び移転を促したのである。

第二項　日本統治下に採用された初等教員の再編過程

青島守備軍時代に採用された初等教員が、居留民団立学校へとどのように再編されていったのか検証する。用いる史料は外務省記録『在外日本人学校教育関係雑件／退職賜金恩給関係』(全34巻) 及び外務省記録『会計検査関係雑件／在支補助団体実施検査復命書』第2巻所収の各学校一覧である。以上の史料を用いて、表6-1を作成した。

教員の移動数をのべ54回しか把握できなかったために傾向を掴むことは難しいが、民政期との変化に注目して検証する。一小→二小、一小→四方、滄口→一小がそれぞれ8回、一小→滄口が6回であった。民政期では一小から山東鉄道沿線の分教場へ、またその逆への異動が多かった。これは一小と分教場という関係を考えれば当然のことである。山東還附後、先に見たようにこれらの学校は一度全て廃校となり、青島地区の学校は青島居留民団立学校として引き継がれる。こうした変化が、教員人事に如実に現れている。つまりほぼ居留民団立学校内のみで教員人事が完結し、沿線の各日本人会立学校へ居留民団立学校の教員が異動す

【表6-1　居留民団立学校の教員人事】

発	一小						二小						滄口					
	二小	滄口	四方	済南	沿線	その他	一小	滄口	四方	済南	沿線	その他	一小	二小	四方	済南	沿線	その他
1923.4.1		3	2	1														
1924					1		1		1	1								
1925	1		1					1			1		2					
1926			1			1												
1927																		
1928			2										1					
1929	1	1					1						2					
1930	1	1	2					1					2					
1931		1											1					
1932	2																	
1933								1					1					
1934	2																	
1935																		
1936	1																	
1937																		
1938																		
1939																		
1940																		
1941					2													1
1942																		
計	8	6	8	1	1	3	2	3	1	1	1		8	1				1

発	沿線						四方						発
	一小	二小	滄口	四方	済南	沿線	その他	一小	二小	滄口	済南	沿線	その他
1923.4.1						2								8
1924						1								5
1925						1								7
1926								2						4
1927														0
1928								1						4
1929														5
1930								1		1				9
1931														2
1932														2
1933														2
1934														2
1935														0
1936														1
1937														0
1938														0
1939														0
1940														0
1941														3
1942														54
計						4		4		1				

出典：外務省記録『在外日本人学校教育関係雑件／退職賜金恩給関係』（全34巻）及び外務省記録『会計検査関係雑件／在支補助団体実施検査復命書』第2巻所収各学校一覧より作成。

ることはほとんどなくなったのである。

　先に軍立から民団立の間に「残務整理委員会」の存在を指摘したが、具体的に教員の履歴書にどのように現れたのだろうか。以下では山東還附前後を連続して勤務した教員45人（以下「連続教員」とする）から、見ていくこととしよう。

【表6-2　山東還附後連続勤務教員】
(1) 教員の出身校及び経歴（1－27番）

	氏名	出身校／資格／前任校	採用校／採用年月日 1	2	3	4	5
1	宇野祐四郎	長崎県師範学校本科／小学校本科正教員／長崎県北高来郡湯江尋常高等小学校	青島小学校 1915.7.5	李村校長 1916.9.1	高密 1920.3.27	坊子 1921.10.31	一小（本校） 1923.3.27
2	宗像寿太郎	広島県師範学校本科第一部／小学校本科正教員／広島市広島西校等小学校	青島小学校 1916.3.20	台東鎮 1916.9.1	一小（本校） 1918.3.25	第一青島尋常高等小学校長伊藤光雄休暇不在中代理 1922.3.6	一小校長兼任 1922.3.31
3	青木やす	三重県女子師範学校本科一部／三重県河芸郡黒田尋常高等小学校	青島小学校 1916.9.7	病気退職 1922.12.10	博山校長 1924.9.1	退職 1928.9.30	
4	高田久人	福岡県師範学校本科第二部／小学校本科正教員／朝鮮慶尚北道大邱公立尋常高等小学校	青島小学校 1916.10.9	第一青島尋常高等小学校廃校ニ付退職 1923.3.31	一小 1923.3.31	四方校長 1925.11.2	退職 1930.3.25
5	諏訪宮城	高知県立高等女学校本科／小学校本科正教員／香川県丸亀市城乾尋常高等小学校	青島小学校 1916.12.22	高密 1918.3.25	李村 1920.3.27	二小 1921.10.31	廃校ニ依リ自然退職 1923.3.31
6	藪中（江間）義彦	兵庫県御影師範／兵庫県川辺郡小田第一尋常高等小学校	坊子 1917.3.20	博山 1921.10.31	青島守備軍撤廃、残務整理終了 1923.3.31	二小 1923.3.31	坊子 1925.1.8
7	太郎浦イシ	東京裁縫女学校師範科／小学校裁縫専科正教員／佐賀県佐賀実科女学校教師嘱託	一小（本校） 1917.3.27	青島高女兼職退職 1918.4.8	廃校ニ付自然退職 1923.3.31	一小 1923.3.31	退職 1931.3.20
8	藪中（江間）寿恵	検定／小学校教員検定（尋正、小専正）	坊子 1917.3.31	博山 1921.10.31	坊子 1925.2.2		
9	増田勇太郎	尋常小学校本科正教員／綾歌郡羽床村立羽床尋常小学校兼農業補習学校	？川 1917.3.31	張店 1918.8.17	一小（本校） 1921.10.31	台東鎮 1922.5.4	残務整理ヲ命ス 1922.12.1
10	香川貢	香川師範／小学校本科正教員／香川県丸亀市城北尋常小学校	一小 1918.3.27	坊子 1921.10.31	民政部条例廃止ニヨリ同令附則ノ規定ニ基キ陸軍省ヨリ残務整理ヲ命セラル、但シ辞令書ヲ用ヒス 1922.12.10	本校勤務 1923.3.27	一小 1923.3.31
11	田原アエノ	東京裁縫女学校師範科／島根県邇摩郡静間村立実業補習学校兼尋常高等小学校	二小 1918.3.31	廃校ニ依リ自然退職 1923.3.31	二小 1923.3.31	退職 1928.8.31	
12	澤田きく	小学校本科正教員／茨城県真壁郡下館尋常小学校	台東鎮 1918.5.6	二小 1920.12.24	廃校ニヨリ自然退職 1923.3.31	二小 1923.3.31	退職 1932.3.25

第六章　青島守備軍から青島居留民団へ　237

	氏名	出身校／資格／前任校	採用校／採用年月日				
			1	2	3	4	5
13	平野真界	島根県師範学校本科第一部／小学校本科正教員／島根県師範学校	一小（本校）1919.3.27	青島守備軍撤退ニ依リ廃校ヨリ自然退職 1923.3.31	一小 1923.3.31	四方校長 1930.3.25	退職 1932.3.28
14	広田俊雄	兵庫県立御影師範学校本科第一部／小学校本科正教員／津多郡大町村立大町尋常高等小学校	一小（本校）1919.8.31	済南 1920.12.24	退職 1929.6.30		
15	藤浪やい	富山県射水郡牧野尋常小学校	四方 1919.11.20	一小（本校）1923.3.31	退職 1925.8.3		
16	阿南実直（ミナオ）	大分県師範学校本科第一部／小学校本科正教員／朝鮮遂安公立普通学校長	二小 1920.4.1	二小 1923.3.31	二小校長 1925.4.6	滄口校長 1925.11.2	退職 1930.3.25
17	高瀬寿吉	福岡県門司市錦町尋常小学校	一小（本校）1920.4.23	坊子 1921.10.31	張店 1922.12.10	一小 1923.3.31	四方校長 1923.10.1
18	百崎鉄治		一小（本校）1920.4.19	?川 1921.4.7	学校廃止ニヨリ退職 1923.3.31	博山 1923.4.1	青島守備軍民政部残務整理ヲ命ス 1923.8.15
19	立薗隆	鹿児島県立川辺中学校／小学校准教員免許状	青島守備軍民政部雇員 1920.5.7	青島守備軍民政部残務整理ヲ命ス 1922.12.10	残務整理終了 1923.3.31	青島居留民団嘱託 1923.4.1	一小准訓導 1924.4.14
20	藤波忠次	富山師範／小学校本科正教員／富山県中新川郡滑川男子尋常高等小学校	二小 1920.6.22	高密 1921.10.31	一小（本校）1922.8.10	青島守備軍撤退廃校ニ付自然退職 1923.3.31	一小 1923.3.31
21	石塚清範	京城善隣商業学校	二小 1920.2.19	青島高女助教諭 1922.3.23	青島高女教諭 1936.3.25	退職 1936.3.25	
22	小林又吉	福井県師範学校本科第二部／小学校本科正教員／福井県吉田郡円山尋常高等小学校附設円山農業補習学校長	済南 1920.4.23	死亡 1928.7.27			
23	金武只雄	長崎師範／小学校本科正教員／長崎県佐世保市佐世保高等小学校訓導	一小（本校）1920.11.5	二小 1921.6.30	廃校ニヨリ自然退職 1923.3.31	二小 1923.3.31	一小 1924.4.5
24	鵜野忠一	五高	一小 1921.2.15				
25	森安宮	小学校本科正教員／1916年3月1日／佐賀県杵島郡北方尋常高等小学校訓導兼佐賀県杵島郡北方村立北方農業補習学校訓導	一小（本校）1921.3.15	張店 1923.3.1			
26	吉田（井手）九十九	長野県南佐久郡立教員養成所／尋常小学校本科正教員／長野県南佐久郡青沼尋常高等小学校尋常科訓導	一小 1921.4.15	青島公学堂 1922.1.16	博山 1922.3.31	守備軍撤廃校自然退職 1923.3.31	一小 1923.3.31
27	高原太郎	小学校本科正教員／台湾台北城東尋常小学校	二小 1921.3.29	青島守備軍撤廃ニ伴ヒ第二青島尋常小学校ハ廃校トナル 1923.3.31	二小 1923.3.31	済南校長兼附属幼稚園長 1924.3.26	退職 1937.3.31

註：1-27の各教員の採用記録のうち、便宜的に横軸に1-5を振り、6以降は表6-2(2)にまわした。

(2) 教員の経歴（1-27番の続き）

	氏名	採用校／採用年月日				
		6	7	8	9	10
1	宇野祐四郎	青島守備軍撤退廃校ニ付自然退職 1923.3.31.	一小 1923.3.31.	滄口 1923.9.30.	一小校長 1925.11.2.	退職 1929.12.5.
2	宗像寿太郎	守備軍撤廃ニ付廃校ニヨリ自然退職 1923.3.31.	一小校長 1923.3.31.	二小校長 1925.11.2.	一小校長 1929.12.5.	退職 1933.3.31.
3	青木やす					
4	高田久人					
5	諏訪宮城	二小 1923.3.31.	退職 1931.3.20.			
6	藪中（江間）義彦	退職 1940.3.29.				
7	太郎浦イシ					
8	藪中（江間）寿恵					
9	増田勇太郎	第一青島尋常高等小学校ハ青島守備軍ノ撤退ニ依リ経営者移動セシタメ廃校トナリタルニ依リ退職 1923.3.31.	済南 1923.10.1.	退職 1933.9.18.		
10	香川貢	滄口 1923.3.31.	一小 1929.8.31.	二小校長 1932.3.29.	退職 1936.3.20.	
11	田原アエノ					
12	澤田きく					
13	平野真界					
14	広田俊雄					
15	藤浪やい					
16	阿南実直（ミナオ）					
17	高瀬寿吉	退職 1925.11.2.				
18	百崎鉄治	退職 1924.1.25.				
19	立薗隆	一小 1929.5.28.	退職 1932.3.25.			
20	藤波忠次	二小 1930.3.25.	退職 1937.12.31.			
21	石塚清範					
22	小林又吉					
23	金武只雄	二小校長 1929.12.5.	退職 1932.3.25.			
24	鵜野忠一					
25	森安宮					
26	吉田（井手）九十九	滄口 1923.9.30.	一小 1930.3.25.	退職 1931.8.8.		
27	高原太郎					

註：本表は 6-2(1) の 1-27 各教員の採用記録の続きである。

(3) 教員の出身校及び経歴（28-45番）

	氏名	出身校／資格／前任校	採用校／採用年月日				
			1	2	3	4	5
28	江副次雄	長崎県師範学校本科第二部／小学校本科正教員／長崎県真崎尋常高等小学校	一小 1921.5.18	坊子 1922.3.31	二小 1922.12.10	第二青島尋常小学校廃校ニ依リ自然退職トナル 1923.3.31	一小 1923.3.31
29	山下喜一	神奈川県横浜市磯子尋常小学校	二小 1921.5.23	一小（本校）1922.12.10	青島守備軍撤廃ノタメ廃校自然退職 1923.3.31	一小 1923.3.31	退職 1926.4.7

第六章　青島守備軍から青島居留民団へ　239

	氏名	出身校／資格／前任校	採用校／採用年月日				
			1	2	3	4	5
30	金川常太郎	富山県師範学校本科第一部／小学校本科正教員／富山県中新川郡東加積尋常高等小学校附設農業補習学校訓導	二小 1921.5.30	廃校ニ付自然退職 1923.3.31	三小 1923.3.31	四方 1924.4.5	一小 1928.3.27
31	唐昌明	青森県師範学校本科第二部／小学校本科正教員／青森県立青森中学校教諭心得	一小 1921.6.2	張店 1922.12.10	休職 1923.2.20	済南 1923.2.20	済南校長 1937.3.31
32	岡本トメ	熊本県私立尚絅高等女学校／尋常小学校本科正教員／熊本県天草郡大浦尋常高等小学校	青島保育会幼稚園 1921.6.1	退職 1923.4.27	済南 1923.4.28	退職 1927.7.5	
33	柳田惣右衛門	宮崎師範／宮崎県東臼杵郡上南方尋常高等小学校	一小（本校） 1921.9.10	青島守備軍撤廃校ニ依リ自然退職 1923.3.31	一小 1923.3.31	四方校長 1927.3.29	
34	玉木磐根	小学校本科正教員	一小 1921.9.22	残務整理ヲ命ス 1922.12.10	一小 1923.3.31	退職 1924.1.15	
35	横山育義	香川県師範学校本科第二部／小学校本科正教員／香川県三豊郡紀伊尋常高等小学校兼紀伊農業補習学校	二小 1921.11.17	青島守備軍撤廃校ニ依リ自然退職 1923.3.31	二小 1923.3.31	滄口 1933.3.31	滄口校長 1933.6.19
36	佐々木政男	広島県師範学校本科一部／小学校本科正教員／広島県師範学校	二小 1922.2.14	残務整理ヲ命ス 1922.12.10	青島守備軍撤退自然退職 1923.3.31	二小 1923.3.31	退職 1933.3.25
37	浅野輝次	岐阜県師範学校第二部／小学校本科正教員／岐阜県稲葉郡島農業補習学校	二小 1922.3.29	守備軍撤退ニ付キ自然退職 1923.3.31	一小 1923.3.31	退職 1932.3.25	
38	米野清	熊本県第二師範学校本科第二部／小学校本科正教員／熊本県玉名郡大野尋常高等小学校	二小 1922.3.31	廃校ニヨリ自然退職 1923.3.31	二小 1923.3.31	死亡 1928.1.13	
39	中村和之	福岡師範／小学校本科正教員／福岡県門司市松本高等小学校訓導	一小（本校） 1922.4.8	青島守備軍残務整理ヲ命ス 1922.12.10	青島守備軍撤廃校ニヨリ自然退職 1923.3.31	一小 1923.3.31	滄口 1929.8.31
40	熊城貞	岡山県女子師範学校本科第二部／小学校本科正教員／岡山県児島郡日比町日比尋常高等小学校	済南 1922.5.3	退職 1927.4.19			
41	赤木庸紀	京城中学校附属臨時小学校教員養成所／朝鮮三浪津公立尋常高等小学校	一小 1922.5.18	青島守備軍撤廃校ニヨリ自然退職 1923.3.31	一小 1923.3.31	四方 1928.3.27	一小 1930.3.25
42	村山峻	北海道札幌区豊水尋常高等小学校	一小 1922.6.5	守備軍撤退ニヨリ第一青島尋常高等小学校廃校トナル 1923.3.31	一小 1923.3.31	退職 1926.1.6	天津 1926.4.27
43	溝邊繁	大分県師範学校講習科第二種／尋常小学校本科正教員／大分県大分郡賀来尋常高等小学校	青島守備軍民政部鉄道部港湾事務所 1922.6.20	守備軍撤廃ノ結果自然退職 1922.12.1	一小 1923.4.15	四方 1926.4.1	退職 1933.8.5
44	石橋元	長崎県師範学校本科第一部／小学校本科正教員／福岡県久留米市荘島尋常高等小学校訓導	?川 1922.8.10	残務整理ヲ命ス 1922.12.10	学校廃止ニヨリ退職 1923.3.31	博山 1923.4.1	?川 1924.4.24
45	伊藤トク	秋田女子師範講習科／秋田県南秋田郡五城目尋常高等小学校	一小 1922.9.25	青島守備軍残務整理ヲ命ス（辞令書ヲ用ヒス） 1922.12.10	守備軍撤退ノ為廃校自然退職 1923.3.31	一小 1923.3.31	退職 1936.8.8

註：本表は28-45の各教員の採用記録である。続きは表6-2(4)にまわした。

(4) 教員の経歴 (28 – 45番の続き)

	氏名	採用校／採用年月日				
		6	7	8	9	10
28	江副次雄	四方 1923.9.30	一小 1926.4.1	退職 1932.3.25	第二青島尋常小学校廃校ニ依リ自然退職トナル 1923.3.31	一小 1923.3.31
29	山下喜一				一小 1923.3.31	退職 1926.4.7
30	金川常太郎	退職 1931.3.20			四方 1924.4.5	一小 1928.3.27
31	唐昌明	退職 1938.5.26				
32	岡本トメ					
33	柳田惣右衛門					
34	玉木磐根					
35	横山育義					
36	佐々木政男					
37	浅野輝次					
38	米野清					
39	中村和之	滄口校長 1930.3.25	一小校長 1933.6.19	退職 1941.11.29		
40	熊城貞					
41	赤木庸紀	退職 1933.9.20				
42	村山峻	退職 1932.6.30				
43	溝邊繁					
44	石橋元	淄川校長 1927.3.9				
45	伊藤トク					

註：本表は表 6-2(3) における 28-45 各教員の採用記録の続きである。

　日本統治時代に青島地区ないしは山東鉄道沿線の日本人学校に採用され、山東還附後も引続き教員を続けた者は、管見の限りでは 45 人であった。そのうち 1923 年 3 月 31 日付で「廃校ニ付自然退職」となった教員は 28 人である。このことから、山東還附によって青島守備軍民政部が廃止されて軍立学校が 1923 年 3 月 31 日に廃校となるが、同日居留民団立学校に再採用されることで勤務が連続したことが分かる。

　他に、1922 年 12 月 10 日付で「残務整理」を命じられた教員がいる。それは香川貢・立蘭隆・玉木磐根・佐々木政男・中村和之・石橋元・伊藤トクの 7 人であった。また百崎鉄治のように、還附後に残務整理を命じられた者もいた。香川のように「辞令ヲ用」いない教員も多く、このことが先に玉木の事例でみたように、昭和期に入っても勤務の連続を確認する際に混乱が生じる原因となったと言える。

　以上、軍立学校から民団立学校へ移管される際、必ずしも連続教員の

全員ではなかったものの、1922年12月10日から翌年3月31日にかけての「中断」期間に、辞令なしに残務整理を命じられていたのである。なお、再採用の日付が居留民団が設立された1923年3月1日ではなく31日だった理由は、在外指定学校を取り消して廃校にする日がこの日であったためと考えられる。

第三項　公学堂との「兼務」教員のその後

以上では連続教員を見てきたが、第五章で検証した公学堂や日語支那語学校と兼務した小学校教員は、還附後どうなったのだろうか。というのも第四章で見た通り、全ての公学堂は北京政府に移管され、日本人教員はいなくなったからである。

還附後ではないものの、公学堂から青島学院に就職した教員として、元李村公学堂長の小濱宗助と、元青島公学堂及び青島日語学校教師だった泉平がいる。彼らが還附後も青島学院に止まったかどうかについては、今のところ不明である。

第二項の表6-2（1）（2）の26番「吉田（井手）九十九」は、第五章第一節第三項で詳述したが、還附後も居留民団立小学校に勤務した公学堂教師の唯一の事例である。また谷口林右衛門のように、関東州へ転出した事例があった。しかし、他の公学堂等の現地人学校に勤務した日本人教員の山東還附後の足取りは現在のところ不明である。

第三節　中等学校の再編

第一項　青島守備軍立中学校・高等女学校の設置者変更と居留民団への移管

先に見た通り、青島居留民団の経費のみでは中等学校を経営できず、青島の中等学校は「対支文化事業」特別会計の補助を受けることとなった。小学校と同じく「大正十二年三月三十一日マテ守備軍ニ於テ経営シ同日居留民団立トナリ校名ヲ青島日本中学校ト改称」し[43]、「外務省ノ所管ニ蒙リ青島居留民団ヲシテ経営セシムルコト」となった[44]。青島高等女学校も「大正十二年三月三十一日マテ守備軍ニ於テ経営シ同日居

留民団立トナリ校名ヲ青島日本高等女学校ト改称」した[45]。
　こうして軍立から民団立となったが、経営上にどのような変化が生じたのだろうか。外務省の会計監査が行った復命書では、「両校ハ青島居留民団経営ノ下ニ特別会計トシテ対支文化事業費ヨリ補助ヲ受ケ財政上ニ於テ又外見並内容ノ充実セル点ニ於テ内地ノ公立学校ニモ到底其比ヲ見サル程ノ完備セルヲ認メタリ」と、「対支文化事業」特別会計費による補助のために充実した経営が為されていると報告している[46]。しかし、居留民団と両校との関係は決して良好とは言えなかったようである。というのも、以下のようにあるためである。

　　両校ハ経営施設ハ勿論生徒訓育上ノ微細ナル事項ニ至ル迄一々民団ノ指揮監督否寧ロ拘束ヲ受クルヲ以テ学校当務者ノ立場ハ甚ダ同情ニ値スルモノアリ。而モ使用料（月附ノ意）及上記ノ補助金ノミニシテ維持セラルル両校ハ民団ヨリ何等経費ノ補助ヲ受クルコトナク寧ロ利用セラルルノミナルヲ以テ、出来得ベクンバ別ニ彼ノ東亜同文会ノ如キ財団ヲ組織セシメルカ、将又外務省直轄ノ学校トナサバ二重ノ監督（民団、総領事館）ヲ受クルノ必要モナク当務者ノ方針ハ或種ノ者ニ左右セラルル虞モナク不安モナク専心職務ニ従事スルヲ得ルモノト信スルヲ以テ充分考慮ノ要アルモノト認ム

　居留民団からの補助を受けていないにもかかわらず、中学高女の両校は「微細ナル事項ニ至ル迄一々民団ノ指揮監督否寧ロ拘束」を受けていると会計監査は指摘する。そこで会計監査は、「東亜同文会ノ如キ財団」を組織するか、「外務省直轄ノ学校」にしてはどうかと提案する。しかし先に見た通り、このいずれのプランも既に検討されており、かつ否定された案である。この調査を行った会計監査員はそのことを知らなかったと考えられるが、ともかく居留民団と両校との関係は良くなかったと言えよう。

第二項　居留民団立改組後の教員人事
　青島中学校と青島高等女学校の両校は居留民団立となって以降、教員人事にどのような変化が生じたのだろうか。軍立学校時代には前章で見たように広島高師出身者が多く採用されていたが、こうした状況に変化

があったのだろうか。まずは前者の青中から見ていこう。

表6-3のように、日本統治時代に青島中学校に採用された教員（校医を除く）は、確認できた限りでは34人であった。そのうち広島高師出身者（尚志会員）は17人で、全体の半数を占めていた。特徴的なこととして、同じ高等師範学校であった東京高等師範学校出身者（以下同窓会組織から茗渓会員とする）がいなかったことである。

このように尚志会員によって青島中学校の教員人事が占められている状況は、山東還附によって居留民団立となってどのように変化したのだ

【表6-3　青島中学校教員採用】

	氏名	出身校	職名	就職年月日
1	山森正一	広島高等師範学校本科	教諭	1917年3月4日
2	熊谷政直	広島高等師範学校本科地理歴史部	校長	1917年3月8日
3	川上孝熊	熊本県立八代中学校	書記	1917年3月9日
4	江部易開	広島高等師範学校本科	教諭	1917年3月13日
5	小田安雄	陸軍歩兵曹長	教師	1917年3月19日
6	田辺毅	京都高等工芸学校	教諭	1917年3月25日
7	三尾良次郎	広島高等師範学校本科地理歴史部	教諭	1917年3月25日
8	早川穎次郎	東京音楽学校師範科	教諭	1917年4月11日
9	篠原義雄	大日本武徳会本部剣道部	教諭	1917年4月18日
10	堀可直	広島高等師範学校本科	教諭	1917年7月4日
11	富岡朝太	広島高等師範学校本科博物学部	教諭	1917年10月1日
12	吉池泰二	広島高等師範学校数物化学部	教諭	1918年3月31日
13	立花徳	広島高等師範学校英語部	教諭	1918年3月31日
14	栗村虎雄	広島高等師範学校国語漢文部	教諭	1918年3月31日
15	豊島貢	文部省教員検定	教諭	1918年5月8日
16	涌井清光		教師	1919年1月28日
17	山川虎之助	広島高等師範学校国語漢文部	教諭	1919年3月21日
18	松田介三		教諭	1919年3月22日
19	池上条太郎		教師	1919年3月31日
20	井口末吉	広島高等師範学校数物化学部	教諭	1919年4月16日
21	岡田瓢	東京外国語学校	嘱託	1919年5月21日
22	仲原善忠	広島高等師範学校本科地理歴史部	教諭	1920年3月26日
23	林章	広島高等師範学校英語部	教諭	1920年3月31日
24	井芹善蔵	広島高等師範学校国語漢文部	教諭	1920年3月31日
25	堀井勘三郎	広島高等師範学校本科地理歴史部	教諭	1920年4月7日
26	広瀬長四郎	広島高等師範学校数物化学部	教諭	1920年5月10日
27	竹田焏之助	奈良県立畝傍中学校	書記	1920年6月24日
28	浜田真一		教諭	1921年3月18日
29	川本皓		教師	1921年3月23日
30	吉賀徳次郎		教師	1921年3月31日
31	太田伊勢雄	広島高等師範学校数物化学部	教諭	1921年5月11日
32	梅森香	盛岡高等農林学校農業科	教師	1922年3月15日
33	水町六次	東京物理学校撰科	教諭	1922年3月31日
34	田上捨四郎	皇學館卒業	教諭	1922年4月3日

ろうか。表6-4のように、確認できた教員採用数は49人である。まず、尚志会員の減少である。この変化については既に第五章でも触れたが、49人中11人と全体の約2割となる。一方、これまで青島中学校時代にはいなかった茗渓会員が採用される。就職年月日に注目すると、1927年に校長となった小林隆助の採用をきっかけに、茗渓会員の採用が現れる。こうして、山東還附後居留民団立中学校となると、青島中学校時代の尚志会員による独占が崩れたのである。

【表6-4　青島日本中学校教員採用】

	氏名	出身校	職名	就職年月日
1	山本茂		教師	1923年11月6日
2	大町勝美	広島高等師範学校文科第一部	教諭	1924年3月31日
3	山田巌		教諭	1924年3月31日
4	木幡正夫	陸軍上等計手	書記	1924年3月31日
5	岡田久八	体操学校卒業	教諭	1924年6月25日
6	吉野友喜	広島高等師範学校理科第一部	教諭	1924年7月5日
7	八廣定	明治大学法学部	教師	1924年7月12日
8	熊埜御堂策郎	広島高等師範学校数物化学部	教諭	1924年9月22日
9	篠山真二郎		教師	1925年3月12日
10	新家利一	広島高等師範学校文科第一部	教諭	1925年3月26日
11	赤峯一郎	海軍兵学校	教師	1925年12月29日
12	東海林勇次郎	広島高等師範学校理科第二部	教諭	1926年1月17日
13	森田善一		教諭	1926年10月24日
14	森田了三	広島高等師範学校文科第二部	教諭	1926年12月23日
15	廣中国蔵			1927年7月1日
16	小林隆助	東京高等師範学校	校長	1927年8月13日
17	佐藤清信	早稲田大学高等師範部国語漢文科	教諭	1927年11月8日
18	大植忠利	東京高等師範学校理科第一部	教諭	1927年11月28日
19	岡山実雄		教諭兼舎監	1928年1月12日
20	川本重義	神宮皇學館	教諭	1928年3月26日
21	吉田長次郎	東京帝国大学文学部美学美術史科大学院	教諭	1928年6月2日
22	後藤小一郎		教諭	1928年8月31日
23	二宮達吉			1928年10月8日
24	那須和五郎		教諭兼舎監	1928年11月8日
25	島川義平		教諭	1929年3月25日
26	長沼亨	東京高等師範学校	校長	1930年3月15日
27	秀после寅治郎	広島高等師範学校本科博物学部	教諭	1930年10月16日
28	山本武一郎	広島高等師範学校理科第三部	教諭	1931年1月24日
29	大塚悦三		教諭	1931年6月3日
30	川添英敏		教諭兼舎監	1931年9月6日
31	林盛達	東洋大学専門部倫理学東洋文学科	教諭	1931年9月29日
32	菊池雅吉	東京商科大学商学専門部	教諭	1931年11月4日
33	中澤一政		書記	1931年12月21日
34	中村清	広島文理科大学文学部英語学英文学科	教諭	1932年3月31日
35	東正雄		教諭	1932年4月11日

	氏名	出身校	職名	就職年月日
36	高橋正雄		陸軍配属将校	1932年8月8日
37	李仲剛		嘱託	1933年1月18日
38	合田與佐次	大日本武徳会武道専門学校	教諭	1933年4月11日
39	余瀬正次	東京高等師範学校体育科甲組	教諭	1933年4月16日
40	秋山清次	広島高等師範学校理科第二部	教諭	1933年6月23日
41	鵜飼盈治	東京高等師範学校専攻科英語部	教諭	1933年8月23日
42	白土嘉雄		教諭	1934年10月27日
43	安倍初雄		教諭	1935年3月31日
44	小川正人		教師	1935年4月1日
45	岸辰雄		教師	1935年4月8日
46	藤沼勉		教諭	1935年4月11日
47	森川忠良			1935年4月14日
48	北島修一郎	広島高等師範学校文科第二部	教諭	1936年5月12日
49	大野清吉	東京高等師範学校本科英語部	校長	1936年11月21日

出典：陸軍大日記『大正六年 欧受大日記 五月』、青島守備軍民政部『大正十年四月一日現在 在外指定学校調査報告書』陸軍省大日記『大正十年 欧受大日記 四月五月』、『青島日本中学校一覧』外務省記録『会計検査関係雑件／在支補助団体実施検査復命書』第2巻、「在外中等学校職員調査二関スル回答 昭和八年六月」外務省記録『青島日本中、女学校関係雑件／人事関係』第一巻から第三巻より作成。

　同じことは高等女学校にも言えるのだろうか。表6-5及び6-6を見てみよう。まず日本統治時代の青島高等女学校では、採用教員は32人であった。うち尚志会員は6人で、約2割を占めていたに過ぎない。占有率の低さについては、第五章で考察したように、そもそも女性教員がいたため尚志会員の占有率を下げていたのである。還附後、1938年までの教員採用数は30人で、うち尚志会員はわずか1名であった。

【表6-5 青島高等女学校教員採用】

	氏名	出身校	職名	就職年月日
1	古賀トモ		嘱託	1914年6月15日
2	松尾完松	日本体操学校高等科	教諭	1916年3月1日
3	東山好計	広島高等師範学校博物学部	教諭	1916年3月25日
4	中村元子	女子高等師範学校卒業	教諭	1916年3月25日
5	松尾完松	奈良県師範学校	教諭	1916年3月26日
6	桜庭みほ	青森県高等女学校卒業検定	教諭	1916年4月1日
7	桐谷岩太郎	広島高等師範学校地理歴史部	校長兼教諭	1916年4月10日
8	古賀トモ		嘱託	1916年6月15日
9	齋藤芳滋	高等師範学校卒業	教諭兼舎監	1917年3月31日
10	富岡きぬ	女子高等師範学校卒業	教諭	1917年3月31日
11	林義一		書記	1917年4月7日
12	高田ミチヨ	東京女子高等師範学校	教諭	1917年5月5日
13	川村キヨ		教師	1917年9月7日
14	肥田野サクラ	東京音楽学校本科声楽部	教諭	1917年10月8日
15	山本英	東京女子高等師範学校家事科一部	教諭	1918年3月31日
16	林章	広島高等師範学校英語部	教諭	1918年3月31日

	氏名	出身校	職名	就職年月日
17	大野美枝子		嘱託	1918年4月5日
18	中津安彦	美術学校卒業	教諭	1918年4月26日
19	祝光次郎	広島高等師範学校英語部	教諭	1919年3月31日
20	福田ムメ		嘱託	1919年4月15日
21	瓜田友衛	広島高等師範学校博物学部	教諭	1919年7月9日
22	家近清雄		教諭	1920年3月1日
23	小西清雄		教諭	1920年3月17日
24	一由信五	広島高等師範学校英語部	教諭	1920年3月26日
25	原静江		教師	1920年3月31日
26	森川初子		嘱託	1920年4月20日
27	高須賀品一	愛媛県師範学校	助教諭	1920年5月5日
28	家近太須恵		教諭	1920年5月22日
29	鹿島留次郎		書記	1920年8月1日
30	石塚清範	富山県中学校卒業本科正教員検定	助教諭兼舎監	1922年3月23日
31	原口ノブ		教諭	1922年6月30日
32	橘和一	静岡県師範学校卒業検定	教諭	1922年11月7日

出典：表6-3、6-4と同じ。

【表6-6 青島日本高等女学校教員採用】

	氏名	出身校	職名	就職年月日
1	岡田瓢	東京外国語学校	嘱託	1923年6月30日
2	木村兵三	広島高等師範学校文科第二部	教諭	1924年8月8日
3	渡邊誠	九州帝国大学工学部冶金科	教諭	1924年10月14日
4	岩井龍兵衛	大分高等商業学校	教諭	1926年1月1日
5	西島キヨノ	第六臨時教員養成所、女子美術学校裁縫高等師範科	教諭	1926年4月1日
6	山本泰勝	東京帝国大学文科大学国文学専攻	校長	1926年6月21日
7	三橋正夫	静岡県師範学校第二部卒業検定	教諭	1926年8月10日
8	伊藤はる子	奈良女子高等師範学校	教諭兼舎監	1926年10月1日
9	三間春治郎	新潟県師範学校第二部卒業検定	教諭	1927年1月7日
10	永松ヨシ	私立東京裁縫女学校	教諭	1927年5月30日
11	天寺睦子	第六臨時教員養成所	教諭	1927年7月1日
12	広中国蔵		嘱託	1927年7月1日
13	吉田長次郎	東京帝国大学文学部	教諭	1928年5月1日
14	館村千代太郎		教諭	1928年10月18日
15	辰野徳夫		教諭	1929年6月29日
16	安垣栄一		教諭	1929年11月17日
17	館村千代太郎		教諭	1930年10月18日
18	山本武一郎	広島高等師範学校理科第三部	教諭	1931年1月24日
19	松本楠恵	日本体育体操学校	教諭	1931年3月31日
20	佐藤謙次郎		助教諭兼書記	1931年8月31日
21	金武只雄	長崎師範	教師	1932年3月26日
22	慶野陸太郎	東京高等師範学校体育科	教諭	1932年3月31日
23	福田武男		教諭	1933年2月7日
24	津野貞子		教諭	1933年4月1日
25	本田茂一	立正大学文学部史学研究科	教諭	1934年4月14日
26	公文一郎	日本体育会体操学校高等科	教諭	1934年6月6日
27	山内ハル		教諭	1935年3月31日

	氏名	出身校	職名	就職年月日
28	堀内信子	奈良女子高等師範学校文科	教諭	1936年4月5日
29	山野房子		教諭	1937年4月1日
30	澁谷重保		教諭	1938年3月14日
31	原口ノブ		教諭	1922年6月30日

出典：表6-3、6-4と同じ。

　以上のことから、山東還附後、中学校と高等女学校が居留民団立となることで、それまでの尚志会員による教職員の独占は崩れたと言える。
　それではなぜ、尚志会による独占が崩れたのか。1932年4月5日に川越在青島総領事が坪上文化事業部長に宛てた文書には、以下のようにある。

（…）過去ニ於テ高師閥殊ニ広島閥ノ弊害相当深刻ナリシコトハ御来示通ノ趣ナル処、現在ニ於ケル両校助教諭以上ノ配置ハ今次採用ノ高師出二名ヲ加フルモ左記ノ通ニシテ数モ大シテ多カラス、且只今ノ処党派的軋轢ノ模様モ無之候（…）今後共御来示ノ如キ弊害防止ニ付テハ充分留意可致所存ニ候間、右ニ御諒承相成度尚将来モ御気付ノ点ハ無御遠慮御回示ヲ得ハ幸甚ノ至ニ存上候（…）[47]

　「広島閥ノ弊害相当深刻」とあるように、これまで見てきた尚志会員による青島中等学校の人事独占に対し、川越総領事は不快感を抱いていたようである。この書簡が出された1932年現在では中学校の教員15人中、広島高師が5人、東京高師が1人、その他が15人である。高等女学校は19人中広島高師が2人、東京高師が1人、東京女高師が2人、その他14人である。こうして、これまで見てきたように尚志会員による独占が崩れたことが確認できる。こうした状況を「党派的軋轢ノ模様モ無之」と川越は積極的に評価している。「御来示ノ如キ弊害防止」に留意するとあることから、外務省文化事業部による介入があったのではないかと考えられる。なぜ、文化事業部が「弊害防止」をするよう指示を出したのだろうか。先に、1927年に茗渓会員の小林隆助が校長となった後、同会員の採用があったことに言及した。それでは、小林の経歴を『東京高等師範学校一覧』各年度の卒業名簿を用いて見てみよう。

小林隆助：東京高等師範学校博物学部 1905 年卒。1906-12：不明、1913-15：徳島師範学校教諭、1916-19：徳島県立撫養中学校長、1920-25：埼玉県立浦和中学校長、1926：不明、1927-30：青島日本中学校長、1932：茗渓会事務監督、1933-37：外務省嘱託兼文部省嘱託、以後不明

　小林は青島中学校校長を辞めた後には 1932 年から茗渓会事務監督になっていた。つまり茗渓会員を束ねる側の人間であったと考えられる。そしてその翌年より外務省嘱託兼文部省嘱託となっている。「文化事業部第一、二課嘱託一覧表 昭和十二年十二月」によると、小林は 1932 年 7 月 23 日に第一課勤務となった[48]。少なくとも青島中等学校が居留民団立となり、尚志会員による独占が崩れた背景には、茗渓会の影響があったのではないかと推察される。

おわりに

　本章では第一節で 1922 年末の山東還附によって青島守備軍撤退後の日本人学校の再編を検証した。青島守備軍の撤退は日本人学校の設立者を失うことにつながるため、青島日本人会や山東鉄道沿線日本人会から学校維持に関する嘆願書が提出された。結局 1922 年 12 月 10 日に青島守備軍民政部条例などが廃止されるが、学校の設立主体が設立されるまでの「中断」期間を残務整理委員会が暫定的に管理することとなる。1923 年 3 月 1 日に青島居留民団が設立され、青島の各小学校は一端廃校となった上で居留民団立学校となり、教員及び生徒が引き継がれた。つまり青島守備軍民政部→残務整理委員会→青島居留民団と管轄が移ったのである。
　第二節では、山東還附による「断絶」の実態を初等教員の人事に注目して分析した。先に見たように山東還附後、これらの学校は一度全て廃校となり、青島地区の学校は青島居留民団立学校として引き継がれた。こうした変化が、小学校教員人事に如実に表れている。つまりほぼ居留

民団立学校内のみで教員人事が完結し、沿線の各日本人会立学校へ居留民団立学校の教員が異動することはほとんどなくなった。さらに山東還附前後を連続して勤務した教員に注目すると、1922年12月10日から翌年3月31日にかけての「中断」期間に、辞令なしに残務整理を命じられていた。一方、還附前後において学校の地位に変化があったのが、青島郊外の四方と李村郊外の滄口であった。両地区は民政期以降の在華紡の青島進出によって工業化し、山東還附による転換期に居留民団立の独立した学校へと転換した。すなわち、工業化が四方小学校と滄口小学校の独立及び移転を促し、それが山東還附を経ても連続していたと言えよう。

第三節では中等学校に注目して山東還附による変化を検証した。その結果、第一に広島高等師範学校卒業者が減少し、第二に東京高等師範学校卒業者が初めて採用された。こうして第五章で検証した青島中等学校における広島高師出身者による独占が崩れる様子を検証した。この背景には外務省文化事業部による介入があり、かつその介入には東京高師出身者が関わったと考えられる。というのも中学校長に就任し、その後茗渓会事務を経て外務省嘱託となった小林隆助がいたためである。ただし、東京高師出身者が文化事業部でどの程度の影響力を有していたのかについては不明な点が多く、今後の課題とする。

【註】
1) 『御署名原本／大正十一年／条約第三号／山東懸案解決ニ関スル条約』（JACAR:ref.A03021421400）。
2) 柳沢遊「1920年代前半期の青島居留民商工業」（久留米大学産業経済研究会『産業経済研究』1985年、第25巻第4号）p.144。
3) 汪輝「在華日本人中等学校財政政策に関する一考察──「対支文化事業」による補助過程を中心に」『アジア教育史研究』（第10号、2001年）及び『戦前期中国における日本居留民団の子弟教育に関する研究』（博士論文、広島大学、2002年）。
4) 阿部洋『「対支文化事業」の研究』（汲古書院、2004年）。
5) 『秘　自大正三年十一月至大正六年九月　青島軍政史　第二巻』（陸軍省、法務省図書館、p.498、以下『青島軍政史』とする）及び青島守備軍民政部『大正九年五月一日調　青島ノ教育』（第二節二　小学校，甲第一青島尋常高等小学校）。
6) 渡部宗助『「在外指定学校制度」の成立とその実態に関する歴史的研究』（昭

和56年度文部省科学研究費一般研究（C）pp.12-13。青島の次に早いのは奉天高等女学校及び奉天中学校である（同書pp.37-39。なお指定日ともに1922年4月30日）。一方初等教育学校で最も早く在外指定を受けた学校は天津尋常高等小学校、1908年の設立である（同書p.4）。

7) 曽田三郎「山東鉄道をめぐる日中交渉と日本人主任雇用問題」『日本の青島占領と山東の社会経済1914-22年』（東洋文庫、2006年）p.85。
8) 外務省記録『山東懸案解決交渉一件　細目協定関係　公有財産（保有財産、学校、病院）』第1巻所収。なお同簿冊は以下『公有財産』と略記する。
9) 青島守備軍民政部『大正七年六月一日　青島ノ教育』pp.37-41。
10) 青島守備軍民政部『大正九年五月一日　青島ノ教育』p.52。
11) 『青島日本中学校校史』p.268。
12) 同上、p.617。
13) 汪輝前掲書、p.80。
14) 「山東鉄道沿線小学校教育基金御下付方ニ付嘆願」『公有財産』第2巻所収。
15) 1922年11月30日付於青島総領事森安三郎発外務大臣内田康哉宛「行政引渡ノ際ニ於ケル在青島本邦教育ニ関シ報告並ニ稟請ノ件」『公有財産』第1巻所収。
16) 1934年11月13日付在青島総領事坂根準三発外務大臣広田弘毅宛「玉木磐根履歴事項調査ノ件」外務省記録『在外日本人学校教育関係雑件／退職賜金恩給関係』第25巻所収。
17) 1922年12月19日森総領事発内田外務大臣宛電報『公有財産』第1巻所収。
18) 「学校維持費ニ関スル意見」『公有財産』第1巻所収。
19) 1922年11月30日付於青島総領事森安三郎発外務大臣内田康哉宛「行政引渡ノ際ニ於ケル在青島本邦教育ニ関シ報告並ニ稟請ノ件」『公有財産』第1巻所収。
20) 中内二郎『居留民団の研究』（三通書局、1941年）pp.22-23。
21) 外務省亜細亜局第二課『大正十四年一月　居留民団法施行規則参考書』（JACAR:ref.B02130096200）p.56。
22) 同上、p.55。
23) 1923年2月17日「対支文化事業特別会計法案及山東居留民救済案ノ件」『東方文化事業部官制関係雑件』第1巻所収。
24) 1923年3月10日「青島居留民団貸付金ニ関スル件」『公文類聚／第四十七編／大正十二年／第十五巻／外事三／通商／雑載』（JACAR:ref.A01200516800）。
25) 阿部前掲書、pp.197-203。
26) 1923年1月19日「対支文化事業特別会計ト一般会計トノ関係ニ就テ」『東方文化事業部官制関係雑件』第1巻所収。
27) 同上。
28) 阿部前掲書、p.203。
29) 阿部前掲書、p.204。
30) 1923年3月20日「在外指定学校廃止ノ件報告」欧受第161号（防衛省防衛研究所文書『大正十二年欧受大日記　自四月至五月』）。
31) 同上。
32) 「恩丙マ第五号履歴事項ニ関スル件回答」外務省記録『在外日本人学校教育

関係雑件／退職賜金恩給関係』第 15 巻所収。
33) 在青島日本帝国総領事館「大正十三年十一月調／青島ニ於ケル日本人経営文化施設」外務省記録『支那ニ於ケル文化事業調査関係雑件／外国人ノ文化事業』第 6 巻所収。
34) 渡部前掲書、p.5。
35) 1923 年 4 月 25 日森総領事発内田外務大臣宛電報『公有財産』第 3 巻所収。
36) 「大正十三年十一月調　青島ニ於ケル日本人経営文化施設」外務省記録『支那ニ於ケル文化事業調査関係雑件／外国人ノ文化事業』第 6 巻。以下の各校の沿革は同史料からの引用による。
37) 『内外綿株式会社五十年史』(1937 年) pp.100-101。
38) 青島居留民団／青島日本商業会議所『昭和二年八月　山東に於ける邦人の企業』pp.9-10。
39) 1923 年 6 月 23 日在青島総領事『公有財産』第三巻所収。
40) 『昭和二年八月　山東に於ける邦人の企業』、pp.9-10。
41) 同上、p.6。
42) ヴォルフガング・バウアー『植民都市青島 1914-1931　日・独・中政治経済の結節点』(大津留厚監訳、森宜人・柳沢のどか訳、昭和堂、2007 年、p.62)。
43) 前掲「青島ニ於ケル日本人経営文化施設」。
44) 「補助団体及其ノ施設ノ大要」p.14 (外務省記録『東方文化事業調査会関係雑件』第 1 巻所収)。
45) 前掲「青島ニ於ケル日本人経営文化施設」。
46) 「復命書」外務省記録『会計監査関係雑件　在支補助団体実施検査復命書』第 1 巻。
47) 1932 年 4 月 5 日付在青島川越総領事発坪上文化事業部長宛文書外務省記録『青島日本中女学校関係雑件／人事関係』第 1 巻所収。
48) 外務省記録『東方文化事業関係』第 2 巻所収 (JACAR:ref.B05015005200)。

第七章

1930年代の青島居留民団と教員人事の関係

はじめに

　本章は、1930年代の膠州湾租借地還付後の青島における中等教員の人事を考察することで、教員採用ルートの解明を目的とする。そして、このルートの解明から「日本」側の教員人事が一枚岩的に行われていたのか検証する。

　第五章では日本統治時代の膠州湾租借地において、第六章では山東還附後において、「外地」間を移動する教員に注目し、初等中等教員の人事がどのように行われてきたのか考察してきた。中等教員についての知見をまとめると、第五章では広島高等師範学校出身者が多く採用され、中学校教員は満洲へ、高等女学校教員は朝鮮や樺太へ転出したことを明らかにした。さらに、中学校の教員採用は広島高師出身者による斡旋があったことを明らかにした。第六章では山東還附による変化を検証し、第一に広島高等師範学校卒業者が減少し、第二に東京高等師範学校卒業者が初めて採用されたことが分かった。

　こうして第五章で検証した青島中等学校における広島高師出身者による独占が崩れる様子を検証した。以上を踏まえた上で、1930年代の中等教員の人事はどのように展開したのだろうか。そこで本章では現地中等学校と外務省文化事業部との関係を中心に検討する。

　本章で対象とする青島の日本人学校について扱った先行研究として、すでに度々取り上げている阿部洋の『「対支文化事業」の研究』と汪輝『戦前期中国における日本居留民団の子弟教育に関する研究』が挙げられる。阿部は青島における日本人学校と青島・済南両医院の経営に対支文化事業

特別会計費が充てられたのは、山東関係補償金の収入が不確実であったためであることを明らかにした。汪は青島中学校・高等女学校の運営問題について検討した。これらの研究は、「対支文化事業」特別会計費がどのように居留民団の学校経営を補助したのか論じることで、青島における日本人学校が居留民団に移行される背景を明らかにした。しかし、居留民団立学校の教員人事が具体的にどうなされたのかについては触れていない。

　そこで本章では、膠州湾租借地還付後に居留民団立となった日本人学校のうち、先行研究でも言及されている青島日本中学校（以下青中）と青島日本高等女学校（以下高女）の2校の教員人事を探る。主に外務省記録『青島日本中、女学校関係雑件／人事関係』（全3巻、外務省外交史料館所蔵、請求番号 H.4.3.0.3-1。以下『人事関係』と略記）を用いる。この簿冊史料は主に1930年代の教員人事に関する史料を収めている。

第一節　公式の教員採用ルート

第一項　公募というルート

　第六章で見た通り、1922年12月の山東還附に伴い、青中・高女の経営は青島守備軍から残務整理委員会を経て青島居留民団へと移管された。居留民団は在青島総領事館（以下単に「領事館」とする）が管轄する形で外務省の管理下に入った。そのため、教員人事の管轄もまた陸軍から外務省に移されたと考えられる。それでは、具体的なルートはどのようなものだったのだろうか。渡部宗助「教員の海外派遣・選奨の政策史と様態」によると、1920年10月から『文部時報』に教員招聘の広告が掲載され、広報媒体を用いて人材を広く募る方式が採られるようになったという[1]。実際に『文部時報』を見てみると、公募は20号から522号の中で117件あり、うち外地学校への公募は12件あった。その内訳を見ると、大連中（1号、24号）貔子窩小（27号）上海小（31号）上海高女（46、47、80号）朝鮮高女（86、105号）関東州小学校公学堂（109号）長沙小（111号）満鉄新京商業（117号）であった。このように満洲や朝鮮、上海などからの公募はあったが、青島居留民団からの公募はなかった。それでは、青中・高女はどういったルートで教員を採用

したのだろうか。

第二項　公式の教員採用ルート

　渡部によると、「居留民団、在外日本人会－在外公館－外務省－文部省－学校長」という公式ルートがあったという[2]。青島守備軍時代では第五章で見た通り校長にその権限があったことを明らかにした。その後、居留民団立となってからも人事権は校長が握っていたのだろうか。この問題に入る前に、まずは青中高女両校の歴代校長を確認しておこう。表7-1のように、青中の歴代校長の出身校は広島高等師範学校卒業者（以下同窓会組織名から尚志会員と略称）と東京高等師範学校卒業者（同じく茗渓会員と略称）によって担われていたことが分かる。まず青島守備軍占領下で開校した1917年から1927年まで尚志会員によって占められていた。一方1927年から31年にかけては茗渓会員が占めた。ところが長沼が急逝し、青中教諭であった秀島寅治郎が昇任人事によって校長に就任する。秀島は5年間校長職を勤めた後辞職する。しかし、後任人事がまとまらず約半年にわたって校長不在となった。ようやく茗渓会員の大野清吉が校長に就任する。

　次に、青島日本高等女学校の歴代校長を見ていく。表7-2のように、青島守備軍時代の1916年に開校してから還附を経て1926年まで尚志会員が校長職を勤めた。その後東京帝大卒の山本泰勝が約10年校長職を勤めた。なお高女でも1938年に校長の後任人事が滞り、中学と同様約半年間校長不在となった。結局茗渓会員の中島盛一が採用された。

【表7-1　青島中学校・青島日本中学校歴代校長】

氏名	在任期間	出身校	卒業年	前任校
熊谷政直	1917.2-1923.10	広島高等師範学校本科地理歴史部卒	1906	富山県立砺波中学校
富岡朝太	1923.11-1927.4	広島高等師範学校本科博物学部	1908	富山県師範学校教諭兼付属小学校長
小林隆助	1927.8-1930.3	東京高等師範学校本科博物学部	1905	埼玉県浦和中学校長
長沼亨	1930.3-1931.4	東京高等師範学校本科地理歴史部	1912	大阪府立茨木中学校長
秀島寅治郎	1931.5-1936.5	広島高等師範学校本科博物学部	1908	青島日本中学校
大野清吉	1936.11-1944.1	東京高等師範学校本科英語部	1910	栃木県立大田原中学校長
池見利夫	1944.3-1945.10	東京高等師範学校	不明	不明

註：校長名、在任期間は『青島日本中学校校史』（西田書店）の校長紹介から作成、出身校及び前任校は『広島高等師範学校学校一覧』各年度及び『東京高等師範学校学校一覧』各年度より作成。

【表7-2 青島高等女学校・青島日本高等女学校歴代校長】

氏名	在任期間	出身校	卒業年	前任校
桐谷岩太郎	1916.4-1922	広島高等師範学校本科地理歴史部	1907	広島高等師範学校助教授兼広島高等師範学校教諭
祝光次郎	1922-1924	広島高等師範学校本科英語部	1912	青島民政部視学官兼青島高等女学校教諭
瓜田友衛	1924-1926	広島高等師範学校本科博物学部	1908	青島日本高等女学校教諭
山本泰勝	1926.6-1938.3	東京帝国大学文科大学国文学専攻	1911	豊橋市立高等女学校長兼教諭
中島盛一	1938.11-	東京高等師範学校	1915	群馬県立桐生中学校長

出典：外務省記録『青島日本中、女学校関係雑件／人事関係』全3巻、『青島日本高等女学校一覧　大正十四年十月』、『広島高等師範学校学校一覧』各年度及び『東京高等師範学校学校一覧』各年度。

　以上の歴代校長を確認した上で、1930年代の青島中等学校における教員採用の公式ルートを確認しよう。表7-3のように、『人事関係』に収められた中学高女教員採用候補者は33名であり、実際に採用が確認できた教員は校長を含め23名であった。なお採用時期は1931年から39年までの8年にわたっていた。そして教員募集が在青島総領事から外務大臣に伝えられた事例は7件（山本武一郎・林盛達・加藤陸太郎・合田與佐次・余瀬正次・津野貞子・鵜飼盈治）あった。この形式は1930年から33年にかけて見られた。一方、文化事業部の動きに注目すると、候補者と直接連絡を取った事例は7件（林盛達・菊池雅吉・加藤陸太郎・余瀬正次・松原三夫・大野清吉・中島盛一）、候補者の勤務校と連絡を取った事例は1件（松本楠恵）、候補者の出身校と連絡を取った事例は4件（松本楠恵・中村清・合田與佐次・余瀬正次）、候補者の勤務校がある府県の知事と連絡を取った事例は6件（山本武一郎・公文一郎・北村修一郎・飯島元雄・大野清吉・中島盛一）であった。一方、青島居留民団がアクターとして登場するのはわずか1件（堀内信子）であった。最後に、採用決定通知に関して領事館と外務大臣とが連絡を取り合っていた事例は19件（山本武一郎・秀島寅治郎・松本楠恵・林盛達・中村清・加藤陸太郎・福田武男・余瀬正次・津野貞子・秋山清治・鵜飼盈治・本田茂一・公文一郎・北村修一郎・是常正美・大野清吉・中島盛一・飯島元雄・小竹齋二郎）あった。

　以上が公式の教員採用ルートであったと考えられる。それでは、公式の教員採用がどういった流れで行われていたのか、図7-1を用いて分析する。23件で共通することは、領事館は基本的に外務大臣のみと連絡を取っていたと

【表 7-3 中学高女教員採用候補者一覧】

私信	採用可否	採用予定校	候補者名	推薦者	担当科目	採用日	俸給	最終学歴	卒業年	前任校	担当科目前任者
○	○	高女	山本武一郎	山本泰勝青島高等女学校長	博物科主任	1931.1.24	三級俸当分125円	広島高等師範学校理科第三部	1920	朝鮮忠清北道清州公立高等普通学校	三橋正夫
○	○	高女	松本楠恵	日本体育会体操学校女子部長稲垣三郎	体操科	1931.3.31	七級俸当分85円	日本体育操学校	1918	滋賀県立彦根高等女学校教諭兼舎監	天寺睦子
		高女	坂井フデ	福岡県知事	体操科			日本体育操学校	1930		
○		高女	鈴木ハルヨ	竹島茂郎	体操科			東京女子高等師範学校第六臨時教員養成所体操家事科	1920	私立青山学院高等女学部教員嘱託	
○	○	高女	慶野（加藤）陸太郎	小林隆助外務省文化事業部嘱託	体操科	1932.4.1	四級俸	東京高等師範学校体育科甲組	1929	広島県三原女子師範学校	
	○	高女	福田武男			1933.2.7	八級俸				吉田長次郎
	○	高女	津野貞子	武部欽一文部省普通学務局長（配当）		1933.4.1	九級俸65円	奈良女子高等師範学校家事科	1933	新卒	
	○	高女	本田茂一			1934.4.14	五級俸	立正大学文学部史学研究科	1931		
	○	高女	公文一郎			1934.6.6	七級俸	日本体育会体操学校高等科	1929	台南州嘉義高等女学校	
	不明	高女	堀内信子	三辺長治文部次官（配当）				奈良女子高等師範学校文科	1936	新卒	
○	○	高女	松原三夫	東京帝国大学桑田文学部長		不明	月俸90円手当6割	東京帝国大学大学院国文学専攻	1936	新卒	
		高女	宮原義則		数学科			広島高等師範学校理科第一部	1923	滋賀県立彦根中学校教諭	
	不明	高女	是常正美	三辺長治文部次官（配当）			七級俸当分80円	広島高等師範学校理科三部	1936	新卒	
○	○	高女	中島盛一	小林隆助外務省文化事業部嘱託	校長	1938.11.10	高等官四等	日本大学高等専攻部	1917	群馬県立桐生中学校長兼教諭	山本泰勝
	○	高女	飯島元雄			1939.3.20	高等官五等四級俸当分2100円			群馬県立富岡中学校教諭	
		高女	小竹齋二郎			1939.4.15	高等官七等			群馬県立桐生中学校教諭	
○	○	中学	秀島寅治郎	川越総領事	校長	1931.5.16	高等官四等	広島高等師範学校本科博物部	1908	青島日本中学校	長沼亨

私信	採用可否	採用予定校	候補者名	推薦者	担当科目	採用日	俸給	最終学歴	卒業年	前任校	担当科目前任者
○	○	中学	林盛達		国語漢文科	1931.9.22	月俸金90円手当共154円	東洋大学専門部倫理学東洋文学科	1928	台湾総督府雇広東語辞書編纂	
	○	中学	菊池雅吉		英語科	1931.10.23	月俸85円	東京商科大学商業専門部	1930		ジョン・パーカー
○		中学	白井豊一	冨岡朝太元青島中学校長	英語科			大阪市立高等商業学校	1923	比良野電機株式会社会計主任兼営業部長代理	
○	○	中学	中村清	秀島寅治郎 青島日本中学校長	英語科	1932.4.1	二級俸	広島文理科大学英語英文学科	1932	休職大阪府立高津中学校教諭	
	○	中学	合田與佐次	根岸利一郎 大日本武徳会武道専門学校長	柔道	1933.4.4	月俸75円加俸47円	大日本武徳会武道専門学校	1933	新卒	八広定
	○	中学	余瀬正治		体操科	1933.4.16	六級俸当分90円	東京高等師範学校体育科甲組	1933	新卒	池上條太郎
	○	中学	秋山清次	武部欽一文部省普通学務局長（配当）	物理博物科	1933.6.23	六級俸当分90円	広島高等師範学校理科第二部	1933	新卒	
○	○	中学	鵜飼盈治		英語科	1933.8.23	奏任三級俸2330円	東京高等師範学校専攻科英語部	1914	神田高等予備学校教授嘱託	堀井勘三郎
○		中学	薗田次芳	畑山四男美福岡県知事	校長			広島高等師範学校本科地理歴史部	1910	福岡県戸畑高等女学校長兼教諭	秀島寅治郎
	○	中学	北村修一郎		英語科	1936.5.12	奏任六級俸1820円	広島高等師範学校		滋賀県立虎姫中学校教諭	
○		中学	堀川美治		校長			東京帝国大学法科大学英法科	不明	兵庫県立上郡高等女学校長	秀島寅治郎
○	○	中学	大野清吉	小林隆助外務省文化事業部嘱託	校長	1936.11.21	二級俸3050円	東京高等師範学校本科英語部	1910	栃木県立大田原中学校長	秀島寅治郎
			清水久太郎					立教大学商学部本科	1925		
			石川成三					東京外国語学校英語専修科	1928	東京帝国大学理学部雇	
			稲葉小三郎							滋賀県立今津中学校教頭	
			安田百助							広島第二中学校	

出典：外務省記録『青島日本中、女学校関係雑件／人事関係』第一巻から第三巻

【図7-1　公式の教員採用ルート】

青島　　　　　　　外務省

領事館　⇔　外務大臣
　⇓　　　　　　　⇑
学校長　　　　　文化事業部
　　　　　　　　　　↙↘
　　　　　候補者　候補者の出身校

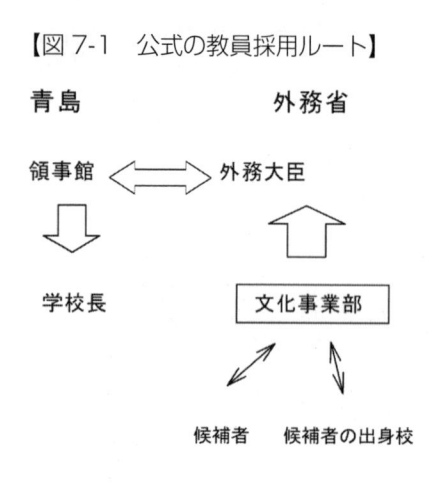

いうことである[3]。つまり「領事館－外務大臣」というルートがあったことが確認されよう。次に、外務省文化事業部に注目する。文化事業部は候補者本人や出身校などと予備交渉を行い、採用前の準備をしていた。採用が決定された後の手続きは、領事館と外務大臣とが連絡を取り合い進められていった。この際文化事業部の決定は外務大臣を通して領事館に伝えられており、文化事業部が直接青島総領事館と連絡を取り合うことはなかった。そのため文化事業部の情報は外務大臣経由で領事館に伝えられ、候補者への連絡手続きなどは文化事業部が直接担っていた。このことから、文化事業部がそれぞれの情報の結び目として位置づけられ、主要なアクターとして機能していたと言えよう。

　ところで、この公式ルートでは校長が主要なアクターとしては登場しなかった。それでは、校長は教員の人事権を持っていなかったのだろうか。次章ではこうした問題関心から、公式採用ルートには現れなかった校長の動きについて見る。

第二節　非公式の教員採用ルート

　前節では居留民団立学校としての公式の教員採用ルートを確認した。このルートでは校長は主要なアクターとして存在していなかった。しかし『人事関係』では公式文書だけでなく、校長や校長候補者から文化事業部に宛てた私信が含まれている。そこで本章では公式ルートとは異なった、非公式とも言える教員採用ルートについて考察する。私信は校長が文化事業部に宛てたものと、校長候補者が文化事業部に宛てたものの2種類に分類できる。以下それぞれを第一項と第二項で見ていく。

第一項　現職校長の私信

本項では5名の採用について、私信と公式文書を用いて校長が教員採用にどのように関わったのか、その様子を明らかにする。

1. 山本武一郎（1931年1月24日付採用、高女博物科主任）
①山本泰勝→文化事業部細川益之　1930年11月22日
　（…）別紙履歴書ハ当地長沼校長より入手せるものに候が大仰適任者の様に存ぜられ人物其他につき調査（幸に朝鮮清州公立高等女学校長対馬助三氏ハ小生の知人故本人の人物其他につき十分腹義無き意見を求めしに至極本校に好適の教員のやうに候）也しに適任者の様に存ぜられ候故何卒候補者として御銓衡願居し本省に於てよろしきやう御認められて早速先方校長に正式の交渉以致し居転任の事項相当の日子を要するかと存候間至急右可否の御通知電報にて願居（領事館へ対して）存じ因に本人ハ当地へ転任の希望十分にあることはたしかめ置候に付何分ともよろしく御願申上候（…）

②山本泰勝→文化事業部細川益之　1930年12月8日
　（…）朝鮮の山本氏採用に関してハ小生が直接推薦した形でハ民団に対して具合あしき由領事館にて申されました（其理由ハ候補者選定方を外務省に一任しておき乍ら更に校長から転任なり採用なりを直接交渉をやつては面白くないといふ領事館の御意向のやうです）其れ故外務省から直接先方の学校長に御交渉下されまして御決定お願へませんでせうか／そして最后の決定ハ領事館と外務省とで御纏め下さませんか／私ハ形式上如何やうになりましても山本氏の転任が事実となれば結構だと思ひます因に山本氏本人ハ転任を内諾して居ります正式に先方の学校長の許可を得れば転任ハ出来ると思ひますそれ故私ハ思ひます外務省の方で御決定になつたやうな形で朝鮮の山本武一郎を青島高女に採用せんとす異存なきやの意味を領事館宛に打電下さいさすれば結構かと思ひます而して其の交渉も正式に外務省の方で御やり下されますやう願ひますそれとも私に先方学校に交渉方を御命じ下されますなり出来る事ハ致します（何れにても過日の館正式採用につき小生採用中にて民団と領事館とに行違

ひの感情があつて困りました）何分よろしく願ひます（…）

　青女校長の山本泰勝が文化事業部と連絡を取り合っていた。①によると、山本武一郎の存在は青中校長の長沼亨から入手したとされ、彼が勤務していた清州公立高等女学校（山本武一郎は実際には清州公立高等普通学校に勤務）の校長が知り合いのため意見を聞くことができ、適任者であると山本校長は判断した。そのため文化事業部の細川益之[4]に採用の交渉をするように要請した。しかし②によると、校長が直接推薦する形は「候補者選定方を外務省に一任しておき乍ら更に校長から転任なり採用なりを直接交渉をやつては面白くない」という理由から居留民団に対して「具合あしき」ことだと領事館から注意を受ける。とはいえ山本武一郎からは既に転任の内諾を得ているため、「外務省の方で御決定になつたやうな形」で採用し、その旨を「領事館宛に打電」し、「交渉も正式に外務省の方で」やってほしいと要請する。

　このように、教員人事をめぐって校長は教員人事に積極的に関わることで領事館や居留民団と衝突する場面があったことがうかがえる。形式的には外務省、特に手紙の宛先である文化事業部が全て取りまとめることを校長側は希望していた。そのためこの非公式ルートにおいて、実質的に校長によって教員採用を進めていながらも、文化事業部が主要なアクターとして交渉することを校長は期待していたと言えよう。公式ルートでは校長は教員採用に関わっていないように見えたが、実は積極的に関わっていたのである。

2. 松本楠恵（1931年3月31日付採用、高女体操科教員）
　　①山本泰勝→文化事業部伊集院兼清 1930年11月8日
　　　（…）扨過日上京の際ハ種々御高配を頂き且つ御馳走仰せ付候られ深く感謝参り候何卒三枝様へも貴公よりよろしく御附言られ度し就いてハ来十二月末〇又〃教員二名（一名ハ博物科の主任教員、一名ハ体操科の女教員）欠員に相成る見込に候間然るべき適任者を御選定せられて（小職に於ても物色ハ致し候へども）御願申上候尚条件之詳細の事項ハ細川氏に書面を以て申上置候間御〇取られたし先ハ右御礼旁に御願まで得たし意候（…）

②山本泰勝→文化事業部細川益之　昭和5年11月？日
　（…）又も弊校教員二名十二月末付欠員となる見込に付領事館より改めて依頼さるる事と候へど一応小生よりも左の条件にて御願申上候
　（…）二、体操科教員
1.　受持学科　体操（14時）及低学年ノ裁縫（四時間）
2.　資格　　　女子ノ有資格者ニシテ成ルベク東京女高師〇〇臨時
　　　　　　　教員養成所（家事体操ノ見得ヘルモノ）出身者ヲ望ム
　　　　　　　但シ其他ノ学校出身者ニテモ適任者アル時可ナリ
3.　俸給　　　本俸九十円加俸六十四円以下（最大限）
4.　人物　　　身体強健ニシテ技術優秀資性温厚著実女学校教員トシ
　　　　　　　テ適任者タルコト
5.　経歴　　　二、三年女学校教員トシテ経験アルモノ

③「青島日本高等女学校教諭採用方ノ件」在青島総領事館川越茂→外務大臣幣原喜重郎
機密第615号　昭和5年11月18日
（…）二、天寺教諭ノ後任
（イ）受持学科　体操及低学年ノ裁縫（四時間）
（ロ）資格　　　女学校教員トシテ経験アル女子ノ有資格者ニシテ成ル
　　　　　　　　ヘクク女高師出身ヲ望ム
（ハ）俸給　　　本俸八十円（加俸五十八円）見当
（ニ）人物　　　人物　身体強健、学力優秀、温厚著実ニシテ研究心ニ
　　　　　　　　富ム者

　①②は山本校長が文化事業部に宛てた書簡であり、③は在青島総領事が外務大臣に宛てた公式文書である。①では「教員二名（一名ハ博物科の主任教員、一名ハ体操科の女教員）欠員」のため、「適任者を御選定」することを文化事業部に要請している。しかし「小職に於ても物色ハ致し候」とあるように、校長自身が後任の選定に係わっていたことを示している。実際「博物科の主任教員」として採用されたのが前述の山本武

一郎のことであり、「物色」した結果であった。また②と③では教員募集の諸条件が記載されている。②は山本校長によって書かれた。作成時期は不明であるが、封筒には11月8日に確認されたことが記載されている。すると③は②より後に作成されたことになる。つまり③は②を参考にしたと考えられ、山本校長の募集条件が私信という形と公式ルートという形の二通りのルートを経て、片方は文化事業部へ、もう片方は領事館経由で外務大臣に伝えられたと言えよう。

3. 林盛達（1931年9月22日付採用、青中国語漢文科教員）
    秀島寅治郎→文化事業部安藤文郎　1931年8月30日
    （…）国漢教員採用の件昨日内致申候領事館の注意に依り氏名は指定致し居らず候も過日御内諾に預り候別紙履歴書の林盛達（もりさと）氏御採用の程願入り候月俸八五

　以前内諾を受けていた林を月俸85円で採用してほしいと内申した書簡である。ただしこの書簡の前に送った書簡では領事館から注意があったため氏名を伏せていたという。福岡県知事から坪上文化事業部部長に宛てた書簡（1931年9月12日発）で「林盛達採用異議無シ」と回答があり、採用が了承される。

　なお秀島が私信を送った安藤文郎は1908年に東京高等師範学校本科英語部を卒業後、1911年に同校研究科、1926年に同校修身教育専攻科を卒業し、内地各学校や朝鮮中等学校を歴任後1927年に聖路加女子専門学校教授兼幹事を経て1931年に文化事業部嘱託となった[5]。経歴としては茗渓会員だったことが分かる。ただし秀島は尚志会員であり、林の採用はいわゆる学閥を通しての縁故採用とは関係がなかったと言える。

4. 中村清（1932年4月1日付採用、青中英語科教員）
    ①秀島寅治郎→文化事業部安藤文郎　1932年2月6日
    （…）当校英語教師の優秀者は御承知の通り森田了三君のみに有之先般採用の菊池君もあまり上等ならず苦悩致し居るところに候／パーカー氏昨年九月より病気欠勤中にて候が当分全快の見込も無之候故来る三月迄にて謝絶する事とし／其の代りとして日本人の最優

秀者を得度き考へを命じ居り候　去る冬休みに森田了三を帰郷致候間内意を含め予め研究致させ候処来る三月広島文理大英語英文科卒業の中村清君ならば学力、手腕、経験、人物何れの方面より見ても申分なき優秀者と申出候右君は大正一四年広島高師英語科を卒業し一年志願兵として入営し砲兵少尉となり大阪府立高津中学に三年間英語教師として勤務せし者にて候年齢も既に三十にて候／就ては本人の意向も如何と存じ先日来内々本人に対し直接交渉致せしところ本人は当地就職を大に希望し他に鹿児島県某中学教頭の口ありしをも謝絶して当校就職を決心致し候／併し小生に於て採用決定権は有し居らず候故正式には外務省より当校宛交渉ある筈と申し送り置き候／右は当地領事館とも打ち合せの上にて候間何卒外務省より右の件広島文理大学に御交渉致し度御願ひ申上候、機を失して他に採らるるは遺憾と存じ右の如く取り計らひ候義何卒不悪御了承願入り候／民団よりあまり感心せざる候補者の提出ありて困り居り候も、既に外務省にて詮考中と申置候間右中村君の件内交渉御決定下されば此の問題も自然解決し難を免るる事と存奉るべく候／内交渉御決定の上は何卒御一報に預り度その上にて直ちに正式採用の内申致すべく候／右何分の御高配に預り度願上候（…）

②秀島寅治郎→文化事業部安藤文郎　1932 年 2 月 25 日
拝啓英語教師中村清採用の件御承諾の旨坪上部長より御通知に接し有り難く御礼申上候／早速採用方正式に手続致置候間何卒宜敷願上候

　①において秀島は安藤に対して新採用の菊池に対する不満を漏らしている。そのため英語教員の森田了三（尚志会員）を代理人として帰郷させ、広島文理科大卒業予定者の中村清を候補者として見つけたことを述べている。秀島は直接交渉した結果中村清を採用したいと考えたが、「採用決定権は有し」ていないため正式の交渉を外務省に依頼する。その結果、1932 年 2 月 12 日発送の「文化一機密第 12 号」で文化事業部長は「本月六日附当部安藤嘱託宛書面ノ趣了承」と①の私信に触れ、「広島文理科大卒業生中村清採用ニ就テハ何等ノ依存無之」と了承する。そして同年 2 月 13 日発送の「文化一機密第 113 号」で文化事業部長は広島文理

科大学長吉田賢龍に対して青中で新学期から英語教師一名が必要となるためその補充として「同校校長秀島寅治郎ヨリ推薦シ来レル貴学英語英文科本年度卒業生中村清ヲ採用」したい旨を伝えた。同年2月20日発送の「広文理大学第87号」で吉田賢龍は「本年度当学卒業生英語英文学専攻中村清ヲ青島日本中学校ニ御採用被下候趣難有御礼申上候」と採用を了承する。その結果が秀島に伝えられた史料は残っていないものの、②にある通り中村の採用が承諾されたことに対して秀島は安藤に礼状を送った。4月6日付の「普通第164号」において中村は4月1日付で青中に任じられた。

　このように秀島は「採用決定権は有し」ていなかったにもかかわらず、文化事業部に直接働きかけ、具体的な採用手続は文化事業部が担うことで中村の採用を実現させたのである。一方で、「民団よりあまり感心せざる候補者の提出ありて困り居」ると居留民団の推薦者に対する不満を記している。この候補者が誰なのかは不明だが、居留民団と青中との間で齟齬があったことがうかがえる。

5. 加藤陸太郎（1932年4月1日付採用、高女体操科教員）
　　山本泰勝→文化事業部安藤文郎 1932年2月16日
　　（…）過日出張の際御話申上置き通り御地文理科大学安田助教授の推薦（最初ハ小林隆介氏の御推薦による）による目下広島県三原女子師範の加藤陸太郎教諭を当校に（転任）採用御願度既に当領事館より御交渉之ありし事と存じ就てハ何分順調に運ぶやう御取計願上候現在の弊校体操科受持の松尾教諭（満十六年弊校勤務）ハ今三月限にて退職することに内定いたし居り故加藤君の転任につき出向命令ハ二十日付従て月末迄にハ着任するやう御取計の程ハ管養願上候（…）

　山本校長に最初小林隆介、続いて文理科大学の安田助教授の推薦を受けた加藤陸太郎を採用してほしいと安藤に依頼した。この安田助教授とは、東京高等師範学校の安田弘嗣助教授であると考えられる[6]。1932年3月7日発送の文化一機密第199号において、文化事業部から加藤に対して高女では体操教員が一名欠員のため「同校校長山本泰勝ヨリ貴下

ヲ推薦シ来リタル」こ　　【図7-2　非公式の教員採用ルート】
とを伝え、回答するよ
う要請した。ついで同
年3月10日付の「回
答書」で転任に関し県
当局と学校長が承諾し
たことを文化事業部に
知らせた。その結果4
月6日付の「普通第
164号」で中村と同様
4月1日付で加藤は高
女に任じられた。

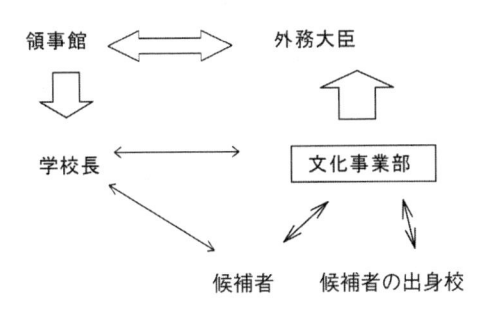

　以上5件の採用を分析した。秀島青中校長が「採用決定権は有し居ら
ず」と述べていた通り、校長が直接人事権を有して教員採用が行ってい
たわけではなかった。しかし、図7-2に見られるように、校長は文化事
業部に直接働きかけることで校長推薦教員の採用を実現させていたので
ある。
　では、その校長自身の人事は、どのようにして行われていたのだろう
か。こうした関心から、次項では1936年と38年の校長人事を分析する。

第二項　校長候補者の私信

　前述のように、1936年と38年において中学と高女両校で校長の後任
人事が決まらず、校長不在が続いた時期があった。この状況に終止符を
打ったのが、大野清吉（青中）と中島盛一（高女）の採用であった。2
人とも茗渓会員である。それでは、この人事の背後には茗渓会の動きが
あったのだろうか。本項ではこうした問題関心から、文化事業部と校長
の後任人事との関係について考察する。

1. 大野清吉（1936年11月21日付採用、青中校長）

　①大野清吉→小林隆助　1936年10月9日
　（…）拟此度は小生青島日本中学校長に御推薦被下との有り難き仰
　御礼の申様も無御座候其のと将来の事迄御配慮被下節重ね重ねの御

芳情厚く御礼申上候／昨夜熟考仕る処小生教員として二十六年余に相成候故最後の御奉公として海外進出など考へるだに愉快に相成り候最後の全力を尽し活動致し度く被存候（…）

②大野清吉→小林隆助　10月12日
（…）仰に従ひ急製の履歴一通電送附申上候間宜しく願ひ上候／来廿二日よりの校長会議に付廿一日午後四時頃着京の予定ニ候御差支へ無之候はば拝眉の栄を得たく存じ候（…）

③大野清吉→小林隆助　10月19日
（…）貴書度々有り難く拝見致しました　小生来廿一日午後四時頃に御訪ね出来ると存じます。其の節にて万々御伺ひ致したいと存じますが若し御採用下さるとしましたら次のような事は如何でしやうか。／一、俸給は増給して下さる事と存じますが／二、年功加俸は如何でしやうか。／三、住居は住宅がありますが／四、家族は同伴出来ましやうか。／こんな事を考へて見ましたが何れ拝眉の節御話し願ひます（…）

④大野清吉→小林隆助　10月25日
（…）本朝鵜飼君と池袋で会ひました小生帰途（本朝デンワ約束で）鵜飼君の心配の根本は五十五才の停年にありと認めました。あと五年間に校長になれなければ首になり又恩給にならぬと心痛致して居りますので、其の心配なら決して心配にならないのではないですか小林さんも勿論御考へ下されて居らつし又僕自身もそんな不人情ではないよと申し置きました。以上の程ですから御承知置き願ひます（…）

⑤大野清吉→小林隆助　10月30日
（…）只今貴部々長殿より正式に小生青島日本中学校々長に御採用被下二級本俸御支給被下趣の書翰を拝受仕り候（…）

⑥大野清吉→岡田外務省文化事業部長　10月30日

（…）十月廿九日御発送被下候貴翰誠に有り難く拝見仕り候／仰の趣身に余る光栄と存じ私事正に御承諾申上候／而して明日出県の上本県知事の御内諾を得度くと存じ候／其上にて更に御報知申上可く候（…）

⑦大野清吉→小林隆助　11月5日
（…）先程の書面は学校に於て認め差出し左後出県致し候視学官部長等に御話致しました処年本県につとめて呉れたのであるから外務省の方で急ぐなら何時に発令されても差支へないとの事ですから右御承知置き願ひます。／尚県でもどんな手続になるか解つて居る人が一人もありません。（…）

⑧大野清吉→岡田外務省文化事業部長　11月5日
（…）貴下益御精通の儀奉大望候扨て私事転任の件に関し本県に御願致し置き候処本日別紙の通り御内諾有之候につき御送付申上候（…）

⑨電話　小林嘱託／十一月廿一日午前十時文部省秘書課ヨリ左ノ電話アリタリ。
一、十一月廿一日公立中学校長兼教諭大野清吉、青島日本中学校長兼教諭ニ任セラレタリ

⑩（…）青島ハ話以上ニ日本人同士間ニ小競合演ゼラレ、如何ニセバ健実ナル日本ノ努力ヲ伸シ得ルカ等考慮シ居ルモノハ極メテ少数ニハ無之ヤ等思ハレ候何トカヨキ指導者欲シキ様常ニ感ゼラレ候／学校ノ方ハ教員協力致シ居リ候間御安心ノ程願上候（…）

①で小林隆助が大野を青島日本中学校長に推薦したことが分かる。②で履歴書を送り、③で採用時の給与や住居などの生活面での諸条件を確認した。ある生徒は「四大節を始め、事ある毎に五年間、何十回となく聞かされた先生の訓示は、新聞の社説か修身の授業のように、常識論と建前論ばかりであった」と大野校長を回想しているが[7]、そうした「建前」

の背後には教員としてよりも、生活者としての生々しい一面が垣間見える。④では教頭鵜飼盈治と大野との関係が述べられている。『東京高等師範学校一覧』の卒業生名簿を見ると、この２人は1910年に東京高等師範学校英語部を卒業した同期であった。大野は鵜飼と直接話をする事で、定年までの心配をしないように促している。⑥で10月29日に内定が出た。そのため⑤と⑥で小林と文化事業部長に礼状を書いた。⑨において11月21日に大野が青中長に任命された。『官報』第2969号（1936年11月24日発行）でもこの日に任命されたことが確認できる。⑩は校長として青中に赴任した後の書簡である。青島の日本人同士が対立し、指導者がいない状況を嘆いている。一方で学校では教員が協力し合っているとその違いを主張している。

2. 中島盛一（1938年11月10日付採用、青女校長）
　①大鷹青島総領事→宇垣外務大臣　第675号　1938年8月23日
　貴電第二八七号ニ関シ（青島日本高等女学校校長選定ノ件）
　木村主席教諭ヲ昇任セシムルコトハ民団側ニ於テ相当難色アリ当館トシテモ同人ニ対スル学校ノ改善向上等ヲ計ルコト期待薄ニシテ旁々同人昇任ノ結果ハ却テ本人ノ教育生活ヲ短カカラシムルノ惧モアルニ付テハ当方トシテハ他ニ統御ノオニ長シ覇気アル適当ノ後任者（現ニ学校長タラストモ教頭ニテモ可）ノ銓衡方引続キ御配慮ヲ得度ク其ノ間木村ヲ校長代理トスル現状ヲ維持スルコトト致度シ（了）

　②中島盛一→第二課長宮崎申郎　1938年9月15日
　此の度は小林嘱託を通じての御推薦を添ラレ誠に光栄に存じ申上候。（…）彼地の事情に就ては小林先輩より詳しく承り申候。課長殿の御訓しを承りて学校経営の困難なるを承知いたし候　然れども旺盛なる職分精神を以て之に当り至誠以て進む時経営必ずしも難事に非ざるべく敢然御推挙に応ずる決心を定め申候。愈々発令の暁には之を終生の御奉公と心得粉骨砕身の努力をいたす覚悟に御座候（…）

前述のように、1930年代後半の青島中等学校の校長後任人事は難航し、約半年校長不在という時期が続いた。①の高女では首席教諭の木村兵三（広島高師卒）に対する居留民団の評価が悪く、彼を校長に昇任させることができなかったという。また領事館も「学校ノ改善向上等ヲ計ルコト期待薄」であると居留民団の意見に賛成している。なぜ民団と領事館の木村に対する評価がここまで低かったのか、その理由は不明である。そして、②で小林嘱託が中島を高女長に推薦したことが分かる。中島は『官報』第3557号（1938年11月11日付）で1938年11月10日に任命されたことが確認できる。

こうして後任人事は結局大野清吉と中島盛一の二人が就任する形で決着した。彼らをそれぞれ中学校長と高等女学校長に推薦したのは、「小林嘱託」だという。中島は「小林先輩」とも記している。この人物については第六章で扱い、前述の加藤陸太郎の推薦にも係わっていた「小林隆介」だと考えられる[8]。加藤も茗渓会員であった。小林は1932年には茗渓会事務監督であり、その翌年から外務省嘱託兼文部省嘱託となっている。つまり彼は茗渓会を通じて推薦を行っていたと考えられる。

第六章では小林が1927年に青島日本中学校校長に採用されたことをきっかけとして茗渓会員の採用が増えていったことを指摘したが、彼の登場が尚志会員による青島中等教員人事の独占を崩すことになったと考えられる。

おわりに

居留民団立学校の教員人事において外務大臣を通して在地領事館と連絡を取り、また候補者と連絡を取るなど文化事業部が主要なアクターとして機能していた。こうした教員採用に文化事業部が積極的に関わっていたという点は、これまでの研究では必ずしも注目されていなかった側面であろう。しかし、これはいわば公式ルートでの採用であり、実際には校長が非公式ルートを用いて文化事業部に直接働きかけ、校長推薦教員の採用を実現させていた。加えて文化事業部の内部では、安藤文郎や小林隆助のような茗渓会員が教員や校長の推薦を行っていた。こうして、

山東還附によって青島の在外指定学校は青島守備軍から居留民団へと経営母体が移ることで、青島の教員人事のヘゲモニーは広島高師から東京高師へと入れ替わっていったのである。

　以上の分析から、居留民団立学校の教員人事の具体的な側面を示した。このことから、「日本」側といっても、学校長や居留民団という現地諸アクター、総領事館という現地出先機関、文化事業部という本国政府との関係は決して一枚岩ではありえず、公式では存在し得ないパイプを用いて、共合／反発しながらも利害を調整する姿が浮かび上がった。

【註】
1) 渡部宗助「教員の海外派遣・選奨の政策史と様態」（小島勝編著『在外指定教育の研究』玉川大学出版部、2003年）pp.332-335。
2) 渡部前掲論文、p.342。
3) ただし文化事業部が領事館に発信した事例として菊池雅吉の採用をめぐる「文化一普通第211号」（1931年10月30日発送）がある。
4) 「細川嘱託支那出張ノ件 昭和五年三月」（外務省記録『東方文化事業部関係人事雑件』第3巻（JACAR:ref.B05015020600）によると、細川は「本邦各地ニ於テ多年中学校長又ハ高等女学校長トシテ歴任シタル経験ヲ有シ昭和二年六月外務省嘱託トナリテヨリ文化事業部ニ於テ専ラ支那留学生ニ関スル学費補給事務及本邦人カ支那ニ於テ経営スル専問学校又ハ中等学校ニ関スル事務ヲ取扱」っていたという。
5) 外務省記録『東方文化事業部関係人事雑件』第3巻（JACAR:ref.B05015022200）。
6) 平成23年度東京大学学術成果刊行助成での匿名審査員のご教示による。『東京文理科大学東京高等師範学校第一臨時教員養成所一覧』昭和五年度（p.145）及び昭和7年度（p.198）に、体操を担当科目としてその名が見える。なお、東京文理科大学には安田弘嗣の名は見えず、山本校長の誤認と思われる。
7) 『青島日本中学校校史』p.384。
8) 「隆介」と「隆助」は同一人物でありながらも、史料によって表記が異なっていた。前章第三節で見たように、正しくは「小林隆助」である。

第八章

私立青島学院商業学校に通った生徒
──学籍簿分析を中心に──

はじめに

　本章は戦前期中華民国における日本側中等学校に通った生徒の分析を通して、地域と日本側学校との関係を解明することを目的とする。そこで青島に設立された私立青島学院商業学校の学籍簿（1922-1945）を通時的に分析し、生徒の属性がどのように変化したのか明らかにする。これまでの在外日本人学校研究では、在外指定学校制度の制定過程やその機能についての分析が主であった。在外子弟教育研究において先駆的な研究を行っている小島勝は国民教育間の葛藤・移民・文化程度を軸として日本人学校を包括的に分析している[1]。小島は各日本人学校というミクロの視点と、文化接触というマクロな視点を同時に持つことで、在外日本人学校研究をリードしてきた。中国大陸に於いては上海と満鉄附属地を中心的に検討している。しかし小島は他の居留地（天津、青島、漢口）での在外日本人学校については今後の課題として、取り扱っていない。

　そこで本章は小島の課題を補足するとともに、「外地」の私立学校の学籍簿を用いて統計的に分析を進める[2]。この分析によって、初めて「外地」の日本側中等学校における生徒の具体的様相を明らかにできよう。

　華北における日本側の中等学校は、北京・天津に中学、高女、商業学校があり、済南に高女、青島には中学、高女があった（表8-1）。いずれも居留民団によって運営されていた在外指定学校であったため、その生徒のほとんどは「内地人」と「朝鮮人」であった[3]。一方青島学院は財団法人によって運営された私立学校であり、また華北部において最初に設立された中等学校の一つであった[4]。同校が他の在外指定学校と異な

るのは、日本政府の在外指定を受けながらも中華民国人を多数受け入れていたことである[5]。『北支に於ける文教の現状　昭和十四年十月』によると、他の居留民団立中等学校では満洲国人ないし中華民国人はほとんどいなかったが、青島学院では商業学校に 657 名中 188 名、実業学校に 296 名中 49 名、紘宇高等女学校に 75 名中 9 名の中華民国人が在籍していた。このように多数の中華民国人が在籍していた背景には、青島学院校長の吉利平次郎が設立当初から掲げていた、「日華ノ提携融和」という理念の影響が考えられる[6]。

【表 8-1　華北における日本側中等学校】

所管領事館	民団民会	校名	児童数 合計	男	女	内	鮮	台	その他	学級数	職員数 教員	その他	創立年月日
北京	北京	北京中学	384	384		342	41	1		9	専16 兼15	1	1939.4.1
		同商業	134	134		89	44	1		3	専3 兼8		1940.1.11
		同高女	626		626	582	43		1	15	31	2	1939.4.1
		(小計)	1144	518	626	1013	128	2	1	27	専49 兼14	3	
天津	天津	天津中学	242	242		202	39		1	6	専14 兼1	6	
		同商業	501	501		430	66	4	1	14	29	2	1933.4.1
		同高女	619		619	581	35	2	1	16	専31 兼1	6	1921.4.13
		(小計)	1362	743	619	1213	140	6	3	26	専74 兼2	10	
済南	済南	済南高女	231		231	206	24		1	7	15		1939.3.20
青島	青島	青島中学	634	634		609	24		1	14	27	2	1917.4.4
		同高女	678		678	663	14	1		16	30	2	1916.4.15
		(小計)	1312	634	678	1272	38	1	1	30	57	4	
	青島学院財団	実業	400	400		274	47		79	7	専8 兼21	兼5	1916.4.8
		商業	751	751		438	121		192	13	21	5	1920.4.8
		紘宇高女	142		142	120	10		12	4	専11 兼2	兼4	1938.9.4
		(小計)	1293	1151	142	832	178		283	24			
石家荘	石家荘	石門高女	83		83	58	25			2	専3 兼7	3	1940.1.26
合計			5425	3046	2379	4594	533	9	289	126	専238 兼46	専25 兼9	

出典：興亜院華北連絡部『昭和十六年七月　北支に於ける文教の現状』。

このように青島学院は「日華ノ提携融和」を実践した「外地」の私立学校として、極めてユニークな特色を有していた。
　第二章第四節で見たように、1916年に青島学院は設立され、1921年に5年制の甲種商業学校を設立する。設立直後には山東鉄道の現地人従業員養成を行うことで青島守備軍側から補助金を受けていた。このことから私人が経営する「私立」の体裁を取っていたが、きわめて「軍立」に近い学校であったと言える。1922年に財団法人青島学院を組織し、第四章で見たように、膠州湾租借地還附後の1928年に商業学校は在外指定学校となる。設立当初は英語を中心とする語学校という側面が強かったが、次第に簿記などの商業科目を充実させ、商業学校としての基盤を固めていくのである。こうして「内地」の教育法体系に包摂される。すなわち「日華ノ提携融和」を掲げた中等学校でありながらも、基本的には「内地」の学校体系に準拠し、そこに中国人学生が入るという構図であった。しかし日本が敗戦を迎える1945年10月に実質的に閉鎖される。
　この学校に、どこからどのような生徒が集まったのか。本章は主にこの点について分析を進め、青島という地域の特性について考察する。そのため、同校の教育内容や、卒業生の進路については本書では扱わない。

第一節　青島学院商業学校生徒の変遷

第一項　生徒数のピークと減少の原因

　グラフ8-1によると、生徒数のピークは1927年、1932年、1937年、1939年、1943年である。1925年以降から1927、28年にかけての生徒数増大は、日本政府からの補助金の結果経営が安定したことが背景にあると考えられる。一方1928年から29年に生徒数の急落は、済南事件の影響と見られる。1929年から32年にかけて生徒数、特に「内地人」が1928年に増えているのは、同年に在外指定を受け、「内地」でも通用する学歴として位置づけ直されたことが生徒数増大の原因と考えられる。1939年のピークは青島市内や山東鉄道沿線出身者が増えたためである。この時期に鉄道沿線出身者が増えた理由については不明である。1943年以降に生徒数が減じるが、これは民国人や内地からの入学者の減少が原因である。

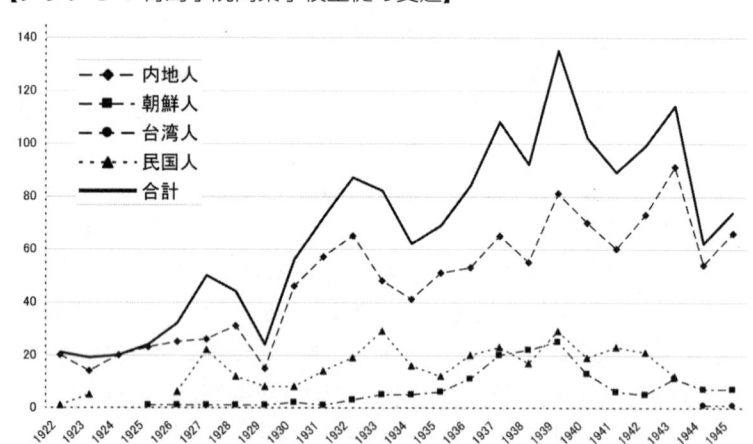

【グラフ8-1 青島学院商業学校生徒の変遷】

第二項　朝鮮人生徒の特徴

　学籍簿では朝鮮人生徒の「創氏改名」の様子が描かれている。まずは個人的事情による「内地人名」の使用を見よう。1926年の事例では「高島ハ内地人名ニシテ従来本校ニテ使用シ来タルモ卒業ニ際シ本人ヨリ戸籍謄本通訂正申出アリ協議ノ結果申出通リ昭和六年二月廿八日高ト姓ヲ改ム」とあり、通称として「内地人名」を用いていた。また1929年の事例では「就職ノ都合上通称ニテ取扱フ。校長諒解／第2学年副級長任命」とある。すなわち就職等の理由から2人とも「内地人名」を通称として名乗っていたが、学籍簿には戸籍名が記名された。つまり戸籍そのものが変わったわけではないのである。

　ところが、こうした個人的理由による改名ではなく、制度的に創氏改名が進行した事態が起こる。1940年2月11日に施行された制令第19号「朝鮮民

【表8-2】「創氏改名」朝鮮人生徒数

入学年	朝鮮人数	改名者数	備考
1934	5	1	1940年改名
1935	6	3	内2名兄弟、1940年改名
1936	11	10	1940年から42年にかけて改名
1937	20	16	
1938	22	22	
1939	25	24	1941年3月頃
1940	13	12	うち2人登録時改名済み
1941	6	6	全員登録時改名済み
1942	5	5	全員登録時改名済み
1943	11	11	全員登録時改名済み
1944	7	7	全員登録時改名済み
1945	7	6	6人全員登録時改名済み

事令中改正ノ件」制令第20号「朝鮮人ノ氏名ニ関スル件」を基本法とし、いわゆる「創氏改名」(以下カッコを省略)が行われる[7]。その結果、青島学院の朝鮮人生徒にもその影響が及ぶのである。学籍簿を見ていくと、1940年7月以降、戸主が地方法院の許可を経て改名している。生徒は1934年入学者から改名者が現れ、その後の入学者は概ね1941年3月頃の改名が多い。1935年入学者から、ほぼ全ての朝鮮人生徒が改名している。なお学籍簿の氏名欄で二重線ないしカッコで改名後の氏名を記入している。1940年入学者から、登録時既に改名後の朝鮮人生徒が入学し、1941年から44年に入学した朝鮮人生徒は全員改名ずみであった。具体的な人数については表8-2にまとめた。このように、学籍簿には創氏改名の影響が直接に反映されているのである。

第二節　青島学院商業学校生徒の出身校

本節では1922年から1945年までの生徒延べ数1752人を対象に、その出身校を分析する。

第一項　日本人(内地人)

まずは日本人学校出身者について分析する。表8-3を見ると、青島学院商業学校への進学者のうち最多は青島第一尋常高等小学校出身者の503人(朝鮮人含む)である。すなわち約30%が同校の出身者である。逆に、青島一小卒業生は卒業後どのような進路を選択したのか。1915年から28年にかけての青島一小卒業生のうち男子は1170人(尋920人、高250人)であった。中学進学者は581(尋518人、高63)とその約半数であり、青島学院商業進学者は139人(尋79人、高40人)と約1割であった[8]。

次に、青島学院商業学校への進学者が2番目に多かった青島第二小の卒業生(1918-28年)について見よう。男子440人中中学進学者は292人と7割近くであり、青島学院進学者は36人と1割にも満たなかった[9]。以上のことから、青島学院への進学は、青島一小及び二小卒業生にとってはマイナーなルートであったと言える。

ではなぜ青島一小出身者が多いのか。1935年まで、青島学院商業学校

が第一小学校の近隣にあったことが挙げられる。とはいえ、1935年に青島学院商業学校は台西鎮単県路に移転した後も、しかし「日支事変」が起こった1937年を除いて毎年20～30人の第一小学校出身者が入学する。移転後通学距離が伸びたにもかかわらず進学者数が変わらなかった理由については不明である。おそらく、日本人男子が通うことができる中等学校の選択肢が中学校か青島学院かという形で限られたため、通学距離にかかわら

【表8-3 日本人学校出身者】

区分	出身校	'22	'23	'24	'25	'26	'27	'28	'29	'30	'31	'32	'33	'34	'35	'36	'37	'38	'39	'40	'41	'42	'43	'44	'45	合計
山東日本人学校	青島一小	8	6	7※	8	9		15	10	9※	24	34	33	26	21	32	26	25	15※	36	32	35	27	19※	24	22	503
	青島二小	2			3	3		1	2	1	2	5		1	4	3	9		11※	5	8	7	9	11	8	5	15	115
	青島三小																					8	6	10	14		38
	青島中央																					5	10	3		18
	滄口				2	1	1			1	1		2	3			4	7	1	4※	4	2	2	8※	4	7	55
	張店					1	1						2	1	4	1	3	1	1	2			1				18
	四方					2			1※		1	4	3	2		2	1		5	3	4	3	7	4	5	47
	博山												1	1	1									1	4
	坊子							1			1	2	1		2	1	1		1	2	3	1		1	17
	淄川										1	1	1	1			2						2		8
	青州																			1					1
	龍口																					1			1
	灘県																						1		1
	済南				2	1	1※	1	4	7	3	8	4	1	1		1	2※	7	14	2	1			60
	芝罘																1				1	2	1	1	6
	青島学院実	2	1	1		1	2	1		1	2※	1	1		1	2	1※	4	2	1	1		1	1	27
	青島中学	1※	1	1		1	4※	4	1※							1									14
内地	小学	4	3	3	5		4	7	1	4※	7※	5	5	5	1	5	9	10※	18※	4※	2	4				106
	中学			1		1				1			1	1				1※		1					7
	商業			2※			2			4※	2	1※	1			1	1		4	3※	1					24
	その他			1			1	1									1			2	1				7
関東州	小学	1			1						1	1	2						2	1					9
	中学		1※		1																				0
	大連商			2						1	1			1			2	2							9
	その他																		1			1			2
満洲	小学															1※		3	1						5
	中学																								0
	長春新京商									1		1	1		1※										4
	奉天商業										1							1		1※					3
	その他																								0
外地	小学	1	1			1					1				1	1	6※	2※		1	1				17
	中学																2※	1※							3
	天津商											1	2												3
	上海商												1	1											2
	商業			1																					1
	その他										1														1

註：『青島学院商業学校学籍簿』各年度より筆者作成。なお※は延べ人数である。

ず一定数が進学したものと考えられる。

「内地」からの進学者は合計で106名と青島一小、二小に続いて多い。しかし1943年以降「内地」から進学する者がいなくなる。おそらく戦局の悪化とともに交通機関が乱れ、渡航が困難となったためだと考えられる。

一小、二小の他に四方、滄口の各小学校からの進学者があるが、この4校は青島居留民団立であり、比較的市内に近かった。四方と滄口は前述のように1922年の山東還附直前に大規模な在華紡工場が置かれ、工場関係者の子弟のための学校として設立された。市内には近かったものの、通学するには不便であるため同校出身者の中には市内の親類や寄宿舎に住む者が多かった。山東鉄道沿線では、比較的連続していたのは済南小学校卒業生で、1925年から42年にかけて進学している。同校出身者も市内の親類や寄宿舎に住む傾向があった。

他に注目すべきこととして、他の外地からの進学者がいたことがある。特に、大連、長春、奉天、上海、天津の各商業学校から転学者があったことは、生徒間の移動を通じた商業学校ネットワークの存在があったことを示唆している。なお大連商業学校との関係については後述する。

第二項　朝鮮人

次に、朝鮮半島の普通学校出身者について見よう。朝鮮半島からは1934年から41年にかけて入学している。なぜこの時期に普通学校卒業生が出現したのか、朝鮮人の移動の側面から検討する必要がある。関連する研究として経済史[10]や人類学[11]での知見があるが、1930年代の朝鮮→青島への移動については不明である。なお、青島の各小学校からも朝鮮人が入学しており、普通学校以外からの朝鮮人進学者もあった。こうした出身校を問わず、先に見たように「創始改名」が学籍簿に及んでいったのである。

【表8-4　朝鮮人学校出身者】

	'22	'23	'24	'25	'26	'27	'28	'29	'30	'31	'32	'33	'34	'35	'36	'37	'38	'39	'40	'41	'42	'43	'44	'45	合計
朝鮮					1								3	1	1	10	7	7	2※	1					31
満洲																		1							1

第三項　中華民国人

　中華民国人のうち、最多は青島学院予科出身者である。予科を経て商業学校に進学した者は、1929年から39年までと1942年にいる。このように予科を経て商業学校に進学することが一般的であったことが、学籍簿からもうかがえる。

　台西鎮小学校は1931年以降43年に至るまで連続して青島学院商業学校生徒を輩出している。他に比較的連続して輩出した学校として北京路小学校、江蘇路小学校がある。台西鎮及び北京路小学校に関して、膠州湾租借地時代の「公学堂」との連続性が指摘できる。というのも両校は第三章で見たように日本統治下膠州湾租借地で「模範的ノ学堂」とされた2校（青島・李村）及び市区部の2校（台東鎮、台西鎮）の後身だからである。表8-5では、この4校いずれからも進学者がいることがわかる。ただし、日本統治時代の公学堂を経て青島学院に入学した生徒はおらず、いずれも中華民国北京政府に還附され、膠澳商埠督辨公署管轄の小学校となってからの出身者であった。

　青島学院への進学者は山東省全体だけでなく他省にも及び、さらには関東州公学堂の出身者が見られる。このように生徒を介した関東州と青島とのつながりが見える。

【表8-5　中華民国学校出身者】

	出身校	'22	'23	'24	'25	'26	'27	'28	'29	'30	'31	'32	'33	'34	'35	'36	'37	'38	'39	'40	'41	'42	'43	'44	'45	合計
膠澳商埠／青島特別市	青島学院予科								7*	6	8	15	23	15	10	16	17	3	22			2				144
	膠東中学付属小					2																				2
	台西鎮公学堂／小学校						1				3*	2	1	3		1	5	1	2	2	5	2	1	1		30
	台東鎮公学堂／小学校							2					1		1		1		1	2						8
	青島公学堂／北京（平）路小						1	2*			2		3	3	1	1		1	2	2	4					22
	李村公学堂／小学校																		1							1

第八章　私立青島学院商業学校に通った生徒―学籍簿分析を中心に―　279

	出身校	'22	'23	'24	'25	'26	'27	'28	'29	'30	'31	'32	'33	'34	'35	'36	'37	'38	'39	'40	'41	'42	'43	'44	'45	合計
膠澳商埠／青島特別市	四方鉄路小										1															1
	四方育才小										1															1
	青島鉄路小											3	2			1	1									7
	太平路小															1	1									2
	市立四方小																1									1
	市立育英小											1	1				1									3
	朝城路小															1	1	1								3
	黄台路小																		2	1	1	2				6
	仙家寨小														1		1									2
	薛家島小																1									1
	大麦島小																1									1
	江蘇路小												1	1	1	1	2		1	1	1					9
	青島模範小						1						1		1				1							1
	壕北頭小																	1								1
	私立明徳小											1	1			2	1									5
	吉林路公益小														1											1
	青島高徳小													1												1
	培基小学											1	2	1			1		1	1						7
	その他小													2		2					1	3				8
	礼賢中学						3*	1*			1		2	1	1											9
	膠東中学																									0
	膠澳中学						2	1																		3
	明徳中学						1									2										3
	尚徳学校						1*	1*				1	3		1	1		1								9
	崇徳中学												2				1*									3
	市立中											1														1
	その他中学						1																			0
	商業												1													0
	その他											1														0
山東省	小学					1*	8	2		3		1	6	2	1	2	3		4	8	2					43
	中学					2*	1	1							1											5
	商業																									0
	私塾						2	3			1	1	2			1			1							11
	その他				1			1																		2

出身校		'22	'23	'24	'25	'26	'27	'28	'29	'30	'31	'32	'33	'34	'35	'36	'37	'38	'39	'40	'41	'42	'43	'44	'45	合計
関東州	関東州公学堂		1*							1		1	1							1		3	1			9
他省	小学				1					2	1*	1	2	2				2			1	1				13
	中学								1*		2															3
	商業																									0
	その他																									1

第三節　転校先

本節では青島学院からの転校先を通じて、他地域とのつながりを考察する。青島学院での転校は2種ある。第一に個人的事情による転校である。第二に1937年の「日支事変」勃発に伴う集団転校（引き揚げ）である。本節では第二点に絞って考察する。集団転校について、学院では以下のように記録している。

　　今回ノ支那事変ニ依リテ昨年八月末政府ノ命ニ依リ此等一切ノ事業ヲ中止シテ内地ニ引揚ゲ居リシニ我皇軍青島ヲ占拠スルニ及ビ本年一月下旬ニハ以前ノ在住民ニ帰青ヲ許サレテ校長ハ一月廿二日ニ青島ニ帰還シ続イテ職員モ帰リ来リ支那学生モ帰来セシヲ以テ二月五日ヨリ開校教授ヲ開始シタル次第ニ候[12]

集団転校は個人の判断や学校の判断ではなく、1937年8月に出された政府の命令によって行われたという。その後日本が青島を占領し（第二次日本統治）、翌年1月から在住者が戻り始めたため、2月5日に学校を再開した。では、この間どのくらいの生徒が集団転校したのだろうか。転出者は1933年度入学者から37年度入学者合計405人中133人（約34％）に上った。彼らの多くは聴講生として転校し、後に復学して青島学院商業学校を卒業している。ただし1933年度入学者は転校時5年だったため青島学院に復学できず、転出先で卒業した者もいる。転出期間は1937年9月から翌年2月にかけてである。中には1939年復学者もいる。

転出先では一体どこの学校が多かったのか。表8-6にまとめた。大連

【表 8-6 「日支事変」転出先】

全体	転出数
大連商業	36
大分県立大分商業	7
長崎市立商業	5
門司商業	4

商業学校が最多の 36 人であった。この数には「内地人」だけでなく、「朝鮮人」「民国人」を含んでいる。続いて大分商業学校 8 人。他に長崎市立商業学校、門司商業学校などがある。このように、「内地」は九州地方が多く、地理的に近い地域が選ばれている。以上のことから、青島と大連、九州とは商業学校生徒を通じたつながりがあったと言える。このつながりを図示したのが図 8-2 である。

【図 8-2 東北アジア地域と青島学院との関係】

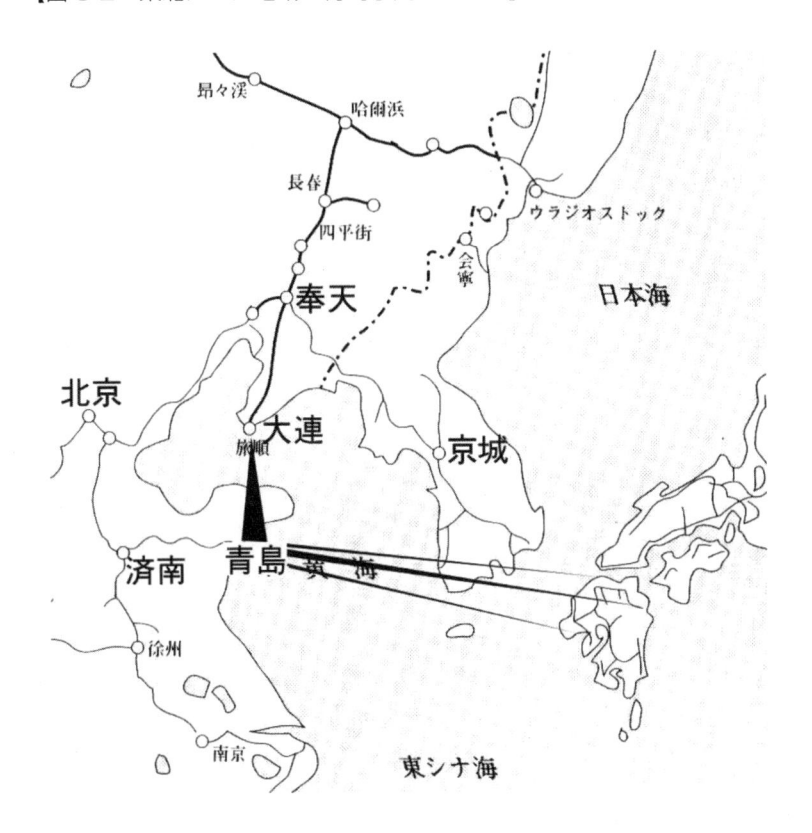

註：服部龍二『東アジア国際環境の変動と日本外交 1918-1931』(有斐閣、2001 年) をもとに、筆者作成。

第四節 「日華ノ提携融和」の教育法

　以上、学籍簿を分析することで、青島学院商業学校に通学した生徒の属性と他地域との関係を述べてきた。先に青島学院の特徴として「日華ノ提携融和」を指摘した。学籍簿からは1926年から43年にかけては日本人と中華民国人の双方が入学したことが分かるものの、学生生活の具体的な様子は分からない。そこで本節では吉利平次郎が掲げた「日華ノ提携融和」の理念を、具体的にどのような教育方法で実現させようとしていたのか明らかにする。設立当初及び山東還附後の状況については既に第二章及び第四章で扱った。まず、日中両国民の混合学級実践が挙げられる。次に生徒間の相互学習が挙げられる。混合学級は、以下のような実践が行われた。

　　中国人ハ中国小学校卒業者ヲ試験ノ上予科ニ入学セシメ、一箇年若シクハ一年半片仮名其他基礎トナルベキ日本語ヲ教授シテ後、第一学年ニ日本学生ト共ニ混合学級ヲ編制シ同一教室ニ交互ニ着席セシメ日本ノ教科書ニ依リ日本語ヲ以テ教授ス[13]。

　中国人学生は日本語の予備教育を受けてから第1学年に入学し、日本語を教授用語とし、日本の教科書で教育を受けた。さらに席も日中両国民が相互に着席するように工夫したという。前述したように予科から第1学年に入学する中華民国人が多かったが、それはこうした教育実践の表れであったと言えよう。次に相互学習について見てみよう。

　　授業中難解ノ点ハ生徒互ニ助ケ合ヒ励ミ合ヒテ運動場ニ於テハ遊戯ヲ共ニシ、寄宿舎ニ於テハ起居ヲ共ニシテ、日本学生ハ華語ヲ中国学生ハ日本語ヲ習熟スルニ効果アラシメ且ツ相愛シ相親シムノ情緒ヲ養ハシム。(…) 教室ニ於テハ勿論校外ニ於テモ生徒相互間ニハ日華両国語ノ何レカヲ止揚スルコトヲ許シ、又卒業式其ノ他ノ式典当リテハ日本人ハ華語、中国人ハ日本語ニテ祝詞等ヲ述ベシムルヲ例トス／四、両国ノ国民的大祭日祝典等ニ当リエテハ、必要ト認

メタル場合参加スルヲ例トス／五、日華両国ノ運動競技会等ノ場合ハ日華両国人一団トナリテ参加スルヲ例トス／六　入学後ハ平等、無差別、無階級、公平無私ノ取扱ヲナシ、中国人ト雖モ成績優秀ナル者ハ級長其他代表的ノ職ヲ与ヘ、教練其他ノ場合ニハ一級ヲ率イテ指揮セシムル等日本学生ト同一ノ取扱ヲナス。

　教室での混合学級だけでなく、学校生活全般を日中共学として相互学習を促すことを目指している。混合学級は「若年ニ於テ最モ効果的ニシテ、年少時代ヨリ両国民ヲ接触セシメテコソ、真ノ親シミ、真ノ愛情」が生じるとし、入学時の年齢に注意を払っているという。
　こうした混合学級実践の結果、どのような人材が輩出されたのか。

　　本学院卒業生ヲ出スコト二千六十一名ニ及ビ、之等日華両国ノ卒業生ハ満支ノ各地ニ於テ相携ヘテ実業界ニ活動シツツアリシガ、俄然支那事変勃発スルヤ進ンデ陸海軍ノ通訳ニ特務部ニ宣撫班等ニ直接軍部関係若クハ省市公署市商会其他日華両国連絡等ノ任務ヲ量リ功績ヲ挙ゲ国家ノ為メ貢献シツツアルガ、殊ニ中国人卒業生ハ良ク日本人ノ思想ヲモ理解シ、真ニ日本人ト相携フルニ非ザレバ東洋永遠ノ平和ハ期シ難キコトヲ脳裏ニ植エ込マレ居ルニ依リ、今回ノ事変ニ当リエテハ聖戦ノ真相ヲヨク諒解シ、新秩序建設ノ為メ活動シ、常ニ母校ト連絡ヲ取リ、日本ノ為メニ又中国ノ為メニ相助ケ相救フノ精神ヲ発揮シテ両国ノ為メニ貢献シツツアリ。

　戦時下であったこともあり、通訳や特務部、宣撫班などといった軍関係や、官公庁及び商務関係への就職が指摘されており、いずれも「新秩序建設」という日本の国策に協力的であったという。青島学院の「日華ノ提携融和」は結局時局に回収された側面があったと言えるが、引用史料は下賜金下付の申請書類であることを考えると、時局に回収された側面のみを文字通りに受け取るべきではないだろう。
　なお本章の対象からは外れるが、同窓会組織である「桜稲会」は戦後も活動を続け、国籍を問わず交流を続けている[14]。

おわりに

　以上、本章では学籍簿を用いて私立青島学院商業学校の生徒について分析を行った。その結果、以下のことを明らかにした。まず、生徒の出身校に関してである。第一に日本人生徒（朝鮮人含む）の主要なルートは、青島一小から青島学院に進学するルートであった。その原因としては青島市内で進学できる中等学校が限られていたことが考えられる。第二に中華民国人生徒のルートは、旧公学堂の出身者が比較的多いことを明らかにした。ただし、日本統治時代の公学堂を経て入学したものはいない。中華民国北京政府に接収され再編された公学堂から、改めて青島学院に入学している。

　次に、青島学院と他地域（他校）との関係について、「日支事変」に伴う転校先を事例に分析した。その結果最多が大連商業学校であることが分かった。このことから、青島学院と大連商業学校との間には、生徒を介したつながりがあったと言える。

　最後に、青島学院の「日華ノ提携融和」という理念は達成されていたのか、という課題について分析した。入学者から見ると、1926年から43年にかけては日本人と中華民国人の双方が入学しており、実現できていたと言える。また机の配置や相互学習など、教育実践面での日中共学を行っていた。その結果、戦時中は日本軍に協力する卒業生を輩出するなど時局に回収された側面があったが、同窓組織である「桜稲会」を通じて戦後も交流を続けており、「日華ノ提携融和」はある程度実現できていたと言えよう。

　以上の分析から、青島学院商業学校生徒の多くは日本人（「内地人」「朝鮮人」）中華民国人ともに青島市内の学校出身者が多く、地域に根ざした学校として位置付いていたと言える。しかし山東省の省都済南や朝鮮半島、「内地」から進学する生徒も多かった。さらに「日支事変」の際に多くの生徒が大連商業学校に転出した。つまり生徒は青島市内に留まることなく、青島を基点として広く東北アジア地域から集まり、転校先は大連など満洲にも広がっていったのである。

【註】
1) 小島勝『日本人学校の研究－異文化間教育史的考察』(玉川大学出版会、1999年) 同氏編著『在外子弟教育の研究』(玉川大学出版会、2003年)。
2) 青島学院設立者の吉利平次郎が敗戦後の引き揚げで学籍簿を持ち帰る過程については、米村秀司『消えた学院－日中共学を実践した「青島学院」の三十年を追う－』(明文書房、2011年、p.191) を参照のこと。
3) 興亜院華北連絡部文化局『北支に於ける文教の現状　昭和十四年十月』。
4) 他に青島高等女学校があり、1916年の設立である。その翌年1917年に青島中学校が設立される。中学及び高女は膠州湾租借地を占領した青島守備軍によって設立された。なお財団法人青島学院として、他に実業学校(1916年設立) 絋宇高等女学校(1938年設立) があった。
5) 他に日本人と中国人との共学を実践した学校として、奉天同文学校(1910年設立) が挙げられる。
6) 『昭和十七年九月　青島学院商業学校／青島学院実業学校／青島学院絋宇高等女学校　要覧』p.1.
7) 創氏改名の制度及びメカニズムについては、宮田節子・金英達・梁泰昊『創氏改名』(明石書店、1992年) 第二章を参照のこと。創氏は「氏設定届」による創氏 (「設定創氏」) と、氏設定届を出さずに戸主の姓が自動的に氏となる「法定創氏」があった。
8) 「青島第一日本尋常高等小学校概況 (昭和五年五月二十七日調)」外務省記録『在外日本人各学校関係雑件／学校一覧表関係』第2巻(請求番号 I.1.5.0.1-15)。
9) 「青島第二日本尋常小学校一覧表」同上所収。
10) 山東→朝鮮というルートの形成過程を分析した研究は管見の限りでは古田和子『上海ネットワークと近代東アジア』(東京大学出版会、2000年、第4章) 及び松田利彦「近代朝鮮における山東出身華僑－植民地期における朝鮮総督府の対華僑政策と朝鮮人の華僑への反応を中心に－」(『東アジアと『半島空間』－山東半島と遼東半島－』思文閣出版、2003年) が挙げられる。
11) 佐々木衞編著『越境する移動とコミュニティの再構築』(東方書店、2007年) を参照のこと。本書の研究対象としている時期とは異なるが、第一章で1990年代以降の青島における中国朝鮮族のコミュニティについて、第二章で2000年代の青島に移動する韓国人について分析している。
12) 1938年3月20日付、財団法人青島学院理事長広瀬順太郎発外務大臣広田弘毅宛「嘆願書」外務省記録『青島学院商業実業学校関係雑件　第三巻』(JACAR:ref.B05015380800)。
13) 1942年8月10日付財団法人青島学院理事長広瀬順太郎発在青島総領事高瀬真一宛「御下賜金ニ関スル件」(外務省記録『在外日本人各学校関係雑件／在北支ノ部　青島学院』請求番号：I.1.5.0.2-4-37)。
14) こうした同窓会組織の機能については佐藤量「植民地体験を乗り越える同窓会－旅順工科大学同窓会の戦後」(日本植民地教育史研究会『植民地教育史研究年報』第12号、皓星社、2009年) を参照のこと。日中の国交断絶中においても技術や知識を伝える機能を果たしていたことを指摘している。青島学院においても同様のことが言えるかどうか、今後さらに検討する必要がある。

終　章

第一節　本書のまとめ

第一項　第一部の要点

　ドイツ統治時代の教育政策は、徳華高等学堂に象徴されるように、高等教育を重視する一方で初等学校として蒙養学堂を設立した。また現地人を対象とした中等学校の整備は、ミッションスクールに任された。礼賢書院は、そうしたミッションスクールの一つである。蒙養学堂はこの礼賢書院と接続した。蒙養学堂の教員は礼賢書院で養成した。しかし、第一章の図1-1で示したように蒙養学堂から礼賢書院を経て、徳華高等学堂に至るという一連の学校体系は形成されていなかった。

　このことから、蒙養学堂と礼賢書院は接続関係があったが、徳華高等学堂はそうした学校体系とは独立して存在していたと言えよう。このように、ドイツ統治時代の膠州湾租借地では中等と高等との間が切断されており、初等から高等に至る完結した学校系統は未整備の状態にあった。膠州領総督府が直接管轄したのは蒙養学堂と徳華高等学堂の2種の学校であり、初中高等の三段階全てが接続されていない状態であった。しかも膠州領総督府が力を注いだのは高等教育の方であり、初等教育の蒙養学堂の設立には当初消極的であった。同時期に蒙養学堂以外の初等教育機関がどれほどあったのか不明だが、清末の膠州湾租借地では初等教育は統治権力が司っているのではなく、おそらく私塾といった形でまだ庶民の手中にあったものと考えられる。

　一方で、初等と高等教育機関は地元の支持を得られた事例があったことは注目に値しよう。1912年に設立された青島蒙養学堂は、青島商務

総会がその設立に関わった。その背後には、この地の経済構造の変化によって、新たな現地人商人層が誕生しつつあったことが指摘できよう。

第一次大戦の初戦で行われた日独戦争によって膠州湾租借地が日本に占領されると、占領地経営は青島守備軍によって行われた。日本の占領地経営は1914年から山東還附の1922年まで行われ、占領直後は軍政が敷かれ、ドイツ時代を引き継いで青島と李村の２つの地域をそれぞれの軍政署が管轄した。初等教育において、ドイツ時代の蒙養学堂は公学堂と改称されて引き継がれた。軍政期は青島と李村それぞれの軍政署がこうした初等教育の整備を行った。最終的に1917年の「青島守備軍公学堂規則」によって膠州湾租借地全体の統一的な規則が作られた。このように、青島守備軍は初等教育の整備に積極的に取り組んだのである。

一方で、ドイツが力を注いだ高等教育はどうなるのか。ドイツ統治時代の徳華高等学堂が日独戦争によって閉校となると、在学生は上海の同済医工学校に編入し、日本は徳華高等学堂を引き継がなかった。このように、高等教育の整備という点においては青島守備軍は不熱心であった。一方で中等教育に関しては、日本人が設立した私立学校を認可した。済南では元山東高等師範学校教習であった豊田神尚が私立東文学校を設立し、青島では吉利平次郎が青島学院を設立した。青島学院は当初青島英学院として語学中心の学校として設立されたが、後に日中共学の商業学校として発展することになる。このように、軍政期には青島守備軍は中等及び高等教育に直接関与せず、私学に任せた。

1917年には青島守備軍が改組されて民政部が置かれ、青島と李村は一括して統治された。民政期には、青島守備軍は初等と中等との接続を意識した。それが「公学堂ト支那政府設立ノ中等程度ノ各種学校」との接続問題であった。この問題が浮上した背景として、第一に公学堂から卒業生が輩出されるようになったこと、第二に山東省における中学校の整備が進みつつあったことが挙げられる。第三代青島守備軍司令官の本郷房太郎は、公学堂を北京政府側の「国民学校」と同程度と北京政府に認めさせようとし、「支那政府設立ノ中等程度ノ各種学校」と直接接続することを望んだ。しかし北京政府教育部の見解では、入学試験を経ての入学が認められるに留まった。

民政期の青島守備軍は青島商科大学設立構想を立ち上げ、高等教育機

関の設立をも志向した。ただし設立主体として日華実業協会という渋澤栄一を中心とする経済団体を想定し、守備軍は直接大学経営を行おうとはしなかった。それは、「官ニ於テ直接経営スルヨリモ支那人ノ歓心ヲ買ヒ事業ノ発展上得策」であると考えたためであった。こうして青島守備軍は公学堂の整備を中心に行い、中等及び高等は直接には整備せず、私立に任せた。高等教育機関の整備に重点を置いたドイツ統治時代の教育政策とは、この点が異なっている。とはいえ、青島守備軍は初等から高等に至る一貫した学校体系の構築を構想していたと言える。

　1922年12月に山東還附が実施され、膠澳商埠として北京政府の直轄地となった。初等教育に関しては、引き継ぎ自体は比較的スムーズに行われた。公学堂は「膠澳商埠各校暫行改良辦法」に基づいて公立初級両級小学校として再編され、教員及び生徒数が継承された。こうして膠澳商埠時代の公立学校は初等教育を中心に行われた。具体的な教科内容は不明だが、北京政府側の学校として回収されることで、他地域と共通した教育内容を施して中華民国国民の育成を企図したのではないかと推測される。つまりドイツ・日本統治時代では植民地として中国本土の学校体系からは切り離されていたが、山東還附によって北京政府が膠州湾租借地を回収することで、壬戌学制という北京基準の学校体系に組み込まれていくのである。こうした青島における一連の学校体系の回収は、ヴェルサイユ体制以降の租借地還附という脱植民地化の嚆矢として位置づけることができよう。

　一方、同時期の中等及び高等教育機関の整備は私学を中心に行われた。その中心人物が、東莱銀行を設立した劉子山であった。彼は私立青島中学校を設立し、さらには膠澳商埠督辦と協力して私立青島大学を設立した。また私立青島大学の設立には青島商務総会も関与した。このように、新興商人層が積極的に中等及び高等教育機関の整備に携わったことが、この時期の特徴である。こうして私学において中等高等教育が整備されていく一方で、私立膠澳中学校を公立化するなど、膠澳商埠督辦公署は私学の公立化を進めていった。こうしたことから、膠澳商埠時代は山東還附直後において初等教育を重視する点において日本統治時代と重なっていたが、後に中等教育の公立化を進めていく形で学校系統の整備を進めた。すなわちドイツによる租借地設置以降、さらに日本／北京政府と

政治的断絶があったにもかかわらず学校系統の整備は連綿と継承され、北京政府期になって初中高等教育の学校間接続が完成する。言い換えれば北京政府期に初等教育から高等教育に至る学校系統が具体的に完成するのである。このように、中等高等教育は国家（ステイト）が積極的に進めたのではなく、新興商人層という国家とは異なるアクターがステイトを利用しつつ私学を興し、初等・中等・高等の学校間接続を完成させたのである。

すなわち、新興商人層はドイツ・日本・北京政府がこの地に展開した統治権力に単純に「支配」されていたわけでもなく[1]、そうした支配構造の中で後進を育成するために、各統治権力の教育制度を利用した側面があったと言い得ないだろうか。ここから、こうした新興商人層の教育熱が、青島における教育の近代化を推し進め、具体的な学校体系の形成に影響を及ぼした一面があったと考えられる。ただし、こうした教育熱は新興商人層に限らない。山東各地だけでなく満洲や朝鮮から労働者として青島に人々が集中して都市化が進み、地域社会が変動することに伴って様々な教育要求が生じ、それが教育の近代化に反映されていったと考えられる。

第二項　第二部の要点

第二部では、第一次世界大戦後の日本による膠州湾占領から山東還附を経て、1930年代にわたって、青島における「在外指定学校」に認定された日本人学校を対象に、それぞれの学校間関係を教員人事を通して分析した。

日本は初等教育を重視し、膠州湾租借地を占領した直後からその整備を急いだ。日本人学校のうち青島独自に展開した機関は占領前の西本願寺による小学校の設置のみで、占領後は在外指定学校として「内地」の学校体系に包摂させる方向に早々に決まっていった。青島において特徴的なことは、中等学校の整備が早かったことである。中国大陸において、関東州及び満鉄附属地を除いて最も早く中等普通学校を設立したのは、青島であった。中等教員は広島高等師範学校卒業生を中心に集められた。青島守備軍と広島高師との関係は教員人事に注目すると密接であったと言える。青島の中等学校を経た広島高師出身の教員たちは、その後満洲（特に奉天）や樺太、朝鮮や台湾に転出していった。この点から、広島

高師出身の教員の展開は軍事拠点の拡大とパラレルの関係にあったことが予想される。1922年の山東還附は、青島守備軍立学校から居留民団立学校と設立主体の変更を伴った。その変更は学校経費の補助と設立主体創出をめぐって混乱したためスムーズには行われなかった。しかし暫定的に「残務整理委員会」という組織を設置する形で、在外指定が中断されることがないように措置を施した。これは経歴面において「内地」とのつながりが断たれないようにする措置だったと考えられる。一方で学校段階に注目すると、在外指定学校を中心とする日本人学校の整備は初等中等のみであったことは山東還附を挟んでも変わることはなかった。このことから、「内地」との結びつきが青島の日本人教員にとって最大の関心事であったことがうかがえる。

　第二部で明らかにしたことで注目すべきことは、日本統治時代と山東還附後とにおける「在外指定学校」に認定された日本人学校の「断絶」の側面である。青島守備軍による占領に伴って急速に日本人社会が形成されると、初中等学校が一気に作られた。そして民政期の青島守備軍による保護政策によって日本企業が進出すると、それまでの青島市街だけでなく、市外に工業化した地域が現れた。その直後に山東還附によって青島守備軍は撤退し、小学校では第一青島尋常高等小学校を本校、鉄道沿線の各小学校を分教場とする本校－分教場関係はそれぞれ居留民団及び各日本人会の管轄へと再編され、教員人事も各管轄ごとに行われるようになる。この点は教育制度の「断絶」面と言える。さらに中等教育に注目すると、青島守備軍立時代では広島高師出身者が教職の多くを占めたが、居留民団立となると東京高師出身者が初めて採用されることでその独占は崩れた。こうして山東還附を機に、青島の中等学校のヘゲモニーは広島高師から東京高師へと移った。

　なお本書では扱わなかったが、日本人を対象とする高等教育機関は、専門学校「東亜医科学院」が1939年に設立されるまで待たなくてはならなかった[2]。このように、戦前期の青島における日本人学校教育体系は「内地」での高等教育機関にリンクして初めて完結するのであり、1939年までは山東省で完結する学校体系にはなっていなかった。以上学校体系の整備に注目すると、現地人を対象とした教育と日本人教育とでは、高等教育の整備において大きな違いがあったと言えよう。

第三項　本書の到達点

　以上第一部と第二部の検討を経て、本書のテーマである教育を通じての東アジアの近代化の特徴をまとめたい。本論では「現地人教育」と「日本人教育」という2つの学校体系を軸に、政治的断絶と学校制度の継承を論じることから本書を始めた。

　「連続／断絶」を軸に分析を進め、山東還附に伴う教員ネットワークの再編を検討してきた。その結果、教員ネットワークの構造は統治権力の変更に伴い大きく変容したが、同時に多くの連続性を確認した。例えば第一部で見たように、公立現地人学校を統一的に規定する法令は「青島守備軍公学堂規則」から「膠澳商埠各校暫行改良辦法」へと継承された。また修業年限に着目すると、5年制は蒙養学堂から公学堂、公立初級両級小学校へと踏襲され続けた。しかし単純に踏襲されるだけでなく、第四章で見たように公学堂から初級両級小学校へと継承される際、修業年限が壬戌学制の6年制へと適応する学校がある一方で、修業年限5年制も残存していた。すなわちそれぞれの統治権力が持ち込んだ教育の近代化が、いわばまだら模様を描いていたと言えよう。このことから、膠澳商埠督辦公署を通じて北京政府の教育の近代化へ回収しようとする力学が働いていたことが見える。

　さらに学校系統の形成過程に注目すると、ドイツ統治時代では官吏を養成する高等教育に重点を置き、国民形成としての初等教育には力点を置かなかったが、日本統治時代になるとむしろ初等教育の充実を図ろうとし、北京政府時代でも基本的にこの路線を踏襲した。一方で日本統治時代には軍が関与した私学が設立され、北京政府時代では地域エリートによる私学が勃興し、中等高等教育の体系化を進めていった。特に北京政府時代では初等教育は膠澳商埠督辦公署の設立となり、中等高等教育を私学が担うという役割分担が見られた。ここには学校間接続を完成させようとする地域エリートの強い意志が垣間見える。また「現地人教育」と「日本人教育」のそれぞれの学校体系は日本統治時代に「兼務」教員によって接点を持った時期があったが、結局はドイツ統治時代から北京政府時代に至るまで教員ネットワークは別個に形成され、この2つの学校体系は交わることなく平行して存在し続けた。

　以上のように、本書では「連続／断絶」を軸に、青島という一都市に

おいて、膠州領総督府（ドイツ）青島守備軍（日本）膠澳商埠督辦公署（北京政府）と連なる多様な統治権力が持ち込んだ教育の近代化が折り重なっていき、重層化する姿を描いた。すなわち、近代国家の出先機関が持ち込んだ「近代」は単純に「連続／断絶」のどちらかの極に寄るのではなく、その双方の極の間で摩擦を生じつつもどう受容するか、一都市が模索する過程を示したのである。いわば膠州湾という地図上に、統治権力ごとにそれぞれの近代化という色を塗り重ねた結果、それぞれの色が重なり合って複雑な色彩を帯びることとなったのである。つまり一都市に複数の「近代」が同時並行的に存在するという重層構造を解明したのである。そのためある特定の歴史の方向性に収斂していくのではなく、各統治権力がもたらしたそれぞれの「近代」が混じり合いながらも、決して均質にはならずにまだら模様を描いていくのである。しかしそれぞれの「近代」は全く違う方向性へと形成されていったわけではなく、本書で見た通り、初等教育から高等教育に至る学校体系を構築する点においては、共通した方向性であったと言えよう。

　この多様な近代が折り重なる重層構造は、統治権力の交代によってあたかも一色の近代に塗りつぶされたかのように捉えてきた国民国家論に対して、異なる視座を提供し得たのではないだろうか。本書では一連の統治権力がそれぞれ教育の近代化を持ち込み、教員が連続するという形で近代化が重層化する姿を描いた。この視座は、統治権力の断絶を越えて制度を支えた人材をどう踏襲したかという点に関心を寄せる国家（ステイト）研究へと開かれていよう[3]。

　また以上のように多様な統治権力を並列的に扱うことで、ドイツ・日本を「侵略」側とし、北京政府を「被支配」側として中国という国家権力に一方的に回収していく姿のみに注目してきたナショナルヒストリーとしての中国教育史に、この構造は修正を迫ることとなろう。本書によって、大連・旅順やハルピン、香港などといった、同時期の外国勢力が建設した都市における教育の近代化と比較検討する上で、基礎となる材料を提示できた。特にこれらの都市が中国本土の統治権力に回収された際、学校体系がどのように包摂されていったのか知る手がかりを、本書は提示できた。

第二節　今後の課題と展望

今後の課題についてさしあたり以下の5点にまとめる。

第一に、現地出先機関と本国政府との関係が、利害関係をめぐって競合しつつ調整する姿を具体的に描くことである。青島という一都市に、膠州領総督府・青島守備軍及び青島総領事館、膠澳商埠督辦公署が教育の近代化を持ち込んだ。こうした現地出先機関が教育の近代化の具体的な担い手であったが、今後はこうした現地出先機関と本国政府との差異がなぜ生じ、どう調整を図ったのか具体的な検証を重ねたい。この検証によって、本国政府という国家が地域に持ち込もうとした近代と、地域が求める近代との摩擦を検証し、逆に地域にとっての国家とは何か、再照射することを試みる。さらには複数の統治権力による教育の近代化がもたらした地域格差がいかなるものであったのか分析することで、そうした近代の持つ構造を考察することが求められる。

第二に、地域の諸アクターの具体相と第一次大戦という国際情勢の変化との関係を具体的に描くことである。第三章の青島商科大学設立構想と第四章の私立青島大学の設立の事例は、第一次大戦後の中国大陸においてアメリカの存在感が如実に強くなり、それに対して現地出先機関や地域の諸アクターがさまざまな思惑でアメリカの諸アクターと接点を計ろうとした事例である。こうした国際情勢の変化と教育との関係について、青島商務総会に代表される新興商人層の実相から迫りたい。というのも、商人層は商業ネットワーク再編の影響を直接に被っていると考えるからである。ドイツ統治時代に設立されたこの商務総会がなぜ、青島蒙養学堂、青島商科大学や私立青島大学の設立に関わったのか。国際情勢の変化に伴う東アジアの商業ネットワークの形成という観点から分析することでこの課題を解明する。さらには青島商務総会と私立青島大学を設立した劉子山との関係が如何様であったのか、政治力学的に迫ることも求められよう。

第三に、青島に教育の近代化を持ち込んだのは、統治権力の現地出先機関だけではなく、第一章で見たように宗教団体もまたそのような諸アクターのうちの一つであった。例えばドイツ同善教会の礼賢書院、アメ

リカ長老派の明徳中学校、日本基督教会の私立青島学院などが挙げられる。なかでも私立青島学院について、大正期から敗戦直前の廃校に至るまでの学籍簿を発見し、その一部を用いて第八章を執筆した[4]。同校は商業教育を中心とする中等学校として発展し、「日支共学」を掲げて日本人（朝鮮人を含む）と現地人が通学した学校である。そのため同校の学籍簿を分析し、合わせてカリキュラムの変化や進路を検討することで新興商人層の教育熱の具体的側面を探ることができよう。彼らが統治権力や在華紡といった日本企業を利用する一方で民族資本の成長をどのように支えたのか、さらには商工業が発展することで青島が東アジア世界のハブとして位置づけられる中で子弟教育に何を求めていたのか、という課題が浮かび上がる。さらに、日本統治時代に甲種商業学校となった礼賢書院とカリキュラムや教員、生徒などを比較することで新興商人層がこうした学校をどのように支えていたのか明らかにしたい。

　第四に、伝統的教育機関と教育の近代化との関係がいかなるものであったのかという課題である。ここで言う伝統的教育機関とは、書房や私塾といった地域の伝統的教育施設のことである。第一に私塾から蒙養学堂、公学堂、公立小学校に転用された学校を対象とし、第二に私塾と近代学校との並存関係[5]を検証することで、教育の近代化と伝統的教育機関との間における「連続／断絶」の具体相を明らかにしたい。地域における教育の歴史を単なる「学校史」だけでなく、地域史として解明することで重層化する近代の具体相を構造化できよう。阿部洋は私塾を新式学堂に改造する際に私塾側から激しい抵抗が起こったことを明らかにしているが[6]、青島においてこうした旧教育と近代学校との摩擦がどのようなものであったのか検証することが求められる。さらには平民教育運動によって生まれた様々な学びの場と近代学校との関係がどのようなものだったのか、人物など様々な視点から分析することが必要である。例えば、山東省における郷村建設運動を指揮した梁漱溟は、本論で取り上げた東魯学校（済南東文学校の後身）の董事として、設立者豊田神尚と名を連ねている[7]。すなわち東魯学校と郷村建設運動との関わりがどのようなものであったのか、という課題が浮かび上がろう。こうした教育施設群が近代学校、特に日本が設立した近代学校に包摂される様を描くことで、近代学校とは地域にとってどのような意味を持って定着して

いったのか、その構造を検証する材料を提示できよう。

　第五に、定点観測の期間を引き延ばすことが求められる。青島における多様な近代が折り重なる姿は、北京政府時代で留まるものではない。むしろ現在に至るまで、連綿とつながっているのではないか。南京政府による青島特別市設置、日中戦争に伴う華北部占領とその後の「中華民国臨時政府」への青島特別市の継承、日本の敗戦後の国共内戦と中華人民共和国の建国と、北京政府以降も統治権力は何度も交代する。しかし本書で見てきたように、統治権力が変更されてもそれぞれの統治権力が青島に持ち込んだ教育の近代化は後の政権が完全に打ち消して断絶するのではなく、重層化していった。すなわち青島という一都市への定点観測をさらに継続することで、なぜ後の政権は前政権の教育の近代化をある部分では残し、ある部分では消したのか、その摩擦と形成の力学が浮かび上がろう。例えば1925年に膠澳商埠督辦に就任した趙琪という人物がいる。彼は徳華高等学堂を卒業後、北京政府の地方官として龍口商埠局長などを歴任した後膠澳商埠督辦となり、本書でも参考にした『膠澳志』を編纂した。そして1937年の日中戦争後の第二次占領によって治安維持会が発足すると、同会会長を務め、1939年に青島特別市市長となる。すなわち、北京政府や日本の華北占領区の地方における生え抜き要人として、定点観測の対象に値する人物である。彼に注目することで、文教政策における摩擦と形成の力学を具体的に検証できよう。

　こうした検討を経ることで、一面的なナショナルヒストリーには回収され得ない、多面的で豊かな歴史像を示したい。

【註】
1) 久保亨は、1902年にドイツの膠州領総督府が青島商務総会の前身である青島中華商務公局を承認したのはドイツ側にとって中国人商人たちを行政諮問機関の一部に組み込む意図があったことを指摘する一方で、その設立を求めた中国人商人たちは権力からある程度自立した自主的な経済団体を志向していたことを明らかにしている（久保亨「近代山東経済とドイツ及び日本」『日本の青島占領と山東の社会経済1914-22年』東洋文庫、2006年、pp.62-63）。この指摘を踏まえると、青島の新興商人層は単純に植民地権力に支配されたわけではない。むしろそれをいかに利用しようとしたのか、という側面は無視できないのである。
2) その後1941年7月に興亜院の命令により同仁会に移管されて同仁会東亜医科学院と改称し、1943年8月に文部省専門学校例の正式認可を受け、翌7

月に同仁会青島医学専門学校と改称した（泉孝英『外地の医学校』メディカルレビュー社、2009 年）p.148。
3) フランシス・フクヤマ（Francis Fukuyama）は、敗戦後の日本とドイツの復興はアメリカの占領政策が優れていたのではなく、国家機構（state apparatus）を支えた人材が敗戦を経ても残っていたためである、と論じている（Francis Fukuyama"State-Building Governance and world order in the 21st century" Cornell University Press,2004,pp.38-39）。
4) 学籍簿は青島学院商業学校（大正 11 年度～昭和 20 年度）、同実業学校（大正 14 年度～昭和 20 年度）、同紘宇高等女学校（昭和 14 年度～20 年度）の3 校全てである。学籍簿には氏名や年齢といった個人情報だけでなく、正保証人及び副保証人の職業なども記載されており、どのような人々が同校を支えていたのか知る上で第一級の史料だと考えられる。なお同学籍簿は青島学院院長の吉利平次郎の遺族が個人的に所蔵している。
5) 青島守備軍の各年度統計年報によると、「私立書房」は 1915 年 75 校生徒数 1059 人、1916 年 242 校生徒数 2971 人、1917 年 271 校生徒数 3730 人、1918 年 257 校生徒数 3759 人、1919 年 264 校生徒数 4097 人、1922 年 297 校生徒数 3243 人と、日本統治下で急激にその数を増している。いずれも教師 1, 2 名で生徒数 20 人前後の小規模な教育機関であるため、実際にはこの統計では把握されていない書房もかなりの数に上ったと推測される。
6) 阿部洋『中国近代学校史研究』（福村出版、1993 年、pp.88-96）。阿部は民衆の実際生活からかけ離れた学堂教育よりも、むしろ民衆は私塾教育にこそ実際的な需要に応える教育を見いだしていたのではないか、と指摘している。
7) 「私立東魯学校現状報告（昭和八年四月現在）」外務省記録『参考資料関係雑件／学校及学生関係』第 3 巻、（JACAR:ref.B05016163600）。

あとがき

　本書は東京大学大学院教育学研究科に提出した博士学位申請論文を基に、大幅に加筆修正を行ったものである。題名は「戦前期山東省青島における近代学校形成に関する研究」で、2010年10月に提出し、2011年3月に博士（教育学）の学位を授与された。なお、博士論文もすでに学術雑誌上で発表した論考に基づいている。以下に初出を記すことで、論文審査にあたった方々や、各関係者各位に謝意を表したい。

序章　書き下ろし
第一部
第一章　「ドイツ統治下膠州湾租借地における近代学校制度の構築－蒙養学堂を中心に－」『東京大学大学院教育学研究科基礎教育学研究室紀要』第35号、2010年6月
第二章　書き下ろし
第三章　第一節－第三節　書き下ろし
　　　　第四節　「「文化戦略」としての大学設置をめぐる日中対立－1920年代前半の青島商科大学構想と私立青島大学設立をめぐって－」第一章、日本国際文化学会『インターカルチュラル』第9号、2011年3月
第四章　第一節－第二節　「山東省膠澳商埠における壬戌学制の定着過程」『アジア教育史研究』第18号、2009年3月
　　　　第三節　書き下ろし
　　　　第四節　「「文化戦略」としての大学設置をめぐる日中対立－1920年代前半の青島商科大学構想と私立青島大学設立をめぐって－」第二章、日本国際文化学会『インターカルチュラル』第9号、2011年3月

第二部
第五章　第一節　書き下ろし
　　　　第二節　「日本統治下膠州湾租借地における初等教員人事異動の展開」『植民地教育史研究年報』vol.12、2010年3月

第三節　「帝国日本内を移動する教員」『日本の教育史学』vol.52、
　　　　2009年10月
第六章　書き下ろし
第七章　書き下ろし
第八章　書き下ろし
終章　書き下ろし

　本書を書き上げる際、重複部分の削除や構成上の変更は当然のことながら、史料の読み間違いや引用ミスなど研究書として本来許されない誤記についても、関係者各位のご指摘を元にできる限り修正を行った。しかしそれでも全ての誤記が取り除かれていない可能性がある。その責任は筆者である私にある。
　実を言うと、私は研究書のあとがきを読むのが好きである。なぜなら、その研究がどのような経緯で生まれたのか、それはどのような人間関係の中で育まれたのかを如実に著しているからである。いわば研究の形成過程のあらすじが、あとがきに凝縮されていると考えるからである。以下では本書ができあがった過程について紹介する。
　博士論文の審査にあたってくださったのは、川本隆史（主査）、今井康雄、小玉重夫、牧野篤、橋本紘市（以上副査）の諸先生方であった。特に今井先生からは「近代」とは何か、牧野先生からは「自分の歴史観を述べよ」という、シンプルながらも重大なテーマについて応えることを求められた。このテーマに本書がどれだけ応えきれているか心許ないが、今後も研究を続けていく上で重要な指標としたい。
　歴史に関心を持ったのは、千葉県立東葛飾高校在学時に受けた、矢作亨先生の世界史の授業からであった。それまで何気なく理系に進もうと考えていた私は、矢作先生の因果関係を重視した歴史叙述に感銘を受け、歴史学に進もうと考えた。早稲田大学第一文学部進学後、満洲国の現地人学校に関心を持った。植民地教育史研究に関心を持ったのは、この学部時代に駒込武先生の『植民地帝国日本の文化統合』と、槻木瑞生先生の諸論文を読んだことがきっかけであった。その後両先生にお会いし、厳しくも配慮の行き届いた叱咤激励を受ける幸運に恵まれた。また槻木先生には、本書を出版する際皓星社様をご紹介いただいた。学部2年次

から大日方純夫教授のゼミに参加した。大日方ゼミでは史料をどう読むのか、史料批判の姿勢を学んだ。その後教育の歴史を研究することに決め、東京大学大学院教育学研究科に進学した。進学後、土方苑子教授の指導を受け、他分野の研究との比較や先行研究批判の大切さなど教育史研究の基礎を学んだ。土方教授の退官後は、川本隆史教授及び斉藤利彦学習院大学教授の下で教育史研究に従事した。また白石さやゼミで学んだ『想像の共同体』と批判理論は、本書の基礎となっている。同大学院博士課程修了後、日本学術振興会特別研究員（PD）として早稲田大学の新保敦子教授のもとで研究に従事し、今に至っている。さらに中国海洋大学日本研究センターの修斌教授および青島市档案館編輯処の周兆利処長には、出版の際に様々なアドバイスをいただいた。

　本書を支えているのは教育史学会・アジア教育史学会・アジア教育学会・日本植民地教育史研究会・日本国際文化学会といった各学会や、東京大学・早稲田大学でお世話になった諸先生方や同世代の学友との議論である。

　なお本書の基となる調査は平成20年度科学研究費補助金（特別研究奨励費、課題番号9750）にはじまり、平成22年度科学研究補助金基盤研究（B）「日本植民地・占領地教科書と「新教育」に関する総合的研究～学校教育と社会教育から」（研究課題番号：22330207、研究代表者：西尾達雄・北海道大学）及び平成23年度科学研究補助金特別研究員奨励費（研究課題番号：23・4843）によって行った。また、本書の刊行にあたっては平成23年度東京大学学術成果刊行助成を受けた。審査の際にいただいたコメントは本書の作成において大いに参考になった。関係各位に記して感謝の意を表する。

　私事となるが、三十路になっても定職に就かずに長く大学院生活を続けた私を励まし続けてくれる父及び母に感謝したい。さらに、早稲田大学で出会い、いつも笑顔で励ましてくれる妻由紀に、心からありがとうと言いたい。

　最後に、出版事情が厳しい中で本書の出版に理解を示して下さった皓星社の藤巻修一社長には大変お世話になった。心から感謝する。

　　　　　　　　　　　　　　2012年1月　中国・青島にて　山本一生

主要参考文献一覧

1. 非刊行史料
(1) 国立公文書館
　　『明治廿九年任免　十』
　　『御署名原本／大正十一年／条約第三号／山東懸案解決ニ関スル条約』
　　『御署名原本／大正十一年／勅令第五百五号／青島守備軍民政部条例等廃止』
　　『公文類聚／第四十七編／大正十二年／第十五巻／外事三／通商／雑載』
　　『公文別録／親任官任免／明治二十二年～昭和二十二年／第九巻／昭和十六年～昭和十八年』
(2) 外務省外交史料館
　　外務省記録『山東懸案解決交渉一件　細目協定関係　公有財産（保有財産、学校、病院）』
　　外務省記録『在外日本人学校教育関係雑件／退職賜金　恩給関係』
　　外務省記録『東方文化事業部官制関係雑件』
　　外務省記録『支那ニ於ケル文化事業調査関係雑件／外国人ノ文化事業』
　　外務省記録『会計監査関係雑件　在支補助団体実施検査復命書』
　　外務省記録『青島日本中女学校関係雑件／人事関係』
　　外務省記録『山東占領地処分一件　別冊細目協定関係（公有財産問題参考資料）』
　　外務省記録『文化施設及状況調査関係雑件　施設計画関係』
　　外務省記録『青島守備軍報告一件』
　　外務省記録『日独戦役占領地施政一件／青島ノ部』
　　外務省記録『哈爾浜学院関係雑件』
　　外務省記録『支那に於ける文化事業調査関係雑件　外国人の文化事業』
　　外務省記録『参考資料関係雑件／学校及学生関係』
　　外務省記録『満支人本邦視察旅行関係雑件』
(3) 防衛省防衛研究所
　　『大正三年　欧受大日記　十二月下』
　　『大正六年　欧受大日記　一月』
　　『大正六年　欧受大日記　二月』
　　『大正六年　欧受大日記　五月』
　　『大正七年　欧受大日記　五月』
　　『大正十年　欧受大日記　自六月至八月』
　　『大正十一年　欧受大日記 自十月至十二月』
　　『大正十二年欧受大日記 自一月至三月』
　　『大正十二年　欧受大日記　自四月至五月』
(4) 青島市档案館
　　膠澳商埠督辦公署民政科学務股『膠澳商埠教育彙刊』（1924 年 12 月）
　　膠澳商埠財務局『一宗湛山小学校』
　　『蒋匪一九二二年度三十七処小学校一月分経常費』
　　『蒋匪一九二二年度三十七処小学校五六両月分経常費』

『青島小学校呈送預算書由附預算書一本　中華民国十二年一月廿六日到』
『青島特別市教育半月刊　第一号（創刊号）』（1929 年 6 月 15 日）
『青島市私立礼賢中学校概況』（出版年不明）
(5) 山東省档案館
『民国十八年六月　私立青島大学畢業生一覧』
『山東省立山東大学概況』（出版年不明）
(6) 個人蔵
『大谷喜久蔵日記　大正四年九月一日ヨリ大正五年五月六日』
『大谷喜久蔵日記　大正五年五月七日ヨリ同六年二月十九日』
『大谷喜久蔵日記　大正六年三月八日大正六年七月七日』
『三尾良次郎日記』（1920 年）
『仲原善忠書簡』（1920 年）
『大正五年（自大正五年四月至昭和二十年）／永久書類／青島学院』

2. 刊行史料
(1) 青島守備軍
　　『青島守備軍公報』（第 1 号:1915 年 4 月 3 日―第 1361 号:1922 年 12 月 9 日）
　　青島軍政署『大正四年三月二十日　青島発達史』（1915 年）
　　青島軍政署『大正四年十月十五日　青島軍政ノ概況』（山口大学図書館所蔵、1915 年）
　　青島軍政署『青島要覧』（初版 1916 年 7 月、再版 1917 年 3 月）
　　青島守備軍民政部『大正七年六月一日　青島ノ教育』
　　青島守備軍民政部『大正九年五月一日　青島ノ教育』
　　青島守備軍民政部『大正十一年十月　民政概況』
　　青島守備軍民政部『大正八年十一月編纂　山東研究資料』第 1 編
(2) 陸軍省
　　陸軍省『秘　自大正三年十一月至大正六年九月　青島軍政史』（法務省図書館所蔵）
　　参謀本部編『大正三年日独戦史』（下巻、東京偕行社、1916 年）
(3) 外務省
　　『明治四十三年六月印刷　清国傭聘本邦人名表』
　　『大正二年六月印刷　支那傭聘本邦人名表』
　　『大正十年十一月　山東問題細目措置ニ関スル参考資料（第一号)』
　　外務省亜細亜局第二課『大正十四年一月　居留民団法施行規則参考書』
　　外務省亜細亜局第二課『昭和三年九月一日調　外務省関係　在外日本人学校一覧表』
　　外務省文化事業部『支那ニ於ケル日本語教育状況』（1938 年）
(4) 文部省
　　文部省普通学務局『在外邦人の教育に関する調査』（1918 年 10 月）
(5) 中華民国北京政府関係
　　謀楽『青島全書』（初版、青島印書局、1912 年）
　　膠澳商埠局『膠澳商埠現行法令彙纂』（1926 年 10 月）
　　袁榮叜編、趙琪著『膠澳志』1928 年（沈雲龍編『近代中国史料叢刊』第 31 集第 1 巻、文海出版社、影印版、1968 年）

　　　　中華民国教育部『第一次中国教育年鑑』(丙編　教育概況、開明書店、1934 年)
(6) 各学校発行
　　　　広島大学文書館所蔵『尚志同窓会誌』
　　　　広島文理科大学『創立四十年史』(1942 年)
　　　　『学校要覧　青島日本高等女学校』
　　　　『大正十四年十月　青島日本中学校一覧』
　　　　『東京高等師範学校一覧　大正十至大正十一』
　　　　『東京商科大学　自大正九年至大正十年』
　　　　『帝国大学一覧　従明治廿四年至明治廿五年』
　　　　『山口県立山口中学校一覧　明治三十三年』
　　　　『公学堂南金書院創立三十周年記念誌』(1934 年)
(7) 満洲関係
　　　　満洲鉄道株式会社地方部残務整理委員会『満鉄附属地経営沿革全史』(上巻、1939 年)
　　　　南満洲教育会『南満洲教育会会報』第 3 号
　　　　―『南満教育』
(8) その他
　　　　上仲直明『膠州湾詳誌』(博文館、1914 年)
　　　　田中次郎『山東概観』(1915 年)
　　　　朝鮮総督府『支那教育状況一斑』(1919 年)
　　　　青島居留民団／青島日本商業会議所『昭和二年八月　山東に於ける邦人の企業』
　　　　『内外綿株式会社五十年史』(1937 年)
　　　　渡邊清編『秋山雅之介伝』(秋山雅之助伝記編集会、1941 年)
　　　　中内二郎『居留民団の研究』(三通書局、1941 年)
　　　　青島学院報国団『昭和十七年十月　二十有余年間巡りし我学院の荊棘の道』(1942 年、非売品)

3. 資料集
　　　　満蒙文化協会編『会員名簿』(1926 年)
　　　　渋沢青淵記念財団竜門社編纂『渋澤栄一伝記資料』(第 55 巻、1964 年)
　　　　多賀秋五郎『近代中国教育史資料　民国編上』(日本学術振興会、1973 年)
　　　　―『近代中国教育史資料　民国編中』(日本学術振興会、1974 年)
　　　　―『近代中国教育史資料　民国編下』(日本学術振興会、1974 年)
　　　　『中国人名資料事典』(第 5 巻、日本図書センター、1999 年)

4. 参考文献
(1) 単行本
①日本語論文
浅田進史『ドイツ統治下の青島　経済的自由主義と植民地社会秩序』(東京大学出版会、2011)
阿部洋『中国近代学校史研究　清末における近代学校制度の成立過程』(福村出版、1993 年)
　　　―『「対支文化事業」の研究』(汲古書院、2004 年)

稲葉継雄『旧韓国の教育と日本人』九州大学出版会、1999 年）
　　　―『旧韓国〜朝鮮の日本人教員』（九州大学出版会、2001 年）
今井航『中国近代における六・三・三制の導入過程』（九州大学出版会、2010 年）
植田捷雄『支那租借地論』（日光書院、1943 年）
ヴォルフガング・バウアー『植民都市青島 1914-1931　日・独・中政治経済の結節点』（大津留厚監訳、森宜人・柳沢のどか訳、昭和堂、2007 年）
汪輝『戦前期中国における日本居留民団の子弟教育に関する研究』（博士論文、広島大学、2002 年）
片岡徳雄・山崎博敏編『広島高師文理大の社会的軌跡』（広島地域社会研究センター、1990 年）。
川島真、服部龍二編著『東アジア国際政治史』（名古屋大学出版会、2007 年）
北岡伸一『日本陸軍と大陸政策』（東京大学出版会、1978 年）
経志江『近代中国における中等教員養成史研究』（学文社、2005 年）
小島勝『日本人学校の研究』（玉川大学出版会、1999 年）
小林善文『中国近代教育の普及と改革に関する研究』（汲古書院、2002 年）
千葉功『旧外交の形成　日本外交一九〇〇〜一九一九』（勁草書房、2008 年）
青島日本中学校校史編集委員会『青島日本中学校校史』（西田書店、1989 年）
波多野勝『近代東アジアの政治変動と日本の外交』（慶應義塾大学出版会、1995 年）
服部龍二『東アジア国際環境の変動と日本外交　1918-1931』（有斐閣、2001 年）
広田照幸『陸軍将校の教育社会史』（世織書房、1997 年）
ベネディクト・アンダーソン『増補　想像の共同体』（白石隆・白石さや訳）、NTT 出版、1997 年
文部省『学制百年史』（1972 年）
山田浩之『教師の歴史社会学　戦前における中等教員の階層構造』（晃洋書房、2002 年）
吉澤誠一郎『天津の近代　清末都市における政治文化と社会統合』（名古屋大学出版会、2002 年）
米田俊彦『近代日本教育関係法令体系』（港の人、2009 年）
樊玉璽『青島の都市形成史 1897-1945　市場経済の形成と展開』（思文閣出版、2009 年）
渡部宗助『「在外指定学校制度」の成立とその実態に関する歴史的研究』（昭和 56 年度文部省科学研究費一般研究（C）、1982 年）

②中国語論文
青島市教育委員会史志弁公室『青島教育大事記　1891-1987』（1994 年）
『山東省志　教育志』（山東人民出版社、2003 年）
山東大学校史編写組『山東大学校史』（山東大学出版社、1986 年）
魯海『青島旧事』（青島出版社、2003 年、第二版）
青島市教育委員会史志弁公室『青島市志・教育志』新華出版社、1994 年）
李華興主編『民国教育史』（上海教育出版社、1997 年）
馮開文『中国民国教育史』（人民出版社、1994 年）
孫培青主編『中国教育史』（第三版、華東師範大学出版社、2009 年）
青島市档案館編『中国档案館指南叢書　青島市档案館指南』（中国档案出版社、1998 年）

庄維民・劉大可著『日本工商資本与近代山東』（社会科学文献出版社、2005 年）

(2) 論文
浅田進史「膠州湾租借地におけるドイツ植民地政策と近代化」『日本の青島占領と山東の社会経済 1914-22 年』（東洋文庫、2006 年）
――「膠州湾租借条約の成立」（工藤章・田嶋信雄編『日独関係史一八九〇――一九四五　I　総説／東アジアにおける邂逅』東京大学出版会、2008 年）
――「ドイツ統治下の膠州湾租借地における支配秩序―総督府参事会の再編問題を中心に―」『公共研究』（第 5 巻第 3 号、千葉大学、2008 年）
阿部洋、蔭山雅博、稲葉継雄「東アジアの教育近代化に果した日本人の役割―お雇い日本人教習と中国・朝鮮―」『日本比較教育学会紀要』（第 8 号、1982 年）
阿部洋「旧満州における日本の教育事業と教育権回収運動――一九二〇年代前半期を中心に―」『日中教育文化交流と摩擦』（第一書房、1983 年）
馬越徹「漢城時代の幣原坦―日本人お雇い教師の先駆け―」（『国立教育研究所紀要』第 115 集、1988 年）
汪輝「在華日本人中等学校財政政策に関する一考察―「対支文化事業」による補助過程を中心に」『アジア教育史研究』（第 10 号、2001 年）
蔭山雅博「清末における教育近代化過程と日本人教習」『日中教育文化交流と摩擦』（第一書房、1983 年）
――「宏文学院における中国人留学生教育―清末期留日教育の一端―」日本の教育史学』（第 23 集、1980 年）
桂川光正「日本軍政と青島：一九一四～二二年」『東アジアと『半島空間』―山東半島と遼東半島―』（思文閣出版、2003 年）
加藤直子「山東民政反対運動について」『お茶の水女子大学人文科学紀要』（第 36 巻、1983 年）
上沼八郎「内堀維文と山東省師範学堂」『国立教育研究所紀要』（第 115 集、1988 年）
川島真「領域と記憶―租界・租借地・勢力範囲をめぐる言説と制度」『模索する近代日中関係　対話と共存の時代』（貴志俊彦・谷垣真理子・深町英夫編、東京大学出版会、2009 年）
修斌・李雪皎（柴田幹夫訳）「大谷光瑞と青島 - 大谷光瑞と西本願寺及び青島との関係について」柴田幹夫編『大谷光瑞とアジア - 知られざるアジア主義者の軌跡』（勉誠出版、2010 年）
久保亨「近代山東経済とドイツ及び日本」『日本の青島占領と山東の社会経済 1914-22 年』（東洋文庫、2006 年）
駒込武「帝国と「文明の理想」」『帝国と学校』（昭和堂、2007 年）
佐藤由美「学政参与官幣原坦の韓国教育に対する認識とその活動」『教育研究』（第 35 号、青山学院大学教育学会紀要、1991 年）
瀬戸武彦「青島（チンタオ）をめぐるドイツと日本（3）」『高知大学学術研究報告　人文科学』（第 49 巻、2000 年）
曽田三郎「山東鉄道をめぐる日中交渉と日本人主任雇用問題」『日本の青島占領と山東の社会経済 1914-22 年』（東洋文庫、2006 年）
高田幸男「近代教育と社会変容」飯島渉・久保亨・村田雄二郎編『シリーズ20

世紀中国史 2　近代性の構造』（東京大学出版会、2009 年）
田中卓也「幣原坦の教育関係資料について―広島高等師範学校第二代校長在職時まで―」（『広島大学文書館紀要』第 11 号、2009 年）
槻木瑞生「「満州」の教育を創った人々」『同朋大学紀要』（第 3 号、1989 年）
　　　―「満洲国以前の吉林省の教育施設」『玉川大学教育博物館紀要』（第 7 号、2010 年）
富澤芳亜「占領期の淄川炭鉱　1914-1923 年」『日本の青島占領と山東の社会経済 1914-22 年』（東洋文庫、2006 年）
藤枝静正「教育制度とはなにか」『制度としての教育』（梓出版社、1991 年）
弁納才一「占領期前後における山東省綿業構造の変動」『日本の青島占領と山東の社会経済 1914-22 年』（東洋文庫、2006 年）
本庄比佐子「膠州湾租借地内外における日本の占領地統治」『日本の青島占領と山東の社会経済 1914-22 年』（東洋文庫、2006 年）
柳沢遊「1920 年代前半期の青島居留民商工業」（久留米大学産業経済研究会『産業経済研究』1985 年、第 25 巻第 4 号）
　　　―「1910 年代日本人貿易商人の青島進出」（久留米大学産業経済研究会『産業経済研究』1986 年、第 27 巻第 1 号）
山田浩之「高等商業学校におけるビジネスマン養成―戦前期日本の地方都市における高等教育機関の社会的機能―」（望田幸男・広田照幸編『実業世界の教育社会史』昭和堂、2004 年）
山本四郎「寺内内閣初期の対華政策」『史窓』（第 37 号、1980 年）
李恒全「台北帝国大学設立計画案に関する一考察―幣原坦の設立構想を中心に―」（『神戸大学大学院人間発達環境学研究科研究紀要』第 1 巻第 1 号、2007 年）
渡部宗助「教員の海外派遣・選奨の政策史と様態」（小島勝編著『在外子弟教育の研究』玉川大学出版会、2003 年）

人名索引
（中国人は日本語読み）

【あ行】
相山義男……………………………… 191
秋山雅之介……… 21,82-84,112,132-133,
　　　　　　　　　 177,194,213,226,231
浅田進史………………………… 20,30-31
阿部洋………………… 11,222,252,294
安藤文郎…………………… 262-264,269
安藤良夫…………………………… 204
飯島元雄………………………… 255-256
池田清………… 85,91,175,191,193-194
石川春郎…………………………… 202
石橋元……………………………… 239-240
泉平………………… 72,91,191-192,241
井芹善蔵………………… 205-206,210,243
井手九十九………………… 150,191,247
伊藤小三郎…………………………… 72
伊藤トク………………………… 239-240
稲井豊……………………………… 207
稲葉継雄………… 10,15,176,218,220
今井航…………………………………… 9
入間田毅…………………………… 72
祝光次郎………… 200-202,205,246,255
植田捷雄…………………………… 23
上仲直明…………………………… 28,31,40
上野亀雄………………………… 206
ヴォルフガング・バウアー
　　（Wolfgang Bauer）……… 8,234
鵜飼盈治………………… 255,266,268
于常年…………………………… 86,147
内田康哉…… 113-117,157,160,226-227
内堀維文…………………… 10,155-156
瓜田友衛……………… 200-202,246,255
衛礼賢（Richard Wilhelm）… 37,171
江部易開……………… 203,205-207,243
袁世凱……………………… 17,62,80,171
汪輝……………… 11,222,250,252-253
王正廷……… 112,114-116,118,132-134,
　　　　　　　　　　　 159-162,167
王智新……………………………… 12
大谷喜久蔵……………… 61-64,73,80,94,
　　　　　　　　　　 198,202,204,217
大野清吉…… 245,254-255,257,265-269
小幡酉吉………… 112-118,132,159-161
小濱宗助………………… 191-194,241

【か行】
加賀美五郎七…… 85-86,91-92,150,191,
　　　　　　　　　　 193-194,196,205
香川貢………………………… 236,238,240
蔭山雅博………………………… 10,176
片岡徳雄…………………………… 10
賀長齢……………………………… 72
桂川光正………………………… 7,78
加藤直子…………………………… 23
加藤陸太郎……… 255-256,264-265,269
金谷綾太…………………………… 202
神尾光臣………………………… 49,54
上沼八郎…………………………… 10
川島真………………… 20,23,45,217
菊池雅吉………… 244,255,257,262,263
北岡伸一…………………………… 80
北村修一郎………………… 255,257
木村兵三………………… 218,246,268-269
桐谷岩太郎……… 86,198-202,212-213,
　　　　　　　　　　　　 245,255
工藤鉄男…………… 111,113,118,164
久保亨………………… 8,176,178,295
熊谷政直…… 86,203,205-206,208,213,
　　　　　　　　　　　　 243,254
公文一郎…………………… 246,255-256
栗村虎雄………… 205-206,214-215,243
桑原善材………………… 91-92,191-192
経志江……………………………… 10
黄瀛……………………………… 224
高恩洪………………… 163,166-168,173
合田與佐次………………… 245,255,257
高瑩瑩……………………………… 31
小島勝………………… 11,217,270-271
小竹齋二郎………………… 255-256
小林新三郎………………… 85,191,194
小林善文…………………………… 9,36
小林隆助（隆介）…… 244,247-249,254,
　　　　　　　　　 256-257,264-270
駒込武………………… 13,107,127,298
是常正美………………………… 255-256

【さ行】
櫻田有………………… 86,91,191-194
佐々木政男…………………… 239-240
佐藤由美…………………………… 220
里村英夫…………………………… 72
軸丸卓爾…………………… 91-93,196
幣原喜重郎………………… 130,163,178,261

人名索引　307

幣原坦…………… 204,210-211,213-214
渋澤栄一……………… 109-110,112-117,
　　　　　　　　　　　132,159-160,288
庄維民………………………………21
隋石郷………………………108,164
成蘭甫………………………… 108
瀬戸武彦…………………………184
孫廣欽……………「孫子敬」を参照
孫子敬………………… 158,163-168,173

【た行】
戴淑妮………………………………12
多賀秋五郎………35,46,100,127,129,175
高田幸男………………………… 163
高橋久造………… 85,175,191,193-194
竹内赳夫……………………………62
立蘭隆…………………………237-238,240
田中次郎……………………20,23,217
田中卓也………………………… 220
田中広吉……………………… 83-84
田中義一………………………… 222
田辺毅…………………………204,243
谷口林右衛門…………85,91,150,191-194,241
玉木磐根…………………… 227,239,240
千葉功………………8,18,74,125-126
趙琪………………… 45,75,175,295
陳雪南…………………………… 171
槻木瑞生………… 23,104,193,298
津野貞子………………… 246,255-256
丁敬臣………………………… 177,311
出淵勝次…………… 112,118-120,132
寺内正毅……………… 12,62,79-80,82
富岡朝太………………… 203,243,254
豊田神尚………………… 67,69,71,287,294

【な行】
中内次郎………………………… 180,250
中島盛一………… 254-256,265,268-269
長沼享………………… 244,256,259,260
中原宗定……………………… 186
仲原善忠……………………205-210,243
中村和之…………………… 239-240
中村清……………244,255,257,262-265
野村章………………………………15

【は行】
橋本誠三………………………… 224
波多野勝……………………62-63,74-75

服部久男………………………… 202
馬場春吉…………………………69,71
早川穎治郎……………………204,243
林盛達………………… 244,255,257,262
東山好計………………… 199-202,245
秀島寅治郎……… 244,254-257,262-264
広田弘毅………………… 227,250,285
馮開文……………………………… 9
福田武男………………… 246,255,256
藤田弘一………………………… 202
傅増湘……………………………102
傅炳昭…………………………163-164
細川益之…………………… 259-261
堀内謙介…… 119-120,162-167,177-178
堀内信子………………… 247,255-256
堀可直………………… 200,203,206,243
本郷房太郎……… 80,94-97,101-102,287
本庄比佐子………… 49,62,126,129
本田茂一………………… 246,255-256

【ま行】
牧瀬五一郎………………… 63-64,66,73
曽田三郎………………… 23,129,250
松井慶四郎……………………162,177
松原三夫………………………255-256
松本楠恵……… 246,255-256,260
松山信………………………… 206
三尾良次郎……… 203-210,214-215,243
三澤糾…………………………… 208
百崎鉄治……………………237,238,240
森田了三…………………… 244,262-263
森安三郎………………… 223,226-228

【や行】
安田弘嗣………………………… 8,264
柳沢遊……………………… 7,186,249
柳沢軍一………………………… 202
山崎博敏……………………………10
山田五郎………………………… 202
山田浩之………………… 10,110,219,
山本武一郎 218,244,246,255-256,259-262
山本泰勝…… 246,254-256,259-261,264
山森正一………………………203,243
由比光衛………… 110,117,128,130
吉田賢龍………………………… 264
吉田九十九……「井手九十九」を参照
吉利平次郎…… 72,177,272,282,287,296
吉村健蔵………………………… 199

余瀬正次……………………245,255,257

【ら・わ行】
欒玉璽……………………………8,23,45
李華興……………………………9,46
劉子山…………158,162-164,166,288,293
劉大可……………………………21
李容劭………………85-86,91-92,96
和田豊治…………………………118-119
渡部宗助………11,182,249,251,253-254

事項索引

【あ】
愛道園………………………38,40,41
旭（朝日）兵営　105-106,114-118,162-163
アジア歴史資料センター……………23
アメリカ……　9,18,38-40,43,48,104,106-107,
　　　　　　　117,124,162,164-167,173
威海衛……………………………18,20
一国史………………………12-13,15
陰島………………29,40,54-56,143
于哥荘…………29,52-54,137-138,140-141

【か行】
灰牛石………………28-29,52-53,85,140
学閥……………………………9-10,221,262
下河………………29,54,137-138,140-141
瓦屋荘……………………29,54,137-138,140
九水……………………28-29,52-54,137-138
教育権回収運動………………………6,131
教員ネットワーク…………………6,291
姜哥荘……………29,52-54,137-138,140,150
郷区　124,137,140,145-146,151,172,195,216,234
極東委員会………………………………18
居留民団………11-12,16-19,180-181,186,188,
　　　　　　　191,221-249,252-270,272,277,290
欽定学堂章程……………………………20
軍政長官…………54,62,64-66,94,199,203
膠澳商埠……………………19,86,131-174,288,
「膠澳商埠各校暫行改良辨法」134,288,291
『膠澳商埠教育彙刊』…33,117,146,158,302
膠澳商埠公立小学校…………131-132,146
膠澳商埠督辨公署……15,19,148,167,197,
　　　　　　　232,278,288,291-293,302
公学堂…………15-16,32,48-67,73,82-156,
　　　　　　　160-161,172-173,185-188,197,216,278,294
侯家荘………………………52-53,140
高家村………………………137-138,143
公式ルート………253-255,258,260,262,269
膠州領総督府………15,28-32,38,41,43,51,
　　　　　　　286,292-293
広州湾……………………………18,20
膠州湾租借地……6-7,15-19,26-45,48-74,82,
　　　　　　　86,92,95,97,132-134,137,145,153,173,
　　　　　　　180-216,221-222,229,252,273,278,286-289
江蘇路小学校………………………278
後背地……………………………30
濠北頭………………29,54,137-138,143
高密………………96,188-189,223,225
「孔孟ノ教」…………………64,66,73
香裏………………………29,54,137
国民形成史…………………………13
国立山東大学………………………169
五四運動…………7,18,70,92-94,136,214-215

【さ行】
在外指定学校………11,15-16,173,180-181,
　　　　　　　185-187,199,203,216,226,231,
　　　　　　　233,241,270-273,289-290
在青島総領事館……………………253
済南…………39,67,82,96,105-106,156,166,
　　　　　　　169-173,181,188,213-214,229,271,273,284
済南東文学校………………67-74,82,106,156,
　　　　　　　158,173,294
済南病院………………62,70,107,229
山東還附………7-9,16,19,37,73,117,124,131-
　　　　　　　137,157,159,172-173,181,184-186,193,197,
　　　　　　　201-204,215-216,221-236,240-244,247,
　　　　　　　249,252,270,277,282,287-291
「山東懸案解決ニ関スル条約」……
　　　　　　　8,18,94,109,132,221,232
「山東懸案細目協定」………………19
「山東懸案細目協定日支共同委員会」…
　　　　　　　112,117,124,132,228
「山東大学計画案」………108,110,120-122
山東鉄道……7,17,30,49,63,69,71-72,74,79,82,
　　　　　　　88,90-94,96,112,181,187-189,214,216,222-
　　　　　　　223,225,229,231-232,234,240,248,273,277,
残務整理委員会………226-227,231-232,236,
　　　　　　　240-241,248,253,290
市区部………………124,137,172,278
私塾　28,51-52,55-56,58-59,93,155,286,294
「実施新学制標準辨法」…………135,138

「支那語学校」………… 90-93,124,133,185,
　　　　　　　　　187,192-197,216
四方 …… 8,88,188-189,223,232-234,249,277
上海製造絹糸株式会社……………… 233
重層構造…………………………… 292
朱家窪………… 29,52,54,137-138,140-141
淑徳学堂……………………………… 37-41
尚志会員………………… 199-216,242-248,
　　　　　　　　　254,262-263,269
省立山東大学…………………… 169,171
上流 ……………… 29,54,137,138,140
植民地近代……………………………… 22
植民地近代化論………………………… 12
（私立）青島学院 …… 16,67,70-74,157-158,
　　　　　173,184,192,194,241,271-284,287,294
私立青島大学…… 16,42,162-173,288-293
私立青島中学校………………… 158,163
私立東魯学校………………… 82,156,294
新興商人層……… 88,163,288-289,293-294
壬子癸丑学制………………………… 133,137
壬戌学制………………… 9,131-145,156,
　　　　　　　　　158,172-173,288,291
戊辰学制……………………………… 20
辛島 ……………… 29,54-55,137,138,143
青州 ……………… 39,96,187-189,223,225
青年会学堂……………………… 38,40,41
齋魯大学………………… 38-39,104,167
施溝 ………………… 29,54,137-138,143
薛家島…… 17,28-29,52,54,137-138,142,150
仙家寨………………… 28,137-138,143
宋哥荘………… 28-29,52-54,137-138,143,
滄口 …………… 17,29,53-54,106,137-138,143
創氏改名………………………… 274-275
奏定学堂章程………26,32-33,36-37,42-43,55
租借地還附………… 9,18,105,252-253,288

【た行】
第一青島尋常高等小学校（一小）
　…「青島第一尋常高等小学校」を参照
「対華二十一箇条要求」…………… 17,80
対支外交方針………………………… 13,79
対支文化事業…… 11,108,119-120,157,162,
　　　　173,222,224,225,230,241,-242,252-253
「対支文化事業」特別会計法
　　………………… 11,157,222,224-225,
　　　　　　　229-230,232,241-242,253
台西鎮小学校………………………… 278
台東鎮……… 28-30,40,52,54-56,86,133-134,
　　　　　　137-139,147-150,184,187-189,
　　　　　　　　　193-194,216,278
第二青島尋常小学校（二小）
　………「青島第二尋常小学校」を参照
大包島……………………………… 52
大鮑島……………………………… 30,32,184
大連商業学校…………… 277,280-281,284
地域エリート………………… 163,173,291
芝罘尋常高等小学校………………… 181
中華学芸社………………… 119-120,166
中華民国北京政府（北京政府） …… 5-8,
　　　15-19,31,61,64,89-90,94-98,102-103,
　　　111-112,131-135,145-147,156,158-159,
　　　　162,172-175,221,223,228-229,241,
　　　　　　287-288,291-292,295
趙哥庄 …………… 28-29,52,54,137-138,143
張店日語学校………………………… 93
青島（日本）高等女学校…… 86,184,198-
　　　　201,212-214,223-224,231-232,241-
　　　　　　242,253-255,261,268
青島（日本）中学校…… 11,17,72,106,160,
　　　　　181,193,202-207,209,213-215,
　　　　　　223-224,231-232,240,242-244,
　　　　　　247-249,252-255,264-267,269
「青島教育計画ニ関スル王正廷ノ意見」
　…………………………………… 132
青島居留民団…16,221,226-227,229-234,241-
　　　　　242,248,252-253,255,277
『青島軍政史』………… 33,37,53,59,61,93,140,
　　　　　　　　　190,192,
青島軍政署………… 17,29,55-56,61-62,66,302
『青島軍政ノ概況』……………… 26-37,302
青島公学堂………………… 52,55,72,78,86-
　　　　　96,124,134,150,190-195,241
「青島高等女学校仮規則」……… 187,199
「青島高等女学校規則」…………… 199
「青島施政方針」…………………… 49
青島守備軍…8,14-19,27,48,51,54,56,58,60-62,
　　　　66-67,69,71-74,78,80,84,96,104-107,109,
　　　　112-115,117,132-134,143,156-157,162,164,
　　　　184,186,194,198,203,215,221-223,225,231-
　　　　234,241,248,253-254,270,273,287-293,296
「青島守備軍公学堂規則」
　… 15,48,59,61,65-66,73-74,84,94,190,287,291
「青島守備軍民政部条例」
　………………………… 19,80,223-224,248
青島商科大学…103,108-125,160-164,172,293
青島商科大学設立構想…… 16,78,104-108,

166,287,293
青島商務総会……………… 30-32,108-110,
163-164,194,286,288,293
『青島市私立礼賢中学校概況』…… 37,302,
『青島全書』………………………… 28,34
青島第一尋常高等小学校…… 90,181,184,
187-193,197,214,216,223,228,
231,233-234,275-278,290
「青島大学設立ニ関スル意見」……… 104
青島第二尋常小学校…… 181,183-184,187-
193,223,228,231,233-234,275,277
青島中華商務公局………………… 31,163
「青島中学校規則」………………… 203
青島特別市…………… 19,146,154,295
青島日語学校…… 72,86,90,133,191-193,241
『青島発達史』……………………… 33,302
青島民政署…………………… 17,80,208
青島蒙養学堂……… 30-32,88,108,194,286
『青島要覧』………………………… 36
鉄道沿線…… 16,92,124,181,187-190,195,223
東亜医科学院……………………… 290
東京高等師範学校………… 10,211,243,248,
249,252,254,262,264
東京商科大学………………… 111,120-122
登窰 ……………… 29,40,52,137-138,140
同済医工学校……………………… 42,287
同善教会……………… 37,39,40,171,293
徳華学堂…………………………… 38,40
徳華高等学堂……… 29,41-43,286,287,295
特殊権益…………………………… 13,79

【な行】
内外綿株式会社…………………… 233
長崎紡績株式会社………………… 233
ナショナルヒストリー…… 12,14,292,294
南京国民政府……………………… 5,169
南屯 ……………… 29,54,137-138,140
日語学校 72,78,90-95,124,134,185,187,191-196
日独戦争…………… 5,42,51,54,58,69,87,
95,181,186,211,287
日華実業協会……… 104,107-120,124-125,
160,162,164-166,288
「日支事変」…………… 276,280-281,284
日本統治下民政期………………… 15,123

【は行】
非公式ルート…………… 258,260,265,269
広島高等師範学校………… 10,16-17,185,

199-200,204,206-216,249,252,254,289
浮山後………… 28-29,53,54,138,140-141
富士瓦斯紡績………………… 233,234
普通学校………………… 223,277,289
埠落 ……… 28-29,52,54,137-138,143
文化事業部………16,247,249,255,258-270
北京政府…「中華民国北京政府」を参照
法海寺………… 28-29,52,54,138,143
坊子 ……… 17,90,92,187-189,195,223,225
坊子日語学校……………………… 93-94
北庄 ……………………………… 28,52

【ま行】
満洲 ……… 6,51,54-55,61,73,86,131,193,
196,205,207,252-253,284,289,304
萬年兵営… 105,108-111,113-118,162,166-167
ミッションスクール
……… 7,38-41,43,89,131,155,158-296
茗溪会員… 243-244,247-248,254,262,265,269
民政期…………… 8,17,19,72,78,80,84,
88,103,123,125,184,186,
189-190,221,234,249,287,290
民政長官… 82-84,94,112,124,132-133,213,226
明徳中学校………………… 38-41,155,294
蒙養学堂… 15,26-41,43-44,48-51-66,73,82,86-
87,135,155,286-287,291,293
「蒙養学堂功課表」………………… 57
「模範的ノ学堂」
……………… 54,86,92,134,194,196,216,278

【ら・わ行】
李村軍政署……… 17,52,54,56-59,61,62,66
李村公学堂………………………… 59,74
李村民政署…… 17,80,86,155,190,192-194,241
李村蒙養学堂……………………… 26
礼賢書院… 36-41,43-44,155,171,286,293-294
列国ノ視覚鋭敏…………………… 79
連携プレー………………… 10,15,216
ロックフェラー財団……………… 173
若鶴兵営…………………………… 171
ワシントン会議…………………… 8,18
ワシントン体制…………………… 9,18

著者略歴
山本一生（Yamamoto Issei）

1980年　オーストラリア生まれ
2003年　早稲田大学第一文学部卒業
2011年　東京大学大学院教育学研究科博士課程修了、博士（教育学）
日本学術振興会特別研究員（DC）を経て、現在同PD。

〔主な論文〕
「公学堂教育不要論争に見る公学堂の存在意義：『南満教育』の分析を通して」
　　『東京大学大学院教育学研究科紀要』44号、2005年
「南満洲教育会の台湾視察—「角板山蕃童教育所」を訪問した満洲教員」
　　『植民地教育史研究年報』vol.9、2007年
「山東省膠澳商埠における壬戌学制の定着過程」
　　『アジア教育史研究』第18号、2009年
「帝国日本内を移動する教員」
　　『日本の教育史学』vol.52、2009年 ほか

青島の近代学校　教員ネットワークの連続と断絶

発行　2012年6月30日
定価　6,500円+税

著　者　山本一生
発行所　株式会社 皓星社
〒166-0004　東京都杉並区阿佐谷南1-14-5
電話：03-5306-2088　FAX：03-5306-4125
URL http://www.libro-koseisha.co.jp/
E-mail：　info@libro-koseisha.co.jp
郵便振替　00130-6-24639

装幀　藤巻亮一
印刷・製本　㈲吉田製本工房

ISBN978-4-7744-0471-4 C3037